Konzepte der Humanwissenschaften

Frederick S. Perls,
Ralph F. Hefferline,
Paul Goodman

Gestalt-Therapie.
Lebensfreude
und Persönlichkeitsentfaltung

Klett-Cotta

Aus dem Amerikanischen übersetzt von
Wolfgang Krege und Monika Ross (Kapitel 1–4)
Die Originalausgabe erschien unter dem Titel
»Gestalt Therapy. Excitement and Growth in the Human Personality« *
im Verlag The Julian Press, N. Y. 1951

Printed in Germany 1979
Einbandgestaltung und Typographie: Heinz Edelmann
Satz: Alwin Maisch, Gerlingen
Druck: Verlagsdruck, Gerlingen

CIP-Kurztitelaufnahme der Deutschen Bibliothek

Perls, Frederick, S.:
Gestalt-Therapie: Lebensfreude u. Persönlichkeitsentfaltung /
Frederick S. Perls; Ralph F. Hefferline; Paul Goodman.
[Aus d. Amerikan. übers. von Wolfgang Krege u. Monika Ross]. –
Stuttgart: Klett-Cotta, 1979.
(Konzepte der Humanwissenschaften)
Einheitssacht.: Gestalt therapy ⟨dt.⟩
ISBN 3-12-906800-7
NE: Hefferline, Ralph F.: Goodman, Paul:

---

* Das Buch erscheint in der deutschen Ausgabe in zwei Bänden. Der vorliegende Band enthält die theoretische Fundierung der Gestalt-Therapie; der zweite Band, unter dem Titel *Gestalt-Therapie. Wiederbelebung des Selbst,* der ganz unabhängig davon gelesen werden kann, umfaßt die Experimente zur praktischen Anwendung der Gestalt-Therapie.

Inhalt

I

Einleitung

1. Die Kontaktgrenze

1

Die Struktur des Wachstums

An der Grenze von Organismus und Umwelt, zuallererst an der Hautoberfläche und in den anderen Organen der Sinneswahrnehmung und der motorischen Reaktion, ereignet sich Erfahrung. Erfahrung ist die Funktion dieser Grenze; und real — im psychischen Sinne — sind die »vollständigen« Gestalten dieser Funktion, d. h. die, deren Bedeutung erreicht oder deren Handlungsablauf abgeschlossen wurde. Vollständige Erfahrungen umfassen nicht »alles und jedes«, aber sie sind absolute, ganzheitliche Strukturen; und eigentlich ist alles andere, einschließlich sogar der Vorstellungen eines Organismus oder einer Umwelt, eine Abstraktion, eine denkbare Konstruktion oder eine Möglichkeit, die sich in dieser Erfahrung als eine Andeutung irgendeiner anderen Erfahrung ereignet. Wir sprechen vom Organismus, der zur Umwelt Kontakt aufnimmt, aber es ist der Kontakt selbst, der die einfachste und erste Realität bildet. Das kannst du ohne Mühe merken, wenn du, anstatt die Gegenstände lediglich anzusehen, dir auch noch der Tatsache bewußt wirst, daß sie Objekte in deinem ovalen Blickfeld sind, und wenn du fühlst, wie sich dieses ovale Blickfeld sozusagen nahtlos an deine Augen anschließt —, in Wirklichkeit *ist* es das Sehen deiner Augen. Beachte nun, wie die Objekte in diesem ovalen Feld ästhetische Bezüge, nämlich Ausdehnung und Farbe gewinnen. Und die gleiche Erfahrung kannst du mit den Geräuschen »da draußen« machen; Ihre Verwirklichung geschieht an der Kontaktgrenze, und an dieser Grenze werden sie als ganzheitliche Strukturen erfahren. Mit Bewegungen ist es das gleiche. Vergegenwärtige dir, wie du einen Ball wirfst: Die Entfernung kommt nahe, und dein Bewegungsimpuls ist sozusagen an die Oberfläche geschnellt, um sie zu treffen. Das Ziel nun all dieser praktischen Experimente und der theoretischen Überlegungen in diesem Buch ist es, die Funktion des Kontaktes zu analysieren und unser Gewahrsein der Realität zu erhöhen.

Wir benutzen das Wort »Kontakt« — »in Berührung sein mit« Objekten — als Grundbegriff sowohl für die sinnliche Wahrnehmung als auch für das motorische Verhalten. Wahrscheinlich gibt es primitive Organismen, in denen die Wahrnehmung und die motorische Reaktion der gleiche Akt sind, und bei höheren Organismen, die über guten Kontakt verfügen, kann man immer das Zusammenwirken von Sinnen und Bewegung (und Gefühlen) nachweisen.

2. Zusammenwirken von Organismus und Umwelt

Wir müssen also in jeder Untersuchung, sei sie biologischer, psychologischer oder auch soziologischer Art, von der Interaktion des Organismus mit seiner Umwelt ausgehen. Es ergibt keinen Sinn, wenn man z. B. von einem atmenden Wesen spricht, ohne die Luft und den Sauerstoff als Teil seiner Definition in Betracht zu ziehen, oder wenn man vom Essen spricht, ohne die Nahrung zu bedenken, oder vom Sehen, ohne das Licht, von der Fortbewegung, ohne die Schwerkraft und den tragenden Grund, oder von der Rede, ohne die Redenden zu erwähnen. Es gibt keine einzige Funktion irgendeines Lebewesens, die sich ohne Objekte und Umwelt erfüllt, ob man nun an vegetative Funktionen wie Ernährung und Sexualität, an Wahrnehmungsfunktionen, an motorische Funktionen, an Gefühle oder an Überlegungen denkt. Die Bedeutung von »Ärger« schließt ein frustrierendes Hindernis ein, die Bedeutung von Denken Probleme des Lebens. Wir wollen dieses Wechselspiel von Organismus und Umwelt innerhalb aller Funktionen das »Organismus/Umwelt-Feld« nennen; und wir wollen im Sinn behalten, daß wir uns, wie auch immer wir über Impulse, Triebe usw. nachdenken, stets auf ein solches Interaktionsfeld, nie auf ein isoliertes Wesen beziehen. Wenn der Organismus sich in einem großen Feld bewegt und eine komplizierte innere Struktur hat, wie es bei einem Tier z. B. der Fall ist, dann scheint es einleuchtend, von ihm allein zu sprechen — von seiner Haut z. B. und was sie umschließt —, aber das ist einfach eine Illusion, die daher rührt, daß die Bewegung durch den Raum und auch jedes innere Detail die Aufmerksamkeit stärker fordern als der vergleichsweise ruhige und einfache Hintergrund.
Das menschliche Organismus/Umwelt-Feld ist natürlich nicht nur ein physikalisches, sondern auch ein soziales Feld. Also müssen wir in jeder Humanwissenschaft, sei es der Physiologie, der Psychologie oder der Psychotherapie, von einem Feld sprechen, in dem zumindest soziokulturelle, sinnliche und physische Faktoren interagieren. Der Ansatz dieses Buches ist »ganzheitlich« in dem Sinne, daß wir im einzelnen versuchen, *jedes* Problem als Ereignis in einem sozialen, sinnlichen und physischen Feld zu betrachten. Von daher können z. B. historische und kulturelle Faktoren nicht als erschwerende oder verändernde Bedingungen einer einfacheren biophysischen Situation gelten, sie wohnen vielmehr jedem Problem inne, so wie es sich uns darstellt.

In der Rückschau müssen die zwei vorigen Abschnitte einleuchtend und gewiß nicht ungewöhnlich wirken. Sie stellen fest, daß 1. Erfahrung letztlich Kontakt ist, d. h. die Funktion der Grenze von Organismus und Umwelt, und daß 2. jede menschliche Funktion ein Wechselspiel in einem Organismus/Umwelt-Feld ist, das sich als soziokulturelles, sinnliches und physisches darstellt. Wir wollen uns jetzt aber diesen zwei Feststellungen in ihrer Kombination zuwenden.

Innerhalb der biologischen Wissenschaften und der Sozialwissenschaften, die sich jeweils mit den Interaktionen auf dem Organismus/Umwelt-Feld befassen, *untersucht die Psychologie die Wirkungsweise der Kontaktgrenze im Organismus/Umwelt-Feld.* Das ist ein eigentümlicher Untersuchungsgegenstand, und es ist leicht einzusehen, warum die Psychologen sich stets schwertaten mit der Abgrenzung ihres Gegenstandes [1]. Wenn wir »Grenze« sagen, denken wir an eine »Grenze zwischen«. Die Kontaktgrenze aber, wo die Erfahrung sich ereignet, steht nicht *trennend* zwischen Organismus und Umwelt; vielmehr begrenzt sie den Organismus, umfängt und schützt ihn und berührt *zu gleicher Zeit* die Umwelt. D. h., um es ein wenig ungereimt auszudrücken: Die Kontaktgrenze — zum Beispiel die fühlende Haut — ist nicht so sehr ein Teil des »Organismus«, *wie sie essentiell das Organ einer besonderen Beziehung von Organismus und Umwelt ist.* Primär stellt sich diese Beziehung, wie wir bald zeigen werden, als *Wachstum* dar. Was fühlbar wird, ist nicht die Befindlichkeit des Organs (das würde Schmerz bedeuten), sondern vielmehr die Interaktion innerhalb des Feldes. Kontakt ist Wahrnehmung des Feldes oder Bewegungsreaktion innerhalb des Feldes. Hier liegt der Grund dafür, daß schon die Kontaktnahme, bei der bloß die Grenze des Organismus in Tätigkeit tritt, dennoch beanspruchen kann, bis zur Realität durchzudringen, jedenfalls etwas mehr erfaßt als das bloße Bedürfnis oder die Passivität des Organismus allein. Wir wollen Kontaktnahme, d. h. Gewahrsein und motorische Reaktion, im weitesten Sinne verstehen: als Verlangen und Zurückweisen, Annähern und Vermeiden, Empfinden, Fühlen, Nutzbarmachen, Einschätzen, Kommunizieren, Kämpfen usw. — als jede Art von lebendiger Beziehung, die sich an der Grenze in der Interaktion

[1] In Nachahmung des Aristoteles gehen die modernen Psychologen (vor allem im 19. Jh.) einfach von der physischen Gegebenheit der *Objekte* ihrer Wahrnehmung aus und gehen dann zur Biologie der Sinnesorgane usw. über. Ihnen mangelt nur die richtige und heilsame Einsicht des Aristoteles, daß »in actu«, in der Wahrnehmung, Objekt und Sinnesorgan identisch sind.

von Organismus und Umwelt ereignet. Jede Kontaktnahme dieser Art ist Untersuchungsgegenstand der Psychologie. (Das sog. »Bewußtsein« scheint eine spezielle Art des Gewahrseins zu sein, eine Kontaktfunktion bei erschwerter und verzögerter Anpassung.)

4. Kontakt und das Neue

Wenn wir uns ein Tier vorstellen, freischweifend in einer weiträumigen und vielgestaltigen Umwelt, dann sehen wir, daß Anzahl und Variationsbreite der Kontaktfunktionen enorm sein müssen, denn das Leben eines Organismus in seiner Umwelt besteht wesentlich darin, daß er seine Eigenart behauptet und, was noch wichtiger ist, daß er die Umwelt seiner Eigenart anpaßt. Die Grenze ist der Ort, wo Gefahren abgewehrt und Hindernisse überwunden werden, wo ausgewählt und vereinnahmt wird, was sich als assimilierbar erweist. Was also ausgewählt und assimiliert wird, ist stets das Neue; der Organismus überlebt durch die Assimilation des Neuen, durch Verwandlung und Wachstum. Nahrung z. B. ist, wie Aristoteles zu sagen pflegte, etwas »Ungleiches«, das »gleich« werden kann; und im Prozeß der Assimilation wird auch der Organismus seinerseits verwandelt. Kontakt ist primär Wahrnehmung des assimilierbaren Neuen und Bewegung zu ihm hin sowie die Abwehr des unassimilierbaren Neuen. Das Allgegenwärtige, stets Wiederkehrende oder Indifferente wird nicht Kontaktgegenstand. (So werden z. B. gesunde Sinnesorgane nicht Kontaktobjekt, denn sie sind bewahrende, »konservative« Elemente.)

5. Definition der Psychologie und der klinischen Psychologie

Wir müssen also folgern, daß aller Kontakt kreativ und dynamisch ist. Er kann weder routiniert noch stereotyp noch konservativ sein, da er mit dem Neuen umgehen muß; denn nur das Neue ernährt. (Aber wie die Sinnesorgane, so ist auch die innere, dem Kontakt entzogene Physiologie des Organismus konservativ.) Auf der anderen Seite kann der Kontakt nicht rein passiv aufnehmen oder sich *lediglich* dem Neuen anpassen, denn das Neue muß assimiliert werden. *Aller Kontakt ist kreative gegenseitige Anpassung von Organismus und Umwelt.* Bewußtes Reagieren innerhalb des Feldes (als Orientierung wie als Nutzbarmachung) ist die Gewähr für Wachstum im Feld. Und Wachstum ist die Funktion der Kontaktgrenze im Organismus/Umwelt-Feld; durch schöpferische Anpassung, durch Verwandlung und Wachstum überleben die komplizierten organischen Einheiten in der größeren Einheit des Feldes.

Wir können also definieren: *Die Psychologie ist die Wissenschaft von der schöpferischen Anpassung.* Ihr Thema ist der ständige Wechsel zwischen dem Neuen und dem Gewohnten, aus dem sich Angleichung und Wachstum ergeben.

Dementsprechend ist die *klinische Psychologie die Wissenschaft von den Blockierungen, den Verdrängungen oder anderen Störungen auf dem Wege der schöpferischen Anpassung.* Wir werden z. B. die Angst, den vorherrschenden Faktor einer Neurose, als Ergebnis der Blockierung des erregenden Erlebnisses kreativen Wachstums (mit gleichzeitiger Atemlosigkeit) begreifen; und wir werden die unterschiedlichen neurotischen »Charaktere« als stereotype Muster untersuchen, die den lebendigen Prozeß schöpferischer Hinwendung zum Neuen einengen. Ferner: Da im Kontakt, d. h. in der schöpferischen Anpassung von Organismus und Umwelt, sich fortschreitend die Wirklichkeit ergibt, ist die Welt des Neurotikers, wenn er den Kontakt verdrängt, »beziehungslos« und daher zunehmend halluzinatorisch, voller Projektionen und Ausblendungen oder auf andere Weise fern der Wirklichkeit.

Kreativität und Anpassung sind Gegenpole, sie sind wechselseitig notwendig. Zulangen, Feuerfangen und Wachsen an allem Interessanten und Nahrhaften in der Umwelt bedeutet Spontaneität. (Unglücklicherweise bedeutet »Anpassung« bei zahlreichen Psychotherapieformen Unterordnung unter das »Realitätsprinzip«, d. h. die Übernahme eines unverdauten Stereotyps.)

6. Die Figur des Kontaktes auf dem Grunde des Organismus/Umwelt-Feldes

Wir wollen zurückkehren zu dem anfänglichen Gedanken, daß die Ganzheiten der Erfahrung konturierte und einheitliche Strukturen sind. Der Kontakt, d. h. die Arbeit, die in Assimilation und Wachstum ihr Ergebnis hat, erschafft sich eine anregende Figur auf dem Hintergrund des Organismus/Umwelt-Feldes. Diese Figur (oder: Gestalt) der bewußten Wahrnehmung ist klar und lebendig, ob als Vorstellung, Bild oder als Einsicht; motorisch ist sie die anmutige und kraftvolle Bewegung mit Rhythmus, Spannung usw. In jedem Falle sind Bedürfnisse und Energien des Organismus ebenso wie die geeigneten Möglichkeiten der Umwelt in dieser Figur aufgenommen und vereinigt.

Die Erschaffung von Figur und Hintergrund bedeutet einen dynamischen Prozeß, in dem die Notwendigkeiten und die Hilfsquellen des Feldes der Spannung, Leuchtstärke und Macht der beherrschenden Figur ihre Kräfte verleihen. Es wäre daher zwecklos, irgendein psychisches Verhalten abseits seines soziokulturellen, biologischen und physischen

Kontexts zu behandeln. Gleichzeitig aber ist die Figur von ausgesprochen psychischer Natur: Sie hat spezifische und meßbare Eigenheiten an Leuchtkraft, Klarheit, Geschlossenheit, Faszination, Anmut, Energie, Befreiung usw., je nachdem, ob wir primär einen Vorstellungs-, Gefühls- oder Bewegungskontext im Auge haben. Die Tatsache, daß die Gestalt spezifische und meßbare psychische Eigenheiten hat, ist in der Psychotherapie von immenser Bedeutung, denn sie verschafft *ein autonomes Kriterium für die Tiefe und Wirklichkeit* der Erfahrung. Es ist nicht notwendig, Theorien über »normales Verhalten« oder »Anpassung an die Realität« in der Hand zu haben, es sei denn zum Zwecke der Exploration. Ist die Figur trübe, wirr, ohne Anmut und Kraft (eine »schwache« Gestalt), dann können wir sicher sein, daß Kontaktmangel besteht, daß irgend etwas in der Umwelt blockiert wird, daß vitale organische Bedürfnisse nicht ausgedrückt werden; der Mensch ist nicht »ganz da«, d. h. sein Feld kann nicht als Ganzes seine Notwendigkeiten und seine Hilfsquellen für die Vollendung der Figur zur Verfügung stellen.

7. Therapie als Gestaltanalyse

Die Therapie besteht also in der Analyse der inneren Struktur aktueller Erfahrung und ihres wie auch immer beschaffenen Kontakts: d. h. nicht so sehr, *was* erfahren, erinnert, getan, gesagt usw. wird, als vielmehr, *wie* das Erinnerte erinnert oder *wie* das Gesagte gesagt wird, mit welchem Gesichtsausdruck, welchem Tonfall, welcher Syntax, welcher Haltung, welchem Affekt, welcher Vermeidung, welcher Beachtung oder Nichtbeachtung des anderen, usw. Durch die Arbeit an der Einheit bzw. Uneinheitlichkeit der Erfahrungsstruktur hier und jetzt wird es möglich, die dynamischen Beziehungen zwischen Figur und Hintergrund zu beleben, so daß der Kontakt erhöht, das Gewahrsein erhellt und dem Verhalten Tatkraft verliehen wird. Von höchster Bedeutung ist hier, *daß die Vollendung einer starken Gestalt selbst die Heilung ist; denn die Art des Kontaktes ist nicht nur ein Anzeichen für schöpferische Integration von Erfahrung, sondern vielmehr die schöpferische Integration der Erfahrung selbst.*
Seit dem Beginn der Psychoanalyse hat natürlich das »Aha!« der Erkenntnis — eine spezielle Gestalteigenheit — eine beherrschende Rolle gespielt, aber es ist immer ein Rätsel geblieben, wieso »bloßes« Gewahrsein, Erinnerung z. B., eine Neurose heilen sollte. Vergiß aber dabei nicht, daß das Gewahrsein nicht Nachdenken über das Problem ist, sondern als solches eine schöpferische Integration des Problems dar-

stellt. Wir können auch erkennen, warum »Wahrnehmung« gewöhnlich nicht hilft; denn in der Regel ist sie nicht eine bewußte Gestalt, kein *strukturierter* Inhalt, sondern nichts als Inhalt, nur Gerede oder Erinnerung; und das alleine zieht nicht die Kraft des gegenwärtigen organischen Bedürfnisses und gegenwärtige Hilfe aus der Umwelt an sich.

8. Zerstörung als Bestandteil der Erschaffung von Figur und Hintergrund

Der Prozeß schöpferischer Anpassung an neues Material und neue Umstände schließt immer auch eine Phase der Aggression und Zerstörung mit ein; denn nur durch Annäherung, Vereinnahmung und Veränderung alter Strukturen wird Ungleiches gleichgemacht. Wenn eine neue Figur in Erscheinung tritt, werden sowohl die alten, fertigen Gewohnheiten des kontaktschaffenden Organismus wie auch der Status vollzogener Annäherungen und Kontakte zugunsten des neuen Kontaktes zerstört. Eine derartige Zerstörung des Erreichten kann Furcht, Blockierung und Angst hervorrufen, in um so heftigerem Maße, als man neurotisch unflexibel ist; der Prozeß wird aber begleitet von der Gewißheit der neuen Schöpfung, die im Handeln zum Leben kommt. Die Lösung dieses menschlichen Problems ist hier wie überall Neuschöpfung durch Handeln. Die Angst wird »ausgehalten«, nicht mit Hilfe spartanischer Härte — wenn auch Mut eine schöne und unentbehrliche Tugend ist — sondern weil die aufrührende Kraft in die neue Figur hineinfließt.

Ohne immer neue Aggression und Zerstörung wird jede gewonnene Befriedigung schnell zu einer vergangenen und nicht mehr fühlbaren Angelegenheit. »Sicherheit« im üblichen Verständnis klammert sich an das Nichtfühlbare und verweigert sich dem Risiko des Unbekannten, das jeder überwältigenden Befriedigung beigemischt ist, sie wird entsprechend fühllos und in der Bewegung unterdrückt. Angst vor Aggression, Zerstörung und Verlust hat, natürlich, unbewußte Aggression und Zerstörung zur Folge, die sich nach innen und nach außen auswirkt. Ein besseres Verständnis von »Sicherheit« läge wohl in dem Vertrauen auf einen »verläßlichen« Halt, wie es aus vorangegangenen Erfahrungen entsteht, die assimiliert wurden und Wachstum brachten, ohne unabgeschlossene Situationen zu hinterlassen; in diesem Falle aber geht das Trachten einzig dahin, von dem Boden des Erreichten in die neue Gestalt hinüberzugleiten. Der sichere Stand ist spannungslos, er wird nicht wahrgenommen; und der Sichere weiß nie, fühlt aber immer, daß er dem Risiko, das er eingeht, gewachsen ist.

9. Spannung bedeutet Erscheinung der Wirklichkeit

Kontakt, d. h. die Erschaffung von Figur und Hintergrund, ist steigende Spannung, voller Gefühl und Anteilnahme; was dagegen keine Anteilnahme hervorruft, nicht gegenwärtig ist, das ist psychisch nicht wirklich. Die verschiedenen Arten des Gefühls — Lust z. B. oder die vielfältigen Emotionen — zeigen wechselnde organische Teilhabe an der realen Situation an; und diese Teilhabe ist Bestandteil der realen Situation. Es gibt keine indifferente, neutrale Realität. Die heute grassierende wissenschaftliche Überzeugung, daß die Wirklichkeit fast immer oder ganz und gar neutral sei, ist ein Zeichen der Verdrängung von spontaner Freude, Spiellust, Wut, Empörung und Furcht (einer Verdrängung, wie sie bei der sozialen und sexuellen Konditionierung, die die »akademische Persönlichkeit« hervorbringt, entstehen muß). Emotionen entstehen aus der Vereinigung oder der Tendenz zur Vereinigung gewisser psychischer Spannungen mit günstigen oder ungünstigen Umweltsituationen; und als solche vermitteln sie uns unentbehrliche (wenn auch nicht erschöpfende) Kenntnisse über Objekte, die den Bedürfnissen entsprechen, ebenso wie ästhetische Gefühle uns letzte (und erschöpfende) Kenntnis über unser Verständnis und seine Gegenstände vermitteln. Allgemein gesprochen *sind Teilhabe und Spannung der Figur/Hintergrund-Erschaffung die unmittelbare Erscheinung des Organismus/Umwelt-Feldes.* Eine ganz kurze Überlegung zeigt, daß das so sein muß; wie nämlich würden Tiere sonst Impulse haben und ihnen gemäß handeln, und zwar erfolgreich handeln: denn Erfolg stellt sich ein, wenn die Wirklichkeit getroffen wird.

10. Kontakt heißt »Finden und Herstellen« der heraufdämmernden Lösung

Ein gegenwärtiges Problem erregt Anteilnahme, und die Spannung wächst der kommenden, aber noch unbekannten Lösung entgegen. Die Assimilation des Neuen geschieht im gegenwärtigen Augenblick, während er in die Zukunft hinübergeht. Ihr Ergebnis ist nie eine bloß neue Anordnung der unabgeschlossenen Situationen des Organismus, sondern vielmehr eine Gestalt, die neues Material aus der Umwelt enthält und sich daher von allem, was erinnert oder vermutet werden konnte, unterscheidet, genau wie das Werk eines Künstlers für ihn unvorhersehbar neu wird, während er das materielle Medium bearbeitet.
Wir suchen also in der Psychotherapie nach der besonders dringlichen unerledigten Situation innerhalb der jetzigen Situation, und wir arbeiten mit Hilfe gegenwärtiger Experimente mit neuen Verhaltensweisen und neuem Material aus der wirklichen täglichen Erfahrung auf eine

bessere Integration hin. Der Patient schwelgt nicht in Erinnerung, indem er nur die Karten neu mischt, sondern er »findet und macht« sich selbst. (Die Bedeutung neuer Bedingungen in der Gegenwart ist schon Freud vollkommen bekannt, wenn er von der unumgänglichen Übertragung der Kindheitsfixierung auf die Person des Analytikers spricht; aber die therapeutische Bedeutung liegt nicht in der Wiederholung der gleichen alten Geschichte, sondern vielmehr darin, daß sie jetzt anders, als gegenwärtiges Abenteuer, durchgearbeitet wird: der Analytiker ist nicht der gleiche Vater oder die gleiche Mutter. Und eines ist, leider, klar: Gewisse Spannungen oder Blockierungen können nicht gelöst werden, wenn nicht eine wirkliche Umweltveränderung neue Möglichkeiten eröffnet. Wenn die Institutionen und Sitten verändert würden, dann würde so manches störrische Symptom urplötzlich verschwinden.)

11. Das Selbst und seine Identifikationen

Wir wollen das »Selbst« als das System der ständig neuen Kontakte definieren. Als solch ein System ist das Selbst von flexibler Vielfalt, denn es verändert sich mit den vorherrschenden Bedürfnissen und den andrängenden Umweltreizen; es ist das System der Reaktionen; es ist schwächer im Schlaf, wenn keine Notwendigkeit einer Reaktion besteht. Das Selbst ist die Kontaktgrenze in Tätigkeit; diese Tätigkeit ist die Erschaffung von Figuren und Hintergründen.

Wir müssen diese Konzeption des Selbst dem unfruchtbaren »Bewußtsein« der orthodoxen Psychoanalyse entgegenstellen, das nur die Funktion der Beobachtung und des Berichts an den Analytiker hat und nur insofern kooperiert, als es nicht stört. Und im Einklang damit tendieren die revisionistischen nachfreudschen Schulen, z. B. die Reichianer oder die Washingtoner Schule, dahin, das Selbst vollends zu reduzieren auf das System des Organismus oder der interpersonalen Gesellschaft — streng gesehen sind sie überhaupt keine Psychologen, sondern Biologen, Soziologen usw. Das Selbst aber ist genaugenommen der Integrator; es ist die synthetische Einheit, wie Kant es nennt. Es ist der Schöpfer des Lebens. Es ist nur ein kleiner Faktor in der gesamten Organismus/Umwelt-Interaktion, aber es spielt die entscheidende Rolle des Finders und Herstellers von Bedeutungen, durch die wir wachsen.

Die Beschreibung psychischer Gesundheit und Krankheit ist einfach. Es geht um die Identifizierungen und Entfremdungen des Selbst: Wenn ein Mensch sich mit seinem schöpferischen Selbst identifiziert, seine eigene schöpferische Spannung und das Streben nach der zukünftigen Lösung nicht blockiert, wenn er umgekehrt abspaltet, was nicht organisch zu ihm gehört und daher nicht lebendige Spannung erzeugen kann, was vielmehr die Gestalt/Hintergrund-Schöpfung eher zerbricht, dann ist er psychisch gesund, denn er wendet seine beste Kraft auf, und er wird in schwierigen Lebensumständen das Beste tun, was ihm möglich ist. Wenn er aber im Gegensatz dazu sich selbst fremd wird und aufgrund falscher Identifizierungen seine eigene Spontaneität zu besiegen versucht, dann macht er sein Leben trübe, wirr und peinigend. Das System der Identifizierungen und Entfremdungen werden wir das »Ich« nennen.

Von daher stellt sich unsere therapeutische Methode folgendermaßen dar: Das Ich (d. h. die vielfältigen Identifizierungen und Entfremdungen) muß durch Experimente bewußter Wahrnehmung der eigenen verschiedenartigen Funktionen gestärkt werden, bis spontan die Empfindung dafür auflebt, daß »*Ich* es bin, der dieses denkt, wahrnimmt und fühlt«. An diesem Punkt kann der Patient die Arbeit allein übernehmen.

2 Unterschiede der Theorien und der Therapien

1. Gestalttherapie und die Richtungen der Psychoanalyse

Die in den vorangehenden Kapiteln vorgestellte Therapie unterstreicht
— die Konzentration auf die Struktur der augenblicklichen Situation;
— die Bewahrung der Integrität der augenblicklichen Situation durch die Aufdeckung der innewohnenden Beziehung soziokultureller, animalischer und physischer Faktoren;
— das Experimentieren;
— die Förderung der schöpferischen Kräfte des Patienten, damit er die abgespaltenen Teile reintegrieren kann.

Dem Leser wird jetzt der Hinweis helfen, daß jedes der hier genannten Elemente in der Geschichte der Psychoanalyse bekannt ist; und allgemein gesprochen besteht gegenwärtig der Trend zur Synthese dieser Elemente. Wenn Freud mit der Übertragung der verdrängten Gefühle auf den Analytiker arbeitet, dann bearbeitet er die augenblickliche Situation; und noch eindringlicher und systematischer tun es jene, die in der Analyse der Struktur des augenblicklichen Gesprächs von der Praxis der »Interpersonalität« sprechen. Die meisten der heutigen Analytiker praktizieren die »Charakteranalyse«, die systematisch zuerst von Reich entwickelt worden ist; sie besteht im wesentlichen in der Lösung von Blockierungen durch die Analyse der Struktur des beobachteten Verhaltens. Und über die Struktur von Gedanke und Bild belehrt uns Freud unübertrefflich in der *Traumdeutung*; denn jede symbolisierende Interpretation konzentriert sich auf die Struktur des Inhalts. Gute Ärzte bringen der psychosomatischen Einheit und der Einheit von Gesellschaft und Individuum mehr als nur Lippenbekenntnisse entgegen. Ferner werden, auf verschiedene Art und Weise, experimentelle Methoden angewandt, angefangen beim primitiven »Agieren« und Ferenczis »Aktiver Methode« bis zur neuesten »Vegetotherapie« und dem »Psychodrama«; sie werden nicht nur zur kathartischen Lösung von Spannungen, sondern auch zur Einübung neuer Verhaltensweisen herangezogen. Und schließlich arbeiten Jung, Rank, die Pädagogen der »Progressive Education« und viele andere weitgehend mit dem schöpferischen Ausdruck als Mittel der Reintegration; besonders Rank sieht in dem schöpferischen Tun psychische Gesundheit an sich.

Was wir hinzufügen, ist einfach folgendes: Wir bestehen auf einer

Reintegration der Psychologie des Normalen und der klinischen Psychologie und, im Zusammenhang damit, auf einer Neubewertung dessen, was allgemein für normales psychisches Handeln gehalten wird. Etwas dramatisch ausgedrückt: Freud hat von Anfang an den Finger auf die neurotischen Elemente im täglichen Leben gelegt; und er wie andere haben in steigendem Maße die irrationale Basis vieler Institutionen bloßgelegt; wir stoßen jetzt zum Kern vor und wagen zu behaupten, daß die Erfahrung von Psychotherapie und die Reintegration neurotischer Strukturen oft mehr über die Realität aussagt als die Neurose über das Normale.

Wir haben verallgemeinernd gesagt, der Trend der Psychotherapie gehe in Richtung der Konzentration auf die Struktur der aktuellen Situation. Andererseits aber besteht ein Unterschied zwischen der Psychotherapie (und der Geschichte der Psychotherapie) und unserer Betrachtung der aktuellen Situation. Und je stärker sich die Therapie auf das aktuelle Hier und Jetzt konzentriert, desto unbefriedigender erscheinen die üblichen wissenschaftlichen, politischen und persönlichen Konstrukte der »Wirklichkeit«, seien sie nun perzeptiv, sozial oder moralisch. Stellen wir uns nur vor, wie z. B. für einen Arzt, der versucht, »den Patienten der Wirklichkeit anzupassen«, im Verlauf der Behandlung (wie Behandlungen seit einem halben Jahrhundert nun mal sind) die »Realität« sehr anders auszusehen beginnt als seine eigenen oder übernommenen Konstrukte; dann muß er seine Ziele und Methoden revidieren. In welcher Richtung muß er sie revidieren? Muß er eine neue Norm für die menschliche Natur entwerfen und versuchen, seine Patienten ihr anzupassen? Das haben tatsächlich einige Therapeuten getan. Wir haben in diesem Buch etwas Bescheideneres vor: Wir betrachten die Entwicklung der gegenwärtigen Erfahrung als etwas, das sich selbst seine Maßstäbe gibt, d. h., wir nehmen die dynamische Struktur der Erfahrung nicht als Schlüssel zu etwas »unbewußtem« Unbekannten oder als Symptom, sondern als das Wesentliche an sich. Das heißt, wir vermeiden das psychologische Vorurteil, was »normal« bzw. »abnorm« sei; und von daher ist die Psychotherapie keine Methode der Korrektur, sondern vielmehr eine des Wachstums.

2. Gestalttherapie und Gestaltpsychologie

Wir wollen jetzt die andere Seite, nämlich unsere Beziehung zur Psychologie des Normalen beleuchten. Wir arbeiten mit den Haupterkenntnissen der Gestaltpsychologie, mit der Beziehung zwischen Figur und Hintergrund; mit der Bedeutung der Interpretation von Geschlossenheit oder Spaltung einer Figur im Bezug auf den Gesamtzusammenhang der aktuellen Situation; mit dem deutlichen und strukturierten Ganzen, das nicht allzu umfassend ist, aber auch kein bloßes Atom; mit der aktiven, formenden Kraft bedeutungsvoller Einheiten und der natürlichen Tendenz zur Einfachheit der Form; mit der Tendenz unabgeschlossener Situationen zur Vollendung. Was fügen wir dem hinzu? Nehmen wir zum Beispiel den umfassenden Ansatz, d. h. die entschiedene Einbeziehung der nicht auszulöschenden Einheit des soziokulturellen, animalischen und physischen Feldes innerhalb jeder konkreten Erfahrung. Das ist natürlich die Hauptthese der Gestaltpsychologie: Die Phänomene, die als geschlossene Einheiten erscheinen, müssen in ihrer Geschlossenheit respektiert werden und können nur um den Preis der Vernichtung dessen, was untersucht werden sollte, analytisch in Teile zerbrochen werden. Wendet man diese These überwiegend in Laboratoriumssituationen auf Wahrnehmungs- und Lernvorgänge an, wie die Psychologen des Normalen, dann entdeckt man viele schöne Wahrheiten, man kann die Unzulänglichkeit des Assoziationismus und der Reflexologie demonstrieren und so weiter. Man wird jedoch bewahrt vor einer allzu verheerenden Verwerfung der üblichen wissenschaftlichen Voraussetzungen; denn die Laboratoriumssituation als solche bedeutet eine Einschränkung dafür, wie weit man denken und was man entdecken will. *Diese* Situation bildet den Gesamtkontext, der die Bedeutung der Ergebnisse bestimmt, und aus dieser Beschränkung ergibt sich die eigentümlich formale und statische Qualität, die der Gestalttheorie überwiegend anhaftet. Wenig wird gesagt über die dynamische Beziehung von Figur und Hintergrund oder über die drängende Abfolge, in der eine Figur sich rasch in den Hintergrund verwandelt, aus dem die nächste Figur auftaucht, bis ein Höhepunkt von Kontakt und Befriedigung erreicht, die lebendige Situation *wirklich* vollendet ist. Wie *könnte* indes auch hierüber viel gesagt werden? Eine kontrollierte Laboratoriumssituation ist eben in der Tat keine lebendig bedrängende Situation. Der einzig lebendig Betroffene ist der Versuchsleiter, und sein Verhalten ist nicht Untersuchungsgegenstand. Die Gestaltpsychologen haben sogar, mit löblichem Eifer für die Objektivität, allen Umgang mit dem Leidenschaftlichen und Spannenden vermieden, manchmal unter komischem Beteuern der eigenen Reinheit; sie haben die Lösung wirklich drängender menschlicher Probleme nicht erforscht. Sie scheinen tatsächlich oft zu sagen, alles im Gesamtfeld sei wesentlich, außer den menschlich spannenden Faktoren; die seien »subjektiv« und irrelevant! Andererseits bringt aber eben nur das Spannende eine kräftige Struktur hervor. (Im Hinblick auf Tierversuche sind allerdings diese Faktoren der Dringlichkeit und der Spannung nicht irrelevant, zumal Affen und Hühner nicht solche gelehrigen Laboratoriumsgeschöpfe sind.)

Das Endergebnis ist natürlich, daß die Gestaltpsychologie selbst für die Entwicklung der Psychologie, der Psychoanalyse und ihrer Seitenzweige irrelevant und von ihr isoliert geblieben ist, denn diese konnten den drängenden Anforderungen der Therapie, Pädagogik, Politik, Kriminologie usw. nicht ausweichen.

3. Die Psychologie des »Bewußten« und des »Unbewußten«

Die Nichtachtung der Gestaltpsychologie durch die Psychoanalytiker hat sich aber als äußerst ungünstig erwiesen, denn die Gestaltpsychologie bietet eine angemessene Theorie der Bewußtheit oder des Gewahrseins an, und seit ihren Anfängen wurde die Psychoanalyse behindert durch unzulängliche Gewahrseinstheorien, ungeachtet des Umstandes, daß Erhöhung des Gewahrseins stets ein Hauptziel der Psychoanalyse gewesen ist. Die verschiedenen psychotherapeutischen Schulen haben sich konzentriert auf verschiedene Methoden der Gewahrseinserhöhung, durch die Sprache, durch die Nachahmung von Muskelübungen, durch Charakteranalyse, durch experimentelle soziale Situationen oder den Königsweg der Traumdeutung.

Beinahe von Anfang an ist Freud auf gewaltige Wahrheiten über das »Unbewußte« gestoßen; und sie haben sich zu brillanten Einsichten in die psychosomatische Einheit, die menschlichen Charaktere und die interpersonalen Bezüge der Gesellschaft entwickelt. Aber irgendwie verbinden sie sich nicht zu einer befriedigenden Theorie des Selbst, und zwar, wie wir meinen, aufgrund eines Mißverständnisses vom sogenannten »bewußten« Leben. Das Bewußtsein wird immer noch, in der Psychoanalyse und in fast allen ihren Schulen (Rank bildet da eine Ausnahme), als Organ gesehen, das passiv Eindrücke aufnimmt, sie additiv assoziiert, rationalisiert oder verbalisiert. Es wird beeinflußt, es reflektiert, es redet, aber es handelt nicht.

In diesem Buch nun untersuchen wir als Psychotherapeuten, die aus der Gestaltpsychologie wesentliche Einsichten ableiten, die Theorie und Methode des schöpferischen Gewahrseins, der Figur/Hintergrund-Schöpfung, die den Rahmen abgibt, in dem alle wesentlichen, bisher verstreuten Einsichten in das »Unbewußte« und die noch unzulängliche Auffassung vom »Bewußten« sinnvoll werden.

Wenn wir allerdings auf der These der Geschlossenheit, auf der Kreativität der strukturierten Ganzheit usw. beharren, und zwar nicht in der spannungslosen Laboratoriumssituation, sondern vielmehr in den bedrängenden Situationen der Psychotherapie, der Pädagogik, der persönlichen und sozialen Beziehungen, dann wird uns unvermittelt klar, daß wir — gezogen und getrieben — sehr weit gehen in der Verwerfung vieler allgemein anerkannter Voraussetzungen, Unterscheidungen und Kategorien, weil sie »die Sache, die untersucht werden sollte, in Stücke brechen und vernichten«. Anstatt als Wahrheiten über die Natur der Sache zeigen sie sich als direkter Ausdruck einer neurotischen Spaltung im Patienten und in der Gesellschaft. Und wenn die Aufmerksamkeit sich auf Grundvoraussetzungen richtet, die neurotischer Natur sind, dann entsteht Angst (beim Autor ebenso wie beim Leser).
Im Fall einer neurotischen Spaltung bleibt eine Seite außerhalb des Gewahrseins oder wird kalt registriert, aber von der Anteilnahme ausgeschlossen; oder beide Seiten werden sorgfältig voneinander isoliert und so eingeordnet, daß sie füreinander bedeutungslos erscheinen. Dadurch wird ein Konflikt vermieden und der Status quo aufrecht erhalten. Wenn man aber in einer bedrängenden aktuellen Situation — sei es im Sprechzimmer des Arztes oder in der Gesellschaft — das Gewahrsein auf den bisher unzulänglichen Bestandteil oder auf die »bedeutungslosen« Bezüge konzentriert, dann entsteht Angst infolge Unterdrückung einer schöpferischen Vereinigung. Die Behandlungsmethode besteht darin, den Kontakt mit der aktuellen Krise immer weiter voranzutreiben, bis man den Sprung ins Unbekannte riskiert und sich mit der sich zeigenden schöpferischen Integration der Spaltung identifiziert.

5. Der Plan dieses Buches

Dieses Buch konzentriert sich auf den Versuch, eine Reihe solcher neurotischen Dichotomien in der Theorie zu interpretieren, bis hin zur Theorie des Selbst und seiner schöpferischen Tätigkeit. Wir beginnen bei Problemen primärer Wahrnehmung und Realität und gelangen über Betrachtungen menschlicher Entwicklung und Sprache zu Problemen der Gesellschaft, der Moral und der Persönlichkeit. Wir werden das Augenmerk nacheinander auf die folgenden neurotischen Dichotomien lenken, von denen einige weltweite Geltung besitzen, einige andere durch die Entwicklung der Psychotherapie aufgehoben, außerhalb ihrer aber dennoch anerkannt sind, und noch andere (natürlich) Vorurteile der Psychotherapie selbst sind.

»Körper« und »Seele«: Diese Spaltung ist noch weitverbreitet gültig, obwohl die psychosomatische Einheit bei den besten Ärzten Anerkennung genießt. Wir werden zeigen, daß es eine gewohnheitsmäßige und schließlich unbewußte Vorsichtsmaßnahme angesichts eines chronischen Notstands, vor allem der Bedrohung des organischen Lebens war, die diese lähmende Spaltung unausweichlich und fast endemisch gemacht und zu der Freudlosigkeit und Schwerfälligkeit unserer Kultur geführt hat. (Kap. 3)

Das *»Selbst«* und die *»Außenwelt«*: Diese Spaltung ist ein Glaubenssatz innerhalb der gesamten westlichen Wissenschaft. Er wird mit der vorangehenden Spaltung zusammen verkündet, aber möglicherweise mit einem stärkeren Akzent auf Bedrohungen politischer und interpersonaler Natur. Unglückseligerweise sind diejenigen, die in der Geschichte der neueren Philosophie den Widersinn dieser Teilung erwiesen haben, ihrerseits überwiegend infiziert entweder durch eine Art Mentalismus oder Materialismus. (Kap. 3 und 4)

»Emotional« (subjektiv) und *»real«* (objektiv): Diese Spaltung ist wieder ein allgemeiner wissenschaftlicher Glaubenssatz, der mit den vorigen zu einer Einheit verschmolzen ist. Er ist das Resultat der Vermeidung von Kontakt und Anteilnahme und der planmäßigen Isolierung der sensorischen und motorischen Funktionen voneinander. (In der jüngsten Geschichte der statistischen Methoden in der Soziologie werden diese Vermeidungen in den Rang einer schönen Kunst erhoben.) Wir werden zu zeigen versuchen, daß die Wirklichkeit ihrem Wesen nach Anteilnahme oder »Engagement« ist. (Kap. 4)

»Infantil« und *»reif«*: Diese Spaltung ist eine Berufskrankheit der Psychotherapie selbst; ihr Ursprung liegt in der Persönlichkeit des Therapeuten und in der sozialen Rolle der »Heilung«. Einerseits besteht eine quälende Vorbelastung durch die weit zurückliegende Vergangenheit, andererseits der verzweifelte Versuch der Anpassung an einen Standard erwachsener Realität, der die Anpassung nicht wert ist. Kindliche Wesenszüge werden aufgrund des gleichen Mangels entwertet, der die Erwachsenen abtötet; und andere Wesenszüge werden kindisch genannt, obwohl sie eigentlich Introjektionen von Neurosen Erwachsener sind. (Kap. 5)

»Biologisch« und *»kulturell«*: Diese Dichotomie, deren Eliminierung wesentlicher Forschungsgegenstand der Anthropologie ist, wurde in den letzten Jahrzehnten gerade in der Anthropologie festgeschrieben, so daß die menschliche Natur (ganz abgesehen von dem idiotischen

Rassismus der einen Seite) vollkommen relativiert und zu einem Nichts wird, als sei sie unbegrenzt modellierbar. Wir werden zu zeigen versuchen, daß dies das Ergebnis einer neurotischen Faszination durch Artefakte und Symbole sowie deren Politik und Kultur ist — als ob sie ein Eigenleben besäßen. (Kap. 6)

»Poesie« und *»Prosa«*: Diese Spaltung, die mit allen vorhergehenden aufs engste zusammenhängt, ist das Ergebnis neurotischer Ausdrucksweisen (und anderer Erfahrungen aus zweiter Hand) und, als Reaktion darauf, der Ekel vor dem Ausdruck; sie führt einige neuere Semantiker und Erfinder von Kunstsprachen und »Basic«-Sprachen dazu, die menschliche Rede zu verachten, als hätten wir genügend andere Kommunikationsmittel. Es gibt sie aber nicht, vielmehr besteht ein Mangel an Kommunikation. Universelle Begriffe werden als mechanische Abstraktionen verwendet, nicht um Einsichten damit zu formulieren. Und entsprechend wird die Poesie (und die bildende Kunst) immer isolierter und unverständlicher. (Kap. 7)

»Spontan« und *»absichtlich«*: Allgemeiner gesagt, es wird angenommen, daß Unmittelbarkeit und Inspiration besonderen Individuen in eigentümlichen emotionalen Stimmungen oder aber Partyteilnehmern unter Alkohol- oder Haschischeinfluß vorbehalten seien; sie werden nicht als Eigenschaften jeder Erfahrung anerkannt. Und entsprechend wird angenommen, planvolles Handeln strebe nach Gütern, die nicht aus einer persönlichen Laune angeeignet werden, sondern ihrerseits »gut zu etwas anderem« seien; selbst das Vergnügen wird nur als Mittel für Gesundheit und Erfolg geduldet. »Man selbst sein« gilt als unüberlegtes Handeln, als wäre alles Begehren unvernünftig; und »vernünftiges Handeln« bedeutet Zurückhaltung und Langeweile.

»Persönlich« und *»gesellschaftlich«*: Diese verbreitete Trennung ist nach wie vor der Ruin des gemeinschaftlichen Lebens. Sie ist die Wirkung und auch die Ursache unserer besonderen Technologie und Ökonomie, mit ihrer Trennung von »Job« und »Hobby« — während wir Beruf und Berufung nicht kennen — und unserer ängstlichen Bürokratie, mit ihrer angriffslustigen Politik. Es ist den Therapeuten der interpersonalen Beziehungen zugutezuhalten, daß sie diese Spaltung zu beheben versuchen; aber auch diese Schule gelangt, da sie die animalischen und sexuellen Faktoren im Feld ängstlich kontrolliert, mit der gleichen Regelmäßigkeit zu formaler und symbolischer anstatt zu wirklicher gesellschaftlicher Befriedigung. (Kap. 8 und 9)

»Liebe« und *»Aggression«*: Diese Spaltung ist seit je das Resultat der Frustration von Triebimpulsen und der Selbstvergewaltigung, welche die Feindschaft gegen das eigene Selbst richtet und eine reaktive, lei-

denschaftslose Milde überaus hoch einschätzt, wo doch nur die Befreiung von Aggressionen und der Wille zur Zerstörung der alten Situationen den erotischen Kontakt wiederherstellen können. In den letzten Jahrzehnten ist diese Bedingung dadurch noch komplizierter geworden, daß der sexuellen Liebe wieder ein hoher Wert beigemessen wurde, während gleichzeitig die verschiedenen aggressiven Triebe als antisoziale Kräfte außerordentlich negativ bewertet wurden. Die Qualität der sexuellen Befriedigung mag vielleicht an der Tatsache abgelesen werden, daß die Kriege, denen wir uns stumm ergeben, immer destruktiver und zugleich immer zornloser werden. (Kap. 8 und 9)

»Bewußt« und *»unbewußt«*: Wenn diese bemerkenswerte, durch die Psychoanalyse vervollkommnete Teilung absolut gelten würde, dann würde sie alle Psychotherapie prinzipiell unmöglich machen, denn ein Patient kann nicht über sich selbst erfahren, was für ihn nicht erfahrbar ist. (Ihm ist jedoch bewußt, oder ihm kann bewußt gemacht werden, welche Verzerrungen die Struktur seiner aktuellen Erfahrung aufweist.) Diese theoretische Spaltung geht einher mit einer Unterbewertung der Wirklichkeit von Traum, Halluzination, Spiel und Kunst und einer Überbewertung der Wirklichkeit von überlegten Reden, Gedanken und Selbstbeobachtungen; und im allgemeinen auch mit der Freudschen absoluten Trennung von »primären« (sehr frühen) Gedankenvorgänden und »sekundären« Vorgängen. Damit übereinstimmend werden das »Es« und das »Ich« nicht als sich wandelnde und gradweise verschiedene Strukturen des Selbst gesehen — das eine gilt als Extrem der Entspannung und der freien Assoziation, das andere als Extrem planvoller Organisation zum Zwecke der Identifikation —, obgleich doch in jedem Augenblick der Psychotherapie beide gegenwärtig sind. (Kap. 10 bis 14)

6. Die kontextuelle Argumentationsmethode

Die besprochenen Spaltungen sind die hauptsächlichen neurotischen Dichotomien, die wir aufzulösen versuchen wollen. Im Hinblick auf sie und andere »falsche« Unterscheidungen bedienen wir uns einer Argumentationsmethode, die auf den ersten Blick unfair erscheinen muß, die sich aber nicht umgehen läßt und als solche schon die Anwendung des Gestaltansatzes darstellt. Wir nennen sie die »kontextuelle« Methode und stellen sie unverzüglich vor, so daß der Leser sie erkennen kann, wenn wir sie anwenden.

Fundamentale theoretische Irrtümer sind ohne Ausnahme persönlichkeitsbedingt, sie sind das Ergebnis eines neurotischen Mangels an

Wahrnehmung, Gefühl und Tätigkeit. (Das ist augenfällig, denn in jeder grundsätzlichen Frage ist das Beweismaterial sozusagen »überall«, und man wird es bemerken, es sei denn, man will oder kann es nicht bemerken.) Ein fundamentaler theoretischer Irrtum ist in einem wesentlichen Sinn in der Erfahrung des Beobachters *vorgegeben.* Der Beobachter fällt das irrige Urteil in gutem Glauben; und eine rein »wissenschaftliche« Widerlegung durch Anführung gegensätzlicher Evidenz ist zwecklos, denn er kann diese Evidenz nicht mit ihrem wahren Gewicht *erfahren* — er sieht nicht, was du siehst, es entzieht sich seinen Sinnen, es scheint ihm unwichtig, er erklärt es weg usw. Da ist die einzig sinnvolle Argumentationsmethode, das ganze Umfeld des Problems ins Bild zu bekommen, einschließlich der Bedingungen der Erfahrung, des sozialen Milieus und der persönlichen »Widerstände« des Betrachters. Das bedeutet, seine Überzeugung und sein Festhalten an ihr zum Gegenstand einer Gestaltanalyse zu machen. Ein grundlegender Irrtum wird nicht widerlegt — tatsächlich ist, wie der hl. Thomas sagt, ein starker Irrtum besser als eine schwache Wahrheit — er kann nur geändert werden, wenn sich die Bedingungen der reinen Erfahrung ändern.

Unsere Methode ist also folgende: Wir weisen nach, daß der Betrachter innerhalb seiner Erfahrungsbedingungen diese Überzeugung haben *muß,* und dann ermöglichen wir, durch spielerische Bewußtmachung der einschränkenden Bedingungen, die Entstehung eines besseren Urteils (in ihm und in uns). Wir wissen wohl, daß das eine Entfaltung des Arguments ad hominem ist, sie ist nur weit offensiver, denn wir nennen nicht allein unseren Gegner einen Schurken und daher im Irrtum begriffen, sondern wir helfen ihm auch noch gnädig, seine Wege zu bessern! Wir glauben jedoch, daß wir mit dieser unfairen Kampfmethode einem Gegner mehr Gerechtigkeit widerfahren lassen, als es in der wissenschaftlichen Polemik üblich ist; denn wir sind uns von Anfang an im klaren darüber, daß ein starker Irrtum schon ein schöpferischer Akt ist und für den, der an ihm festhält, ein wesentliches Problem lösen muß.

7. Die kontextuelle Methode und die psychotherapeutischen Theorien

Wir sagen aber und wollen es auch zeigen, daß die Psychotherapie anders ist als die üblichen Vorstellungen von ihr, wir müssen also sagen, was Psychotherapie für uns ist; denn sie ist nichts anderes als ein Prozeß des Werdens. Wir müssen also in den folgenden Kapiteln, während wir mit unserer Kritik an vielen gültigen Auffassungen fortfahren, zu gleicher Zeit ständig auf viele spezielle Einzelheiten therapeu-

tischer Praxis eingehen, denn jede neugewonnene Stufe der allgemeinen Anschauung verändert Ziele und Methoden der Praxis.
Es gibt eine Beziehungskette zwischen deiner Theorie, deinem Vorgehen und dem, was du entdeckst. Das trifft natürlich für jedes Forschungsgebiet zu, es wird aber in der Polemik zwischen den psychotherapeutischen Schulen häufig übersehen, so daß man sich nicht selten der böswilligen Täuschung, wenn nicht gar der geistigen Umnachtung bezichtigt. Haltung und Persönlichkeit eines Therapeuten (einschließlich seiner eigenen Ausbildung) bedingen seine theoretische Orientierung, und seine klinische Behandlungsmethode entspringt aus seiner Haltung und seiner Theorie; aber auch die Bestätigung, die man aus der eigenen Theorie gewinnt, entspringt der angewandten Methode, denn die Methode und die Erwartung des Therapeuten schaffen teilweise die Ergebnisse, je nachdem, wie der Therapeut selbst als Lernender orientiert worden ist. Und ferner muß diese Beziehung wiederum im sozialen Kontext der Auswahl von Patienten gesehen werden, die jede Schule als Beobachtungsmaterial an sich zieht, sowie der verschiedenen Heilverfahren und der eigenen Haltung in bezug auf die soziale Bewertung »akzeptablen« Verhaltens und erreichbaren Glücks. All das liegt in der Natur der Sache, und es empfiehlt sich eher, dies zu akzeptieren, als es zu beklagen oder zu verdammen.
Einige Theorien und Techniken erkennen wir in diesem Buch durchaus als leistungsfähig an: Sie sind im Gesamtfeld von Bedeutung, und sie müssen, mögen sie ihren jeweiligen Verfechtern noch so unvereinbar erscheinen, dennoch zu vereinen sein, wenn man — durch gegenseitige Anerkennung und offenen Meinungsstreit — ihre Synthese sichtbar werden läßt. Wir können es nicht so sehen, daß die fähigsten Kämpfer entweder dumm oder verlogen sein müssen; und da wir in ein und derselben Welt arbeiten, muß irgendwo eine schöpferische Einheit existieren. Tatsache ist, daß es im Laufe der Behandlung häufig notwendig ist, den Ansatz zu verlagern, vom Charakter zur Muskelspannung, von da zum Sprachverhalten, dann zur emotionalen Verbindung mit dem Traum und wieder zurück. Wir sind der Überzeugung, daß es möglich ist, ein zielloses Kreisen zu vermeiden, wenn man sich, gerade mittels der Zulassung aller Ansätze — um der Vielfalt des Kontextes willen — konzentriert auf die Struktur von Figur und Hintergrund und dem Selbst offene Chancen verschafft, nach und nach das Selbst zu integrieren.

Als Beispiele fortschreitender Integration werden wir häufig Künstler und Kunstschaffen sowie Kinder und kindliches Spiel anführen.
Die Berufungen auf Künstler und Kinder in der psychoanalytischen Literatur sind auf amüsante Art willkürlich. Einerseits werden diese Gruppen unterschiedslos als »spontan« hervorgehoben, und Spontaneität gilt als der innere Kern der Gesundheit; in einer erfolgreichen therapeutischen Sitzung ist das Kennzeichen heilender Einsicht die Spontaneität. Andererseits werden die Künstler als überaus neurotisch angesehen, und die Kinder — sind eben infantil. Überdies steht die Psychologie der Kunst seit je in einer problematischen Beziehung zu den anderen psychoanalytischen Theorien — sie erscheint auf merkwürdige Weise bedeutungsvoll und gleichzeitig rätselhaft: Wieso ist der Traum des Künstlers von jedem anderen unterschieden? Und warum ist die bewußte Planung des Künstlers wertvoller als irgendwelche anderen bewußten Planungen?
Die Lösung des Rätsels ist verhältnismäßig einfach. Das Wichtigste an der Psychologie der Kunst ist nicht der Traum oder das kritische Bewußtsein — es liegt (wo die Psychoanalytiker es nicht suchen) in der konzentrierten Wahrnehmung und in der spielerischen Nutzung des materiellen Mediums. Hellwache Wahrnehmung und Spiel mit dem Medium bilden den Kern der künstlerischen Arbeit; so akzeptiert der Künstler seine Träume und benutzt seine kritische Überlegung — und er verwirklicht eine gegenständliche Gestalt spontan. Der Künstler ist dessen *gewahr,* was er tut — wenn es getan ist, kann er dir jeden einzelnen Schritt zeigen; er ist sich seiner Arbeit nicht unbewußt, aber er arbeitet auch nicht allein mit bewußter Planung. Sein Gewahrsein ist in einer Art mittlerem Modus (s. S. 164 ff.), weder aktiv noch passiv; es übernimmt die Bedingungen, es tut die Arbeit, und es *wächst* der Lösung entgegen. Und genauso ist es bei Kindern: Ihre hellwache Wahrnehmung und ihr freies, scheinbar zielloses Spiel lassen die Energie spontan fließen und zu so zauberhaften Erfindungen gelangen.
In beiden Fällen wirken als Sinnesantrieb die Integration, die Bejahung des Impulses und der wache Kontakt mit neuem Umweltmaterial, aus denen wertvolle Arbeit erwächst. Das sind aber doch ziemliche Sonderfälle. Kunstwerke und Kinderspiele verbrauchen wenig Sozialvermögen und ziehen nicht notwendig zerstörerische Konsequenzen nach sich. Kann dieser Zwischenmodus von Bejahung und Wachsen auch im Erwachsenenleben in »ernsteren« Bezügen funktionieren? Wir meinen, ja.

9. Schöpferische Anpassung: allgemein

Wir meinen, daß das freie Wechselspiel der Fähigkeiten, solange es sich auf eine aktuelle Angelegenheit konzentriert, nicht ins Chaos oder in Wahnphantasien, sondern vielmehr zu einer Gestalt gerät, die ein reales Problem bewältigt. Wir meinen, daß das an schlagenden Beispielen wieder und wieder bewiesen werden kann (und daß, bei genauer Analyse, nichts anderes bewiesen werden kann). Aber genau diese simple Möglichkeit weigern sich der moderne Mensch und die moderne Psychotherapie in Betracht zu ziehen. Statt dessen entsteht das Kopfschütteln und das ängstliche Bedürfnis, sich besonnen und dem »Prinzip der Realität« verpflichtet zu zeigen. Das Ergebnis solch gewohnheitsmäßiger Besonnenheit ist, daß wir immer weniger in Kontakt mit unserer gegenwärtigen Situation sind, denn die Gegenwart ist immer neu; und ängstliche Besonnenheit ist nicht gefaßt auf Neues — sie verläßt sich auf irgend etwas anderes, etwa die Vergangenheit. Und sind wir nicht mehr in Berührung mit der Wirklichkeit, dann verfehlen unsere ungestalten Gefühlsausbrüche leicht ihr Ziel (wenn auch nicht unbedingt ärger, als unsere Besonnenheit ihres verfehlt!); und so entsteht dann die Ablehnung der Möglichkeit kreativer Spontaneität, die als unrealistisch abgetan wird.
Ist man aber mit Bedürfnissen und Gegebenheiten in Kontakt, dann wird im selben Augenblick deutlich, daß die Wirklichkeit nicht starr und unveränderlich ist, sondern zur Erneuerung bereit; und je spontaner man alle Kräfte der Erkundung und des Zugriffs ausspielt, ohne irgend etwas zurückzuhalten, desto lebensfähiger wird sich die Erneuerung erweisen. Jeder mag da an seine *besten* Einfälle denken — in Arbeit oder Spiel, Liebe oder Freundschaft — und mag sehen, ob es da nicht genauso war.

10. Schöpferische Anpassung: »organische Selbstregulierung«

Im Hinblick auf den organischen Körper hat es in neuester Zeit einen begrüßenswerten Wandel in der Theorie gegeben. Viele Therapeuten sprechen jetzt von der »organischen Selbstregulierung« und meinen damit, es sei nicht notwendig, die Impulse Appetit, Sexualität usw. im Interesse der Gesundheit oder Moral zu reglementieren, zu ermutigen oder zu unterdrücken. Wenn diese Dinge sich selbst überlassen wären, dann würden sie sich spontan selbst regulieren und im Falle einer Störung selbst für deren Beseitigung sorgen. Aber die Vorstellung einer noch vollständigeren Selbstregulierung aller seelischen Lebensbereiche, auch der Kultur und der Bildung, der Aggression und der Wahl einer

interessanten Arbeit, mitsamt dem freien Spiel der Halluzinationen, wird abgelehnt. Die Vorstellung, daß diese Dinge, wären sie sich selbst überlassen, im Kontakt mit der jeweiligen Gegenwart sich auch noch in ihrer schon ständig gestörten Ausprägung selbst heilen und zu etwas Wertvollem entwickeln könnten, erzeugt Angst und wird als eine Art von Nihilismus abgewehrt. (Wir wiederholen aber: Diese Vorstellung ist überraschend alt; denn sie ist nichts anderes als der alte Rat des Tao: Geh aus dem Wege.)
Statt dessen weiß jeder Therapeut — woher eigentlich? — was die »Realität« ist, der der Patient sich anpassen sollte, oder was die »Gesundheit« oder die »menschliche Natur« ist, die der Patient verwirklichen müßte. Woher weiß er das? Es ist nur allzu wahrscheinlich, daß mit dem »Realitätsprinzip« die bestehenden gesellschaftlichen Regeln gemeint sind, die zunächst introjiziert werden und dann in Form von unwandelbaren menschlichen und gesellschaftlichen Gesetzen Auferstehung feiern. Wir sagen *gesellschaftliche* Regeln, denn man kann beobachten, daß im Hinblick auf physikalische Phänomene kein gleiches Bedürfnis nach Anpassung besteht; daß vielmehr die Physiker überall Hypothesen aufstellen, Experimente machen, scheitern oder Erfolge zeitigen, ganz ohne irgendwelche Schuldgefühle oder Furcht vor der »Natur«; und daß sie auf diese Weise geniale Maschinerien erfinden, die sich die Elemente zunutze machen oder sie sogar unverantwortlich aufrühren.

11. Schöpferische Anpassung: die Funktion des »Selbst«

Wir sprechen von der kreativen Anpassung als von der wesentlichen Funktion des Selbst (oder besser: das Selbst *ist* das System kreativer Anpassungen). Wenn aber die schöpferischen Funktionen der Selbstregulierung, der Öffnung für das Neue, der Zerstörung und Reintegration von Erfahrungen — wenn diese Arbeit für nichtig erklärt wird, dann ist nicht viel übrig für die Errichtung einer Theorie vom Selbst. Und so hat es sich auch erwiesen. In der psychoanalytischen Literatur ist die Theorie vom Selbst oder vom Ich regelmäßig das schwächste Kapitel. In diesem Buch entwerfen wir eine neue Theorie vom Selbst oder vom Ich, indem wir die kraftvolle Arbeit der schöpferischen Anpassung gerade nicht annullieren, sondern sie vielmehr hervorheben. Der Leser wird schon darauf kommen, wenn es soweit ist. Hier wollen wir weiter zeigen, was es in der therapeutischen Praxis ausmacht, ob das Selbst aus einem wirkungslosen »Bewußtsein« und einem unbewußten Ich besteht, oder ob es ein erfinderischer Kontaktmacher ist.

a) Der Patient kommt und bittet um Hilfe, weil er sich selbst nicht helfen kann. Wenn nun das Selbstgewahrsein des Patienten träg, nichts weiter als das Bewußtsein davon ist, was geschieht — was aber für seine Gemütsruhe nichts bedeutet, wenn man einmal davon absieht, daß er immerhin selbst gekommen ist —, dann besteht die Rolle des Patienten darin, etwas an sich machen zu lassen; er wird nur gebeten, nicht zu stören. Wenn aber dagegen das Selbstgewahrsein eine integrative Kraft ist, dann ist der Patient von Anfang an ein aktiver Partner in der Arbeit, ein Lehrling der Psychotherapie. Und das Gewicht verlagert sich von dem ganz bequemen Gefühl, er sei ja krank, zu dem Gefühl, daß er dabei sei, etwas zu lernen; denn wie jetzt erkennbar ist, ist die Psychotherapie eine Humanwissenschaft, eine Entwicklung der Sokratischen Dialektik. Und der Behandlungskontrakt ist nicht der, möglichst viele Komplexe aufzulösen oder gewisse Reflexe freizusetzen, sondern vielmehr, in der Fertigkeit des Selbstgewahrseins einen Entwicklungsstand zu erreichen, wo der Patient ohne Hilfe weitermachen kann — denn hier gilt, wie überall sonst in der Medizin: natura sanat non medicus, nur das eigene Selbst kann sich (in seinem Umweltfeld) selbst heilen.

b) Das Selbst findet und erschafft sich nur in seiner Umwelt. Ist der Patient ein aktiv experimentierender Partner in der Sitzung, dann wird er diese Haltung auch nach draußen tragen und schnellere Fortschritte machen, denn das Umweltmaterial ist viel interessanter und vordringlicher. Auch ist das nicht gefahrdrohender, sondern tatsächlich ungefährlicher, als wenn er da draußen passiv den Stimmungen unterworfen ist, die in ihm hochkommen.

c) Ist das Selbstgewahrsein kraftlos und nichts als der Reflex auf das unbewußte Ich, dann ist schon der Versuch des Patienten, mitzuarbeiten, hinderlich; und also werden in der üblichen Charakteranalyse die Widerstände »angegriffen«, die »Abwehrmechanismen« aufgelöst und so weiter! Ist aber dagegen das Gewahrsein kreativ, dann werden gerade die Widerstände und Abwehrmechanismen — die in Wahrheit Gegenangriffe und Aggressionen gegen das Selbst sind — als aktiver Ausdruck von Leben gewertet, wie neurotisch sie im Gesamtbild auch immer sein mögen [1]. Anstatt sie aufzulösen, nimmt man sie ernst und begegnet ihnen daher direkt: Der Therapeut lehnt es ab — im Einklang mit seinem Selbstgewahrsein —, sich langweilen zu lassen, eingeschüchtert zu

[1] Ranks Gegenwille, negativer Wille.

werden, Schmeicheleien zu hören oder was sonst; dem Zorn begegnet er mit einer Aufklärung von Mißverständnissen oder manchmal mit Verteidigungen oder, wenn die Wahrheit der Situation es verlangt, mit Zorn; dem Trotz begegnet er mit Ungeduld auf dem Hintergrund einer größeren Geduld. Auf diesem Wege kann das Unbewußte Vordergrund werden, so daß seine Struktur erfahrbar wird. Das ist etwas anderes, als die Aggressionen zu »attackieren«, die der Patient noch gar nicht fühlt, und sie, wenn sie eine Winzigkeit gefühlter Realität erlangen, wegzuerklären als »negative Übertragung«. Soll der Patient denn nie eine Chance bekommen, seine Wut und seinen Eigensinn offen herauszulassen? Wenn er aber einmal seine Aggressionen in einer realen Umgebung herauszulassen wagt und eine normale Reaktion erfährt, ohne daß das Dach auf ihn niederstürzt, dann wird er sehen, was er tut, und sich erinnern, wo seine wirklichen Feinde sind; und die Integration schreitet fort. Darum also bitten wir den Patienten auch nicht, sich nicht zu kontrollieren, sondern vielmehr, sich darauf zu konzentrieren, *wie* er sich kontrolliert, wie er sich zurückzieht, in Schweigen versinkt, mit welchen Muskeln, Bildern oder Ausblendungen. Dadurch wird ihm eine Brücke gebaut, auf der er anfangen kann, sich in seinem aktiven Verdrängungsprozeß zu fühlen; und dann kann er selbst anfangen, die Verdrängung zu lockern.

d) Ein ungeheures Maß an Energie und früherer kreativer Entscheidung ist in die Widerstände und Verdrängungen investiert worden. Die Widerstände zu umgehen oder zu »attackieren« bedeutet also, daß der Patient am Ende unvollständiger sein wird als am Anfang, als er kam, wenn er vielleicht auch in gewisser Hinsicht freier sein wird. Läßt man aber die Widerstände im Experiment real werden, läßt man sie agieren und in direkte Berührung kommen mit allem, was im Patienten oder in der Therapie verdrängt wird, dann entsteht anstelle der Vernichtung die Möglichkeit einer Entscheidung.

e) Ist das Selbstgewahrsein träg, dann ist auch das Leiden des Patienten ohne Sinn und kann genausogut mit Aspirin beseitigt werden, während der Arzt ihn weiter in seiner Passivität bestätigt. Und tatsächlich werden, teilweise aufgrund dieser Theorie, Widerstände rasch aufgelöst, um nämlich den Schmerz des realen Konfliktes zu umgehen, damit der Patient sich nicht in Stücke reißt. Leiden aber und Konflikt sind weder bedeutungslos noch unnötig: Sie zeigen die Zerstörung an, die in jeder Figur/Hintergrund-Struktur eintritt, damit die neue Figur auftauchen kann. Dies bedeutet nicht das Verschwinden des alten Problems, sondern seine *Lösung;* gerade die mit dem Problem verbundenen Schwierigkeiten bereichern die Lösung, und neues Material wird mit eingebaut — genau wie ein großer Forscher vor den seiner Theorie unangenehm zuwiderlaufenden Tatsachen nicht die Augen verschließt, sondern sie vielmehr aufsucht, um seine Theorie zu erweitern und zu vertiefen. Der Patient wird nicht dadurch geschützt, daß seine Schwierigkeiten verringert werden, sondern dadurch, daß sie für ihn in einer Umgebung fühlbar werden, in der seine Fähigkeiten und der kreative Elan ebenso fühlbar sind. Versucht der Therapeut aber, den Widerstand, das Symptom, den Konflikt, die Perversion, die Regression aufzulösen, anstatt den Raum des Gewahrseins und des Risikos zu erweitern und das Selbst seine eigene schöpferische Synthese ausleben zu lassen — dann bedeutet das, und das muß gesagt werden, daß der Therapeut in göttlicher Überlegenheit das eine oder andere menschliche Material für unwürdig hält, ein vollständiges Leben wiederzugewinnen.

f) Schließlich muß, unabhängig von jeder Theorie des Selbst, der Patient so, wie er aus eigenem Antrieb gekommen ist, am Ende aus eigenem Antrieb auch wieder gehen. Das gilt für jede Therapie. Ist während der Behandlung die Vergangenheit des Patienten wiederentdeckt worden, muß er sie schließlich als seine eigene Vergangenheit annehmen. Hat er sich in seinem interpersonalen Verhalten angepaßt, dann muß er selbst der Handelnde werden. Ist sein Körper dahin gebracht worden, lebendig zu reagieren, dann muß der Patient fühlen, daß er es ist, nicht nur sein Körper, der so reagiert. Wo aber kommt dieses kraftvolle Selbst mit einem Male her? Taucht es auf, als erwache es aus hypnotischer Trance? Oder war es nicht schon immer da, kam zur Sitzung, redete oder fiel in Schweigen, machte die Übungen oder lag starr da? Da es de facto schon so viel Kraft im Laufe des Geschehens eingesetzt hat, ist es nicht de jure einleuchtend, daß ein wenig Aufmerksamkeit auch seinen gesunden Tätigkeiten wie Kontakt, Gewahrsein, Zugreifen, Leiden, Auswahl usw. gewidmet wird, so wie sie dem Körper, dem Charakter, der Geschichte, dem Verhalten ununterbrochen zuteil wird? Die letzteren sind für den Therapeuten unverzichtbare Mittel, um Bereiche engeren Kontakts zu finden, aber das Selbst allein kann sich auf die Struktur des Kontaktes konzentrieren.

Wir haben versucht zu zeigen, wie anders sich unser Ansatz in der allgemeinen Anschauung und in der therapeutischen Haltung ausnimmt. Dieses Buch ist Theorie und Praxis der Gestalttherapie, Wissenschaft und Technik der Figur/Hintergrund-Struktur im Organismus/Umwelt-Feld. Wir sind der Überzeugung, daß es in der klinischen Praxis wertvoll sein kann. Mehr noch, wir vertrauen darauf, daß das Buch vielen Menschen nützlich sein wird, um sich selbst und einander zu helfen.

Vor allem aber hoffen wir, daß es für uns alle einige nützliche Einsichten in Richtung auf eine schöpferische Veränderung in unserer gegenwärtigen Krise bereithalten wird.
Denn unsere gegenwärtige Situation muß, in welche Lebenssphäre man auch immer blickt, als ein Feld schöpferischer Möglichkeiten betrachtet werden, oder sie ist schlechtweg unerträglich. Die meisten Menschen scheinen sich mit Hilfe von Desensibilisierung und Verdrängung ihrer wunderbaren menschlichen Kräfte einzureden oder einreden zu lassen, daß sie erträglich oder gar gut sei. Sie scheinen, nach dem Grad ihres Engagements zu urteilen, eine »Realität« erträglich zu finden, an die sie sich mit einem gewissen Maß an Zufriedenheit anpassen können. Dieser Glückspegel ist aber zu niedrig, er ist schandbar niedrig; man schämt sich unserer Menschheit. Aber glücklicherweise ist das, was sie für die Wirklichkeit hält, überhaupt nicht die Wirklichkeit, vielmehr eine trostlose Illusion. (Und wozu zum Teufel ist eine Illusion gut, wenn sie noch nicht einmal Trost spendet!)
Die Sache ist die, daß wir in einem chronischen Notstand leben und daß fast alle unsere Kräfte, Liebe, Verstand, Ärger und Empörung verdrängt oder eingeschläfert worden sind. Die, die schärfer sehen, intensiver fühlen und kühner handeln, verzehren sich überwiegend selbst und leiden, denn es ist unmöglich, daß irgendeiner glücklich sein kann, bevor wir nicht alle glücklich sind. Lassen wir uns aber ein auf diese schlimme Situation, dann hält sie auch eine schöpferische Möglichkeit bereit.

II

Realität, Menschennatur, Gesellschaft

3

»Seele«, »Leib« und »Außenwelt«

1. Die Situation des guten Kontaktes

Vom Standpunkt der Psychotherapie gibt es bei gutem Kontakt — d. h. einer klaren, leuchtenden Figur, die vom Hintergrund mit Energie gespeist wird — kein besonderes Problem in Hinsicht auf die Beziehungen von »Seele« und »Leib« oder »Selbst« und »Außenwelt«. Es gibt natürlich eine Anzahl von Einzelproblemen und Beobachtungen hinsichtlich besonderer Funktionen, so z. B. die Frage, wie das Erröten und das Zusammenpressen der Kiefer und der Hände als Funktion mit einem gewissen Ärgergefühl verbunden sind, und wie dieses Gefühl und dieses Verhalten wiederum funktional mit der Zerstörung eines frustrierenden Hindernisses zusammenhängen. Aber in solchen Fällen wird der Gesamtzusammenhang schnell akzeptiert, und es ist nur eine Frage der Klärung der Beziehungen der Teile untereinander; in dem Maße, wie die Klärung im einzelnen fortschreitet, werden die Bande der Beziehungen wieder fühlbar und leicht akzeptiert.

Diese Spaltung, die ein sonderbares »psychosomatisches Problem« oder ein »Außenweltproblem« mit sich bringt, galt in der Antike noch nicht. Aristoteles spricht von vegetativen Funktionen, Wahrnehmungen und Antrieben als den Haupthandlungsarten der Seele und verknüpft sie im Fortgang als »identisch in der Handlungsart« mit der Natur der Nahrung, den Objekten der Wahrnehmung usw.[1] Für die moderne Psychologie zitiere ich Köhler: »Der Gesamtprozeß wird determiniert durch die intrinsischen Eigenheiten der Gesamtsituation; sinnvolles Handeln kann als eine Sache der Organisation angesehen werden, und das wiederum trifft auch für bestimmte Sinneswahrnehmungen zu. Für den Prozeß ist Bewußtsein nur von sekundärer Bedeutung.«[2] Oder, um einen anderen Gestalttheoretiker zu zitieren: »Man stelle sich einen Tanz voller Anmut und Freude vor. Was ist die Situation dieses Tanzes? Haben wir eine Summe aus *physischen* Gliederbewe

---

[1] Das antike platonische Problem der Seele im Leib und der Welt ist nicht das heutige Problem, wenngleich es ähnlich neurotisch ist. Das gleiche kann von dem theologischen Leib-Geist-Dilemma gesagt werden.

[2] Wir bezweifeln, daß das Bewußtsein für die Analyse irgendeiner Einheit »nur von sekundärer Bedeutung ist«, aber wir geben das Zitat wegen seiner Grundhaltung wieder.

gungen und *psychischem* Bewußtsein? Nein. Man findet viele Prozesse, die in ihrer dynamischen Form identisch sind, ungeachtet der Variationen im materiellen Charakter ihrer Elemente.« (Wertheimer) [3]
Für einen Therapeuten jedoch erwächst aus der Erkenntnis, daß diese besonderen Probleme nicht existieren, unmittelbar eine andere, dazugehörige Frage: Wie kam es dazu, daß ein solches nicht existierendes Problem so lange und von so vielen gutgläubigen Menschen als wesentliches Problem empfunden wurde? Denn grundlegende Spaltungen dieser Art sind, wie gesagt, nie einfache Irrtümer, die durch Anführung neuer Tatsachen korrigiert werden könnten, sie sind vielmehr selbst schon *vorgegeben* in der Tatsache der Erfahrung.

2. Freud und diese »Probleme«

Freuds psychoanalytische Theorie steht in der Mitte zwischen der früheren Auffassung, die diese Probleme fälschlich als besonders schwierig einschätzte, und der Auflösung dieser Probleme durch verschiedene moderne Theorien.
Freud schrieb in einer langen Tradition (die er verlegen bejahte, indem er sie nicht erwähnte) der Spaltung von »Seele« und »Leib«, »Selbst« und »Wirklichkeit«. Die Tradition brachte mannigfaltige Entwürfe für die Überwindung dieser Spaltung hervor, z. B. den psycho-physischen Parallelismus, die prästabilierte Harmonie, die Reduktion des Bewußtseins auf eine Begleiterscheinung (Epiphänomen) bzw. die Reduktion der Materie auf eine Illusion, die Konstruktion beider aus einem neutralen Stoff oder (unter den Laboratoriumspsychologen) die Weigerung, die Introspektion überhaupt als Methode oder als Forschungsgegenstand anzuerkennen.
Dieser Diskussion fügte Freud die berühmte Erweiterung hinzu, daß die Seele, gleich einem Eisberg, nur zu einem kleinen Teil an die Oberfläche trete und bewußt sei, zu neun Zehnteln aber verborgen und unbewußt bleibe. Diese Erweiterung vermehrt zunächst nur die Schwierigkeiten, denn nun müssen wir nicht zwei, sondern drei Dinge in Beziehung sehen, das Bewußt-Seelische, das Unbewußt-Seelische und den Körper.
Definiert man »Seele« mit den Begriffen der Introspektion, dann ist »das Unbewußt-Seelische« verwirrend; wenn aber, wie Freud mit Sicherheit meinte, das Unbewußte logisch unabhängig vom Bewußten oder ihm zeitlich vorgeschaltet ist, dann haben wir ein drittes Element,

[3] Zitate aus Willis D. Ellis: *A Source Book of Gestalt Psychology.* Routledge & Kegan Paul, 4. Aufl. London 1969.

das seiner Natur nach einer direkten Beobachtung unzugänglich ist. Hier aber hat, wie es immer geschieht, die größere Komplexität aufgrund praktischer Dringlichkeit (in diesem Fall der Dringlichkeit der Medizin) das Problem letztendlich vereinfacht, d. h. die wesentlichen funktionalen Beziehungen an den Tag gebracht. Warum benannte Freud das Unbewußt-Seelische überhaupt und überließ das Nicht-Bewußte nicht einfach dem Physischen, wie es in der voraufgegangenen Psychiatrie üblich war? (Und er mußte sogar, um die Neurologen zufriedenzustellen, die Theorie der »körperlichen Bereitschaft« aufstellen, d. h. einer körperlichen Befindlichkeit, die die Seele dahin beeinflußt, etwas von ihrem Gehalt in das Unbewußte hinein abzugeben — so daß er nun nicht mehr nur drei, sondern vier Elemente hatte.) Es war so, daß die Auswirkungen des »Unbewußten« auf Seele und Körper alle Eigenschaften hatten, die üblicherweise dem Seelischen zugeschrieben werden: Sie waren zweckvolle, sinnvolle, planvolle symbolische Organisationen von Erfahrungen, sie waren alles, nur nicht bewußt. Mehr noch, wenn der unbewußte Gehalt dem Bewußtsein wieder zugänglich wurde, änderte sich die bewußte Erfahrung, als wären allgemein unbeachtete, aber offensichtlich seelische Gehalte, wie z. B. Erinnerungen und Angewohnheiten, im Spiel. So hatte Freud schließlich *fünf* Klassen: das Bewußt-Seelische, das Vorbewußt-Seelische (Erinnerungen usw.), das Unbewußt-Seelische, die körperliche Bereitschaft und die Körperlichkeit. Das Bewußte waren die Intentionen, die der Introspektion offen waren; das Vorbewußte waren unbeachtete Intentionen, die aber bewußt werden konnten, wenn sie beachtet wurden, wobei der Beachtungsvorgang eine Kraft des Bewußtseins war; das Unbewußte waren Intentionen, die durch keinen bewußten Akt des Selbst bewußt werden konnten (und da kam der Psychotherapeut auf den Plan, ausgerüstet mit seiner eigentümlichen Macht, etwas prinzipiell Unerfahrbares in der Tat erfahrbar zu machen); die körperliche Bereitschaft und das Körperliche waren keine Intentionen.

3. Der Kontrast zwischen Psychoanalyse und Gestalttheorie bei diesen »Problemen«

Diese unsinnig ausgedehnte Kette indes hat die Psychoanalyse seit je und immer stärker befähigt, ein funktionierendes Ganzes, d. h. guten Kontakt herzustellen, und das wiederum führt einen fühlbaren Zusammenhang herbei, in dem die Teile zusammenhängen.
Formal gesehen ist Freuds Begriff des Unbewußt-Seelischen nicht notwendig. In der physikalischen und psychologischen Gestalttheorie sehen wir sinnvolle Ganzheiten in der gesamten Natur, in physischen und in

bewußten Funktionen, im Körper und in der Seele. »Sinnvoll« bedeutet hier, daß das Ganze die Teile erklärt; und sie sind zweckvoll, d. h. innerhalb der Teile ist eine Tendenz zur Vervollständigung des Ganzen sichtbar. Ganz unabhängig vom Bewußtsein entstehen solche intentionalen Einheiten formal gleichartig in jedem Moment, bei der Wahrnehmung und im Verhalten, und damit sind die Voraussetzungen geschaffen, um von »Symbolen« sprechen zu können. (Genaugenommen prägte Freud den Begriff des Unbewußt-Seelischen in der Auseinandersetzung mit dem Vorurteil der zeitgenössischen Neurologie, die assoziationistisch und mechanistisch war.)

Aber das eigentliche psychosomatische Problem sowie auch das Problem der »Außenwelt« werden durch so formale Betrachtungen nicht beseitigt. Bei ihnen geht es um so klare Tatsachen wie: »Ich werde meine Hand ausstrecken und ich strecke sie aus und da ist sie«, oder »Ich öffne meine Augen, und die Szene ist entweder nur mein Eindruck oder sie ist wirklich da« und so weiter. Da ist die Frage nicht nach der Art der Einheiten, sondern nach der Beziehung zwischen Einheiten des Bewußtseins zu anderen Einheiten. Und diese Frage vermeiden die Gestalttheoretiker, die in Wahrheit — trotz ihres ständigen Rückgriffs auf die höchst bewußte Funktion der »Einsicht« — dazu neigen, das Bewußtsein und die Seele ganz allgemein als verwirrendes »Epiphänomen«, als »sekundär« oder unbedeutend beiseite zu lassen. Es ist, als seien sie durch ihre eigene Attacke gegen das mechanistische Vorurteil so verunsichert, daß sie sich unablässig von dem Vorwurf reinigen müßten, sie seien »Idealisten« oder »Vitalisten«.

Was die Besonderheit dieser problematischen Beziehungen ausmacht, das ist das *vorhandene* Gefühl der fehlenden Verbindung und des »Nicht-Ich« in der Erfahrung von Selbst und Welt. Und genau das ist es, was die Psychotherapie mit großer Kraft angegriffen hat. Wir wollen den Ursprung dieses Gefühls untersuchen und zeigen, wie es schließlich zu den irrigen Theorien geführt hat.

4. Kontaktgrenze und Bewußtsein

Jeder Kontaktvorgang ist eine Einheit als Wahrnehmung, Bewegungsreaktion und Gefühl — ein Zusammenwirken der Sinne, der Muskulatur und des vegetativen Systems — und Kontakt geschieht an der Oberflächengrenze *im* Organismus/Umwelt-Feld.

Wir bezeichnen das so umständlich, weil wir nicht sagen wollen: »an der Grenze zwischen Organismus und Umwelt«; denn die Definition eines Lebewesens bezieht, wie bereits ausgeführt, seine Umwelt mit ein:

Es ist sinnlos, einen Atmenden ohne die Luft zu definieren oder einen Gehenden ohne die Schwerkraft und den Boden oder einen Zornigen ohne den Gegenstand seines Zorns, usw.; das läßt sich fortsetzen für alle Funktionen des Lebens. Die Definition eines Organismus ist die Definition eines Organismus/Umwelt-Feldes; und die Kontaktgrenze ist sozusagen das spezifische Organ für das Gewahrsein der neuen Situation im Feld, im Unterschied z. B. zu den inneren, »organischen« Organen des Stoffwechsels oder des Kreislaufs, die konservativ, d. h. ohne Bedürfnis nach Bewußtheit, Planung, Auswahl oder Vermeidung von »Neuem« funktionieren. Bei einer verwurzelten Pflanze, einem Feld also aus Organismus, Erde, Luft usw., ist dieses Eingebettetsein der Kontaktgrenze ziemlich einfach zu sehen: die osmotische Membran ist das *Organ der Interaktion* von Organismus und Umwelt, wobei beide Teile deutlich aktiv sind. Bei einem beweglichen und komplizierteren Lebewesen ist es genauso, aber gewisse Wahrnehmungstäuschungen lassen dies schwerer erkennen [4]. (Die Verwirrung wurzelt hier tief in unserer Sprache. Man betrachte da nur die Konfusion der üblichen philosophischen Sprache auf diesem Gebiet, bei den Begriffen »innen« und »außen«. »Innen« bedeutet »innerhalb der Haut«, »außen« also »außerhalb der Haut«. Die aber von der »Außenwelt« sprechen, wollen den Körper als Teil der Außenwelt einbeziehen, und dann bedeutet »innen« »innerhalb der Seele«, d. h. innerhalb der Seele, aber nicht innerhalb des Körpers.)

Wie also Freud und vor allem William James ausführten, ist das Bewußtsein das Resultat einer Verzögerung der Interaktion an der Grenze. (James meinte natürlich den unterbrochenen Reflexbogen, aber wir wollen uns hier gestalttheoretisch ausdrücken.) Wir können jetzt erkennen, daß das Bewußtsein funktional ist. Denn solange die Interaktion an der Kontaktgrenze relativ einfach ist, ist wenig Bewußtheit, wenig Reflexion, wenig motorische Anpassung und wenig Planung vorhanden; wird sie aber schwierig und differenziert, dann ist erhöhtes Bewußtsein da. Wachsende Vielfalt der Sinnesorgane bedeutet die Notwendigkeit der Wahl, in dem Maße, wie ein Lebewesen mobiler wird und sich mehr Neuem aussetzt. Wir können uns also angesichts der wachsenden Vielfalt die Entwicklungsreihe vorstellen: Phototropismus wird bewußtes Sehen, und das wieder wird zu planvoller Aufmerksam-

[4] Die Täuschung liegt, um es zu wiederholen, einfach darin, daß das Bewegtere mehr Beachtung auf sich zieht als der unbewegliche Hintergrund und das Kompliziertere mehr beachtet wird als das vergleichsweise Primitive. An der Grenze aber geht die Interaktion immer von beiden Seiten aus.

keit; oder aus Osmose wird Essen, und das wird zu bewußter Nahrungsaufnahme.

5. Die Tendenz zur Vereinfachung im Feld

Diese Reihe bedeutet im Endeffekt eine Vereinfachung der Organisation im Organismus/Umwelt-Feld, nämlich die Vollendung seiner unvollständigen Situationen. Wir wollen diese interessante Kontaktgrenze nun genauer betrachten.

Da sie eine Grenze der Interaktion ist, sind ihr Wahrnehmungsvermögen, ihre Bewegungsreaktion und ihr Gefühl sowohl zur Umweltseite wie zur Organismusseite gerichtet. Neurologisch ausgedrückt hat sie Rezeptoren und Propriozeptoren. Aber im *Akt* des Kontaktes gibt es nur ein einziges Ganzes aus wahrnehmungschaffender Bewegung voller Gefühl. Es ist nicht so, daß eine Eigenwahrnehmung, z. B. daß man durstig sei, als Signal dient, das registriert wird, an die Wasser-Wahrnehmungsabteilung weitergeht usw., vielmehr ist das Wasser *im gleichen Akt* als klar angestrebte Sehnsucht mit gegeben oder seine Abwesenheit als ärgerlich-problematisches Vermissen.

Wenn du dich konzentrierst auf eine so »dichte« Wahrnehmung wie das Schmecken, dann ist es ganz klar, daß der Geschmack des Essens und das Schmecken deines Mundes gleich sind; und daher ist diese Wahrnehmung nie gefühlsneutral, sondern stets angenehm oder unangenehm, wobei Fadheit zu den unangenehmen Gefühlen gerechnet werden kann. Oder denk an die Geschlechtsteile in der Vereinigung: Gewahrsein, Bewegung und Gefühl sind als Einheit vorhanden. Denken wir aber an das Sehen, wenn eine Distanz gegeben und die Szene uninteressant ist, dann ist die Einheit weniger augenfällig; dennoch, sobald wir uns auf die ovale Feldansicht konzentrieren, in der die Dinge als »meine Sicht« erscheinen, dann wird das Sehen ganz dicht zu »meinem Sehen« (wobei wir oft merken, daß wir starren), und die Szene beginnt eine ästhetische Qualität zu bekommen.

Das Streben nach der einfachsten Feldstruktur heißt Interaktion an der Kontaktgrenze der Spannungen zwischen Organismus und Umwelt, bis ein relatives Gleichgewicht erreicht worden ist. (Verzögerung — Bewußtsein — ist die Schwierigkeit bei der Beendigung des Prozesses.) Man beachte, daß in diesem Prozeß die sog. afferenten Nerven weit davon entfernt sind, rein rezeptiv zu wirken; sie langen hinaus — das Wasser wird klar und lebhaft gesehen, wenn man durstig ist; sie reagieren nicht auf einen Impuls, sie reagieren, sozusagen, noch vor dem Impuls.

Wir wollen verschiedene Möglichkeiten an der Kontaktgrenze betrachten, wo die Interaktion auf verschiedene Weise wirkt:
1. Wird das Gleichgewicht mühelos erreicht, dann sind Gewahrsein, Bewegungsanpassung und Planungsbereitschaft entspannt: Das Lebewesen fühlt sich wohl und ist wie im Schlaf.
2. Sind die Spannungen auf beiden Seiten der Grenze schwer auszugleichen gewesen, hat es daher viel Planung und Anpassung gegeben, und ist endlich die Entspannung da: dann ergibt sich die wunderbare Erfahrung ästhetisch-erotischer Versunkenheit, wo das spontane Gewahrsein und die Muskulatur die Umwelt in sich aufnehmen und in ihr wie selbstvergessen tanzend aufgehen, in Wahrheit aber voller Gefühl für die tieferen Anteile des Selbst sind, die der höheren Bedeutung der Sache entsprechen. Die Schönheit des Augenblicks entsteht, weil die Planungsbereitschaft sich löst und in eine harmonische Interaktion überfließt. Der Augenblick bringt Erholung und endet wieder in Wunschlosigkeit und Schlaf.
3. Die Situation der Gefahr ist gegeben, wenn die Grenze unerträglich überlastet ist durch Umweltkräfte, die durch außergewöhnlich scharfe Auswahl und Vermeidung zurückgeworfen werden müssen, und
4. die Situation von Elend, Not und Krankheit, wenn die Grenze infolge propriozeptiver Forderungen, die von der Umwelt nicht befriedigt werden können, unerträglich gespannt ist [5]. In beiden Fällen, bei einem Übermaß an Gefahr und an Elend, gibt es zeitweilige Funktionen, die dem Notstand heilsam *mit dem Schutz der sensiblen Oberfläche* entgegentreten. Diese Reaktionen können im gesamten Tierreich beobachtet werden, und sie treten in zwei Spielarten, der subnormalen und der supernormalen, auf. Auf der einen Seite stehen Panik, »kopflose« Flucht, Schock, Betäubung, Ohnmacht, Scheintod, partielle Stumpfheit, Amnesie: Sie schützen die Grenze, indem sie sie für eine Zeit fühllos machen oder motorisch paralysieren, in der Hoffnung auf das Ende der Gefahr. Auf der anderen Seite gibt es Kunstgriffe, die die Spannung dadurch abfangen, daß sie mit einem Teil der Spannungsenergie die Grenze selbst in Bewegung versetzen, z. B. durch Halluzination und Traum, lebhafte Bilder, Zwangsvorstellungen, Grübeleien und, im Zusammenhang damit, durch motorische Unrast. Die subaktiven Kunstgriffe scheinen dazu angetan, die Grenze vor Ausschreitungen der Um-

[5] Diese beiden gegensätzlichen Situationen sind Streitpunkt der zwei feindlichsten Parafreudianer: der Schule, die die Neurose auf äußere Ungesichertheit, und der, die sie auf Instinktangst zurückführt.

welt zu schützen, indem sie die Gefahr ausschließen; die superaktiven haben es eher mit propriozeptiven Ausschreitungen zu tun, die die Energien erschöpfen — es sei denn, daß in Elend oder Krankheit der Punkt äußerster Gefahr erreicht ist und die Ohnmacht eintritt.

7. Die Notstandsfunktion des Bewußtseins

Wir sind also zu einer weiteren Funktion des Bewußtseins gelangt: Es kann Energien erschöpfen, die sonst keinen Ausgleich bekommen können. Aber hierin liegt wieder, wie in der ersten Funktion, eine Art Verzögerung: dort bestand die Verzögerung im erhöhten Gewahrsein, im Experimentieren und in der Planung mit dem Ziel der Problemlösung, hier ist es eine Verzögerung im Interesse der Ruhe und des Rückzugs, wenn das Problem nicht anders gelöst werden kann.

Die energieverzehrende Funktion des Bewußtseins ist das Wesentliche an Freuds Traumtheorie. Wir wollen die Elemente dieser Theorie rekapitulieren: Im Schlaf sind a) Erforschung und Nutzbarmachung der Umwelt nicht möglich, und daher ist jede »physische« Lösung vereitelt; b) gewisse propriozeptive Impulse erzeugen weiterhin Spannung — »der Traum ist Wunscherfüllung«; das ist der latente Traum; c) aber die sichtbaren Inhalte sind überwiegend die Bewegungen der Sinnesoberfläche selbst, die Überreste von den Ereignissen des Tages. Das festzuhalten ist sehr wichtig. Freuds schöne Unterscheidung zwischen den latenten und den manifesten Träumen meint nichts anderes, als daß das träumende Bewußtsein *sowohl* von der Umwelt als auch vom Organismus isoliert ist; das »Selbst«, dessen der Träumer sich bewußt ist, ist meist *nur* die Oberflächengrenze. Das ist notwendigerweise so, denn würde mehr als nur die Grenze in das gestaltende Ganze einbezogen, dann würde dies Anpassungsmaßnahmen einschließen, also die Bewegungsmuskulatur aktivieren, und das Lebewesen würde erwachen. So paradox es klingt: Der Traum ist total bewußt; daher hat er seine Filmqualität. Je tiefer der Traum ist, desto mehr fehlt ihm das seltsame Körpergefühl erwachender Wahrnehmung. Der Träumer ist sich der propriozeptiven Inhalte, deren Bedeutung er träumt, erstaunlich unbewußt; wenn diese Inhalte seinen Traum zu überwältigen beginnen, d. h. wenn der Durst sehr groß wird, dann erwacht der Träumer leicht. Und schließlich ist d) die Funktion des Traumes die, das Lebewesen im Schlaf zu halten.

Dieselbe Funktion des Bewußtseins — Energie möglichst zu erschöpfen — kann, wie Wilhelm Reich gezeigt hat, leicht an den leuchtenden sexuellen Bildern beobachtet werden, die in einer Zeit sexueller Frustration aufsteigen. Und wirklich sehen wir an diesem Beispiel das gesamte Erscheinungsbild dieser einfachen Funktion der Bewußtseinsoberfläche: Wenn das organische Bedürfnis entsteht, leuchtet das Bild auf und strebt zu seinem Ziel; mit der Verzögerung tritt bewußte Zurückhaltung ein und, in beschleunigtem Tempo, die Suche nach Auswegen. Mit der Befriedigung wird das Bild schnell langweilig, bei Frustration leuchtet es noch heller auf und versucht dadurch, die Energie zu erschöpfen.

Es gibt also an der Kontaktgrenze zwei Prozesse, um Notständen zu begegnen: die Abstumpfung und die Halluzination. Sie sind, das möchten wir betonen, als *zeitweilige* Funktionen in einem komplizierten Organismus/Umwelt-Feld heilsam.

8. Die wissenschaftliche Adäquatheit der dargestellten Einheitstheorie

Jetzt sind wir endlich in der Lage, den erstaunlichen Begriff »Seele« als Gegensatz zum »Leib« wie zur »Außenwelt« zu erklären, nach der ziemlich vorläufigen Theorie, die wir vom Bewußtsein als Kontaktfunktion in einem schwierigen Organismus/Umwelt-Feld aufgestellt haben.

Diese vorläufige Theorie, die — in moderner aber nicht wesentlich verfeinernder Verkleidung — der fühlenden und der vernünftigen Seele des Aristoteles entspricht, bietet keine sonderlichen wissenschaftlichen Schwierigkeiten. Es gibt eindeutige, beobachtbare und nachzuvollziehende funktionale Beziehungen zwischen einem Ding und den anderen. Es gibt z. B. Kriterien für »guten Kontakt«, wie Ehrlichkeit, Klarheit und Geschlossenheit der Figur/Hintergrund-Struktur, Anmut und Kraft der Bewegung, Spontaneität und Stärke des Gefühls; außerdem die formale Gleichheit der beobachteten Strukturen von Gewahrsein, Bewegung und Gefühl in ihrer Einheit; und das Fehlen von Widersprüchen innerhalb der verschiedenen Bedeutungen und Ziele. Analytisch sowie experimentell kann man zeigen, daß Abweichungen von der Norm des »guten Kontaktes« wirkende und ursächliche Beziehungen zu abnormem Material aus Umwelt und Organismus mit einschließen.

Nichtsdestoweniger müssen wir nun darlegen, daß die Vorstellung von der »Seele« als einer einzelnen, isolierten Existenz sui generis nicht nur genetisch erklärbar, sondern sogar gewissermaßen eine unvermeidbare, *in jeder durchschnittlichen Erfahrung empirisch gegebene* Illusion ist.

Denn wir wollen jetzt noch eine andere Möglichkeit an der Kontaktgrenze betrachten. Stell dir vor, daß es 5. anstatt der Wiederherstellung des Gleichgewichts oder der Fühllosigkeit und Halluzination bei einem zeitweiligen übermäßigen Notstand von Gefahr und Frustration [6] ein chronisches Ungleichgewicht unter nicht sehr hoher Spannung geben könnte, einen ständigen Stachel der Gefahr und Frustration, durchsetzt mit gelegentlich akuten Krisen, aber niemals völlige Entspannung.

Das ist eine niederdrückende Hypothese, sie ist indes für die meisten von uns unglückseligerweise eine historische Tatsache. Du merkst, daß wir von einem zweifachen Exzeß niederen Grades sprechen, von Gefahr *und* Frustration, und daß wir damit eine chronische Überbelastung sowohl der Rezeptoren wie der Propriozeptoren entwerfen. Es ist nämlich zwar vorstellbar, aber äußerst unwahrscheinlich, daß chronische Gefahr oder chronische Frustration, getrennt voneinander, lange andauern. Denk einfach daran, daß eine Gefahr die Chance einer Befriedigung in einem ursprünglich gut eingerichteten Feld verringert; dadurch wird die Frustration verstärkt. Aber die Frustration steigert die Dringlichkeit der Erkundung und verringert die Chance sorgfältiger Auswahl; sie bringt Illusionen hervor und überrennt die Besonnenheit, und dadurch erhöht sich die Gefahr. (Das heißt: Ob man nun das Hauptgewicht zunächst auf die Verunsicherung oder auf die Instinktangst legt, darin würden alle Therapeuten übereinstimmen, daß diese Störungen sich gegenseitig verstärken und als Resultat eine Neurose produzieren.)

Welche Kräfte der Kontaktgrenze streben nun in diesem chronischen Notstand unter geringer Spannung, den wir beschrieben haben, zu einer möglichen Vereinfachung des Feldes? Aufgerufen werden beide Notstandsfunktionen, die bewußte Abstumpfung und die unbewußte Hyperaktivität, und zwar folgendermaßen: In einer Reaktion, die sich von der des akuten Notstandes unterscheidet, wird die Aufmerksamkeit von den propriozeptiven Forderungen abgezogen, und das Gefühl für den Körper als einen Teil des Selbst wird vermindert. Der Grund dafür ist, daß die propriozeptiven Reizungen die kontrollierbare Be-

[6] Ein lang andauernder Notstand würde die Struktur zerstören, d. h. sie zu einer Struktur niedrigerer Ordnung vereinfachen. Ein medizinisches Beispiel der Vereinfachung auf niedrigem Niveau ist die Lobotomie oder ein anderer operativer Eingriff. Die Frage ist, ob die verschiedenen »Schocktherapien« nicht ähnlich wirken, indem sie einen zeitlich begrenzten *lebensgefährlichen* Notstand herstellen.

drohung innerhalb der sich gegenseitig verstärkenden Störungen darstellen. Gegenüber der direkteren Umweltbedrohung andererseits ist die Aufmerksamkeit verstärkt, um der Gefahr zu begegnen, selbst wenn keine Gefahr vorhanden ist. Das Ergebnis aber dieser Aufmerksamkeit ist »entfremdet«, d. h. es ist ohne Zusammenhang mit jeder gefühlten Bewußtheit des eigenen Selbst, denn die propriozeptive Wahrnehmung ist vermindert. Und die Sinne (die Rezeptoren) handeln in dieser Aufmerksamkeit auch nicht frei heraus, sondern schrecken zurück vor dem erwarteten Schlag; so ist, wenn der Prozeß lange andauert, der Stand planvoller Wachsamkeit gegenüber der Gefahr nicht länger der einer gefühlten Entscheidung, sondern einer ständigen muskulären Bereitschaft: Ein Mann starrt, aber er sieht dadurch nicht etwa besser, sondern in Wahrheit sehr bald schlechter. Und hiermit wiederum geht eine gewohnheitsmäßige Fluchtbereitschaft Hand in Hand, aber auch die Flucht findet nicht wirklich statt, löst also nicht die Muskelspannung.
Um es zusammenzufassen: Wir haben hier das typische Bild der Neurose. Eine weit heruntergeschraubte Wahrnehmungsfähigkeit der Propriozeptoren und schließlich der Perzeptoren und daneben eine Hypertonie der Planungsbereitschaft und der Muskulatur. (Wir müssen aber wieder darauf bestehen, daß dieser Zustand in der vorgegebenen chronischen Notstandssituation bei geringer Spannung nicht ohne Funktion ist, denn was es zu sehen und zu fühlen gibt, *ist* uninteressant, weil es »entfremdet« ist, und es provoziert Gefahren, weil es eine Versuchung für Wünsche darstellt; und diese Gefahren *sind* vorhanden.)
In der Zwischenzeit jedoch steigert sich die Sicherheitsfunktion des Bewußtseins — nämlich nach Möglichkeit durch Bewegung der isolierten Grenze die innere Spannung zu erschöpfen — bis zu ihrer höchstmöglichen Intensität; es gibt Träume, vergebliche Wünsche, Illusionen (Projektionen, Vorurteile, Zwangsvorstellungen usw.). Man muß aber beachten, daß die Sicherheit dieser Funktion absolut davon abhängt, wieweit sie vom übrigen System isoliert gehalten wird. Das Träumen ist spontan und ohne Plan; aber die Sicherung der Tagträume vor einem Übergang in reale Bewegung bedeutet Planung.

10 »Seele«

In der Situation chronischen Notstands bei geringer Spannung, den wir beschrieben haben, wird der Sinn, der Impuls der Bewegung und des Gefühls unausweichlich als »Seele«, als einzelnes, isoliertes System vorgestellt. Wir wollen die Situation noch einmal von diesem Gesichtspunkt her betrachten:

1. Die Propriozeption ist vermindert oder zum Teil ausgelöscht (z. B. durch ein Zusammenpressen der Kiefer, Verspannung des Brustkorbs oder des Bauches, usw.). Auf diese Weise wird die funktionale Beziehung der Organe und des Bewußtseins nicht sofort fühlbar, die Reizungen aber, die durchkommen, müssen »bezogen« werden (und dann werden abstrakte Theorien wie die vorliegende erfunden).
2. Die Einheit, wahrgenommen, weil ersehnt, ist zerrissen; das Gefühl langt nicht hinaus, weder vorher noch als Reaktion, die Figur verliert an Lebendigkeit. Die funktionale Einheit von Organismus und Umwelt ist also nicht unmittelbar bewußt und in Aktion. Daraufhin wird die »Außenwelt« als etwas Fremdes gesehen, als etwas »Neutrales« und daher mit Feindseligkeit Durchtränktes, denn »jeder Fremde ist ein Feind«. (Das ist der Grund für gewisse zwanghafte und paranoide »Sterilisationsbestrebungen« des Positivismus.)
3. Die gewohnheitsmäßige Planungsbereitschaft und die nie gelokkerte Selbstbezwingung färben den gesamten Vordergrund des Gewahrseins und produzieren ein übertriebenes Gefühl für die Ausübung des »Willens«, und der wird dann für die vorherrschende Eigenschaft des Selbst gehalten. Wenn ich »den Willen fühle, meine Hand zu bewegen«, dann fühle ich den Willen, aber ich fühle nicht meine Hand; die Hand aber bewegt sich, also ist der Wille irgend etwas irgendwoanders, er ist in der Seele.
4. Das gefahrlose Spiel von Traum und Spekulation wird übergroß und erlangt ein Übergewicht im Selbstgewahrsein des Organismus. Dann werden die verzögernden, kalkulativen und restaurativen Funktionen der Grenze als wichtigste und endgültige Betätigung der Seele proklamiert.

Was wir deutlich machen wollen, ist nicht, daß diese Vorstellungen — Körper, Seele, Welt, Wille, Ideen — aus normalen Irrtümern entspringen, die durch gegenlaufende Hypothesen und Prüfungen korrigiert werden könnten. Sie sind vielmehr in einer ganz bestimmten Art unmittelbarer Erfahrung vorhanden und können ihre Dringlichkeit und ihre Beweiskraft nur dann verlieren, wenn die Bedingungen dieser Erfahrung geändert werden.

Man kann die Logik des Psychischen nicht genug hervorheben. Wenn eine gewisse verkrampfte Konzentration die Kontinuität stört und so die Figur ändert, die gewöhnlich wahrgenommen wird, dann muß man logischerweise von *diesen* Wahrnehmungen als von grundlegenden Beobachtungen ausgehen. Der Rückgriff auf neue Wahrnehmungen wird das Bild weder leicht noch rasch ändern, denn sie werden mit der gleichen gewohnten Haltung aufgenommen. Daher muß also der sozio-

psychische Charakter des Beobachters bei Angelegenheiten dieser Art als Teil des Kontextes gesehen werden, in dem die Beobachtung geschieht. Das sagen heißt eintreten für eine Form des »genetischen Trugschlusses« und, was schlimmer ist, für eine besonders verletzende Form des Argumentes ad hominem; es ist aber so wie es ist.
(Von hier her wird deutlich geworden sein, daß die Psychotherapie nicht die Erlernung einer richtigen *Theorie* über einen selbst ist — denn wie wäre das zu lernen gegen die Beweise der eigenen Sinne? Sie ist vielmehr ein Prozeß experimenteller Lebenssituationen, die gefahrvoll sind, weil sie das Dunkle und Abgespaltene erkunden, gleichzeitig aber auch in einem geschützten Rahmen erprobt werden, so daß die erstarrte Konzentration sich lösen kann.)

11. Abstraktion und Verbalisierung als Tätigkeiten der »Seele«

Bisher haben wir nur von den Anfangsgründen des Bewußtseins gesprochen, die uns nicht von den wilden Tieren in Wald und Feld unterscheiden. Jetzt wollen wir die Szene ein wenig aufhellen und eine vornehmere Illustration wählen, den Prozeß nämlich des Abstrahierens und Verbalisierens (einschließlich des Schreibens für Fachzeitschriften). Im psychologischen Sinne heißt Abstrahieren die verhältnismäßige Stilllegung gewisser Betätigungen zugunsten einer effizienteren Nutzung anderer Aktivitäten. Die Abstraktionen können die Wahrnehmung, die Haltung, die Einstellung, die Bilder, die Wörter, die Ideen, die Institutionen und anderes zum Gegenstand haben. Sie sind verhältnismäßig fixierte Teile eines Gesamtvorgangs; die innere Struktur dieser Teile bleibt unbeachtet und wird Gewohnheit — der ruhende Hintergrund für die Bewegung — denn die Einheit ist interessanter und umfassender, als daß sie auf andere Art zu handhaben wäre; und natürlich werden die Teile durch das Ganze ausgewählt, stillgelegt und organisiert. Man beachte z. B. die buchstäblich unzähligen fixierten Formen, die in das Bemühen des Lesers, aus diesen Sätzen (wie wir hoffen) Bedeutung herauszulesen, eingehen: die Abstraktionen von kindlichen Ausdrucksweisen und Umgangsformen, von Schulbesuch, Orthographie und Hausarbeiten, von Typographie und Schriftstellerei, von Stilwahl und Erwartungen an das Publikum, von Architektur und Art der Leseräume, von akademisch anerkanntem Wissen und anerkannten Voraussetzungen für das jeweilige Argument. Sie alle bleiben unbeachtet, während wir uns dem Argument widmen. Man könnte sie schon beachten, man tut es aber nicht, nur wenn irgendwo ein Haken ist, ein schlimmer Druckfehler etwa, ein schlechter Witz, mieses Licht, oder ein Krampf im Nakken. All das ist nichts Neues. (Die Abstraktion ist ihrer Definition nach effizient und »normal«; es kann aber nicht geleugnet werden, daß die buchstäblich unzähligen Abstraktionen — die Menge macht da den Unterschied — unterschiedslos eine Härte des Trainings und des Funktionierens anzeigen, einen auf Verbalisieren gedrillten Charakter, der es, außer in der Theorie, sich nicht leisten kann, sich um die ganze Reihe zu kümmern.)

Nehmen wir nun an, daß tief unten, am Anfang verbaler Abstraktion, in den frühen Schichten, wo die Symbolsprache den nonverbalen Vorstellungen, Gefühlen und Ausrufen nahe ist — nehmen wir an, daß auf diesem elementaren Niveau eine Auslöschung der Wahrnehmung und eine Bewegungslähmung stattgefunden haben und noch bestehen. Dann werden da Verbindungen sein, die man nicht erkennen *kann.* Nehmen wir an, ein Kind (um ein Beispiel aus der Arbeit der Washingtoner Schule zu benutzen), das sprechen lernt, hat eine zornige Mutter, es merkt, daß gewisse Wörter oder Themen, ja sogar das Reden selbst, gefährlich sind, es verdreht, versteckt oder verdrängt seine Art, sich auszudrücken; schließlich stottert es, dann unterdrückt es das Stottern, weil es zu peinlich ist, und lernt, mit anderen Ersatzmundpartien zu sprechen. Es herrscht allgemeine Übereinstimmung darüber, daß eine solche Geschichte der Sprechgewohnheiten wesentlich zur Spaltung einer Persönlichkeit beiträgt. Wir wollen die Aufmerksamkeit indes nicht auf das Schicksal einer Person, sondern auf das Schicksal der Sprache lenken. In dem Maße, wie unser Sprecher seine Erfahrungen in Gesellschaft, Kunst und Wissenschaft erweitert, macht er auch weitergreifende und höhere verbale Abstraktionen. Muß er nun nicht, da er immer noch Gewahrsein und Ausdruck der tieferen, präverbalen Zusammenhänge auslöscht und lähmt, einen gestörten Kontakt zu den wirklichen Funktionen der höheren Abstraktionen, zu ihrer Bedeutung für *ihn* und an sich haben? Sie haben für ihn sicher eine Bedeutung, aber sie existieren letztendlich in einem Vakuum. Sie sind »seelisch«.

Eine allgemeine Behauptung wird aufgestellt; ihre Bedeutung für ihn, zum Beispiel ihr Gewicht, das gewisse Tatsachen hervortreten läßt, so daß sie von ihm gesehen oder übersehen werden können, ist nicht zurückführbar auf irgendwelches Verhalten oder irgendwelche Beobachtungen, die für ihn erkennbar wären. Andere Betrachter können Dinge sehen, die er nicht sehen kann, sie befinden sich aber leider, wie es nun einmal ist, in einer allgemeinen Verschwörung gegen ihn, sie verlachen seine »privaten« Äußerungen als nicht zum natürlichen System gehörig. Er ist akademisch geschult worden, der herrschenden Meinung zuzustimmen, er kann indes nicht garantieren, daß der *Rest* an Bedeutung überhaupt nichts sei; er *weiß,* daß da etwas dran ist. Prima facie fühlt er, daß diese buchstäblich grundlosen, aber nicht leeren Abstraktionen existieren, also in der »Seele« — vielleicht in der »privaten« Seele. Zusammen mit dem WILLEN sind die grundlosen, aber nicht leeren Abstraktionen der beste Beweis für die SEELE.

Gemäß seinem Charakter unternimmt er verschiedene Anpassungen der Abstraktionen an seine übrige Erfahrung und an die herrschende Meinung. (Man darf nicht vergessen, daß seine Seele notwendigerweise sehr beschäftigt ist, ihre Spannungsenergien durch Spekulationen zu erschöpfen.) Bemerkt er dann die Unvereinbarkeit seiner Abstraktionen mit der Außenwelt, dann hat er wahrscheinlich Zugang zu verschiedenen Auswegen: Leidet er an dem sehr trockenen und leidenschaftslosen Syndrom der Positivistenkrankheit, dann hält er sie für Unsinn und verachtet sich noch mehr. Hat er den euphorischen Poetenwahn, dann hält er die Diskrepanz für einen Minuspunkt der Außenwelt und gibt seinen Ideen eine eigene Welt, indem er sie reimt. Hat er die gestaltische Dickfelligkeit, so versinkt er im Sumpf der eigenen Terminologie. Und so weiter.

12. Psychosomatische Krankheiten

Der »unvermeidliche Irrtum«, der sich innerhalb eines chronischen Notstands mit niedriger Spannung einstellt, daß es so etwas wie die »Seele« gibt, wirkt sich noch beängstigender aus, wenn man an psychosomatischen Krankheiten leidet.

Fest in seiner geliebten oder gehaßten Seele verankert, ist unser Mann sich nicht bewußt, wie planvoll er seinen Körper kontrolliert. Es ist sein *Körper,* mit dem er noch gewisse Außenkontakte herstellt, aber *er* ist es nicht; er fühlt sich nicht. Nimm an, er hat viele Gründe zum Weinen. Jedesmal aber, wenn er in diesem Maße aufgewühlt ist, fehlt ihm das Bedürfnis zu weinen, und er weint nicht. Das kommt daher, daß er es sich seit langem angewöhnt hat, sich nicht bewußt zu machen, wie seine Muskeln diese Äußerung hemmen und das Gefühl aussperren — denn damals trug es ihm nur Scham und sogar Schläge ein. Statt dessen leidet er jetzt an Kopfschmerzen, Kurzatmigkeit und sogar Stirnhöhlenvereiterung. (Das sind jetzt noch mehr Dinge zum Weinen.) Die Augenmuskulatur, die Kehle und das Zwerchfell werden festgehalten, um den Ausdruck und die Wahrnehmung des kommenden Weinens zu verhindern. Dieses Sich Festhalten und Sich-Würgen erzeugt seinerseits wieder Reize (Schmerz, Verwirrung oder Flucht), die wieder ausgelöscht werden müssen, denn es gibt wichtigere Dinge, Künste und Wissenschaften, mit denen sich ein Mensch beschäftigen kann, als nur mit der Kunst, zu leben, und mit delphischer Selbsterkenntnis.

Wird er dann schließlich ernstlich krank, mit schweren Kopfschmerzen, Asthma und Schwindelanfällen, dann kommen die Schläge für ihn aus einer absolut fremden Welt, der Welt seines Körpers. Er leidet *an* Kopfschmerzen, *an* Asthma und so weiter; er sagt nicht: »Ich mache meinem Kopf Schmerz und halte meinen Atem zurück, wenn mir auch nicht bewußt ist, wie oder warum ich das tue.«

Gut. Sein Körper macht ihm Schmerzen, also geht er zum Arzt. Und angenommen, die Erkrankung ist bis jetzt »nur funktional«, d. h. bis jetzt liegen noch keine schwerwiegenden anatomischen oder physiologischen Störungen vor, dann befindet der Arzt, daß alles in Ordnung sei, und gibt ihm Aspirin. Denn auch der Arzt glaubt daran, daß der Körper ein leidenschaftsloses physiologisches System sei. Große Lehrinstitute bauen auf dem Grundsatz auf, daß es einen Körper und eine Seele gibt. Es wird geschätzt, daß mehr als 60 Prozent der Praxisbesucher überhaupt nichts haben; aber offenbar ist doch *etwas* mit ihnen nicht in Ordnung.

Glücklicherweise rangiert Krankheit hoch unter den Dingen, um die man sich kümmern muß, und unser Mann hat nun ein neues, lebendiges Interesse. Seine übrige Persönlichkeit gerät mehr und mehr in den Hintergrund hinter dem verzehrenden Interesse an seinem Körper. Seele und Leib werden jetzt wenigstens gute Bekannte, und er spricht von »*meinen* Kopfschmerzen, *meinem* Asthma« usw. Krankheit ist die unvollständige Situation schlechthin, sie wird beendet nur mit Heilung oder Tod.

13. Freuds Realitätstheorie

Zum Abschluß dieses Kapitels wollen wir einige weitere Bemerkungen zur Herkunft der Theorie von der Außenwelt machen. Wenn wir zu Freuds psychoanalytischer Theorie zurückkehren, merken wir, daß er in Zusammenhang mit dem Körper und verschiedenen Arten des »Seelischen« auch von der Realität spricht und schließlich vom »Realitätsprinzip«, das er dem »Lustprinzip« gegenüberstellt als das Prinzip schmerzvoller Selbstanpassung.

Es kann, wie wir meinen, bewiesen werden, daß er sich die Realität auf zwei verschiedene Arten vorstellte (und die Beziehung zwischen beiden nicht sah). Einmal sind Seele *und* Körper Teile des Lustprinzips, und die Realität ist zunächst die soziale »Außenwelt«, wo andere Seelen und

Körper die eigenen Lüste schmerzhaft mit Hilfe von Beraubung oder Strafen knebeln. Zum andern sieht er die »Außenwelt« als Gegenstand der Perzeption und meint damit auch den eigenen Körper und das Ganze als Gegensatz zu den Vorstellungselementen Halluzination und Traum.

Von der sozialen Außenwelt spricht er vor allem in Verbindung mit der sogenannten Hilflosigkeit und der scheinbaren Omnipotenz des menschlichen Kindes. Das Kind liegt da, völlig allein, hat Vorstellungen von seiner eigenen Omnipotenz und ist doch in allem außer den Befriedigungen seines eigenen Körpers abhängig.

Wir wollen dieses Bild aber jetzt in seinem gesamten sozialen Zusammenhang betrachten, und es wird sich dann entpuppen als Projektion einer Erwachsenensituation: Die verdrängten Gefühle des Erwachsenen werden dem Kind übergestülpt. Denn wieso ist das Kind seinem Wesen nach hilflos oder isoliert? Es ist Teil eines Feldes, in dem die Mutter ein anderer Teil ist. Der Schmerzensschrei des Kindes ist ein angemessenes Verständigungsmittel; die Mutter *muß* darauf reagieren. Das Kind braucht Zärtlichkeit, die Mutter hat das Bedürfnis, zärtlich zu sein; und das gilt auch für andere Funktionen. Die Selbsttäuschung der Omnipotenz (soweit sie besteht und nicht eine Projektion der Erwachsenen ist) und die Zorn- und Wutausbrüche unendlicher Verlassenheit sind nützliche Erschöpfungen der Oberflächenspannung in Zeiten der Verzögerung, damit das Zusammenleben ohne unvollendete Situationen aus der Vergangenheit seinen Fortgang nehmen kann. Und im Idealfall ist das Auseinanderwachsen von Kind und Mutter, die Spaltung des Feldes in zwei voneinander getrennte Personen *dasselbe* wie das Wachsen des Kindes an Größe und Stärke, das Zahnen und das Kauenlernen (sowie das Versiegen der Milch bei der Mutter und ihre Hinwendung zu anderen Interessen), das Lautenlernen, das Sprechenlernen usw. Das heißt, das Kind erlernt nicht eine fremde Realität, es entdeckt und schafft vielmehr seine eigene wachsende Realität.

Der Ärger ist natürlich, daß es diesen idealen Zustand nicht gibt. Aber dann müssen wir sagen, daß das Kind nicht seinem Wesen nach hilflos und allein ist, sondern schnell dazu gemacht wird und damit in einen chronischen Notstand gerät. Als Folge davon macht es sich die Vorstellung einer sozialen Welt. Und wie sieht die Situation des Erwachsenen aus? In unseren Gesellschaften existiert keine brüderliche Gemeinschaft, man lebt in der gleichen Isolation und gerät immer tiefer hinein. Die Erwachsenen behandeln sich gegenseitig als Feinde und ihre Kinder einmal als Sklaven und dann wieder als Tyrannen. Aufgrund von Projektionen wird das Kind dann unausweichlich als isoliert, hilflos oder aber

omnipotent gesehen. Als sicherster Zustand gilt dann der Bruch, die gewaltsame Lösung von der Kontinuität des ursprünglich einheitlichen Feldes.
Die leidenschaftlich vertretenen Attribute der Außenwelt, wie sie die Wissenschaft sieht, enthüllen die gleichen Projektionen. Die Welt der »Tatsachen« ist wenigstens neutral: Gibt das nicht den Seufzer der Erleichterung wieder, wenn man das Haus mit der Familie darin verläßt und sich mit vernünftigen Wesen beschäftigt, auch wenn es nur Dinge sind? Aber sie ist natürlich auch gleichgültig; und man mag sonstwas versuchen, aus dem »Naturalismus« kann man keine Ethik herausmelken, nur stoische Apathie. Die Schätze der Natur werden »ausgebeutet«, d. h., wir sind nicht ihre ökologischen Partner, *wir* benutzen *sie*, das ist eine satte Einstellung, die zu vielen unwirtschaftlichen Verhaltensweisen verleitet. Wir »beherrschen« die Natur, wir sind die Herren der Natur. (Und umgekehrt wird beharrlich betont, sie sei die »Mutter Natur«.)

14. Freuds »Außenwelt« der Wahrnehmung

Wenn wir Freuds andere Vorstellung der Außenwelt, nämlich als Gegenstand der Perzeption und als Gegensatz zum Traum, prüfen — und diese Vorstellung paßt gut zu den allgemeinen und wissenschaftlichen Vorurteilen —, merken wir schnell, daß sie ziemlich schwierig ist. Hier ist nicht der Ort, diese Schwierigkeiten im einzelnen darzulegen (siehe Kap. 12). Wir wollen aber das Problem skizzieren, indem wir einige Passagen zitieren. Bei der Erforschung der Träume entdeckte Freud, daß die Traumwelt trotz ihrer Isolierung von Bewegungsmöglichkeit und Umwelt, von denen eigentlich die Bedeutungskategorien erwartet wurden, sinnvoll war. Es war eine Welt, die nicht von festgelegten Wesen, sondern von plastischen Handlungen geprägt war und dadurch kreativen Prozessen entsprach, die unter die verbale Ebene zu Bild und Sprechakt vordrangen, die versinnbildlichen, Gegebenes zerstören und verzerren oder es verdichten konnten usw. Diese plastische Handlung nannte Freud den »Primärvorgang« und beobachtete, daß er die charakteristische Seelenfunktion der frühen Lebensjahre darstellte.
»Der Primärvorgang strebt nach Abfuhr der Erregung, um mit der so gesammelten Erregungsgröße eine *Wahrnehmungsidentität* (. . .) herzustellen; der Sekundärvorgang hat diese Absicht verlassen und an ihrer Statt die andere aufgenommen, eine *Denkidentität* zu erzielen.«[7]

[7] Sigmund Freud: *Die Traumdeutung.* Ges. Werke Frankfurt/M. (Fischer) 1961, 2. u. 3. Bd., S. 607.

»... aber soviel ist tatsächlich, daß die Primärvorgänge in ihm von Anfang an gegeben sind, während die sekundären erst allmählich im Laufe des Lebens sich ausbilden, die primären hemmen und überlagern und ihre volle Herrschaft über sie vielleicht erst mit der Lebenshöhe erreichen.«[8]

Für Freud bestand nun die Frage darin, ob die so betrachteten Primärprozesse nun subjektiv waren oder eine Aussage über die Realität lieferten. Und von Zeit zu Zeit bestätigte er stolz, daß sie Realität lieferten, z. B.:
»Einige andere Beobachtungen kommen hinzu, die Auffassung zu stützen, daß diese inkorrekt genannten Vorgänge nicht wirklich Fälschungen der normalen, Denkfehler, sind, sondern die *von einer Hemmung befreiten Arbeitsweisen des psychischen Apparats.*«[9] (Kursive von den Autoren.) Umgekehrt ausgedrückt würde das bedeuten, was wir hier festgestellt haben: daß die Welt, die wir für real halten, eine Ausgeburt chronischen Notstands und neurotischer Hemmung ist; real ist *nur* die kindliche oder Traumwelt!
Das ist aber auch nicht sehr zufriedenstellend, und Freud versuchte verständlicherweise, vor dieser Konsequenz zurückzuweichen. Formal gesehen ist jedoch die Quelle seiner Schwierigkeiten leicht zu beschreiben. Er wurde nicht durch seine Traumpsychologie in die Enge getrieben (er wußte selbst, daß sie eine unsterbliche Einsicht darstellte), sondern durch die triviale Psychologie des »normalen« wachen Bewußtseins, die er mit seinen Zeitgenossen teilte. Denn für eine ordentliche und normale Psychologie ist es selbstverständlich, daß Erfahrung überall in plastischen Strukturen erscheint und daß der Traum nur einen Sonderfall darstellt. (Es ist rührend, Freuds Enttäuschung und Ablehnung angesichts der Konfrontation mit der Psychologie der Kunst und des Erfindens zu sehen.)
Ein wesentlicherer Schlüssel zu seinen Schwierigkeiten ergibt sich aus der Nebeneinanderstellung seiner zwei »Realitäts«-Theorien: Weil er glaubte, daß die soziale »Außenwelt«, in die das Kind hineinwächst, unveränderlich sei, war es für ihn eine Notwendigkeit anzunehmen, daß die Welt des »Primärprozesses« mit ihrer Spontaneität, Plastizität, vielgestaltigen Sexualität usw. durch die Reife verdrängt und zum Stillstand gebracht werde.

[8] ebd., S. 609.
[9] ebd., S. 611.

4

Realität, Notstand und Wertung

Realität, haben wir gesagt, ergibt sich in Augenblicken guten Kontakts, als Einheit von Wahrnehmung, Bewegungsreaktion und Gefühl. Wir wollen nun anfangen, diese Einheit genauer zu analysieren und in Beziehung zu unserer psychotherapeutischen Methode zu setzen. In diesem Kapitel werden wir beweisen, daß Realität und Wert als Ergebnis der Selbstregulierung, sei sie nun gesund oder neurotisch, erscheinen; und wir werden das Problem behandeln, wie der Kontaktbereich innerhalb des Rahmens neurotischer Selbstregulierung gesteigert werden kann. Wir werden eine Antwort auf diese Frage geben, indem wir Psychotherapie als eine Selbstregulierung innerhalb experimenteller und geschützter Notstandssituationen definieren.

1. Bedürfnispriorität und Selbstregulierung

Wir wollen die Tendenz einer starken Spannung, sich zu behaupten und die Wahrnehmung und das Verhalten zu organisieren, ihre Priorität nennen. Wenn Schwierigkeiten und Verzögerungen auf dem Wege zum Gleichgewicht im Feld auftreten, dann ist die Priorität und ihr Versuch, die Organisation zu vervollkommnen, bewußt (genaugenommen besteht darin das Bewußtsein).

Jede besonders drängende unvollendete Situation gewinnt Priorität und aktiviert alle verfügbaren Kräfte, bis die Aufgabe erfüllt ist; dann wird sie uninteressant und verliert sich aus dem Bewußtsein, und das nächste drängende Bedürfnis verlangt Beachtung. Drängend wird ein Bedürfnis nicht aufgrund von Planung, sondern spontan. Planung, Auswahl und Taktik sind einbezogen, wenn es um die Vollendung der unbeendeten Situation geht. Das Bewußtsein muß das Problem nicht finden, es ist eher mit ihm identisch. Das spontane Bewußtsein des dominanten Bedürfnisses und seine Organisation der Kontaktfunktionen sind die psychologische Form *organischer Selbstregulierung*. Überall im Organismus laufen ständig viele Prozesse — der Forderung, der Zurückhaltung, der Auswahl usw. — ohne das Bewußtsein ab, z. B. der geforderte Ausstoß von gewissen Enzymen zur Verdauung gewisser Nahrungsmittel. Diese nichtbewußte innere Organisation kann von äußerster qualitativer Feinheit und quantitativer Akkuratesse sein, aber sie hat es stets mit ziemlich konservativen Problemen zu tun. Wenn allerdings diese Prozesse für ihre Vollendung neues Material aus der Umwelt benötigen — und das gilt wiederum für jeden organischen Prozeß — dann leuchten gewisse Bilder im Bewußtsein auf und werden Vordergrund; dann haben wir es mit Kontakt zu tun. In einer Gefahrensituation, wenn die Spannung von außen angereizt worden ist, sind Vorsicht und bewußte Planung ähnlich spontan.

2. Bedürfnispriorität und Wertung

Spontane Prioritäten sind Entscheidungen über das, was in der Situation wichtig ist. Sie stellen keine angemessene Bewertung dar, aber sie sind der grundlegende Beweis dafür, daß es eine Hierarchie von Bedürfnissen in der gegenwärtigen Situation gibt. Sie sind nicht »impulsiv« und notwendigerweise vage, sondern systematisch und oft ganz spezifisch, denn sie drücken die Weisheit des Organismus aus in bezug auf seine Bedürfnisse und sie wählen aus der Umwelt das aus, was die Bedürfnisse befriedigt. Sie schaffen eine Ethik des Augenblicks, die nicht unfehlbar ist, aber den Ausschlag gibt.

Dieser Vorrang erklärt sich so: Das, was spontan wichtig erscheint, hat *in Wahrheit* die stärksten Verhaltensenergien hinter sich; Selbstregulierungsaktionen sind immer die klareren, die stärkeren und die klügeren. Jede andere Aktion, die eigentlich »besser« ist, muß mit geringerer Kraft, verminderter Motivation und unklarerer Wahrnehmung auskommen, und sie muß auch noch eine gewisse Energiemenge abgeben und einen Teil der Aufmerksamkeit abzweigen, um das spontane Selbst, das seinen Ausdruck in der Selbstregulierung sucht, niederzuhalten. Das ist sogar dann der Fall, wenn die Selbstregulierung im offensichtlichen Interesse des eigenen Selbst gebremst wird: z. B. wenn ein Kind davon zurückgehalten wird, in ein Auto zu rennen, also in einer Situation, wo die Selbstregulierung fehlbar ist — und die Art, wie wir in unseren Gemeinschaften leben, scheint vorwiegend aus solchen Situationen zu bestehen. Dann ist Hemmung notwendig, aber wir dürfen nicht vergessen, daß wir in dem Maße, in dem wir Situationen bejahen, in denen die Selbstregulierung kaum funktioniert, uns begnügen müssen, mit verminderter Energie und Klarheit zu leben.

Die Frage, die offenbar jeden Durchschnittsmenschen bewegt, ist die, wieweit in unserer Gesellsaft und Technologie und vielleicht in der Natur der Dinge Selbstregulierung möglich ist, erlaubt werden darf und riskiert werden kann. Wir meinen, es könne sehr viel weitgehender geschehen, als wir jetzt bewußt zulassen; die Menschen *können* viel klarer sehen und energiegeladener sein, als sie es sind, und sie wären dann auch klüger. Einen großen Teil unserer Schwierigkeiten haben wir uns selbst zu verdanken. Viele »objektive« wie »subjektive« Bedingungen können und müssen verändert werden. Und selbst wenn die »objektive« Gegebenheit nicht verändert werden kann, so z. B., wenn jemand stirbt, den man liebt, gibt es regulierende Reaktionen des Organismus, wie das Klagen und Weinen, die helfen würden, das Gleichgewicht wiederherzustellen, wenn wir sie nur lassen würden. Wir wollen diese Diskussion aber noch etwas hinausschieben. (Kap. 8)

3. Neurotische Selbstregulierung

Auch die neurotische Erfahrung reguliert sich selbst. Die Struktur des neurotischen Kontaktes ist, wie schon gesagt, charakterisiert durch exzessive Planungsbereitschaft, fixierte Aufmerksamkeit und reaktionsbereite Muskulatur. Damit werden gewisse Impulse und ihre Objekte davor zurückgehalten, Vordergrund zu werden (Verdrängung); das Selbst kann nicht flexibel von einer Situation zur anderen übergehen (Starre und Zwangshaltung); die Energie ist gefesselt an eine unerfüllbare (archaisch akzeptierte) Aufgabe.
Wenn äußerste Planungsbereitschaft angesichts chronisch vorhandener Gefahr sinnvoll ist, dann können wir nicht von einem »Exzeß« sprechen, aber in diesem Fall könnten wir sicher von einer »neurotischen Gesellschaft« sprechen, deren Regeln nicht mehr menschlich sind. Der Neurotiker hat jedoch ein äußerst empfindliches Gefühl für die Gefahr. Er ist spontan planungsbereit, wenn er gefahrlos entspannen könnte. Das wollen wir deutlicher machen. Der Neurotiker kann nicht gefahrlos entspannen, wenn er seine aktuelle Situation und seine archaische Einschätzung von ihr im Auge hat, denn mit *seiner* Selbstregulierung paßt er sich ihr spontan an, findet sie gefährlich und ist angespannt. Aber mit einiger Hilfe *kann diese* aktuelle Situation zu seinem Vorteil geändert werden. Es ist sinnvoller, es so kompliziert auszudrücken, als einfach zu sagen: »Der Neurotiker macht einen Fehler«, weil der Neurotiker sich selbst reguliert; und um eine in Wahrheit unvollendete Situation abzuschließen, kommt er zum Therapeuten.
Sieht der Therapeut die therapeutische Situation in diesem Licht, nämlich als Teil einer gegenwärtigen unvollendeten Situation im Patienten, der er mit seiner eigenen Selbstregulierung begegnet, dann kann er ihm eher helfen, als wenn er den Patienten als irre, krank oder »tot« ansieht. Denn ganz sicher geschieht es mit dessen Energie — nicht mit der des Therapeuten —, wenn er schließlich seine Situation vollendet.

Wir sind also bei der heiklen Frage angekommen, die wir in diesem Kapitel untersuchen wollen: Welche Beziehung besteht zwischen der laufenden Selbstregulierung des neurotischen Patienten und der wissenschaftlichen Theorie des Therapeuten von einer gesunden organischen Selbstregulation? Im Hinblick auf diese Frage tun wir gut daran, den folgenden Worten Kurt Lewins besondere Aufmerksamkeit zu widmen: »Es ist besonders wichtig, daß jemand, der angibt, Ganzheitsphänomene zu studieren, sich vor der Tendenz hütet, die Ganzheiten so allumfassend wie möglich zu sehen. Die eigentliche Aufgabe besteht darin, die strukturellen Eigenschaften einer gegebenen Ganzheit zu untersuchen, die Beziehungen zu subsidiären Ganzheiten festzustellen und die Grenzen des Systems, mit dem er es zu tun hat, zu bestimmen. Es ist in der Psychologie nicht wahrer als in der Physik, daß ›alles von allem abhängt‹.«[1]

4. Gesunde Selbstregulierung in einem Notstand

Wir wollen zunächst ein verhältnismäßig gesundes[2] Beispiel von Priorität und organischer Selbstregulierung betrachten: Corporal Jones geht auf Patrouille in die Wüste. Er verliert den Weg, kommt aber endlich, erschöpft, im Camp an. Sein Freund Jimmy freut sich, ihn zu sehen, und platzt gleich mit der wichtigen Neuigkeit heraus, daß während Jones' Abwesenheit dessen Beförderung durchgekommen sei. Jones starrt ihn mit glasigen Augen an, murmelt »Wasser« und sieht eine schmutzige Pfütze, die man gemeinhin übersehen würde; er fällt daneben auf die Knie und versucht sie aufzuschlürfen, steht aber im gleichen Augenblick würgend auf und taumelt zum Brunnen in der Mitte des Lagers. Später bringt ihm Jimmy die Sergeantstreifen, und Jones fragt: »Was soll ich damit? Ich bin kein Sergeant.« »Ich habe dir doch von deiner Beförderung erzählt, als du ins Lager kamst!« »Nein, das stimmt nicht.« »Natürlich, sei doch nicht so blöde!« »Ich habe es nicht gehört.«
Er hat es wirklich nicht gehört. Er war in diesem Augenblick für alles taub und blind, außer für Wasser. Genau eine Stunde zuvor, in der Wüste, war er von einem feindlichen Flugzeug angegriffen worden. Er hatte schnell Deckung gesucht. Also hatte er das Flugzeug gehört. Das Wasser hatte nicht seine ganze Aufmerksamkeit verlangt.

---

[1] Zitiert nach Willis D. Ellis: *A Source Book of Gestalt Psychology.* Routledge & Kegan Paul, 4. Aufl. London 1969.

[2] Wir sagen »verhältnismäßig gesund«, weil der militärische Kontext des Vorfalls an sich schon dubios ist; und irgendwie wird *jeder* aktuelle Kontext, den man wählt, in irgendeiner Weise dubios sein.

Wir sehen die Hierarchie der Prioritäten: Die akute Bedrohung war stärker als der Durst, der Durst stärker als der Ehrgeiz. Alle verfügbaren Kräfte wurden für die dominante unvollendete Situation eingesetzt, bis diese vollendet war und die nächste Aufgabe Priorität beanspruchen konnte.

Wir haben bewußt ein Beispiel eines *Notstandes* gewählt, weil in einem solchen Fall die zugrundeliegende Hierarchie sehr einfach zutage tritt. Das erste kommt zuerst; und wir widmen uns ihm rückhaltlos. Es ist ein allgemein bekanntes Gefühl, daß wir in Notzeiten erkennen, »wer ein Kerl ist«.

Da liegt die Weisheit der zeitgenössischen Existentialisten, die darauf bestehen, »extreme Situationen« zu erforschen, um die Wahrheit der Realität zu finden. In extremen Situationen *meinen* wir, was wir tun. Aber natürlich meint der Mensch es immer, wenn wir nur seine Situation genau analysieren. Paradox ist, daß gerade weil unsere Zeiten chronische Notstandssituationen mit geringer Spannung sind, unsere Philosophen erklären, nur in einer akuten Notstandssituation zeige sich die Wahrheit. Es ist im Gegenteil unser allgemeines Unglück, daß wir nicht selbstvergessen und mehr mit der Kraft und Lebhaftigkeit handeln, die wir manchmal in Notsituationen an den Tag legen.

5. Die Hierarchie der Werte, wie sie sich aus den Prioritäten der Selbstregulierung ergibt

Wir sahen bereits, daß die Wertung, die durch Selbstregulierung zustande kommt, eine privilegierte ethische Position innehat, weil sie allein über die klarste Wahrnehmung und die vitalsten Kräfte verfügt; jede andere Wertung muß mit geringerer Kraft auskommen. Dem können wir jetzt hinzufügen, daß bei drängender Aktualität bestimmte Werte andere beiseite schieben, so daß eine Hierarchie dessen entsteht, was in der Verwirklichung Glanz und Kraft besitzt.

Krankheit, somatische Mängel und Exzesse rangieren hoch in der Hierarchie der Prioritäten, ebenso Gefahren aus der Umwelt. Aber auch das Bedürfnis nach Liebe, nach einem Menschen, zu dem man gehen kann, nach Vermeidung von Isolation und Einsamkeit und das Bedürfnis nach Selbstachtung rangieren hoch. Oder die Selbstbehauptung und eigene Weiterentwicklung: die eigene Unabhängigkeit. Auch akute geistige Verwirrung und alles, was mit dem Aufbau und den Gewohnheiten des eigenen Lebens zu tun hat, spielen eine Rolle. Daher können manchmal Heroismus und die Bereitschaft zum Märtyrertum vor der Todesfurcht rangieren. Diese Werte werden im eigentlichen Sinn des Wortes nicht gewählt; sie sind einfach da. Ihre Alternativen, selbst die Rettung des eigenen Lebens, sind *praktisch wirkungslos,* sie bestimmen das Verhalten nicht mehr, und es fehlt ihnen an Kraft. Sicherlich sind Heroismus oder sinnvolles Sichopfern oder schöpferische Großtaten nicht in erster Linie ein Willensakt oder bewußte Selbstüberwindung; wären sie das, sie hätten nicht solche Macht. Die Ordnung solcher Prioritäten in Notsituationen ist ethisch wie politisch äußerst wichtig. Sie ist in Wahrheit nicht weniger als eine induktive Theorie der menschlichen Natur; und die Theorie der menschlichen Natur ist die Ordnung »gesunder« Selbstregulierung. Wir wollen diesen Satz etwas länger bedenken. Wenn wir an das einfache Beispiel von dem durstigen Corporal denken, dann könnten wir uns ein negativ ausgedrücktes Gesetz vorstellen: Was *irgendein* Artverhalten behindert, hat Vorrang vor dem spezifischen Artverhalten, das Genus rangiert vor der Spezies. Das bedeutet, die Vermeidung eines plötzlichen Todes ist wichtiger als das Löschen des Durstes, die Arterhaltung rangiert vor der Erhaltung des individuellen Lebens, oder, um ein politisches Beispiel zu geben, es ist sinnlos, daß die Gesellschaft jedwedes Gefühl verdammt, die Künste aber fördert. Dieses Gesetz könnte auch positiv ausgedrückt werden: »Das Grundgesetz des Lebens ist Selbsterhaltung und Wachstum.« Oder wir könnten das Gesetz so formulieren: »Das Verwundbarere und Wertvollere ist zuerst zu verteidigen« — genauso gilt, daß ein Stäubchen im empfindlichen Auge einen sehr schlimmen Schmerz verursachen kann und Beachtung verlangt; das ist die »Weisheit des Körpers«.

6. Psychotherapeutische Theorien in ihrer Eigenschaft als Werthierarchien

Jede medizinische, therapeutische oder pädagogische Theorie basiert auf der Idee organischer Selbstregulierung und einer entsprechenden Werthierarchie, wie diese auch immer aussehen mag. Diese Idee drückt aus, was der Wissenschaftler als die tatsächliche Triebfeder im Leben und in der Gesellschaft ansieht.

In den psychoanalytischen Theorien, die Darwins Gedanken weiterentwickelt haben, wird der dynamische Faktor gewöhnlich genetisch, als Geschichte, entwickelt. Für Freud z. B., der die Libido und ihre somatische Entwicklung sehr in den Vordergrund stellt, ist die menschliche Natur eine Abfolge von oralen, analen, phallischen und genitalen Phasen. (Man gewinnt nicht den Eindruck, daß für Freud die Frauen eine volle menschliche Natur haben — aber dafür haben sie ganz ohne Frage etwas Göttliches.) Andere wesentliche Verhaltensweisen werden von dieser Entwicklung abgeleitet, so z. B. sadistisch-anale, oral-anal-kannibalische, phallisch-narzißtische Verhaltensweisen usw. Und Ziel der Therapie ist es, die natürliche Ordnung als lebensfähige gesellschaftliche Einheit neu aufzubauen, als Verlust, Sublimierung und endlichen Lustgewinn. Harry Stack Sullivan sieht, um ein Gegenbeispiel zu nennen, das gesellschaftliche Ganze als das wesentlich Menschliche an, Interpersonalität und Kommunikation sind die Faktoren, die Energie freisetzen. Daher beschreibt er die infantilen Phasen als prototaktische, parataktische und syntaktische und definiert die Freudschen erotischen Charakterzüge in diesen Begriffen. Ziel der Therapie sind die Überwindung der Einsamkeit, die Wiederherstellung der Selbstachtung und die Verbesserung der syntaktischen Kommunikation; Horney und Fromm aus dem gleichen Lager (nach Adler) sind vor allem vom Wachstum der Unabhängigkeit im Kind beeindruckt; sie sehen die Neurose in der regressiven Machthörigkeit der Individuen und der Gesellschaft; ihr Ziel ist die Autonomie des Individuums. Und so könnten wir fortfahren.

Jede psychotherapeutische Schule hat ihre Vorstellung von der menschlichen Natur, die in der Neurose verdrängt wird und regrediert, und sie zielt darauf ab, diese menschliche Natur »aufzudecken« oder »zur Reife zu bringen«. Je nach dieser Vorstellung gibt es gewisse Antriebe oder Verhaltensweisen, die bei gesunder Selbstregulierung dominant *sein sollten,* und das Ziel ist es, eine Wirklichkeit zu schaffen, in der sie dominant sind.

Wir untersuchen die Unterschiede zwischen den Schulen nicht, um unter ihnen auszuwählen, aber auch nicht, um sie alle, wie sie da sind, zu verdammen; und schon gar nicht, um der Psychotherapie Sektierertum nachzusagen. Im großen und ganzen sind ja die verschiedenen Theorien logisch nicht unvereinbar, und häufig liefern sie sich gegenseitig nur gefällige Ergänzungen und indirekte Bestätigung. Außerdem ist es, wie wir bereits darstellten, nicht überraschend, daß verantwortungsvolle Wissenschaftler zu so unterschiedlichen Theorien kommen, wenn wir daran denken, daß die verschiedenen Schulen aus vielen Gründen, die in der Person des Therapeuten und seiner beruflichen Reputation begründet sind, verschiedene Arten von Patienten bekommen, und daß diese dann zur empirischen Verifizierung ihrer Theorien und als Basis für weitere Hypothesen derselben Art herhalten müssen. Wir wollen das kurz illustrieren. Wie es am Anfang nicht anders zu erwarten war, hatte Freud es mit einer Reihe von Patienten mit spektakulären Symptomen wie Hysterien, Zwangsvorstellungen, Phobien, Perversionen zu tun. Ein Ergebnis dieser Tatsache wie auch eine Ursache dafür war, daß er die Symbolinterpretation als Methode wählte; und so mußte er zu einer bestimmten Theorie der Kindheit und der menschlichen Natur gelangen. Die Jungianer indes mußten einerseits stationäre Psychotiker und andererseits Patienten mittleren Alters mit Nervenzusammenbrüchen behandeln; dementsprechend entwickelten sie Kunsttherapien und entwarfen eine Theorie voller Ideen aus hohen und primitiven Kulturen, aber mit schwächerer Betonung der Sexualität. Reich wiederum hat überwiegend jüngere, oft noch unverheiratete Leute behandelt, und sowohl seine Patienten wie auch seine Einsichten diktierten ihm eine eher physiologische Methode. Sullivan dagegen hatte es mit ambulanten Schizophrenen zu tun, und es blieb ihm kaum eine andere Möglichkeit, als Methoden des Gesprächs anzuwenden und bei seinen Patienten das Gefühl der Selbstsicherheit zu stärken. Moreno, der mit kriminellen Jugendlichen in Internaten arbeitete, entwickelte eine Methode der Gruppentherapie, eine Situation also, die prinzipiell das Phänomen der Übertragung in den Hintergrund rücken und auf eine verantwortlichere Gesellschaft hinarbeiten sollte.

In jeder Schule wirken Voreingenommenheit, Patientenauslese, Methode und Theorie zusammen. Das ist kein Wissenschaftsskandal. Es wäre zwar zu wünschen, daß die Theoretiker weniger schnell von ihrer Praxis auf die »menschliche Natur« schließen würden — und daß überhaupt alle Ärzte weniger schnell auf die menschliche Natur schließen würden, als ob die Menschheit ihrer Natur nach krank wäre; es wäre aber andererseits wünschenswert, daß Laienkritiker und -logiker sich besser über die empirischen Hintergründe der von ihnen geschmähten Theorien informieren würden.

7. Die Selbstregulierung des Neurotikers und die Idee des Therapeuten

Jeder aber, der mit einigem Einfühlungsvermögen die Schulen und Methoden der Psychotherapie überblickt, so wie wir es, wenn auch oberflächlich, getan haben, kommt auch noch auf einen neuen Gedanken: Die menschliche Natur ist zu einem Teil so, wie diese Schulen annehmen, zu einem anderen Teil aber *erschafft sie sich selbst,* in Anpassung an die verschiedenen Therapieformen, und diese schöpferische Anpassung unter günstigen Umständen ist als solche ein wesentlicher Teil der menschlichen Natur. Es ist dieselbe innere Kraft, die prima facie jeder ehrlichen menschlichen Erfahrung innewohnt. Die schwierige Aufgabe der Psychotherapie ist es, die schöpferischen Anpassungskräfte des Patienten zu mobilisieren, ohne sie in die Schablone der wissenschaftlichen Theorie des Therapeuten zu zwängen. Damit kommen wir zu unserer Frage nach der Beziehung zwischen der fortwährenden Selbstregulierung des Neurotikers und der Theorie des Therapeuten von der zu »entdeckenden« menschlichen Natur. Denn der Patient will sich meistens wirklich in Übereinstimmung mit der Theorie des Therapeuten selbst erschaffen, aber er hat zweifellos auch andere Richtlinien. Von daher können wir die Bedeutung der zitierten Warnung Lewins, die Struktur der aktuellen Situation nicht mit dem Anspruch einer zu weitreichenden Ganzheit zu analysieren, einsehen.

Man muß es nämlich auch einmal so sehen: In der menschlichen »Natur« (nach welcher Theorie auch immer) wirken kreatürliche und kulturelle Faktoren zusammen; und die kulturellen Faktoren, besonders in unserer Gesellschaft, divergieren sehr stark — die Koexistenz divergierender Strömungen ist vielleicht die entscheidende Eigenheit unserer Kultur. Außerdem gibt es zweifellos ursprünglich exzentrische Veranlagungen bei Individuen und Familien. Und, was noch wichtiger ist, die Selbsterschaffung, d. h. die schöpferische Anpassung an die verschiedensten Umstände, ist schon von Anfang an keine reine »Konditionierung« von außen, die »wegkonditioniert« werden kann, sondern sie ist vor allem wirkliches Wachstum. Angesichts all dieser, z. T. ausgefallenen Besonderheiten beim Patienten ist offensichtlich eine Therapie wünschenswert, die sowenig Normen setzt wie möglich und die soviel wie möglich aus der aktuellen Situation, dem Hier und Jetzt, zu machen versucht.

Oft versucht der Therapeut, das muß gesagt werden, dem Patienten seine eigene Norm von Gesundheit aufzuzwingen; und wenn das nicht geht, ruft er aus: »Regulieren Sie sich gefälligst selbst! Ich sage Ihnen doch die ganze Zeit, was Selbstregulierung ist!« Der Patient versucht sein Bestes und bringt es doch nicht fertig. Dann trifft ihn der Vorwurf: »Sie sind tot« oder »Sie wollen ja nicht«, der teilweise in therapeutisch-technischer Absicht geäußert wird, teilweise aber Ausdruck offener Verbitterung ist. (Im Zweifelsfall ist seine Verbitterung noch besser als seine Technik.)

Die übliche Situation sieht so aus: Der Therapeut wendet seine wissenschaftliche Theorie als allgemeinen Behandlungsplan bei jedem Patienten an. Mit Hilfe dieser Theorie wählt er sich seine Aufgabe, stellt fest, welche Widerstände da sind und wann er sie verfolgen bzw. sie unbeachtet lassen muß; und je nach seiner Theorie schätzt er den Verlauf zuversichtlich oder pessimistisch ein. Nun ist natürlich jeder Plan eine Abstraktion der wirklichen Situation, und der Therapeut setzt notwendigerweise Vertrauen in diese Abstraktion. Wenn er z. B. den dynamischen Faktor in der vegetativen Energie sieht und seine physiologische Methode vertritt, ist er voller Hoffnung, wenn Muskelentspannungen und Energieströme beobachtet werden, und er verzweifelt, wenn der Patient die Übung nicht machen will oder kann. Die Ströme, so glaubt er, müssen einen Fortschritt anzeigen. Für einen Beobachter einer anderen Schule könnte die Situation ganz anders aussehen: Im Liegen, wenn sich der Patient der Manipulation durch den Therapeuten überläßt oder sich, auf seine Aufforderung hin, selbst manipuliert, ist der Patient wirklich verändert; draußen aber, wo er »er selbst« ist, wirkt sich das bloß so aus, daß er sich eine neue Abwehr gegen die »Bedrohung von unten« angeeignet oder, schlimmer noch, gelernt hat, »sich selbst« auszuklammern und so zu tun, als wäre er immer im Sprechzimmer des Arztes. Der Patient selbst läßt sich natürlich im allgemeinen schnell von der Abstraktion seines Therapeuten überzeugen, egal wie sie aussieht. In seiner Eigenschaft als Beobachter des Geschehens sieht er, daß aufregende Dinge passieren. Das gibt seinem Leben eine völlig neue Dimension und ist das Geld wert. Und auf lange Sicht wirkt sich alles auch irgendwie aus.

Wir drücken das boshaft aus; und dabei sitzen wir doch alle, vielleicht unausweichlich, in einem Boot. Aber selbst wenn das so ist, ist es doch gut, die Dinge beim Namen zu nennen.

8. Verfolgung der Widerstände und Interpretation des angebotenen Materials

Wir wollen dasselbe noch einmal im Zusammenhang mit der klassischen Kontroverse zwischen dem älteren Verfahren der Interpretation des angebotenen Materials und dem neueren der »Verfolgung der Widerstände« (letztlich »Charakteranalyse«) formulieren. Beides ist indes unentwirrbar miteinander verbunden.

Man beginnt in der Regel mit dem, »was kommt« — was der Patient spontan einbringt, wenn er zur Tür hereintritt, sei es ein Alptraum, eine verlogene Haltung, geistloses Gerede oder ein verspannter Kiefer — was einem eben auffällt. Aber auch hier ist es so (was gewöhnlich bequemerweise übersehen wird), daß schon sein Hereinkommen zum Teil eine Abwehr gegen seine eigene schöpferische Anpassung ist, ein Widerstand gegen das eigene Wachstum, ebenso wie es ein lebendiger Hilferuf ist.[3] Jedenfalls geht der Therapeut von dem aus, was der Patient einbringt. Aber jeder weiß, daß der Patient dem Therapeuten

[3] Und umgekehrt: In unserer Gesellschaft mit der neurotischen Isolation des Einzelnen und seinem Bedürfnis, alles allein zu machen, liegt der Widerstand darin, nicht um Hilfe zu bitten.

ausweicht und auf der Stelle tritt, wenn dieser sich zu lange bei dem aufhält, was der Patient anbietet. Sobald der Therapeut einen entscheidenden Widerstand (im Sinne der eigenen Theorie) bemerkt, reitet er darauf herum. Währenddessen aber ist der Patient mit Sicherheit darauf bedacht, den Gefahrenpunkt zu isolieren und eine neue Abwehr aufzubauen. Dann entsteht das Problem, beide Abwehrstellungen auf einmal anzugreifen, damit die eine nicht für die andere eintreten kann. Das aber wirkt sich dahin aus, nicht wahr, daß man dem nachgeht, was kommt, was der Patient einbringt. Die neue Situation hat natürlich große Vorteile: Der Therapeut versteht jetzt mehr, denn er ist in eine Situation einbezogen, die er teilweise selbst geschaffen hat; die eintretenden Reaktionen bestätigen seine Vermutungen oder modifizieren sie in einer bestimmten Richtung: der Therapeut wächst selbst in eine reale Situation hinein, indem er dem nachgeht, was eingebracht wird, und sich gleichzeitig gegen die neurotischen Elemente darin wehrt. Und es besteht die Hoffnung, daß eines Tages die fortlaufend geschwächte Struktur der neurotischen Elemente zusammenbrechen wird.

Worauf wollen wir hinaus, wenn wir dieses seltsam verzwickte Bild des Geschehens zeichnen? Wir wollen beweisen, daß die »Interpretation dessen, was kommt« und »die Verfolgung der Widerstände« in der wirklichen Situation unentwirrbar ineinander verflochten sind, und daß, wenn diese überhaupt Wachstum zur Folge haben, sowohl die spontanen Aussagen des Patienten und seine neurotischen Widerstände *als auch* die Theorie des Therapeuten und seine nicht neurotischen Widerstände gegen Vereinnahmung, Manipulation usw. in der sich entwickelnden Situation fortlaufend zerstört werden. Dann erst kann man durch die Konzentration auf die *konkrete* Struktur der aktuellen Situation wirklich hoffen, die neurotischen Elemente aufzulösen. Und das bedeutet sicherlich ein weniger starres Festklammern an der eigenen wissenschaftlichen Idee, als allgemein in diesem Beruf zu beobachten ist.

9. Die doppelte Natur eines Symptoms

Die Struktur der Situation ist der innere Zusammenhang von Form und Inhalt; und wir versuchen zu zeigen, daß die Konzentration darauf die genaue Beziehung zwischen der bestehenden Selbstregulierung des Patienten und der Theorie des Therapeuten ergibt.

Eine von Freuds bedeutendsten Beobachtungen war die Erkenntnis der doppelten Natur eines neurotischen Symptoms: Das Symptom ist ebenso ein Ausdruck der Lebendigkeit wie eine »Abwehr« gegen Lebendigkeit (wir werden von jetzt an besser sagen: »ein selbstvergewaltigender Angriff auf die eigene Lebendigkeit«). Nun möchten die Therapeuten im allgemeinen mit den gesunden Elementen gegen die Neurose kämpfen. Das klingt sehr schön, es bedeutet, man will kooperieren, zutiefst ehrlich sein, man will den Orgasmus, Glück und Zufriedenheit. Was aber, wenn die vitalsten und schöpferischsten Elemente gerade die »neurotischen« sind, nämlich die dem Patienten eigentümliche neurotische Selbstregulierung?

Diese Sache ist überaus wichtig. Die allgemeine Vorstellung von der »Nutzung der gesunden Elemente« schließt ein, daß die Neurose nur die Negation des Lebendigen sei. Aber ist es nicht so, daß selbstregulierendes neurotisches Verhalten positive, oft einfallsreiche Züge trägt und manchmal ein hohes Maß an Vollendung? Der neurotische Antrieb ist offensichtlich nicht nur negativ, denn er hat in Wahrheit eine stark formende Wirkung im Patienten gehabt, und eine positive Wirkung kann man nicht mit einer negativen Ursache erklären.

Wenn die Grundkonzeption der gesunden menschlichen Natur, welcher Art sie auch sein mag, richtig wäre, dann wären alle Patienten nach ihrer Heilung gleich. Ist das der Fall? Es ist eher so, daß gesunde und spontane Menschen überaus verschieden sind, überaus unberechenbar, überaus »exzentrisch«. Als Neurotiker sind sich die Menschen viel ähnlicher — das ist der betäubende Effekt der Krankheit. Daran können wir also wieder sehen, daß das Symptom einen doppelten Aspekt hat: Als etwas Starres macht es den Menschen zu einem bestimmten »Charakter«, und davon gibt es ein halbes Dutzend verschiedener Arten. Aber als Werk seines eigenen schöpferischen Selbst drückt das Symptom die Einmaligkeit eines Menschen aus. Und gibt es *eine* wissenschaftliche Theorie, die sich a priori erdreistet, den Rang menschlicher Einmaligkeit zu erfassen?

10. Heilung des Symptoms und Unterdrückung des Patienten

Wir wollen unser Problem zum Schluß in Zusammenhang bringen mit den Ängsten des Patienten. Um die menschliche Natur »freizulegen«, klopft der Therapeut an dem Charakter herum, steigert die Angst und vermindert insofern seine Selbstachtung. Der Patient sieht sich mit einem Gesundheitsmaßstab konfrontiert, dem er nicht genügen kann, und fühlt sich schuldig. Früher fühlte er sich schuldig, weil er onaniert hatte, jetzt ist er schuldig, weil er es nicht genügend genießt zu onanieren. (Früher, als er sich schuldig gefühlt hatte, hatte er es mehr genossen.) Immer stärker ist der Arzt im Recht und der Patient im Unrecht.

Und dabei wissen wir doch, daß unter den Abwehrmechanismen, eigentlich *in* den Abwehrmechanismen, immer ein wunderschönes, bejahendes kindliches Gefühl verborgen liegt: im Trotz die Empörung, im Anklammern gerechte Bewunderung, in dem Gefühl der Verlassenheit Einsamkeit, in der Feindschaft Aggression, in der Verwirrung Kreativität. Und auch in der jetzigen Situation sind diese Anteile durchaus nicht ohne Bedeutung, denn selbst hier und jetzt gibt es genügend Grund zur Empörung, manchen Grund zu Loyalität und Bewunderung, Lehrer zum Zerstören und Assimilieren und eine Finsternis, in der nur der Schöpfer Geist noch ein Fünkchen Licht hat. Natürlich kann keine Therapie diese angeborenen Ausdrucksweisen vernichten. Wir sagen aber, daß die angeborenen Ausdrucksmöglichkeiten und ihre neurotische Verwendung jetzt eine Einheit, eine Figur bilden, denn sie sind das Werk der fortwährenden Selbstregulierung des Patienten.

Was ist das logische Ergebnis der Herumklopferei auf den Widerständen? Der Patient wird ängstlich, fühlt sich schuldig, frontal attackiert, und er verdrängt das Ganze. Angenommen, ein Gewinn ist zu verzeichnen, gefesselte Energien sind befreit worden. Verloren hat der Patient aber — und das ist wesentlich — seine eigenen Waffen und seine Orientierung in der Welt; die neu zur Verfügung stehende Energie kann sich nicht in der Erfahrung auswirken und beweisen. Einem einfühlsamen und klugen Freund des Patienten erscheint das Ergebnis so: Der Prozeß der Analyse hat entweder Nivellierung und Anpassung bewirkt oder er war engstirnig und fanatisch, je nachdem, ob die zugrundeliegende wissenschaftliche Theorie mehr Gewicht auf Erleichterung im interpersonalen oder im individuellen Bereich gelegt hat. Der Patient hat die von der Theorie verlangte Norm erreicht — und also ist die Theorie wieder bewiesen!

11. Die Erfordernisse einer guten Methode

Wir wollen jetzt sammeln und zusammenfassen, was wir über die Beziehung zwischen der Selbstregulierung des Neurotikers und der Theorie des Therapeuten von der organischen Selbstregulierung gesagt haben:

Wir haben Grund zu der Überzeugung, daß die Kraft schöpferischer Anpassung an die Therapie in jeder Methode wirksam ist. Wir haben gesehen, daß es ratsam ist, sowenig »Normalität« wie möglich zu verlangen, da sie immer eine Abstraktion vom Hier und Jetzt bedeutet. Die Gefahr besteht, daß der Patient die abstrakte Norm nur im Behandlungszusammenhang erreicht. Und wir haben zu zeigen versucht, daß in der aktuellen Situation die Einfälle des Patienten und seine Widerstände gegen die Behandlung immer zusammen auftreten, und daß der Therapeut nicht einfach als Objekt der Übertragung des Patienten einbezogen ist, sondern in die Situation hineinwächst und seine Vor-Urteile aufs Spiel setzt. Wir haben uns wieder ins Gedächtnis gerufen, daß das neurotische Symptom eine innere Struktur lebendiger und tötender Elemente darstellt und daß in ihm das eigentliche Selbst des Patienten angelegt ist. Und schließlich, daß es gefährlich ist, Widerstände aufzulösen, da der Patient ohne sie weniger ist als vorher.

In all diesen Überlegungen sahen wir die Begründung dafür, uns auf die aktuelle Situation als Aufgabe schöpferischer Anpassung zu konzentrieren, nach einer ganz neuen Synthese zu suchen und sie zum Hauptgegenstand der Sitzung zu machen. Andererseits wäre es aber absurd, auch nur einen Augenblick mit dem Gedanken zu spielen, man müsse die Widerstände nicht bekämpfen, die Ängste nicht steigern, die Zwecklosigkeit neurotischer Reaktionen nicht zeigen, die Vergangenheit nicht wecken, jede Interpretation zurückhalten und alles Wissen abwerfen. Die Resultate würden dann nämlich oberflächlich, die gefesselten Energien würden nicht befreit werden usw.; und wie sieht es, menschlich gesehen, mit der Realität eines Gesprächs aus, in der einer der Partner, der Therapeut also, seine besten Kräfte, sein Wissen und seine dadurch bestimmte Einschätzung der Situation, unterdrückt?

Das Problem verdichtet sich also zu der Frage, wie die Struktur des Gesprächs sein soll, d. h. *wie* man den Konflikt, die Angst, die Vergangenheit, die Konzeption und die Interpretationen nutzen und entfalten kann, um das Höchstmaß an schöpferischer Anpassung zu erreichen.

12. Selbstgewahrsein in experimentellen, geschützten Notsituationen

Wir erinnern noch einmal an Corporal Jones und die Hierarchie gesunder Reaktionen in einer Notsituation und schlagen als Gesprächsstruktur die Erzeugung einer geschützten Notsituation vor, durch Konzentration auf die aktuelle Situation. Das klingt wie eine sinnlose Formel, es ist aber nichts anderes, als was von den Therapeuten aller Schulen in den Augenblicken des Erfolgs geleistet wird. Nehmen wir etwa folgende Situation:

1. Der Patient, aktiver Partner im Experiment, konzentriert sich auf das, was er gerade fühlt, denkt, tut, sagt; er versucht es noch stärker wahrzunehmen mit Hilfe seiner Vorstellungen, Körpergefühle, Bewegungsreaktionen, verbalen Beschreibungen usw.
2. Es ist etwas, das ihn lebhaft interessiert, deshalb muß er sich nicht bewußt darauf konzentrieren, es zieht seine Aufmerksamkeit vielmehr auf sich. Der Zusammenhang kann vom Therapeuten gewählt werden, aufgrund seines Vorwissens über den Patienten und seiner fachmännischen Auffassung über den Sitz des Widerstandes.
3. Es handelt sich um etwas, dessen der Patient vage gewahr ist und dessen er deutlicher aufgrund dieser Übung gewahr wird.
4. Während dieser Übung wird der Patient ermutigt, seiner Natur zu folgen, frei zu phantasieren und zu übertreiben, denn es ist ein sicheres Spiel. Dieses Verhalten, auch in seiner übertriebenen Form, wendet er auf seine aktuelle Situation an: auf seine Einstellung zu sich selbst, zum Therapeuten, auf seine allgemeinen Verhaltensweisen (in Familie, Sexualität, Beruf).
5. Alternativ unterdrückt er dieses Verhalten in übertriebener Form und wendet diese Unterdrückung auf die gleichen Zusammenhänge an.
6. In dem Maße, wie die Wahrnehmung genauer wird und sich mit Inhalt füllt, wächst die Angst. Dadurch entsteht eine fühlbare Notsituation, aber diese Notsituation ist gefahrlos und kontrollierbar und beiden Partnern als solche bewußt.
7. Das Ziel ist, daß in der geschützten Notsituation die unterschwelligen (verdrängten) Absichten — seien es eine Handlung, eine Haltung, gegenwärtige Ziele oder Erinnerungen — zum Vorschein kommen und die Gestalt neu formen.
8. Der Patient begreift die neue Gestalt als seine eigene, er fühlt, daß »ich es bin, der fühlt, denkt, dies oder das tut«.

Dies ist mit Sicherheit keine unbekannte therapeutische Situation; und sie präjudiziert in keiner Weise die Anwendung irgendeiner Methode, sei es die anamnestische, die interpersonale, die physiologische oder irgendeine der anderen grundlegenden Methoden. Neu ist nur die Erwartung der Angst nicht als eines unvermeidlichen Nebenprodukts, sondern als einer funktionalen Chance; und das ist möglich, weil die wache Aktivität des Patienten von Anfang bis Ende eine zentrale Rolle spielt. Er erkennt die Notsituation, aber er muß weder fliehen noch erstarren; er behält den Mut, wird hellwach und nimmt das Verhalten, das zum Vorschein kommt, bewußt wahr. Er ist derjenige, der die Notsituation erschafft; sie ist nichts, was ihn von außen überwältigt. Und das Zulassen der Angst *ist gleichbedeutend* mit der Schaffung einer neuen Gestalt.

Ist der neurotische Zustand die Reaktion auf eine nicht wirkliche chronische Notsituation niederen Grades mit mittelmäßiger Spannung und unbeweglicher starrer Wachsamkeit (anstelle von Entspannung, oder aber einer elektrisierten Spannung und einer scharfen und beweglichen Wachsamkeit), dann ist das Ziel in der Therapie die Konzentration auf eine wirkliche hochgradige Notsituation, mit der sich der Patient aktuell auseinandersetzen und dadurch wachsen kann. Üblicherweise sagt man dem Patienten: »Du hast dir dieses Verhalten zu eigen gemacht, als du wirklich in Gefahr warst — zum Beispiel, als du noch ein Kind warst; jetzt aber bist du erwachsen und sicher.« Das ist soweit richtig. Aber der Patient fühlt sich in Wirklichkeit nur soweit sicher, wie das neurotische Verhalten *nicht* berührt wird, also wenn er daliegt und mit einer freundlichen Person spricht. Oder andersherum: Sobald der Therapeut den Widerstand angreift, wird der Patient von Angst überwältigt. *Der springende Punkt dabei ist, daß der Patient sein Verhalten unmittelbar in der akuten Notsituation erlebt und gleichzeitig fühlt, daß er sicher ist, weil er mit der Situation umgehen kann.* Das bedeutet also, die chronische Notsituation niederen Grades zu einer sicheren hochgradigen Notsituation zu steigern, die von Angst begleitet ist, aber für den aktiven Patienten kontrollierbar bleibt. Eine technische Schwierigkeit ist es, die Spannungssteigerung richtig zu steuern, eine andere, die Situation kontrollierbar, aber nicht kontrolliert zu halten: so daß sie als sicher erlebt werden kann, weil der Patient fähig ist, die nötige Anpassung zu *erschaffen,* nicht aber, weil er vor ihr abgeschirmt wird.

Es kommt darauf an, alle funktionierenden Teile funktional zu nutzen, d. h. keinen funktionierenden Teil in der aktuellen Situation auszuklammern oder auszulassen. Es kommt darauf an, den Zusammenhang und das Experiment herauszufinden, das sie alle in der erforderlichen Gesamtheit aktiviert. Die funktionierenden Teile sind: die Selbstregulierung des Patienten, das Wissen des Therapeuten, die Befreiung von der Angst und (nicht zuletzt) der Mut und die schöpferisch gestaltende Kraft in jedem Menschen.

13. Bewertung

Am Ende läuft die Frage nach der richtigen Anwendung der Theorie auf die Frage nach der Bewertung hinaus. Es gibt zwei Arten von Bewertungen, die intrinsische und die vergleichende. Die intrinsische Bewertung ist in jeder ablaufenden Handlung gegenwärtig; sie bildet die Richtung eines Prozeses, die Bewegung einer unvollendeten Situation zur Vollendung, die Spannung in Richtung auf den Orgasmus usw. Der Bewertungsmaßstab ergibt sich aus der Handlung selbst, er ist schließlich die Handlung selbst als Ganzes.

In der vergleichenden Wertung liegt der Maßstab außerhalb der Handlung, die Handlung wird an etwas anderem gemessen. Und gerade für diese Art der Wertung ist der Neurotiker (und die übliche Neurose der Gesellschaft) besonders empfänglich: Jede Handlung wird an einem Ich-Ideal gemessen, sie richtet sich an dem Bedürfnis nach Anerkennung, am Geldwert oder am Prestige aus. Wie jeder schaffende Künstler und jeder Erzieher weiß, ist es eine Illusion zu glauben, daß diese vergleichende Bewertung zu einer guten Leistung führe; in den Fällen, wo sie einen heilsamen Ansporn zu bilden scheint, besteht die Täuschung darin, daß die vergleichende Bewertung stellvertretend für ersehnte Liebe, Unschuld usw. steht, und daß diese Antriebe nützlicher (und weniger schmerzlich) wären, wenn sie nicht verschleiert würden.

Es ist auch sinnlos, wenn der Therapeut vor dem Hintergrund seiner eigenen Theorie von Gesundheit vergleichende Wertungen anstellt. Lieber sollte er seine Konzeption und seine Kenntnisse nutzen, indem er sie in Anleitungen und Ratschlägen zur Geltung bringt, der intrinsischen Wertung aber, die sich aus der fortlaufenden Selbstregulierung ergibt, unterordnet.

5

Reifung und Rückerinnerung an die Kindheit

1. Vergangenheit und Zukunft im Gegenwärtigen

Wenn wir von Selbstgewahrsein, experimenteller Lebenshaltung, fühlbaren Notlagen und schöpferischer Anpassung sprechen, so legen wir zugleich auch Wert auf das Wiedereinholen der Vergangenheit (»Kindheitserinnerungen«) und auf die Erwartungen und Vorhaben in der Zukunft (»Lebensplan«). Sicherinnern und Erwarten sind aber Handlungen in der Gegenwart, und wichtig ist für uns, ihren Platz in der Struktur des Gegenwärtigen zu analysieren. Wir können uns dessen, worum es in diesem Kapitel geht, experimentell vergewissern, wenn wir uns sagen: *»Jetzt, hier* erinnere ich mich an das und das«, und wir werden merken, daß das etwas anderes ist, als wenn wir die Erinnerungen einfach schweifen lassen; ebenso, wenn wir uns sagen: *»Jetzt, hier* erwarte oder plane ich das und das.«

Erinnerungen und Erwartungen sind gegenwärtige Vorstellungen. Das lebhafte Spiel der Phantasie ist im allgemeinen nicht dissoziativ, sondern integrativ. Wie kommt es nun aber, daß manche Menschen, wenn sie sich in Reminiszenzen und Projekten ergehen, so offensichtlich auf der Flucht und nachher nicht erfrischt, sondern leer und erschöpft sind? Es kommt daher, daß sie die Erlebnisse nicht als ihre eigenen empfinden, sie nicht in sich aufnehmen, sie nicht umbilden und assimilieren; die Geschichten, die sie erzählen, finden kein Ende und werden mit jedem Wort fader. (Den Kontrast dazu bildet das Kunstwerk, wo die Erinnerung lebendig wird in der Vergegenwärtigung durch das Medium.) Unterdessen bleibt das Gegenwärtige unbefriedigend, das Vergangene ist verloren, und das Zukünftige ist noch nicht. Was empfindet dieser Schwätzer gegenwärtig? Seine Phantasie wärmt ihn nicht, vielmehr bedauert er, er erhebt Vorwürfe und Selbstvorwürfe, ist enttäuscht, gibt sich die Schuld, nicht gut genug gewesen zu sein, und versucht, seinen Willen zusammenzuraffen; das alles drückt seine Selbstachtung nur noch tiefer. Denn das Gefühl eigenen Wertes läßt sich nicht durch entschuldigende Erklärungen noch durch Anlegen äußerer Vergleichsmaßstäbe gewinnen: »Es war nicht meine Schuld, ich bin so gut wie alle andern auch. Jetzt geht's mir nicht gut, aber bald zeig ich, was ich kann.« Das Gefühl eigenen Wertes erlangt man nur, indem man sich einer gegenwärtigen Aufgabe gewachsen sieht oder sich nach einer erledigten Aufgabe entspannt (daher haben wir keine Gewissensskrupel, wenn das »schuldhafte« sexuelle Treiben uns befriedigt, wohl aber, wenn es uns enttäuscht hat). Erklärungen abzugeben oder Vergleiche anzustellen, wird immer als lügnerisch empfunden; man will sich damit entweder trösten oder bestrafen. Etwas zu tun hingegen und man selbst zu sein, ist Beweis genug, es rechtfertigt sich selbst, denn es vollendet die Situation. Daher legen wir Wert auf das Selbstgewahrsein des Patienten in einem Experiment, das er selber ausführt, und erwarten, daß er so ein für ihn vorteilhafteres Ganzes erzeugt.

2. Bedeutung von Vergangenheit und Zukunft in der Therapie

Der Verdruß ist nur, daß das »Selbst«, das verfügbar ist, das *da* ist, von ziemlich dürftigem Inhalt und außerdem vielfach gespalten ist. Es ist schon etwas, dem Patienten das »Gefühl seiner selbst« (Alexander) zu vermitteln, aber es genügt nicht; wir müssen außerdem auch zum »Fundament« durchdringen, dessen sich der Patient nicht bewußt ist, um sein Selbst zu stärken. Die Frage ist, welches dieses Fundament oder diese Grundlage in der Gegenwart ist.

In dem Versuch, diese Frage zu beantworten, hat Freud in den letzten Jahren seines Lebens kategorisch wiederholt, keine Methode könne psychoanalytisch heißen, wenn sie nicht die frühkindlichen Erinnerungen aufarbeite. So, wie wir es sehen, wollte er damit sagen, daß ein großer Teil des Selbst immer noch alte, unerledigte Situationen agiere. Und das muß richtig sein, denn wir leben davon, das Neue dem zu assimilieren, was wir geworden sind, in der Art, wie wir geworden sind.

Manche nachfreudianischen Schulen betonen im Gegenteil, die frühkindlichen Erinnerungen seien überhaupt unnötig und es käme einzig darauf an, eine reife Lebenshaltung zu erwerben. Dies könnte heißen (was sicherlich richtig ist), daß viele Wachstumskräfte im Menschen gefesselt sind; es ist ihm nicht gelungen, zu sich selber zu kommen.

Wir werden zu zeigen versuchen, daß die Unterscheidung zwischen »kindlich« und »reif« eine falsche Polarisierung und ein irreführender Sprachgebrauch ist. Und ohne dieses Gegensatzpaar erscheinen das Aufarbeiten der Kindheit und die Notwendigkeit zu reifen in einem anderen Licht. In diesem Kapitel beschäftigen wir uns hauptsächlich mit der Erinnerung. (Zukunftserwartungen sind eine Form der Aggression, vgl. Kapitel 8.)

Freud scheint geglaubt zu haben, daß frühere Zeiten auf andere Weise psychologisch existieren als in ihren gegenwärtigen Wirkungen. In seinem berühmten Beispiel von den übereinandergelagerten historischen Schichten der Stadt Rom gibt er zu verstehen, daß die verschiedenen Vergangenheiten und die Gegenwart einander durchdringen, den gleichen Raum einnehmen und zueinander noch in anderen Beziehungen stehen als denen zeitlicher Abfolge. Ein mächtiger Gedanke.[1]

Zum Zwecke der Therapie aber ist uns nur die gegenwärtige Struktur von Empfinden, Introspektion und Verhalten zugänglich, und unsere Frage muß sein, welche Rolle in dieser Struktur das Sicherinnern spielt. Formal gesehen sind Erinnerungen eine der stärker verfestigten (unveränderlichen) Formen im gegenwärtig ablaufenden Prozeß.

(Wir haben bereits von den »Abstraktionen« als von solchen verfestigten Formen gesprochen, die relativ stationär bleiben, damit etwas anderes sich besser bewegen kann. Abstraktionen sind abgezogen von den eher sinnlichen und stofflichen Besonderheiten der Erfahrung; Erinnerungen dagegen sind verfestigte Vorstellungen ebendieser sinnlich-stofflichen Besonderheiten, ihrerseits jedoch abgezogen von den motorischen Reaktionen — so daß also die Vergangenheit unveränderlich wird; sie ist das, was als unveränderlich erfahren wird.[2] Gewohnheiten zum Beispiel, Techniken oder Kenntnisse sind andere verfestigte Formen: es sind Assimilationen an den konservativeren Aufbau des Organismus.)

Viele dieser verfestigten Formen sind gesund und können im gegenwärtigen Prozeß mobilisiert werden, z. B. eine nützliche Gewohnheit, eine Kunstfertigkeit oder eine besondere Erinnerung, die nun im Vergleich mit einer anderen Besonderheit eine Abstraktion ermöglicht. Manche verfestigten Formen sind neurotisch, so etwa der »Charakter«, das zwanghafte Wiederholen. Ob aber gesund oder neurotisch, *die Vergangenheit und jede andere Verfestigung dauern nur durch ihr*

---

[1] Eigentlich sind die Freudsche Traumtheorie, die nicht-euklidische Geometrie und die physikalische Relativitätstheorie einander ähnliche Versuche, Kants Auffassung von Raum und Zeit zu widerlegen. Sie laufen darauf hinaus, Kants transzendentale Ästhetik auf das sinnliche und introspektive Aktual-Erleben einzuschränken — doch dies hatte ohne Zweifel auch er selbst beabsichtigt.

[2] Natürlich erörtern wir hier nicht die metaphysische Frage: Was ist die Vergangenheit? das heißt, ob das in der Erfahrung des Sicherinnerns Gegebene Existenz hat oder nicht, und welche Art von Existenz.

gegenwärtiges Auftreten fort: Eine Abstraktion dauert fort, wenn sie in der gegenwärtigen Sprache ihre Berechtigung erweist, eine Technik, wenn sie angewandt wird, und ein neurotischer Zug, wenn er als Reaktion gegen ein »gefährliches« wiederkehrendes Bedürfnis hervortritt. Sobald die verfestigten Wirkungen der Vergangenheit nicht länger im gegenwärtigen Gebrauch sind, stößt sie der Organismus durch Selbstregulierung ab. Das nicht mehr gebrauchte Wissen wird vergessen, der Charakter löst sich auf. Die Regel gilt in beiden Richtungen: *Eine Form dauert fort nicht aus Trägheit, sondern aufgrund ihrer Funktion, und eine Form wird vergessen, nicht weil die Zeit vergeht, sondern weil sie funktionslos wird.*

4. Der Wiederholungszwang

Der neurotische Wiederholungszwang ist ein Zeichen dafür, daß eine in der Vergangenheit unerledigt gebliebene Angelegenheit in der Gegenwart immer noch unerledigt ist. Jedesmal, wenn sich genügend Erregung im Organismus angesammelt hat, um die Aufgabe vorrangig werden zu lassen, wird ein neuer Lösungsversuch unternommen. So gesehen ist das neurotische Sichwiederholen nichts anderes als jede andere sich wiederholende Spannungsanhäufung auch, wie z. B. Hunger oder sexuelle Erregung, und überflüssig zu sagen, daß es diese anderen wiederholten Anhäufungen sind, aus denen der neurotischen Wiederholung die Energie zufließt. Der Unterschied zum gesunden Ablauf ist, daß jedesmal bei Auftreten der gesunden Wiederholung die Aufgabe erledigt, das Gleichgewicht wiederhergestellt wird und der Organismus durch Assimilation von etwas Neuem seinen Bestand erhalten hat oder gewachsen ist. Die Umstände wechseln immerzu, und der Organismus begegnet ihnen unbelastet von verfestigten Empfindungen aus anderen Situationen (wohl aber mit den flexiblen Werkzeugen nützlicher Abstraktionen und konservativer Gewohnheiten); und es ist das Neue an den neuen Umständen, was sie interessant macht — also daß dieses Steak nicht so ist wie das vor einer Woche gegessene (dies würde Ekel erregen), sondern ein neues Steak (etwas, wovon ich weiß, daß ich es im allgemeinen gern esse, und das nun *seinen eigenen* neuen Duft abgibt).

Die neurotische Spannung wird nun aber nicht zum Abschluß gebracht; dennoch ist sie beherrschend und muß zu einem Abschluß kommen, ehe etwas anderes begonnen werden kann. Also nimmt der Organismus, der nicht durch Erfolg und Assimilation gewachsen ist, noch einmal dieselbe Haltung ein, um noch einmal dieselbe Anstrengung zu leisten.

Leider ist aber die verfestigte Haltung, die schon beim vorigen Mal zum Mißlingen führte, im Wechsel der Umstände notwendig noch untauglicher geworden, so daß die Erfüllung immer unwahrscheinlicher wird. Dies ist ein Kreislauf des Elends: Nur durch Assimilation und Erfüllung lernt man etwas und bereitet sich auf neue Situationen vor; was aber nicht zur Erfüllung gelangt ist, das bleibt unbekannt und außer Reichweite und wird daher immer unerfüllter.
So kommt es, daß ein *gegenwärtiges* Bedürfnis nach einer *gegenwärtigen* Befriedigung am Ende als »infantil« erscheint. Es ist nicht der Trieb oder Wunsch, der infantil, für den Erwachsenen nicht mehr angemessen wäre, sondern die verfestigte Haltung, ihre abstrakten Auffassungen und ihre Vorstellungen, die veraltet, unwahrscheinlich, untauglich sind. Um das klassische Beispiel zu geben: Das Bedürfnis, gehätschelt zu werden, findet nur in der Vorstellung von der Mutter seine Sprache und sein Leitbild — diese Vorstellung wird immer leuchtender, wenn das Bedürfnis weiter frustriert wird — aber die Mutter ist nirgends zu sehen, und jeder andere Hätschler ist von vornherein enttäuschend, oder zumindest erwartet man nichts aus seiner Richtung. *Weder* das Bedürfnis *noch* die Vorstellung sind vergangen, weil die Situation unerledigt ist, aber die Vorstellung ist unpassend und veraltet. Schließlich, wenn die Aussichten hoffnungslos und das Leiden zu heftig werden, wird der Versuch gemacht, den ganzen Komplex zu unterdrücken und zu desensibilisieren.

5. Struktur einer vergessenen Szene und ihr Rückruf ins Gedächtnis

Wir wollen nun eine Erinnerung betrachten, die scheinbar vergessen ist — nicht im herkömmlichen Sinne vergessen (wie z. B. nutzlos gewordenes Wissen) und auch nicht als ein beweglicher Teil des Gegenwartshintergrundes der Erinnerung zugänglich (wie nützliches Wissen), sondern verdrängt.
In ihrer Struktur können wir sie am besten als eine schlechte Angewohnheit betrachten, einen untauglichen Versuch, etwas zu vernichten, mit dem vergessenen unvernichtbaren Komplex im Mittelpunkt. Die schlechte Angewohnheit ist die gegenwärtige vorsätzliche Behinderung — eine Behinderung, die immer ganzheitlich ist: muskulär, sensorisch und gefühlshaft (z. B. halten die Augenmuskeln den Blick geradeaus gerichtet und verhindern freies Umherblicken, das Rückgezogensein des Bedürfnisses verhindert, daß bestimmte Vorstellungen klar und leuchtend hervortreten; und was man gegenwärtig sieht, lenkt Gefühl und Verhalten in eine entgegengesetzte Richtung). Und das, was durch

die Behinderung ausgeschaltet wird, der Komplex im Zentrum, enthält eine bestimmte Szene, die als diese einmalige Szene nicht in dieser Form wieder auftreten oder erneut nützlich sein kann — um in der Gegenwart nützlich zu sein, dürfte sie nicht vernichtet, sie müßte vielmehr zerstört (auseinandergenommen) und nach gegenwärtigen Erfordernissen verändert werden. Offenbar ist dies eine sehr dauerhafte Verfestigung: ein Vergessen, das ständig mit gegenwärtiger Kraft erneuert und durch die Irrelevanz seiner Inhalte vor der Erinnerung geschützt wird.

Wie ist es dazu gekommen? Nehmen wir an, es war einmal eine Gegenwartssituation, in der man sich eines starken Bedürfnisses bewußt war, in einer Szene mit Objekten. (Der Einfachheit zuliebe denken wir an einen einzigen dramatischen Augenblick, ein »Trauma«.) Das Bedürfnis wurde frustriert: Die Befriedigung war mit einer Gefahr verbunden, und die Spannung der Frustration war unerträglich. Man hat nun vorsätzlich das Bedürfnis und das Gewahrsein des Bedürfnisses unterdrückt, um nicht leiden zu müssen und um sich aus der Gefahr herauszuhalten. Der ganze Komplex von Gefühl, Ausdruck, Gestik und des besonders tiefen, weil in wichtiger Hinsicht unerledigten Sinneseindrucks ist nun aus dem Verkehr gezogen, und es wird beständig erhebliche Energie darauf verwandt, ihn in jeder Gegenwartssituation draußen zu *halten.* (Erhebliche Energie deshalb, weil die traumatische Szene in wichtiger Hinsicht unerledigt ist und mit starkem Gegendruck zurückgehalten werden muß.)

Wie kommt es nun zum Wiedererinnern? Nehmen wir an, die vorsätzliche *gegenwärtige* Unterdrückung sei gelockert, z. B. weil man gerade seine Augenmuskeln schult und den Blick schweifen läßt, sich erwünschte Objekte vorstellt, mit den sich bietenden Ablenkungen unzufrieden wird usw. Plötzlich verschaffen sich das *immer-gegenwärtige* latente Gefühl und sein Gestus Ausdruck, und mit ihnen taucht das Bild der *alten* Szene auf. Es ist nicht das alte Bild, welches das Gefühl freigesetzt hat, sondern die Lockerung der gegenwärtigen Unterdrükkung. *Die alte Szene ist wiederaufgelebt, weil sie zufällig die letzte freie Betätigung jenes Gefühls und jenes Gestus in der Sinnesumwelt gewesen ist, als man versuchte, die unerledigte Situation zu erledigen.* Die alte Szene ist sozusagen das letzte Symbol, in dem man dem Gefühl Ausdruck zu geben gelernt hatte.

Denn wenn umgekehrt das Bild zufällig als erstes auftaucht, wie etwa, wenn einem das Gesicht eines Vorübergehenden bekannt vorkommt, oder auch am Ende einer Folge freier Assoziationen, dann spürt man vielleicht plötzlich ein »Befremden«, ein starkes Angezogensein, namenlosen Kummer. Aber dies bleibt sinnlos, flüchtig, wird sogleich von der fortwirkenden *gegenwärtigen* Unterdrückung wieder ausgelöscht. Daher muß in der klassischen Psychoanalyse die vergessene Szene »gedeutet« werden, damit man von ihr frei wird, das heißt, sie muß mit der gegenwärtigen Einstellung und Erfahrung verknüpft werden. Aber die Deutung wird nur dann erfolgreich sein, wenn sie so weit geht, die Struktur der gegenwärtigen Einstellung, die schlechte Angewohnheit, zu ändern.

6. Das Trauma als unerledigte Situation

Wahrscheinlich gibt es niemals einen solchen vereinzelten traumatischen Augenblick, wie wir ihn eben beschrieben haben, sondern wir haben es eher mit einer traumatischen Abfolge mehr oder weniger ähnlicher enttäuschender und gefährlicher Augenblicke zu tun, während derer sich die Gefühlsspannung und die Explosionsgefahr der Reaktion nach und nach steigern und ihre Unterdrückung immer stärker habitualisiert wird, bis schließlich im Interesse der psychischen Ökonomie Gefühl wie Reaktion ausgelöscht werden. Jeder dieser Augenblicke kann die später erinnerte Szene sein und das Verdrängte repräsentieren. (»Ich erinnere mich, wie Papa mich bei einer bestimmten Gelegenheit verprügelt hat.«) Zu beachten ist, daß diese traumatische Szene nicht die habituelle Verdrängung zum Ausdruck bringt, den Charakter oder die Selbst-Vergewaltigung, die in der Gegenwart beständig erneuert werden, sondern gerade das freie, noch nicht unterdrückte Gefühl, das organischer und immer-gegenwärtig ist, z. B. mein Wunsch, Papa nahe zu sein, oder mein Haß auf ihn oder beides.

Das Trauma zieht nicht, wie Freud dachte, die Wiederholung nach sich. Es ist das wiederholte Bestreben des Organismus, sein Bedürfnis zu befriedigen, was die Wiederholung mit sich bringt, aber dieses Bestreben wird auch wiederholt durch einen vorsätzlichen gegenwärtigen Akt vereitelt. In dem Maße, wie das Bedürfnis Ausdruck gewinnt, bedient es sich seiner veralteten Techniken (»die Wiederkehr des Verdrängten«). Wenn das Gefühl freigelassen wird, so kann es augenblicklich eine alte Szene wieder heraufrufen oder nicht, in jedem Falle aber wird es sofort nach einer gegenwärtigen Befriedigung streben. Die Erinnerung an die alte Szene ist also ein zu erwartendes Nebenergebnis bei der Änderung der schlechten Angewohnheit und der Freilassung des Gefühls, aber als deren Ursache ist sie weder hinreichend noch notwendig.

Es ist klar, das verdrängte Trauma wird häufig wiederkehren, denn in gewisser Hinsicht ist es ja der vitalste Teil des Organismus, es stützt sich auf ein großes Maß an organischer Energie. Um einen treffenden Vergleich zu ziehen: Ein Traum ist offenbar immer ein »Wunsch«, sogar wenn es ein Alptraum ist, denn mit dem Aussetzen des Wachbewußtseins macht sich die latente Situation des Organismus geltend — und die Bewertung ist nichts als die Bewegung des Unerledigten zur Erledigung hin.

7. Der therapeutische Nutzen der erinnerten Szene

Die erinnerte Szene erzeugt nicht das Gefühl, wenn sie jedoch das erneute Anfluten des Gefühls begleitet, so ist dies für das Selbstgewahrsein sehr wichtig. Ebenso wie sie für das letzte Mal steht, als die verdrängte Erregung sich betätigte, erprobt sich nun die neugeweckte Erregung zum ersten Mal an ihr. Sie bietet sofort eine Art »Erklärung« dafür an, was dieses ungewohnte, lange nicht mehr aufgetretene Gefühl »bedeutet« und auf was für Objekte es sich bezieht; natürlich bezieht sich aber das Gefühl in der Gegenwart überhaupt nicht auf diese archaischen Objekte. An diesem Punkt nun wird die Deutung wichtig, um dem Patienten sein neues Gefühl von sich selbst zu erklären. Er muß lernen, zwischen dem in dem Gefühl ausgedrückten gegenwärtigen Bedürfnis und dem erinnerten Objekt zu unterscheiden, das *bloß* eine besondere Erinnerung und als solche dahin und nicht mehr zu ändern ist. Eine Deutung wie diese hat nichts Geheimnisvolles; sie unterstreicht nur das Offenkundige, auch wenn dieses schwer zu schlukken ist.

8. Das falsche Gegensatzpaar »reif« und »infantil«

Nach herrschender Meinung ist jedoch das Bedürfnis, das Gefühl, »infantil«, ein Ding der Vergangenheit. Freud geht, wie wir gesehen haben (und in Kapitel 13 noch eingehender erörtern werden), so weit zu sagen, daß nicht nur manche Bedürfnisse, sondern eine ganze Denkweise, der »Primärvorgang«, infantil sei und notwendigerweise verdrängt werde. Die meisten Theoretiker betrachten bestimmte sexuelle Bedürfnisse und bestimmte zwischenmenschliche Einstellungen als kindlich und unreif.

Unsere Ansicht ist, daß *kein* fortdauerndes Bedürfnis als infantil oder illusorisch betrachtet werden kann. Nehmen wir z. B. das »infantile« Bedürfnis, von einer »selbstaufopfernden« Pflegerin umsorgt zu werden. Es hat keinen Sinn zu sagen, daß dies ein Bedürfnis nach Anklammerung an die Mutter sei. Vielmehr müssen wir sagen, daß sich hier ein Bedürfnis geltend macht; nur die Vorstellung und die Bezeichnung »Mutter« sind unmöglich und werden ja auch nicht gemeint.[3] Das Bedürfnis ist im Gegenteil jetzt harmlos und wahrscheinlich auch in gewissem Maße erfüllbar. (Vielleicht so: »Umsorg dich zur Abwechslung mal selbst, hör auf, allen andern helfen zu wollen!«) Es ist nicht Ziel der Therapie, einem Menschen bestimmte Bedürfnisse auszureden. Ja, wir müssen noch weiter gehen und sagen: Wenn in der Gegenwart das Bedürfnis nicht erfüllbar ist und auch tatsächlich nicht erfüllt wird, beginnt der ganze Prozeß der Spannung und Frustration von neuem, und der Betreffende löscht entweder sein Gewahrsein wieder aus und verfällt in die Neurose oder aber, was jetzt wahrscheinlich ist, er kennt sich nun selbst und leidet so lange, bis er eine Umweltänderung bewerkstelligen kann.

Wir können nun zu unserer Frage nach der Bedeutung der Kindheitserinnerungen zurückkehren und in Umrissen eine klarere Antwort geben. Wir haben gesagt, daß das Sicherinnern an die alte Szene unnötig sei; im günstigsten Falle gibt es einen wichtigen Hinweis auf die Bedeutung des Gefühls, aber selbst in dieser Hinsicht ist es entbehrlich. Folgt daraus nun, daß, wie z. B. Horney behauptet hat, die Aufarbeitung der Kindheit keinen vorrangigen Platz in der Psychotherapie einnimmt? Nein. Unserer Ansicht nach ist der Inhalt der erinnerten Szene ziemlich unwichtig, aber das kindliche Gefühl und die Einstellung, in denen diese Szene erlebt wurde, sind von höchster Bedeutung. *Die kindlichen Gefühle sind von Bedeutung nicht als etwas Vergangenes, dessen man sich entledigen müßte, sondern als einige der schönsten Kräfte im Leben des Erwachsenen, die wiederhergestellt werden müssen:* Spontaneität, Phantasie, Unmittelbarkeit im Gewahrsein und im Zugriff auf die Umwelt. Notwendig ist es, wie Schachtel gesagt hat, die kindliche Welterfahrung wiederherzustellen, das heißt, nicht die faktische Biographie herauszuarbeiten, sondern den »Primärvorgang des Denkens«.

Nichts ist unglückseliger als der heutige bedenkenlose Gebrauch der Wörter »infantil« und »reif«. Auch wenn man die »infantile Einstel-

[3] Die Sprache ist extrem arm an Ausdrucken für die emotionalen Bedürfnisse, ausgenommen die Lyrik und andere Künste. Die Psychoanalyse hat hier zu einer erheblichen Bereicherung geführt, indem sie im Leben der Erwachsenen die Entsprechungen zur frühen Kindheit aufzeigte. Unglücklicherweise ist die Kindheit so sehr in Verruf, daß Ausdrücke, die sich auf kleine Kinder beziehen, Beleidigungen gleichkommen. So wird etwa »mütterlich« als eine gute Eigenschaft angesehen, »kindlich« dagegen als eine lächerliche.

lung« bei den Kindern selbst für nicht so schlimm hält, so werden ihre Merkmale doch, wo sie während der »Reife« auftreten, einfach en bloc scheel angesehen, ohne Unterscheidung, ob sie sich natürlicherweise auswachsen müßten, ob sie so oder so möglich sind und keinen Unterschied machen, oder ob sie eigentlich fortdauern sollten, aber bei fast allen Erwachsenen ausgelöscht sind. Die »Reife« wird gerade unter jenen, die behaupten, sich um die »freie Persönlichkeit« Sorgen zu machen, auf das Interesse einer unnötig engen Anpassung an die dubiosen Werte einer Arbeitsgesellschaft zugeschnitten, deren Schulden und Steuern man zu zahlen gehalten ist.

9. Unterscheidung zwischen kindlichen Einstellungen und ihren Objekten

Wir haben gesehen, daß das Kind, wenn wir es als integrierenden Teil eines Feldes betrachten, von dem die Erwachsenen ein anderer Teil sind, nicht als isoliert oder hilflos bezeichnet werden kann. Wenn nun seine Kraft und Mitteilungsfähigkeit, seine Kenntnisse und Fertigkeiten wachsen, ändern sich bestimmte Funktionen, die der früheren Ganzheit angehörten, zu Funktionen in einer neuen Ganzheit: z. B. entwickelt sich, sobald das Kind besser auf den eigenen Füßen stehen kann, ein bewegungslenkendes Selbst, das man als sein Eigen-Selbst bezeichnen könnte, so daß Pflegefunktionen aus dem früheren Ganzen nun in vieler Hinsicht zu Selbstversorgungs-Funktionen werden können. Betrachten wir aber das damit verbundene Gefühl und die Motivation. Es wäre selbst in dem veränderten Ganzen tragisch, wenn das frühere Gefühl der »Abhängigkeit als Teil in einem sozialen Ganzen« einfach ausgelöscht würde und später als Teil einer reifen Einstellung neu »aufgebaut« werden müßte, wo diese doch in Wahrheit die lebhafte Fortdauer der kindlichen Einstellung ist. Ebenso verliert ein so typisch kindliches Verhalten wie das Erforschen des eigenen Körpers und das Fasziniertsein von prägenitalen Lustempfindungen auf natürliche Weise an Interesse, wenn alles dies einmal erforscht *ist* und die genitalen Wünsche Vorherrschaft erlangen; es wäre aber tragisch, würden die Körperempfindungen und der Impuls, den Körper zu erforschen, ausgelöscht — jedenfalls hätten wir dann einen untüchtigen Liebhaber. Wo die sogenannten infantilen Züge des Saugens und Sichanklammerns nach ihrer Verdrängung wieder auftreten, da entsprechen sie einem reifen Bedürfnis, nur ihre Sprache und ihre Proportionen sind oft in komischer Weise archaisch. Dies jedoch ist weitgehend eine Folge unerledigter Situationen, die durch Projektionen Erwachsener verursacht wurden, die vorzeitiges Erwachsenwerden erzwangen. Oder, ein anderes Beispiel, Kinder experimentieren mit sinnlosen Wörtern und Silben, sie spielen mit dem Klang und mit den Fähigkeiten der Sprechwerkzeuge — und dasselbe tun große Dichter, nicht weil es infantil ist, sondern weil es zur Fülle der menschlichen Sprache gehört. Es ist nicht eben ein Zeichen von Reife, wenn ein Patient so gehemmt ist, daß er ausschließlich »korrekte« Sätze in gleichmütigem Ton hervorbringen kann.

10. Wie Freud zwischen »infantil« und »reif« unterschied. Kindliche Sexualität, Abhängigkeit

Wir können im wesentlichen vier Zusammenhänge unterscheiden, in denen Freud von Reifung gesprochen hat:
1. die erogenen Zonen,
2. die Beziehung zu den Eltern,
3. die Anpassung an die »Realität« und
4. die Übernahme der Elternverantwortung.

In jedem dieser Bereiche zog Freud die Trennlinie zu scharf, und in jedem Bereich wirkte die Trennlinie funktional verstärkend auf die Trennlinien in den anderen Bereichen, im großen und ganzen aber neigte Freud nicht dazu, die Unterscheidung zwischen »infantil« und »reif«, ja, nicht einmal die zwischen »Primär«- und »Sekundärvorgang« zum Nachteil des Kindes zu gebrauchen.

1. Der Primat der genitalen über die prägenitalen erotischen Phasen. Dieses Werk der organischen Selbstregulierung wird in den ersten Lebensjahren vollendet. Die Fortdauer kindlicher Sexualbetätigungen wird jedoch von den meisten Therapeuten entschieden zu kühl betrachtet. Das sexuelle Vorspiel wird nicht gerade mißbilligt, aber auch nicht mit Vergnügen besprochen. Kunstgriffe, die dazu dienen, sexuelle Erregung hervorzurufen, werden scheel angesehen, entgegen allen Zeugnissen aus den primitiven Kulturen und den vitaleren Hochkulturen. Wenn man aber hieran keine Freude haben soll, woran denn sonst? Erotische Neugier wird perhorresziert, und doch liegt sie im Herzen aller Schriftstellerei, allen Romanlesens und allen Theaters. Und in den Umgangssitten allgemein gibt es bei weitem nicht genug Sichküssen und Streicheln zwischen Freunden und freundliches Betasten von Fremden, entgegen dem Beispiel anderer geselliger Tiergattungen. Ebenso wird auch eine gewisse primäre Homosexualität, die aus dem narzißtischen Erforschen des eigenen Körpers kommt, eher mißbilligt als gefördert, was, wie Ferenczi gezeigt hat, zu einer zwanghaften Heterosexualität führt, die ein echtes Gemeinschaftsleben unmöglich macht, denn jeder ist ein eifersüchtiger Feind jedes anderen.

2. Sichlösen aus der persönlichen Abhängigkeit von den Eltern. Wir können diese Leistung der organischen Selbstregulierung als Abwandlung und Komplizierung der Organismus/Sozialfeld-Beziehung verstehen, wobei sich die Zahl der beteiligten Mitglieder und für jedes Mitglied die Mobilität, Zahl der Auswahlmöglichkeiten und die Abstraktionsfähigkeit erhöhen. So hört das Kind, wenn es gehen, sprechen, kauen lernt und kräftiger wird, spontan auf, sich anzuklammern wie ein Säugling und Ausschließlichkeitsansprüche zu erheben. Gegen andere Objekte jedoch dauern die ausgreifenden Kindeshaltungen fort: Vertrauen, Gelehrigkeit, das Gefühl der eigenen Abhängigkeit in einer Gemeinschaft, der Anspruch auf Nahrung und Zärtlichkeit als unstreitige Rechte jedes freigeborenen Erben der Natur, das Gefühl, in der Welt zuhause zu sein. Wenn die Welt und die Gemeinschaften, die wir in ihr begründen, nicht so sind, daß wir sie offen und vertrauensvoll umarmen könnten, so wird einer das für sich selbst herausfinden, ohne daß ein Arzt ihm sagen müßte, seine Haltung sei infantil. Ähnlich in der Erziehung: Es ist sehr schön, wenn die Kinder aufgefordert werden: »Glaubt nichts, was ihr nicht selber herausfindet«, aber zum Teil erfordert Aufwachsen doch auch ein Vertrauen in wohlmeinende Lehrer und andere klassische Autoritätsfiguren, deren Sichtweise wir provisorisch übernehmen, um sie dann zu prüfen, durchzukauen, uns zu eigen zu machen oder sie abzulehnen. Wo es einzelne Lehrer in diesem Sinne nicht mehr gibt, übertragen wir dieselbe Einstellung auf die natürliche Welt als ganze. Die ausschließliche Bewunderung der Therapeuten für die Selbständigkeit ist ein Reflex (imitativer wie reaktiver Art) auf unsere gegenwärtigen Gesellschaften, in denen wir so einsam und so geknechtet sind. Und bemerkenswert ist es, zu sehen, wie ihr therapeutisches Vorgehen — im Gegensatz zu dem eines Lehrers, der die ihm übertragene Autorität annimmt und den Schüler lehrt, sich selbst zu helfen — zuerst das eines schlechten und dann eines allzu guten Vaters ist, auf den eine neurotische Bindung übertragen wird: und dann bricht er die Beziehung ab und schickt das Kind hinaus, für sich selbst zu sorgen.

3. Kindliche Gefühle und das Irreale: Ungeduld, Halluzination, Aggressivität.

Freud hat von Reifung auch als von Anpassung an die »Realität« und Unterdrückung des »Lustprinzips« gesprochen. Dies geschieht, so meinte er, durch Verschiebung von Befriedigungen auf einen günstigen Zeitpunkt, durch Verzichtleistungen und »Sublimierung«[4], d. h. durch Finden sozial gebilligter Formen der Spannungsabfuhr. Es ist ziemlich klar, daß Freud, der unter dem dicken Pelz seines Paternalismus oft ein kindliches Herz verriet, diese Art Reifung sehr pessimistisch ansah; er glaubte, dabei würden Glück und Wachstum des einzelnen den Fortschritten der Gesellschaft und der Kultur untergeordnet, oft warnte er, daß dies bereits gefährlich weit gegangen sei. Und kühl betrachtet, so wie Freud es formulierte, ist die Anpassung an die »Realität« ja gerade neurotisch: ein absichtliches Eingreifen in die organische Selbstregulierung und Umwandlung spontaner Befriedigungen in Symptome. So gesehen ist die Kultur eine Krankheit. In dem Maße, wie all dies *notwendig* ist, besteht die vernünftige Haltung gewiß nicht darin, von der Reife zu schwärmen, sondern Therapeut wie Patient müssen lernen, sich über sie zu empören, so wie Bradley gesagt hat: »Dies ist die beste aller möglichen Welten, und jeder ehrliche Mann hat die Pflicht, zu sagen, daß sie ein Dreck ist.« Dies hätte außerdem den Vorteil, Aggression in einer berechtigten Anklage auszulassen.

Wir denken aber, das Problem war so falsch gestellt. Zuerst einmal war Freud von notorischer Zaghaftigkeit, was den Glauben an die Möglichkeit radikaler Änderungen in der gesellschaftlichen Realität anging, die diese den Wünschen eines (beibehaltenen) Kinderherzens näherbringen könnten, wie z. B. die Möglichkeit von ein bißchen mehr Unordnung, Unreinlichkeit, Nichtvorhandensein einer Regierung und ähnlichem.[5] Er scheint zwischen der Kühnheit seiner Theorie und der quälenden Schüchternheit seiner Gefühle hin und her geschwankt zu haben. Aber er hat auch das kindliche Verhalten selbst falsch gedeutet, indem er es außerhalb seines Kontextes, vom Standpunkt eines sehr befangenen Erwachsenen betrachtete.

Nehmen wir als Beispiel das Aufschieben einer Befriedigung. Die Anwälte der Reife sind sich darin einig, daß Kinder nicht warten könnten, sie seien ungeduldig. Welche Beobachtungen sprechen dafür? Wenn dem kleinen Kind zeitweise vorenthalten wird, wovon es »weiß«, es bekommt es am Ende doch, so schreit es und trampelt. Dann aber, sobald es das Verlangte bekommen hat — oder wenig später —, ist es

[4] »Sublimierung« betrachten wir als etwas, das nicht existiert; was damit gemeint sein könnte, erörtern wir weiter unten (Kapitel 12).

[5] Man hat den Eindruck, daß Freud, nachdem er sich erst einmal dazu überredet hatte, das Inzestverbot, diese »klaffendste Wunde, die der Menschheit je zugefügt worden ist«, als notwendig anzuerkennen, dachte, daß es auf alles andere dann auch nicht mehr ankomme.

auf einmal verblüffend friedlich. Es gibt kein Anzeichen, daß die vorangegangene dramatische Szene mehr zu bedeuten hatte als sich selbst, dies aber hatte sie zu bedeuten. Was also? Teils war es eine Szene kalkulierter Überredung, teils war es die lauernde Furcht vor echter Entbehrung, denn das Kind kennt ja die Umstände noch nicht richtig, aufgrund deren feststeht, daß es die Sache am Ende doch bekommen wird. Beides ist schlichte Unwissenheit und verschwindet, sobald das Kind mehr weiß; es entspringt nicht einer »infantilen Einstellung«. Das Restliche aber ist interessant: Das Kind macht die Szene um ihrer selbst willen, zur Abfuhr einer geringfügigen Reizspannung. Ist das schlecht? Weit entfernt, zu beweisen, daß das Kind nicht warten könne, beweist die Szene, es *kann* warten, nämlich indem es vor Ungeduld trampelt: Es hat eine organische Technik, die Spannung im Gleichgewicht zu halten, und *deshalb* ist seine Befriedigung nachher rein und ungetrübt. Wer nicht warten kann, ist der Erwachsene — er hat diese Technik eingebüßt. Wir machen keine Szene, deshalb steigen unser Ärger und unsere Furcht, und die Befriedigung genießen wir verdrossen und unsicher. Welcher Schaden erwächst aus dem kindlichen Theater? Das erwachsene Publikum ist beleidigt, weil es dieselbe Unart verdrängt hat, also nicht wegen des Lärmens und Tobens, sondern wegen der unbewußten Ablenkung. Was hier Reife genannt wird, ist wahrscheinlich die Neurose. Wenn wir aber an die Erwachsenen in den griechischen Epen oder Tragödien, in der biblischen Schöpfungsgeschichte oder im Buch der Könige denken, so stellen wir fest, daß auch sie — obwohl es ihnen nicht an Geist oder Verantwortungsgefühl gebricht — sich auf eine höchst infantile Weise betragen.

Denken wir auch an die erstaunliche Fähigkeit des Kindes, beim Spielen zu halluzinieren: es behandelt Stöckchen als Schiffe, den Sand als Kuchen und die Steine als Spielgefährten. Der »reife« Erwachsene hält sich an die Realitäten — bricht er zusammen, so flüchtet er in Reminiszenzen oder Zukunftspläne, aber nie in offenes Halluzinieren, es sei denn, es stünde sehr schlimm um ihn. Ist das gut? Die Frage ist, welches *ist* die Realität, auf die es ankommt? Solange die *gefühlte Aktivität* gut genug läuft, ist dem Kind jedes Requisit recht; der Kern des Realen ist in jedem Falle das Tun. Der »reife« Mensch ist im Vergleich dazu ein Sklave, nicht der Realität, sondern einer fixierten Abstraktion von ihr, nämlich des »Wissens«, das sich aus seiner Dienstbarkeit im Gebrauch, im Tun und für menschliches Glück gelöst hat. (Wir meinen hier nicht die reine Wissenschaft, die eine schwierigere Form des Spiels ist.) Wenn die Fixierung auf die Abstraktion akut wird, erstickt die Phantasie und mit ihr alle Initiative, Experimentierfreude, jeder Ausblick und jede Offenheit für etwas Neues, alles Erfinden, das ein Erproben ist, ob das Wirkliche nicht auch ganz anders sein könnte — und daher jede höhere Lebenstüchtigkeit auf lange Sicht. Und doch sind alle Erwachsenen, ausgenommen große Künstler und Wissenschaftler, in diesem Sinne etwas neurotisch. Ihre Reife ist ein furchtsames Befangensein vor dem Gegenwärtigen, nicht ein offenes Anerkennen dessen, was es wert ist.Und natürlich, während sie fest an der Realität kleben, projizieren sie den schlimmsten Irrsinn in sie hinein und machen sich die albernsten Rationalisierungen zurecht.

Das Kind kann Traum und Wirklichkeit vortrefflich unterscheiden. Eigentlich unterscheidet es viererlei: das Wirkliche, das Als-ob, das Sichverstellen und das Wie-wär-es-wenn (auf letzteres versteht es sich am wenigsten, denn das Kind hat wenig Sinn für Humor). Es kann ein richtiger Indianer sein, mit einem Stock als Gewehr, und doch dem wirklichen Automobil ausweichen. Nirgends sehen wir, daß die Neugier oder die Lernfähigkeit der Kinder durch ihre freie Phantasie zu Schaden kämen. Im Gegenteil, die Phantasie spielt eine sehr wesentliche Vermittlerrolle zwischen dem Lust- und dem Realitätsprinzip: Einerseits ist sie Theater, um die Wirklichkeit auszuprobieren und gewitzt zu werden, andererseits Therapie, um sich mit der fremden und bitteren Wirklichkeit anzufreunden (z. B. Schule spielen). Kurz, wenn ein Therapeut seinen Patienten auffordert, erwachsen zu werden und sich der Realität zu stellen, so meint er oft nicht die konkrete, gegenwärtige Wirklichkeit, in der schöpferische Anpassung möglich ist, sondern irgendeine Alltagssituation, mit der man oft besser fertig wird, wenn man sich ihr nicht direkt stellt.

Ein weiterer kindlicher Zug, der angeblich mit der Reifung verschwinden muß, ist die freie Aggressivität des Kindes. Wir werden noch ein Kapitel der Unterdrückung der Aggression in den Sitten der Erwachsenen widmen (vgl. Kapitel 8). Hier mag es genügen, wenn wir darauf hinweisen, daß ein kleines Kind gerade dann wild um sich schlägt, wenn seine Kraft am schwächsten ist — die Interpretation, daß es auf Vernichtung aus sei, ist wahrscheinlich eine Projektion von Erwachsenen. Die harten Schläge, die ein etwas größerer Junge austeilt, treffen nur noch seine Feinde. So beißt auch ein Hund im Spiel und beißt doch nicht.

Schließlich, im Hinblick auf die Realitätsanpassung des reifen Menschen, dürfen wir da nicht fragen — man schämt sich, es überhaupt erwähnen zu müssen —, ob nicht diese »Realität« ziemlich genau den westlichen städtischen Industriegesellschaften kapitalistischer oder staatssozialistischer Prägung nachgezeichnet und deren Interessen dienlich ist? Ist es vielleicht so, daß andere Kulturen, wo man sich pompöser kleidet, sich begieriger körperlichen Gelüsten hingibt, in den Bräuchen weniger hygienisch ist, in der Regierung unordentlicher, im Verhalten lauter und abenteuerlicher, deshalb weniger reif sind oder waren?

4. *Kindliche Unverantwortlichkeit*

Schließlich sah Freud die Reifung darin, daß man ein verantwortlicher Vater statt eines unverantwortlichen Kindes werde. Nach Freuds Schema geschah dies im Verlauf einer normalen Entwicklung der Objektwahlen, von der autoerotischen über die narzißtisch-homosexuelle (Ichideal, Banden) bis hin zur heterosexuellen. Er denkt sich eine gesunde frühe Introjektion des Vaters (oder Identifizierung mit dem Vater), und die Reifung besteht nun darin, daß man dieses Introjekt als man selbst anerkennt und die Elternrolle übernimmt. (Wir werden später an seiner Sprache Anstoß nehmen, die wir hier gebrauchen, aber offenbar deutete er damit seinen eigenen Charakter.)
Die späteren Para-Freudianer haben gelernt, gegen väterliche und andere Autoritäten mißtrauisch zu sein, und sie betonen eher den Kontrast zwischen dem »unverantwortlichen« Kinde und dem »verantlichen« Erwachsenen, der für sein Tun und dessen Folgen geradestehn muß. In diesem Sinne scheint Verantwortlichkeit eine Art Vertragsverhältnis zu anderen Erwachsenen zu bedeuten.
Wir können auch dies wieder als einen Vorgang organischer Selbstregulierung in einem sich ändernden Felde verstehen. Die Unverantwortlichkeit des Kindes ist Folge seiner Abhängigkeit; insofern es in einer dichten Umfeld-Bindung zu seinen Eltern lebt, kann es für sein Verhalten nicht geradestehn. Sobald es mehr Bewegungsfreiheit hat, sich sinnvoll sprachlich ausdrücken und persönliche Beziehungen gestalten kann, beginnt es, vom eigenen Tun *Sinn* zu verlangen, d. h. eine engere Verbindung zwischen Versprechen und Einlösung des Versprechens, Absicht und Leistung, Entscheidung und Entscheidungsfolgen. Und die Vertragsbindung wird nicht so sehr aufgrund von Pflichtbewußtsein als vielmehr infolge eines wachsenden Gefühls für Symmetrie eingehalten, das in den Kindern sehr stark ist. In dem Stadium, wo man selbst zu einer Autoritätsfigur wird, z. B. Lehrer oder Vater, hat sich das Feld erneut gewandelt: Der Unabhängige ist nun weniger als zuvor für sich allein da, denn andere gehen spontan Bindungen zu ihm ein oder sind auf ihn angewiesen, einfach aufgrund seiner Fähigkeiten, und sie geben ihm dafür Gelegenheit zu neuen Akten des Aus-

greifens. Und nur selten erreicht jemand diesen Grad von Reife: andere zu beraten, anzuleiten, für sie zu sorgen, ohne schlechtes Gewissen und ohne Auskosten der eigenen Macht, einfach, *noblesse oblige*, die »Unabhängigkeit« als das eigentlich nicht so Wichtige hintanzustellen.
In dieser Hinsicht sind Kinder nicht verantwortlich. Es gibt aber eine Grundform der Verantwortlichkeit, in der jedes Kind den meisten Erwachsenen überlegen ist. Dies ist die *Ernsthaftigkeit*, das ernstliche Herangehen an eine Aufgabe, auch wenn die Aufgabe Spiel ist. Das Kind kann einer Laune folgend aufhören, aber solange es beteiligt ist, gibt es sich selbst. Der Erwachsene widmet sich der Sache weniger ernsthaft, zum Teil deshalb nicht, weil er soviel mit seiner Verantwortung für sich selbst zu tun hat. Auch hier sind es wiederum nur besonders Begabte, die diese Fähigkeit des Kindes behalten haben. Der durchschnittliche Erwachsene sieht sich eingesponnen in Verpflichtungen für Dinge, an denen er kein tiefes Interesse nimmt. Es ist nicht so in unserer Zeit, daß der Normalmensch verantwortungslos wäre, er ist im Gegenteil allzu verantwortlich: Er hält Tag für Tag seinen Zeitplan ein, läßt nicht locker, auch wenn er krank oder müde ist, bezahlt seine Rechnungen, ehe er weiß, ob er noch zu essen hat, kümmert sich engstirnig nur um seine eigenen Angelegenheiten und riskiert nichts. Wäre es nicht klüger, statt der Verantwortlichkeit und ihrer bloßen Negation das kindliche Gegensatzpaar von Ernst und Launenhaftigkeit in den Vordergrund zu rücken, die beide als positiv zu schätzen sind?
Ernsthaft ist diejenige Tätigkeit, der man sich widmet und von der man nicht ablassen kann, weil das Selbst als das nächstgelegene Ganze an der Vollendung einer Situation interessiert ist, die Wirkliches mit umfaßt; das Spiel ist launenhafter, weil die Wirklichkeit Halluzination ist und weil man ablassen kann. Wenn wir zu jemandem sagen: »Das ist unverantwortlich, was du da tust«, so fühlt er sich schuldig und tut sich Zwang an, um sich zu bessern. Wenn wir dagegen sagen: »Das ist doch nicht dein Ernst«, so kann er entscheiden, ob es sein Ernst sein soll oder nicht; vielleicht gibt er nun zu, daß es Spiel oder auch bloß eine Laune war. Wenn er es ernst meint, dann konzentriert er sich auf die Wirklichkeit der Sache und auf sein Verhältnis zu ihr, und dies ist ein Schritt des Wachstums. Ein unverantwortlicher Mensch ist derjenige, dem es nicht ernst ist mit dem, was notwendig ist. Der Dilettant spielt launenhaft mit einer Kunst, er vergnügt sich, aber er trägt keine Verantwortung für die Ergebnisse; der Amateur spielt ernsthafter mit der Kunst, er ist ihr verantwortlich (z. B. ihrem Medium und ihrer Form), muß sich aber nicht auf sie einlassen; dem Künstler ist es ernst mit seiner Kunst, er gibt sich ihr hin.

11. Folgerung

Wir folgern, daß es ein Mißbrauch ist, von einer »kindlichen Einstellung« als von etwas zu Überwindendem und von einer »reifen Einstellung« als dem erstrebenswerten Kontrast-Ziel zu sprechen.
Mit dem Wachstum ändert sich das Feld von Organismus und Umwelt. Dies führt zu Änderungen im Charakter der Gefühle und auch zu Änderungen in der *Bedeutung,* d. h. der Bezugs-Objekte der dauerhaften Gefühle. Viele Merkmale und Einstellungen der Kinder hören auf, wichtig zu sein, und es gibt Merkmale, die beim Erwachsenen hinzukommen, denn die Zunahme an Körperkraft, Wissen, Fruchtbarkeit und technischen Fähigkeiten bildet in der Tat nach und nach ein neues Ganzes. Zugleich sind es aber oft nur die Bezugs-Objekte, die sich ändern, und wir dürfen die Kontinuität der Gefühle nicht übersehen, wie es in einer neurotischen Gesellschaft üblich ist, die eine falsche Einschätzung auf die Kindheit projiziert, während sie zugleich viele der schönsten und nützlichsten Kräfte des Erwachsenen, wie sie sich in höchst produktiven Menschen bekunden, bloß als kindisch betrachtet.
Speziell für die Psychotherapie: Habituelle Vorbedächtigkeit, Faktengläubigkeit, Interesselosigkeit und übermäßiges Verantwortungsbewußtsein sind neurotisch; Spontaneität, Phantasie, Ernst und Verspieltheit direkter Ausdruck von Gefühlen — diese Merkmale von Kindern sind dagegen gesund.

12. Aufsperren der Zukunft

Dies ist das »Vergangene«, das verloren ist und wiedergefunden werden muß.
Zu Anfang dieses Kapitels haben wir jedoch von Vergangenheit *und* Zukunft gesprochen, von Leuten, die sich in Erinnerungen, und solchen, die sich in Zukunftsplänen ergehen, von der frühkindlichen Szene und vom Lebensplan. Warum haben wir allen Raum nur auf das erstere verwendet? Weil die neurotischen Schwierigkeiten jener, die sich erinnern und mit leeren Worten die unerledigten Situationen der Vergangenheit auszuleben suchen, die Wiederherstellung verlorener Gefühle und Einstellungen erfordern. Bei jenen, die Projekte machen und mit leeren Worten ihre frustrierten Kräfte auszuleben suchen, liegen die Schwierigkeiten nicht so sehr im Verlorenen als vielmehr im trügerisch Gegenwärtigen, in den Introjektionen, falschen Idealen und erzwungenen Identifikationen, die ihnen den Weg versperren und die

zerstört werden müssen, damit sie sich selbst finden können. Wir ziehen daher vor, dies im Kapitel über die Aggression zu erörtern.
Sprachliche Reminiszenzen sind meist dürr und leblos, denn die Vergangenheit besteht aus unveränderlichen Einzelheiten. Lebendig wird sie nur, wenn sie in Verbindung zu gegenwärtigen Bedürfnissen mit gewissen Veränderungsmöglichkeiten tritt.
Sprachliche Antizipationen andererseits sind meist leer und müßig, denn die Zukunft besteht aus Einzelheiten, die sich in jeder erdenklichen Weise ändern können, es sei denn, sie wird eingegrenzt durch ein gegenwärtig gefühltes Bedürfnis und eine verfügbare Macht, seine Erfüllung zu veranlassen. In den neurotischen Antizipationen haben die unbestimmten Zukünfte eine fixierte Form, die von einem introjizierten Ich-Ideal oder Selbstbild abhängt, sie bilden einen Lebensplan. Wer viel von seinen Plänen redet, ist quälend langweilig, denn es ist gar nicht *er*, der spricht; er ist nur wie die Puppe eines Bauchredners, und nichts, was man ihm sagen mag, ändert etwas an seinen Plänen.
In diesen Ausdrücken können wir auch eine provisorische Definition der gegenwärtigen Wirklichkeit geben: Die Gegenwart ist das Erlebnis, wie sich dieses Besondere, das man geworden ist, in verschiedene sinnvolle Möglichkeiten auflöst und wie sich diese Möglichkeiten umbilden zu einem einzigen konkreten neuen Besonderen.

6

Menschennatur und Anthropologie der Neurose

1. Der Gegenstand der Anthropologie

Im letzten Kapitel haben wir erörtert, was es bedeutet, das »Verlorene«, das unterdrückt wird, wiederherzustellen, die Kräfte der Kindheit im reifen Menschen. Wir wollen nun die Perspektive ein wenig erweitern und über das »Verlorene« in unserer Erwachsenenwelt sprechen, darüber, wie wir gegenwärtig die Kräfte des Menschen mißbrauchen, denn auch hier werden in den Veränderungen der Felder durch neue Kräfte und Objekte viele Gefühle und Einstellungen übergangen oder unterdrückt, die zu pflegen und zu gebrauchen gesund wäre.

Dies ist ein Kapitel über klinische Anthropologie oder Anthropologie des Abnormen. Gegenstand der Anthropologie ist das Verhältnis zwischen Anatomie, Physiologie, Geisteskräften, Aktivitäten und Kultur des Menschen. Im siebzehnten und achtzehnten Jahrhundert wurde Anthropologie immer in diesem Sinne betrieben (mit dem Höhepunkt wohl in der *Anthropologie* Kants): Was ist zum Beispiel das Gelächter? Inwiefern trägt es in der Zivilisation zum Wohl des Menschen bei? In letzter Zeit haben die Anthropologen dieses Verhältnis als besonderen Gegenstand ihrer Forschung aus den Augen verloren, und ihre Schriften verraten eine ganz erstaunliche Spaltung in zwei miteinander nicht verbundene Abteilungen: physiologische Anthropologie, Entwicklung des Menschen und der Menschenrassen einerseits und Kulturanthropologie, eine Art historischer Soziologie andererseits. Eine wichtige These der Kulturanthropologie ist es zum Beispiel, daß technische Neuerungen (z. B. ein neuer Pflug) sich rasch über benachbarte Gegenden hin ausbreiten, während moralische Neuerungen sich nur langsam und unter Schwierigkeiten ausbreiten. Diese These jedoch wird nicht weiter verankert, ganz so, als ob sie in der Natur dieser Kulturobjekte läge; es wird nicht gezeigt, daß dies der Natur oder Konditionierung der betreffenden Lebewesen zuzuschreiben ist, der Menschen, welche die Kultur tragen und von ihr wiederum geformt werden. Seit kurzem jedoch, hauptsächlich infolge des psychoanalytischen Einflusses, wird die klassische Wechselbeziehung zwischen Biologischem und Kulturellem von neuem untersucht, u. a. im Hinblick auf Kinderaufzucht, sexuelle Gebräuche und ähnliches. Und vom Standpunkt der klinischen Psychologie aus wollen auch wir dazu einiges sagen.

2. Bedeutung dieses Themas für die Psychotherapie

Wie wichtig die anthropologische Frage ist: »Was ist der Mensch?«, können wir sehen, wenn wir uns die schwierige Doppelpflichtigkeit der klinischen Psychologie vergegenwärtigen. Als ein Zweig der Medizin zielt sie »bloß« auf biologische Gesundheit ab. Dazu gehören nicht nur normale Körperfunktionen und Abwesenheit von Schmerzen, sondern auch Gefühl und Lust, nicht nur Sinnesempfinden, sondern auch scharfes Gewahrsein, nicht nur Abwesenheit von Lähmungen, sondern auch Kraft und Bewegungsanmut. Wenn Psychotherapie bei der Behandlung einer psychosomatischen Einheit diese Art Gesundheit erreichen könnte, so wäre ihre Existenz gerechtfertigt. Und in der Medizin sind die Kriterien für Gesundheit recht genau und wissenschaftlich begründet; wir wissen, wann ein Organ seine Funktion erfüllt. Dieser Aspekt der »Menschennatur« ist unzweideutig.

Aber es gibt keine »rein« biologischen Tätigkeiten (z. B. gibt es keinen »reinen« Geschlechtstrieb, bei dem nicht auch Liebe oder Vermeiden von Liebe mitwirkte). Daher sind die medizinischen Mittel unzulänglich.

Sobald man die Grenzen der Medizin einmal überschritten hat, werden die Normen, was gesund und »natürlich« sei, Meinungssache. Der Patient ist ein kranker Mensch, und der Mensch ist nicht endgültig bekannt, denn er verändert dauernd sich selbst und seine Umstände. Seine Natur ist erstaunlich plastisch. Zugleich ist sie aber auch wieder nicht so vollkommen plastisch, daß man sie ganz beiseite lassen könnte, wie manche demokratischen Soziologen und manche faschistischen Politiker anzunehmen scheinen; sie kann auch erstaunlich resistent sein, so daß bei Einzelnen plötzlich neurotische Reaktionen und beim Durchschnitt Stumpfsinn, Betäubung und Lähmung auftreten.

In der Psychotherapie sind außerdem diese Veränderungen des Zustands entscheidend, denn an sie knüpft das Interesse des Patienten an; sie umfassen seine Befürchtungen und Schuldgefühle und seine Hoffnungen, was er aus sich wird machen können. Sie wecken seine Erregung — sie sind das einzige, was ihn erregt —, und sie gestalten sein Gewahrsein und Verhalten. Ohne diese spezifisch »menschlichen« Interessen gibt es keine biologische Gesundheit und keine Möglichkeit, sie durch Psychotherapie zu erzielen.

3. Die »Menschennatur« und der Durchschnitt

Also muß der Arzt sich Modelle und Theorien darüber zusammensuchen, was für Menschen belebend sei. (In Kapitel 4 haben wir mehrere solcher Theorien erörtert.) Dies ist der Grund, warum Freud betont hat, daß nicht Mediziner, sondern, in Zusammenarbeit mit ihnen, Literaten, Lehrer, Rechtsanwälte und Sozialarbeiter die besten Therapeuten abgeben würden, denn sie verstehen die Menschennatur, sie mischen sich unter die Leute und die Ideen, sie haben sich nicht damit begnügt, ihre Jugend mit dem Erlernen eines Spezialfachs zu vergeuden.

Die Aufgabe wäre natürlich unendlich viel leichter, wenn wir uns guter sozialer Institutionen und befriedigender und wachstumsfördernder Gebräuche erfreuen könnten, die eine Annäherungsnorm dafür abgäben, was in einer bestimmten Kultur unverkürztes Menschsein bedeute; die Frage wäre dann nicht mehr prinzipiell, sondern kasuistisch, durch Würdigung des Einzelfalls, zu entscheiden. Aber wenn wir vernünftige Institutionen hätten, so gäbe es auch keine Neurotiker. Wie die Dinge liegen, sind unsere Institutionen nicht einmal mehr »bloß« biologisch gesund, und die Formen der individuellen Symptome sind Reaktionsbildungen auf schwere gesellschaftliche Irrtümer. So hat der Arzt, weit entfernt, sich auf Angepaßtheit an die Institutionen als grobe Norm verlassen zu können, mehr Hoffnung, in einem Patienten selbsttätige Integration in Gang zu bringen, wenn dieser lernt, die Umwelt sich anzupassen, als wenn er sich selbst an die Gesellschaft fehlanzupassen suchte.

Anstelle einer dynamischen Einheit von Bedürfnissen und sozialen Konventionen, in der die Menschen sich selbst und einander entdecken und sich selbst und einander erfinden, sind wir gezwungen, drei einander bekämpfende *Abstraktionen* anzunehmen: das bloß biologische Lebewesen, das geschundene Selbst des Einzelnen und die gesellschaftlichen Zwänge. Der normale Mensch hält entweder diesen Kampf innerhalb seiner Persönlichkeit aus seinem Gewahrsein fern, bemerkt nicht dessen Folgen in seinem Verhalten und beschwichtigt ihn notdürftig, oder er ist des Kampfes gewahr und hat einen prekären Waffenstillstand geschlossen, mit Übergriffen bei sicheren Gelegenheiten. In beiden Fällen wird viel Energie auf die Befriedung verwendet, und wertvolle Menschenkräfte werden hingeopfert. Im neurotischen Menschen toben die Konflikte bis zur Erschöpfung, bis zu Widersprüchen und zum Kollaps, doch ist deshalb nicht anzunehmen, er müsse irgendwie schwächer sein als der Normale, denn oft wirken gerade die stärkeren Begabungen sozial verheerend. Zwischen dem Normalen und dem Neurotiker besteht ein großer Unterschied, doch kein solcher, daß der Arzt, wenn ein Neurotiker als Patient zu ihm kommt und ein ernsthaftes *praktisches* Problem darstellt, sich die normale Anpassung als

Ziel setzen könnte, ebensowenig, wie er einen Patienten mit einer zum Stillstand gekommenen Tuberkulose gesundschreiben wird, wenn er ihn vielleicht auch entlassen muß. Er muß vielmehr hoffen, der Patient werde sich mit Einsetzen der Reintegration als »menschlicher« erweisen, als zu erwarten war oder als er, der Arzt, selber ist.

(Außerdem müssen wir daran erinnern, daß bei dem gegenwärtigen Andrang der Patienten zur Psychotherapie die Unterscheidung zwischen »normal« und »neurotisch« nicht mehr nur unwichtig geworden ist, sondern sie ist geradezu täuschend. Denn immer mehr Patienten sind überhaupt nicht »krank«, sondern hinlänglich angepaßt; sie sind gekommen, weil sie etwas mehr vom Leben und von sich selber verlangen und glauben, Psychotherapie könne ihnen helfen. Vielleicht äußert sich darin eine über-optimistische Disposition ihrerseits, aber es spricht auch dafür, daß es ihnen besser geht als dem Durchschnitt, eher so als umgekehrt.[1])

4. Neurotische Mechanismen als gesunde Funktionen

Auch die Neurose ist Teil der Menschennatur und hat ihre Anthropologie.

Die Spaltung der Persönlichkeit — ihr Zusammenbruch als eine Form des Gleichgewichts — ist wahrscheinlich eine entwicklungsgeschichtlich junge menschliche Fähigkeit, die erst vor einigen tausend Jahren erworben wurde. Aber dies ist nur einer aus einer langen Reihe von Entwicklungsschritten, die wir hier kurz besprechen wollen, damit wir erkennen, wo wir stehen.

Wenn wir die organische Selbstregulierung betrachten, den Prozeß, in dem die vorherrschenden Bedürfnisse, sobald sie aufkommen, in den Vordergrund des Gewahrseins treten, so erstaunen uns nicht nur das wunderbare System der spezifischen Anpassung, der Signale, der Koordination und der Feinabstimmung, welche für die Erhaltung des all-

[1] Wir haben oben schon erwähnt, daß der selektive Andrang unterschiedlicher Patientengruppen ein innerer Faktor in den verschiedenen psychoanalytischen Theorien ist, denn die Patienten sind sowohl Beobachtungsmaterial als auch Bestätigungen und Beweisstücke für den Erfolg der Methode. Der Trend, daß es immer mehr Patienten gibt, denen es »ganz gut« oder sogar »mehr als ganz gut« geht, ist offenbar ein wichtiger Einflußfaktor auf die Tendenz der neueren Theorien in Richtungen wie die in diesem Buch vertretene. Auf diese Weise übernimmt Psychotherapie die Aufgaben von Erziehung, das aber nur, weil die herkömmliche Erziehung in Familie, Schule, Universität und Kirche immer untauglicher wird. Worauf wir natürlich hoffen würden, wäre, daß Erziehung die Aufgaben der Psychotherapie übernähme.

gemeinen Gleichgewichts sorgen, sondern auch diejenigen Vorrichtungen, die als Puffer und Sicherheitsventile zum Schutz der Kontaktgrenze dienen. Wir haben schon Auslöschen, Halluzinieren und Träumen erwähnt, das Betrachten-als-ob und das Hinnehmen-anstelle-von, und weiter gibt es das Sich-Immobilisieren (Totstellen), Isolieren, mechanisches Versuchen-und-Irren (zwanghaftes Immer-wieder-von-vorn Anfangen), panische Flucht usw. Der menschliche Organismus ist von großer Kraft und Leistungsfähigkeit, und er kann auch rauhe Behandlung und schlechte Zeiten aushalten. Beides greift ineinander: Seine Fähigkeiten führen ihn in Abenteuer, und die Abenteuer bringen ihn in Nöte. Der Mensch *muß* formbar sein. Natürlich spielen die Sicherheitsfunktionen bei allen psychischen Störungen eine Hauptrolle, an sich aber sind sie etwas Gesundes.

Ohne paradox zu werden, könnten wir eigentlich sagen, daß in den Neurosen gerade diese Sicherheitsventile — Auslöschen, Verzerren, Isolieren, Wiederholen —, die so augenfällig »verrückt« erscheinen, ziemlich normal funktionieren. Es sind vielmehr die ehrwürdigeren Funktionen der Orientierung und des Umweltzugriffs — besonders in bezug auf die soziale Umwelt — die kaputt und nicht zu gebrauchen sind. In dem feinabgestimmten Ganzen sind die Sicherheitsventile am robustesten und tun noch ihren Dienst, wenn die wichtigeren Teile reparaturbedürftig werden. Oder, anders ausgedrückt, wenn die Orientierung verloren ist und der Zugriff nicht mehr gelingt, äußert sich die Erregung, die Vitalität des Organismus besonders in Autismus und Immobilisierung. Und wenn wir daher, wie wir es müssen, von einer sozialen oder epidemischen Neurose sprechen, so ist nicht das symptomatisch Auffällige (Diktatoren, Kriege, unverständliche Kunstwerke und ähnliches) das pathologisch Wesentliche, sondern es sind die normalen Kenntnisse und Techniken, der durchschnittliche Lebensstil.

Das Problem der klinischen Anthropologie ist, zu zeigen, wie die durchschnittliche Lebensweise in einer Kultur oder auch der Menschheit überhaupt neurotisch ist und wie sie es geworden ist. Es gilt zu zeigen, was von der Menschennatur »verlorengegangen« ist, und es gilt praktische Experimente zur ersinnen, wie es wiedererlangt werden kann. (Der therapeutische Teil von Anthropologie und Soziologie ist die Politik; wir sehen jedoch, daß sich die Politik — vielleicht zum Glück — darum überhaupt nicht kümmert.)

In der Betrachtung der Entwicklungsschritte, die zum modernen Menschen und zu unserer gegenwärtigen Zivilisation hinführen, setzen wir daher den Akzent anders als üblich: nicht auf die Vermehrung von Macht und Leistungsvermögen mit jedem Schritt der Entwicklung, sondern auf die damit verbundenen Gefahren und die verwundbaren Stellen, die seither sichtbar geworden und in dem Debakel pathologisch geworden sind. Die neuen Kräfte erfordern kompliziertere Integrationen, und diese haben oftmals versagt.

5. Aufrechte Körperhaltung, Freiwerden von Kopf und Händen

1. Die aufrechte Körperhaltung hat sich parallel zur Spezialisierung der Gliedmaßen, zuletzt der Finger, entwickelt. Dies hatte große Vorteile sowohl für die Orientierung wie für den Umweltzugriff. Ein großes, aufrecht stehendes Tier hat einen weiten Blick. Wenn es auf breiten Fußsohlen steht, kann es die Hände zum Ergreifen und Zerreißen der Nahrung gebrauchen, während der Kopf frei bleibt; es kann Objekte und den eigenen Körper anfassen.
Andererseits wird der Kopf so der Nah-Wahrnehmung ferner gerückt, und die »Nah«-Sinne, Geruch und Geschmack, bilden sich etwas zurück. Mund und Zähne werden für nach außen gerichtetes Tun weniger nützlich, für ein lebhaft mit seiner Umwelt beschäftigtes Tier verlieren sie damit an Gefühlsgegenwärtigkeit und Reaktionsfähigkeit (z. B. kann nun ein zeitlicher Abstand zwischen Ekel und spontaner Abstoßung auftreten). Schnauze und Kiefer degenerieren und werden später zu einem der wichtigsten Versteifungspunkte.
Kurz, das Gesamtfeld von Organismus und Umwelt wird gewaltig erweitert, sowohl in der räumlichen Ausdehnung als auch in der Feinstruktur; problematischer dagegen wird der Nahkontakt. Und mit der aufrechten Haltung wird das Gleichgewicht störungsanfälliger, es kommt zu der für die spätere psychische Entwicklung so bedeutsamen Gefahr, hinzufallen. Der Rücken ist weniger biegsam, der Kopf weiter vom übrigen Körper und vom Boden abgehoben.
2. Mit dem freieren und weniger belasteten Kopf entwickelt sich schärferes stereoskopischen Sehvermögen, die Fähigkeit perspektivischen Sehens. Augen und Finger wirken beim Zeichnen von Umrissen zusammen, so daß das Lebewesen mehr Formen erkennen und Objekte in seinem Blickfeld unterscheiden lernt. Durch die Umrißzeichnungen differenziert sich die Erfahrung nach ihren Objekten. Perspektive, differenzierte Objektwahrnehmung und Gebrauch der Hände vermehren gewaltig die Zahl der Verbindungen zwischen den Sinneseindrücken und das bewußte Auswählen unter ihnen. Das Großhirn wächst, und wahrscheinlich wird auch die Wahrnehmung prägnanter. Die Fähigkeit, Objekte aus ihrem Situationskontext zu lösen, verbessert das Gedächtnis und ist der Anfang der Abstraktion.

Umgekehrt aber kommt es nun wahrscheinlich zu gelegentlichem Verlust der unmittelbaren Bereitschaft zum Mitgehen mit den Veränderungen der Umwelt. Bilder und Abstraktionen von Objekten werden zwischengeschaltet: Der Mensch hält inne, mit geschärftem Gewahrsein, um planvoller zu unterscheiden, vergißt nun aber vielleicht sein Ziel oder wird abgelenkt, und die Situation bleibt unerledigt. Immer mehr färbt ein gewisses Vergangensein, das wichtig oder unwichtig sein kann, das Gegenwärtige ein.
Schließlich wird auch der eigene Körper zu einem Objekt, doch dies erst später, denn er wird aus sehr großer Nähe wahrgenommen.

6. Sprache, Werkzeuge, sexuelle Differenzierung und Gesellschaft

3. Wenn Dinge und Menschen einmal zu konturierten und abstrahierten Objekten geworden sind, können sie in nützliche, planvolle, verfestigte und gewohnheitsmäßige Beziehungen zu dem Selbst treten. Permanent gebrauchte Werkzeuge kommen auf, neben den ad hoc gebrauchten Objekten, die als spontane Erweiterungen der Glieder dienten; die Symbolsprache entwickelt sich neben den instiktiv-situationsbezogenen Schreien. Objekte werden beherrscht, Werkzeuge auf sie angewandt. Die Werkzeuge sind ebenfalls Objekte, die verbessert und deren Gebrauchsweisen gelehrt und gelernt werden können. Auch die Sprache wird gelernt. Spontane Imitation wird absichtlich verstärkt, und die soziale Bindung wird enger.
Natürlich bestand aber die soziale Bindung schon früher, in Kommunikation und Einwirken auf die physische und soziale Umwelt. Es ist nicht erst der Gebrauch der Werkzeuge und der Sprache, der Menschen mit Menschen oder Menschen mit Objekten zusammenführt; sie waren schon vorher zusammen im gefühlten organisierten Kontakt — Werkzeuge und Sprache sind nur vorteilhafte Differenzierungen des schon vorhandenen Kontakts. Die Gefahr dabei ist diese: Wenn die ursprüngliche Gefühlseinheit schwächer wird, werden diese Abstraktionen höherer Ordnung — Objekt, Person, Werkzeug, Wort — allmählich für den ursprünglichen Kontaktgrund gehalten, so als bedürfte es vorsätzlicher differenzierter Geistestätigkeit, um miteinander in Berührung zu kommen. So werden die zwischenmenschlichen Beziehungen zu in erster Linie sprachlich vermittelten Beziehungen; so fühlt sich der Arbeitende nun hilflos ohne geeignetes Werkzeug. Die Differenzierung, die zuerst *neben* der primitiveren Organisation bestand, besteht nun *an deren Stelle.* Darauf verringert sich der Kontakt, die Sprache verliert an Gefühl, das Verhalten an Anmut.

4. Sprache und Werkzeuge verbinden sich mit den älteren präverbalen Bindungen von Geschlecht, Ernährung und Nachahmung und erweitern so das Feld des Gesellschaftlichen. Aber diese neuen Verwicklungen können das prekäre Gleichgewicht von Aktivitäten stören, die für das Wohl des Lebewesens entscheidend sind. Bedenken wir zum Beispiel, daß wir aus ferner phylogenetischer Vergangenheit einen Geschlechtsapparat von ausgesuchtester Kompliziertheit geerbt haben, an dem als Erreger die Sinnesorgane und die motorischen Reaktionen von Gewebeschwellungen, des Umarmens und der Intromission beteiligt sind, alles fein abgestimmt auf die Steigerung zu einem Höhepunkt hin. (Die sogenannte »Adoleszenten-Sterilität« [Ashley Montagu], die Zeit zwischen erster Menstruation und Fruchtbarwerden, scheint auf eine Periode des Spielens und Sichübens hinzudeuten.) Abgesehen von den Vorteilen der sexuellen Auswahl und der Kreuzung erfordert eine solche Kompliziertheit zumindest zeitweilige Partnerschaften: Kein Lebewesen ist ganz vollständig in der eigenen Haut. Und die starken emotionalen Bindungen des Säugens und der Brutpflege schließen das Kollektiv dichter zusammen. Auch erwerben in den höheren Arten die Jungtiere einen großen Teil ihres Verhaltens durch Imitationslernen. Bedenken wir weiter, wieviel von dem Gelingen höchst komplizierter Abstimmungen abhängt! Bedenken wir, daß die Funktion des Orgasmus (Reich), die periodische Abfuhr von Spannungen, mit der Funktionsweise eines feinabgestimmten Geschlechtsapparats verknüpft ist. Es ist klar, wie wichtig der gesellschaftliche Charakter der Fortpflanzung ist und wie störanfällig dadurch das Wohlbefinden des Lebewesens wird.

5. Eine weitere kritische Entwicklung in recht ferner Vergangenheit war die Trennung zwischen den motorisch-muskulären und den sensorisch-kognitiven Nervenzentren. Bei Tieren wie dem Hund lassen sich Sinnesempfinden und Bewegung nicht gut auseinanderhalten, worauf schon Aristoteles hinwies, als er sagte, der Hund könne denken, ziehe aber nur praktische Schlüsse. Die Vorteile der loseren Verknüpfung beim Menschen sind natürlich gewaltig: die Fähigkeiten, zu überschauen, zu warten, zu denken, kurz, vorsätzlich zu handeln, sich großer Muskelbewegungen zu enthalten, während man Sinne und Gedanken schweifen läßt, bei gleichzeitigen kleinen Spontanbewegungen der Augen, Hände, Stimmbänder usw.

In der Neurose jedoch wird die gleiche Trennung zum Verhängnis, denn sie wird nun dazu benutzt, Spontaneität zu unterbinden, und die letztlich notwendige praktische Einheit von Sinnesempfinden und Bewegung geht verloren. Das Denken geschieht »anstelle« des Tuns, nicht in Verbindung mit ihm: Der Neurotiker verliert das Bewußtsein, daß die kleineren Bewegungen stattfinden und größere Bewegungen vorbereiten.

6. Ursprünglich sind die Bindungen des Geschlechts, der Ernährung und der Nachahmung soziale, doch präpersonale Bindungen, d. h., sie erfordern wahrscheinlich nicht, daß sich die Partner als Objekte oder Personen empfinden, sondern bloß als etwas, womit man in Kontakt ist. Im Stadium des Werkzeuggebrauchs, der Sprache und anderer Abstraktionsleistungen jedoch stiften die sozialen Tätigkeiten eine Gesellschaft in unserem spezifisch menschlichen Sinne: eine Bindung zwischen Personen. Die Personen werden durch ihre jeweiligen sozialen Kontakte geformt und identifizieren sich für ihr weiteres Tun mit der sozialen Einheit als ganzer. Vom undifferenziert gefühlten Selbst wird ein Begriff, Bild, Verhalten und Gefühl des »Selbst« abstrahiert, worin das Selbst der anderen Personen miterfaßt ist. Dies ist die arbeitsteilige Gesellschaft, in der die Menschen einander bewußt als Werkzeuge gebrauchen. Hier entstehen Tabus und Gesetze, die dem Organismus im Interesse des Über-Organismus Zügel anlegen oder, besser gesagt, dafür sorgen, daß die Personen als Personen in Beziehung zueinander bleiben wie die Tiere im Kontakt. Und diese Gesellschaft ist natürlich Trägerin dessen, was wohl die meisten Anthropologen als das Definitionsmerkmal des Menschlichen ansehen: der Kultur, des sozialen Erbes, das die Generationen überdauert.

Die Vorteile bei alldem sind offensichtlich, und die Nachteile ebenso. (Hier können wir anfangen, nicht mehr von »potentiellen Gefahren« zu sprechen, sondern von faktisch fortdauernden Störungen.) Unter der Herrschaft der Tabus werden die Imitationen zu unassimilierten Introjektionen, die Gesellschaft rückt ins Innere des Selbst ein und greift auf den Organismus über, und die Personen sind nun nur noch Personen, *anstatt* zugleich auch animalisch in Kontakt zu sein. Die internalisierte Autorität ebnet der institutionellen Ausbeutung des Menschen durch den Menschen und der Vielen durch das Ganze den Weg. Die Arbeitsteilung kann nun in solchen Bahnen weitergetrieben werden, daß die Arbeit für den Arbeitenden sinnlose Schinderei wird. Die ererbte Kultur kann zu einer toten Last werden, die man sich mühsam auflädt, die zu erlernen man von traditionsergebenen Alten gezwungen wird, obwohl man sie individuell vielleicht nie gebraucht.

8. Sprachschwierigkeiten in unseren Ausführungen

Es ist aufschlußreich zu sehen, wie bei der Behandlung dieses Themas Sprachschwierigkeiten aufzutauchen beginnen: Wörter wie »Mensch«, »Person«, »Selbst«, »Individuum«, »menschliches Lebewesen« oder »Organismus« sind bald gegeneinander austauschbar, bald tragen sie notwendige Unterscheidungen. Zum Beispiel wäre es trügerisch, sich das »Individuum« als das ursprüngliche, dann erst zu sozialen Beziehungen verbundene Wesen zu denken, denn ohne Zweifel ist die Existenz von »Individuen« schon Resultat einer sehr komplizierten Gesellschaft. Oder, wenn es Sinn hat zu sagen, es geschehe infolge organischer Selbstregulierung, daß man nachahmt, sympathisiert, »selbständig« wird, Künste und Wissenschaften erlernen kann, so kann der Ausdruck »animalischer« Kontakt nicht bedeuten »bloßer« animalischer Kontakt. Oder, »Personen« sind Spiegelungen eines zwischenpersönlichen Ganzen, und die »Persönlichkeit« versteht man am besten als Herausbildung des Selbst aus einer gemeinsamen sozialen Einstellung. In einem wichtigen Sinne aber ist das Selbst als das System von Erregung, Orientierung, Umweltzugriff sowie verschiedenen Identifikationen und Entfremdungen immer etwas Ursprüngliches und Schöpferisches.

Diese Schwierigkeiten lassen sich natürlich zum Teil durch sorgfältige Definitionen und folgerichtigen Sprachgebrauch vermeiden — und wir versuchen, so folgerichtig zu sein, wie wir können. Aber zum Teil liegen sie auch im Gegenstande, dem »Menschen«, wie er sich selbst auf verschiedene Weisen hervorbringt. Die frühen philosophischen Anthropologen der Neuzeit zum Beispiel, im siebzehnten und achtzehnten Jahrhundert, sprachen meist davon, daß die Individuen die Gesellschaft durch Vertragsschluß gründeten, nach Rousseau dagegen, im neunzehnten Jahrhundert, sahen die Soziologen wieder in der Gesellschaft das Primäre, und es ist ein großes Verdienst der Psychoanalyse, diese auseinanderweisenden Begriffe wieder in ein Konzept dynamischer Wechselwirkung gebracht zu haben. Wenn also unsere Theorie oft verwirrend und mehrdeutig ist, kann das daran liegen, daß die Natur es auch ist.

9. Symbole

Wir haben unsere Geschichte nun an die letzten paar Jahrtausende seit Erfindung der Schrift herangeführt. In Anpassung an die gewaltigen Erbmassen der Kultur, sowohl des Wissens wie der Technik, wird der Mensch in sehr hohen Abstraktionsgraden erzogen. Abstrak-

tionen der Orientierung, fern von interessiert empfindendem Wahrnehmen: die Wissenschaften und die Systeme der Wissenschaft. Abstraktionen des Umweltzugriffs ohne Muskelbeteiligung: Systeme der Produktion, des Austauschs und der Regierung. Der Mensch lebt in einer Welt von Symbolen. Wo es früher Methoden gab, da gibt es nun auch eine Methodologie: Alles wird zum Gegenstand von Hypothesen und Experimenten, in einem gewissen Abstand zur unmittelbaren Beteiligung. Dazu gehören die Gesellschaft, die Tabus, das Übersinnliche, die religiösen Halluzinationen, Wissenschaft und Methodologie und der Mensch selber. All dies führt zu einem gewaltigen Macht- und Wissenszuwachs, denn die Fähigkeit, symbolisch festzuhalten, worin man vorher ganz aufging, läßt eine gewisse schöpferische Indifferenz zu.
Die Gefahren dabei sind leider nicht bloß mögliche, sondern tatsächlich eingetretene Gefahren. Symbolische Formen — z. B. Geld, Ansehen, die öffentliche Ordnung oder die Fortschritte der Wissenschaft — werden zu ausschließlichen Zielen allen Tuns, obwohl ihnen keinerlei animalische und vielleicht nicht einmal persönliche Befriedigung abzugewinnen ist; ohne animalisches oder wenigstens persönliches Interesse gibt es kein festes inneres Maß, sondern nur Ratlosigkeit und unerreichbare Normen. Ökonomisch gesehen ist also ein Riesenapparat in Betrieb, der nicht notwendig genügend Subsistenzmittel produziert und der sehr wohl, wie Percival und Paul Goodman in *Communitas* gezeigt haben, fast ebenso hochtourig laufen könnte, ohne überhaupt Subsistenz zu gewähren, nur daß Produzenten wie Konsumenten dann alle tot wären. Ein Arbeiter wird je nachdem grob oder geschickt an seinen Platz in diesem mechanischen Überflußsymbol gestellt, aber seine Arbeit entspringt nicht aus einem Vergnügen an diesem Tun oder diesem Beruf. Er versteht vielleicht gar nicht, was er macht, wie und für wen er es macht. Unendliche Energien werden verbraucht, um Zeichen auf Papier zu manipulieren, Belohnungen in verschiedenen Papiersorten werden verteilt, und Ansehen gründet im Besitz von Papieren. Politisch, in den symbolischen Verfassungsorganen, geben symbolische Repräsentanten dem in symbolischen Wahlakten geäußerten Volkswillen Ausdruck; fast niemand weiß mehr, was es heißt, eine Initiative zu ergreifen oder einen gemeinsamen Beschluß zu fassen. Emotional gewinnen ein paar Künstler dem realen Erleben Symbole der Leidenschaft und der sinnlichen Erregung ab; diese Symbole werden ihrerseits von kommerziellen Nachahmern abstrahiert und stereotypisiert, und bald sind sie die Mode, nach der sich die Leute lieben und Abenteuer erleben. Mediziner und Sozialarbeiter geben wieder

andere Gefühls- und Sicherheitssymbole vor, und die Leute richten Liebesleben, Freizeit usw. nach ihren Rezepten ein. Technologisch wird die Herrschaft über Raum, Zeit und Energie symbolisch dadurch bekundet, daß es immer leichter wird, an immer uninteressantere Orte zu gelangen oder unerwünschte Güter zu bekommen. In der reinen Wissenschaft konzentriert sich das Gewahrsein auf jedes Detail, nur nicht auf die psychosomatische Furcht und Selbstvergewaltigung in diesem Tun selbst, so daß z. B., wo es um die Herstellung bestimmter Vernichtungswaffen geht, nur noch darüber gestritten wird, ob der Wunsch des Landes, die Übermacht über seinen Feind zu gewinnen, wichtiger sei als die Pflicht des Forschers, seine Ergebnisse zu veröffentlichen, während die einfacheren Reaktionen wie Mitgefühl, Flucht, Trotz überhaupt nicht vorkommen.
Unter diesen Umständen ist es nicht verwunderlich, wenn Menschen mit dem Sadomasochismus der Diktatur und des Krieges liebäugeln, wo der Mensch wenigstens vom Menschen und nicht von Symbolen beherrscht wird und wo das Leiden körperliches Leiden ist.

10. Die neurotische Spaltung

So finden wir nun schließlich eine sehr junge Errungenschaft der Menschheit, die neurotische Spaltung der Persönlichkeit als ein Mittel, das Gleichgewicht zu erlangen. Angesichts der chronischen Gefährdung aller Prozesse zieht sich der Organismus auf seine Sicherheitsvorrichtungen zurück, auf Auslöschen, Halluzinieren, Verschiebung, Verinselung, Flucht und Regression, und mit dem Versuch, »von seinen Nerven zu leben«, unternimmt der Mensch einen neuen Evolutionsschritt. In den Anfangsphasen gab es Entwicklungen, die der gesunde Organismus jedesmal wieder zu einem neuen integrierten Ganzen verschmelzen konnte. Jetzt aber ist es ganz so, als wären die Neurotiker die frühere Entwicklung der Gattung zurückgeschritten, um überall die anfälligen Punkte herauszugreifen: Es geht nun nicht mehr darum, den aufrechten Gang ins animalische Leben zu integrieren, sondern einerseits muß man so tun, als ob der Kopf von selbst in der Luft schwebte, und andererseits so, als gäbe es all dies, Kopf und aufrechten Gang, überhaupt nicht; und ebenso ist es mit den anderen Entwicklungen. Die möglichen Gefahren sind zu faktischen Symptomen geworden: Kontaktlosigkeit, Verinselung, Furcht zu fallen, Impotenz, Minderwertigkeit, Verbalismus und Affektlosigkeit.
Man wird sehen müssen, ob diese Wendung in die Neurose unsere Gattung einem lebensfähigen Geschick entgegenführt oder nicht.

Wir haben allgemein die neurotischen Anpassungen hier als solche definiert, bei denen eine neue Kraft *an die Stelle* älterer, durch sie verdrängter Natur und nicht in einer neuen Integration *neben* sie tritt. Die verdrängten, außer Gebrauch gesetzten Naturkräfte kehren dann gewöhnlich in Vorstellungen von einem goldenen Zeitalter oder Paradies oder auch in der Theorie vom glücklichen Wilden wieder. Wir sehen dann große Dichter wie Homer und Shakespeare die Tugenden einer vergangenen Epoche verherrlichen, so als wäre es ihre wichtigste Aufgabe, zu verhindern, daß in Vergessenheit fällt, was es früher einmal hieß, ein Mensch zu sein.

Und auch im besten Falle scheinen die Lebensbedingungen der fortgeschrittenen Zivilisation wichtige Kräfte der menschlichen Natur nicht nur neurotisch außer Gebrauch zu setzen, sondern auch rational unbrauchbar zu machen. Öffentliche Sicherheit und der Überfluß technischen Versorgtwerdens z. B. sind nicht ganz das Richtige für ein Lebewesen, das jagt und vielleicht der Erregung der Jagd bedarf, um alle seine Kräfte ausleben zu können. Es wäre nicht verwunderlich, wenn ein solches Lebewesen oft Bedürfnisse, die damit nichts zu tun haben — z. B. die Sexualität — mit den Gefahren der Jagd verkomplizierte, bloß um die Erregung zu steigern.

Weiter ist es wahrscheinlich, daß gegenwärtig ein unversöhnlicher Konflikt zwischen einer ganz wünschenswerten sozialen Harmonie und den ebenso wünschenswerten individuellen Lebensäußerungen besteht. Wenn wir also in einem Übergangsstadium sind, zu einer Verdichtung der Sozialbindungen hin, so werden in den Individuen viele soziale Züge auftreten, die von rivalisierenden individuellen Ansprüchen her gesehen als unassimilierbare Introjektionen, als neurotisch und minderwertig erscheinen müssen. Unsere heroischen ethischen Normen (die aus den leidenschaftlichen Träumen der Künstler stammen) sind gewiß eher rückwärts gewandt auf die Werte des Animalischen, Sexuellen, Persönlichen, Tapferen, Ehrenhaften usw., während unser Verhalten ganz anders ist und des Leidenschaftlichen ermangelt.

Andererseits ist es auch wahrscheinlich (obgleich die verschiedenen Wahrscheinlichkeiten einander widersprechen), daß diese »unversöhnlichen« Konflikte schon immer und nicht erst jetzt die Lebensbedingung des Menschen gewesen sind, und daß das damit verbundene Leiden und die Bewegung zu einer unbekannten Lösung hin die Gründe menschlicher Erregung sind.

Wie dem auch sei, die »Menschennatur« ist ein Potentielles. Sie ist bekannt nur, wie sie sich in der Entwicklung und Geschichte verwirklicht hat und wie sie sich heute wahrmacht.
Es ist ernsthaft zu fragen: Welches Kriterium bestimmt, ob wir die »Menschennatur« als das betrachten, was in der Spontaneität der Kinder verwirklicht ist, in den Werken der Helden, der Kultur der klassischen Epochen, der Gemeinschaft einfacher Völker, im Gefühl der Liebenden, im scharfen Gewahrsein und in dem wunderbaren Geschick mancher Menschen in Notlagen? Auch die Neurose ist eine Reaktion der »Menschennatur«; sie ist gegenwärtig epidemisch verbreitet und normal, und vielleicht hat sie eine dauerhafte soziale Zukunft.
Wir können diese Frage nicht beantworten. Aber der klinische Psychologe hält sich an drei Kriterien: 1. die Gesundheit des Körpers, die an einer klaren Norm gemessen wird, 2. der Fortschritt des Patienten in Richtung auf Fähigwerden zur Selbsthilfe und 3. die Elastizität des Figur/Grund-Prozesses.

7

Verbalisieren und Poesie

Unter den Entwicklungsschritten der Menschheit ist die Sprache von besonderer Bedeutung, sie erhält daher ein eigenes Kapitel. Wie auch bei den anderen Entwicklungen besteht der neurotische Mißbrauch darin, daß die Sprache »anstelle« der natürlichen Ausdrucksweisen und nicht neben ihnen gebraucht wird. Dies ist die Isolierung der Sprachpersönlichkeit.

1. Soziale, zwischenpersönliche und persönliche Sprache

Die Leute bemerken gemeinhin ihre Gefühlskonflikte mit ethischen Forderungen und Pflichten: Sie sehen, daß in ihnen ihre »persönlichen« Wünsche und ihre gesellschaftlichen Rollen einander entgegenstehen. Der Konflikt, mit seiner anschließenden Verdrängung und dem Schuldgefühl, wird als ein Konflikt zwischen »Individuum« und »Gesellschaft« angesehen. Die Kapitel, die auf dieses jetzige folgen, werden der Struktur solcher Konflikte mit introjizierten Fremdnormen nachgehen: Konformität und antisoziales Verhalten, Aggression und Selbstvergewaltigung.

Aber, wie schon aufgezeigt, die Differenzierung zum Individuum im Feld von Organismus und Umwelt ist bereits eine späte Entwicklung. Soziale Beziehungen wie Abhängigkeit, Kommunikation, Imitation oder Objekt-Liebe finden sich ursprünglich in jedem menschlichem Umfeld, lange bevor jemand sich als eigentümliche Person oder die anderen als die Gesellschaft erkennt. Die Persönlichkeit ist eine Struktur, die sich aus solchen frühen zwischenpersönlichen Beziehungen zusammensetzt, und in ihren Aufbau ist meist schon eine Unmenge fremder, nicht assimilierter oder überhaupt nicht assimilierbarer Stoffe mit eingegangen (und dies macht natürlich die späteren Konflikte zwischen Individuum und Gesellschaft um so unauflösbarer).

Unter einem Aspekt ist es sinnvoll, die »Persönlichkeit« als eine Struktur von Sprechgewohnheiten zu definieren und sie als eine schöpferische Leistung des zweiten und dritten Lebensjahres zu betrachten: Das Denken ist zum großen Teil ein subvokales Sprechen, die Grundüberzeugungen sind wesentlich syntaktische und stilistische Angewohnheiten, und fast alles Bewerten, das nicht direkt organischem Verlangen entspringt, ist wahrscheinlich Gebrauch eines Repertoires an rhetorischen Figuren. Die Persönlichkeit so definieren heißt nicht, sie schlechtmachen oder hinwegerklären, denn das Sprechen ist selbst ein zutiefst spontanes Tun. Ein Kind, das seine Persönlichkeit bildet, indem es sprechen lernt, leistet etwas Unerhörtes, und seit der Antike waren Philosophen der Ansicht, daß Erziehung hauptsächlich Erlernen der menschlichen Sprache und Schrift sei, z. B. »Grammatik, Rhetorik und Dialektik«, oder Kennenlernen »der Klassiker und der wissenschaftlichen Methode«.

Das heißt, wir können uns die Entwicklung in dieser Reihenfolge denken:

a) präverbale Sozialbeziehungen des Organismus,

b) Herausbildung einer Sprachpersönlichkeit im Organismus/Umwelt-Feld,

c) daran anschließende Beziehungen der Persönlichkeit zu anderen.

Die richtige Pflege des Sprechens ist eindeutig diejenige, welche diese Sequenz durchgehend flexibel, offen und umgestaltbar hält: Sprechgewohnheiten, die das Vorsprachliche frei mit einfließen und die sich abändern lassen, indem man von anderen lernt.

Aber ebenso wie sich in unserer Zivilisation als ganzer eine symbolische Kultur herausgebildet hat, die ohne Kontakt oder Affekt, von animalischen Befriedigungen und spontanem sozialen Erfinden isoliert ist, bildet sich in jedem Menschen, wenn die Entfaltung der ursprünglichen Sozialbeziehungen gestört und die Konflikte nicht durchgekämpft, sondern in einem voreiligen Waffenstillstand durch Aufnahme fremder Normen beigelegt worden sind, eine »Verbal«-Persönlichkeit heraus, eine Sprechweise ohne Gefühl und Affekt, fad, monoton, stereotypen Inhalts, unbeweglich in der rhetorischen Haltung, von mechanischer Syntax, bedeutungslos. Dies ist die Reaktion auf oder Identifizierung mit einer angenommenen fremden und nicht assimilierten Sprache. Und wenn wir die Aufmerksamkeit auf diese »bloßen« Sprechgewohnheiten lenken, so begegnen uns erstaunliche Ausflüchte, Alibis und schließlich die nackte Angst — viel stärker als in den Beteuerungen und Entschuldigungen, wie sie die Aufdeckung größerer »moralischer« Fehltritte zu begleiten pflegen. Denn die Aufmerksamkeit auf jemandes Sprache (oder Kleidung) zu lenken, ist ein wahrhaft *persönlicher* Affront.

Die Schwierigkeit ist aber nun, daß neuere Sprachtheoretiker, aus Abscheu vor dem gewohnten leeren Symbolisieren und Verbalisieren, zur Ausnüchterung Normen aufgestellt haben, welche die Sprache noch stereotyper und affektloser machen; und manche Psychotherapeuten geben verzweifelt auf und versuchen das Sprechen ganz zu umgehen, als wenn nur noch das innere Schweigen und das nichtverbale Verhalten möglicherweise gesund wären. Das Gegenteil neurotischen Verbalisierens ist jedoch die vielgestaltige und kunstvolle Rede, nicht die Wissenschaft der Semantik und auch nicht das Schweigen, sondern die Poesie.

2. Kontaktsprache und Poesie

Sprechen ist guter Kontakt, wenn es seine Energie aus den drei grammatischen Personen schöpft und sie in ein Verhältnis bringt: Ich, Du und Es, der Sprecher, der Angesprochene und das, worüber man redet — sofern ein Bedürfnis besteht, sich etwas mitzuteilen. Als Eigenschaften des Sprechvorgangs sind diese drei Personen

1. der Stil und insbesondere Rhythmus, Bewegtheit und Steigerungen, in denen das organische Bedürfnis des Sprechers zum Ausdruck kommt,
2. die in der zwischenpersönlichen Situation eingenommene rhetorische Haltung (z. B. Werben, Anklagen, Belehren, Einschüchtern) und
3. der Inhalt oder die Wahrheit in bezug auf die unpersönlichen Objekte, über die gesprochen wird.

Die folgenden Kräfte wirken nun zusammen, besonders wenn der Kontakt zwischen Organismus und Umwelt dichter wird:

1. Die Lautform der Rede — die physischen Tätigkeiten des Sprechens und Hörens.
2. Denken — das Ausfüllen verschiedener skeletthafter Formen mit Inhalt.
3. Subvokales Sprechen — das Wiederholen unerledigter Sprechsituationen.
4. Präpersonale soziale Kommunikation (z. B. Aufschreien) und stummes Gewahrsein (Vorstellungen, Körperempfindungen usw.).

Bei gutem Kontakt hängen diese Ebenen in der gegenwärtigen Sprechsituation zusammen. Das Denken ist auf wirksame Orientierung und Beeinflussung gerichtet; die gegenwärtige Situation wird als geeignetes und mögliches Feld für die Auflösung einer unerledigten Situation behandelt; das gesellige Lebewesen äußert sich; die körperliche Betätigung setzt den Redefluß gleichsam als eine Vorlust in Gang und macht das Ganze zu einer Umweltrealität.
Diese psychologischen Ebenen des Sprechens, das Denken, das subvokale Sprechen, Aufschreien und stummes Gewahrsein, wollen wir im Auge behalten, wenn wir uns nun der Poesie als einer schönen Kunst im Unterschied zur gewöhnlichen Kontaktsprache zuwenden und anschließend beides mit dem neurotischen Verbalisieren vergleichen.

Ein Gedicht ist ein Spezialfall guten Sprechens. Wie in anderen Formen guten Sprechens verleihen die drei Personen, der Inhalt, Sprechhaltung und Stil sowie Ton und Rhythmus, einander Ausdruck, und dies bewirkt die Struktureinheit des Gedichts. Stil z. B. ist weitgehend Wort- und Syntaxwahl, diese jedoch steigen und fallen mit dem Thema und werden durch das Gefühl rhythmisch vom Erwarteten abgebogen; oder der Rhythmus steigert sich zu einem Drängen, die Sprechhaltung wird direkter, und die These ist bewiesen usw. Das Sprechen des Dichters hat jedoch, wie die Philosophen sagen, »sein Ziel in sich selbst«, das heißt, er löst sein Problem einfach durch das Verhalten des offenen Sprechens, nur durch die Handhabung seines Mediums. Anders als gewöhnliches gutes Sprechen steht sein Tun nicht im Zweckzusammenhang einer weiteren sozialen Situation, es geht nicht darum, den Zuhörer zu überzeugen oder zu unterhalten, ihn über etwas zu informieren oder ihm ein Problem lösen zu helfen.

Der Fall des Dichters ist wesentlich jener Sonderfall, in dem das zu lösende Problem ein »innerer Konflikt« ist (wie Freud sagte, tritt das Kunstwerk an die Stelle des Symptoms): Der Dichter konzentriert sich auf einen unerledigten subvokalen Vorgang und seine daran anknüpfenden Gedanken; durch freies Spielen mit den ihm gegenwärtigen Worten vollendet er schließlich eine unerledigte Sprachszene, er bringt nun tatsächlich die Klage, Beschuldigung, Liebeserklärung oder Selbstbezichtigung hervor, die er vorgebracht haben sollte; nun endlich gewinnt er freien Zugang zu seinem natürlichen organischen Bedürfnis, und er findet die Worte. Wir müssen daher genau beachten, welches das Ich, Du und Es des Dichters in seiner gegenwärtigen Wirklichkeit sind. Sein Du, der Zuhörer, ist nicht eine erkennbare Person und auch nicht das allgemeine Publikum, sondern eine »ideale Zuhörerschaft«: das heißt, nur weil die richtige Sprechhaltung eingenommen und ein Stil behauptet werden (Wahl der Form und Diktion), kann die unbeendete Rede kraftvoll und präzise weiterfließen. Sein Inhalt ist nicht eine gegenwärtige Erfahrungswahrheit, die es zu übermitteln gälte, sondern er findet in seinem Erleben, in der Erinnerung oder Phantasie ein Symbol, das ihn faktisch erregt, ohne daß er wissen müßte, welches sein verborgener Inhalt sei (und ohne daß wir es wissen müßten). Sein Ich ist sein Stil im gegenwärtigen Gebrauch, es ist nicht sein biographisches Ich.

Zur gleichen Zeit, während sich die hörbaren Worte bilden, kann der Dichter das stumme Gewahrsein des Vorstellens, Fühlens, Sicherinnerns usw. wachhalten und ebenso die reinen Haltungen der sozialen Kommunikation, der Klarheit und der Sprachverantwortung. Die Worte bleiben also keine Sprachstereotypen, sondern sie werden plastisch zerstört und zu einer lebendigeren Figur vereint. Die Poesie ist daher das exakte Gegenteil neurotischen Verbalisierens, denn sie ist Sprechen als eine Tätigkeit organischen Problemlösens, sie ist eine Form der Konzentration. Verbalisieren dagegen ist ein Sprechen, das versucht, im Sprechen Energie zu verstreuen, das organische Bedürfnis zu unterdrücken und eine unerledigte subvokale Szene zu wiederholen, statt sich auf sie zu konzentrieren.

Die Poesie ist andererseits von gewöhnlicher Kontaktsprache — z. B. guter Konversationsprosa — einfach als besondere Spezies einer Gattung unterschieden: Das Gedicht löst ein Problem, das durch sprachliches Erfinden allein gelöst werden kann, während Sprechen sonst meist in Situationen geschieht, wo zur Lösung auch noch andere Verhaltensweisen nötig sind, wie etwa die Reaktion des Zuhörers und ähnliches. Es folgt daraus, daß in der Poesie — wo das Sprechen die ganze Wirklichkeit tragen muß — die Belebtheit des Sprechens sich steigert: Es ist rhythmischer, präziser, gefühlvoller, bildhafter usw., und, was das Wichtigste ist, ein Gedicht hat Anfang, Mitte und Schluß; es führt seine Situation zu Ende. Anderswo kann Kontaktsprache mehr im Ungefähr und in der Annäherung bleiben; sie kann sich auf nichtverbale Hilfen wie etwa die Geste stützen; es bedarf kaum der Erwähnung, was es ist, das zum Ausdruck drängt; und die Rede bricht ab und setzt sich in nichtverbalem Verhalten fort.

3. Verbalisieren und Poesie

Getrennt von ihrem zweckhaften Gebrauch in einer weiteren sozialen Situation oder auch von ihren eigenen Gesetzmäßigkeiten als lebendiges poetisches Tun, kann die Sprache mit Leichtigkeit alles und jedes widerspiegeln. Es ist leicht, sich vorzumachen, man fühle oder tue etwas, wenn man davon spricht oder daran denkt, es zu tun. So dient das Verbalisieren als bequemer Lebensersatz; es ist ein gefügiges Werkzeug der introjizierten Fremdpersönlichkeit mit ihren Überzeugungen und Einstellungen, die an unserer Stelle lebt. (Das einzig Störende ist nur, daß die verbalisierte Mahlzeit nicht satt macht, die verbalisierte Liebesbegegnung kein sexuelles Vergnügen bereitet, usw.) So ist auch, um auf ein früheres Thema zurückzukommen, das meiste, was den Anschein von Erinnerung oder Planung erwecken soll, in Wahrheit überhaupt kein Erinnern und keine Vorausschau, denn dies sind Leistungen der Phantasie, während wir es hier oft nur mit etwas zu tun haben, was einem vom eigenen Selbstbild vorgesagt wird; und Entrüstung oder moralische Urteile entspringen meist nicht echtem Zorn oder vernünftiger Erwägung, sondern in ihnen werden die Stimmen von Mama und Papa laut.

Es geht nicht darum, *daß* der Verbalisierer redet, sondern *wie* er redet. Im Hinblick auf die drei grammatischen Personen Ich, Du und Es verrät er eine Steifheit, Fixierung oder Stereotypie, die ihn nur einen armseligen Teil des in der wirklichen Situation Möglichen erfassen läßt, eben genug, um das soziale Gesicht zu wahren, die Angst und Betretenheit des Schweigens, Sichenthüllens oder Sichbehauptens zu vermeiden, und auch noch genug, um die Sprechenergie zu erschöpfen, so daß man von den unerledigten subvokalen Szenen nichts mehr hört, deren Lärm sonst durchdringen könnte. Das heißt, statt als Mittel der Kommunikation oder des Ausdrucks zu dienen, schützt das Verbalisieren nur die eigene Isolierung sowohl von der Umwelt wie vom Organismus.

Der fehlende Kontakt zum Ich ist oft augenfällig erkennbar in der Spaltung des Körpers in einen Laute erzeugenden Mund, mit raschen, mechanischen Lippen- und Zungenbewegungen und klangloser Stimme, und den ganzen übrigen Körper, der unbeteiligt dabeisteht; manchmal leisten auch die Augen oder ein paar Gesten aus dem Handgelenk oder Ellbogen dem verbalisierenden Munde Gefolgschaft, manchmal nur ein Auge, während das andere glasig dreinblickt, umherschweift oder das Geschwätz zu mißbilligen scheint; oder manchmal ist das Gesicht in zwei Hälften geteilt. Die Worte kommen in Schüben ohne Rücksicht auf die Atmung heraus, und die Klangfolge ist monoton. In der poetischen Rede dagegen ist der Rhythmus bestimmt von den Atemzügen (Verszeilen), von den Schrittfolgen der Bewegung und des Tanzes (Metrum), von Syllogismen, Antithesen oder anderen Takten des Denkens (Strophen, Absätze) und von der orgastischen Steigerung des Gefühls (Klimax), nach der sich die Rede ins Schweigen auflöst. Vielseitigkeit des Klangs und Reichtum an Obertönen enthalten die Möglichkeit, bei Gelegenheit auch in elementaren Ausrufen zu tönen. Der Verbalisierer vernimmt kaum je die eigene Stimme, wenn er sie sich anhört, ist er überrascht; der Dichter aber horcht auf das subvokale Murmeln und Flüstern, macht es vernehmlich, kritisiert seinen Klang und geht es noch einmal durch. (Es gibt eine Zwischenfigur, eine Art schauspielerischen Interpreten, der kein Dichter ist und der auf nichts achtet als auf den Klang seiner Stimme, die Töne moduliert und die Worte im Munde auskostet; vermutlich zieht er eine echte orale Befriedigung daraus, laut zu perorieren, während sich die Zuhörer davonschleichen.)

Die rhetorische Haltung, das Du des Verbalisierers, hat keinen Bezug zur gegenwärtigen sozialen Szene, aber der Ton, der laut wird, verrät, daß er starr eine unerledigte subvokale Situation nachspielt. Was auch der Anlaß ist, die Stimme bleibt klagend oder vorwurfsvoll oder verurteilend oder, im Gegenteil, zänkisch oder rechtfertigend oder ausflüchtig. Beim Wiederholen dieser Szene — wobei der Verbalisierer vielleicht auch die Rollen wechselt — bleibt der übrige Organismus streng unbeweglich. Der Dichter, wie wir gesagt haben, horcht auf das Subvokale, konzentriert sich darauf und findet so die richtigen Zuhörer, die ideale Zuhörerschaft der Literatur; er formt die Sprache, so daß sie plastisch dem natürlichen organischen Bedürfnis Ausdruck gibt und auf eine Einsicht, eine Lösung zuführt. Das subvokale Fremde wird so wieder der eigenen Persönlichkeit assimiliert. Oft wird versichert, das Kunstwerk *löse* kein Problem oder löse es nur vorübergehend, weil der Dichter den verborgenen Inhalt seines Symbols nicht kenne, und wenn dem so wäre, so würde auch die Kunst zwanghaft Energie im Wiederholen einer Situation erschöpfen, wie das Verbalisieren. Dies ist wahr und falsch zugleich: Das Problem, das der Künstler nicht löst, ist dasjenige, welches ihn erst zum Künstler macht, der frei ist nur im lebendigen Sprechen und unfähig, die Worte auch zweckhaft in weiteren freien Handlungen zu gebrauchen; und viele Dichter empfinden ihre Kunst in dieser Hinsicht als zwanghaft — wenn sie eine Arbeit abgeschlossen haben, sind sie erschöpft, aber das verlorene Paradies ist noch nicht zurückgewonnen. (Man sieht übrigens auch bei vielen anderen Tätigkeiten nicht, daß sie uns ins verlorene Paradies führten — nicht einmal bei der Psychotherapie.) Was aber die besonderen subvokalen Probleme angeht, so werden sie wirklich gelöst, eins nach dem andern. Der Beweis ist, daß aufeinanderfolgende Werke von Grund auf verschieden sind, daß eine Vertiefung des Kunstproblems stattfindet; und dieses Tun geht manchmal sogar so weit, daß der Dichter sich schließlich gezwungen sieht, sich Lebensproblemen zu stellen, die er mit künstlerischen Mitteln allein nicht lösen kann.

Hinsichtlich des Inhalts, des Es seiner Rede, steckt der Verbalisierer in einem Dilemma: Er muß sich an die aktuellen Tatsachen halten, um nicht als verrückt zu gelten oder verlacht zu werden, und doch sind sie nicht das, worum es ihm eigentlich geht, noch kann er sich erlauben, sie allzu genau anzusehen, mit Verstand und Gefühl, denn dann — weil alles Wirkliche dynamisch ist — würden sie seinen Waffenstillstand brechen, seine Projektionen und Rationalisierungen zerstören und Angst erwecken; das wirkliche Leben dränge in sein Ersatzleben ein. Der Verbalisierer ödet uns an, weil er uns anöden will, damit wir ihn in Ruhe lassen. Die Kompromißlösung ist, in Stereotypen zu reden, in unbestimmten Abstraktionen oder oberflächlichen Einzelheiten, oder

auf andere Weise die Wahrheit zu sagen und zugleich nichts zu sagen. (Unterdessen erhält natürlich der Inhalt Energie aus Projektionen seiner ungefühlten Bedürfnisse zugeführt.) Der Dichter wiederum trifft auch hier genau die entgegengesetzte Wahl des Inhalts: die Wirklichkeit wird großzügig entstellt und zum Symbol für den verborgenen Gehalt gemacht; er zögert auch nicht, zu lügen und Unvernünftiges zu behaupten; er verarbeitet die Symbole reichlich mit lebendigen Eindrücken seiner Sinne, achtet genau auf Gesehenes, Gerochenes und Gehörtes; er fühlt sich in emotionale Situationen ein, projiziert *sich selbst* in sie hinein, statt seine Gefühle zu entfremden und *sie* zu projizieren.
Schließlich macht den Verbalisierer die Tätigkeit des Sprechens an sich schon verlegen. Er gebraucht sinnlose Wendungen, um Zuversicht zu gewinnen: »Meinen Sie nicht?«, »Sie sehen ...«, »Meiner Meinung nach«, oder er füllt das Schweigen mit Grunzen und Räuspern; er ist befangen gegen die Syntax, und er legt einen Zaun aus literarischen Floskeln um seine Rede, ehe er seine eigenen Bemerkungen riskiert, sofern er Eigenes zu sagen hat: »Es mag weithergeholt erscheinen, aber ich glaube, daß ...« Für den Dichter dagegen ist das Setzen der Worte die Tätigkeit selbst; die Form, z. B. das Sonett, ist nicht ein Rahmen, sondern Teil des Themas; er ist verantwortlich gegenüber der Funktion der Syntax, doch frei in den Formen; wenn er in seiner Kunst fortschreitet, findet er immer mehr sein eigenes Vokabular — das nur ihm eigentümlich ist, wenn seine subvokalen Probleme dunkel und ihm selbst kaum greifbar sind, eher klassisch, wenn es Probleme sind, die er in anderen erkennt.

4. Kritik der freien Assoziation als therapeutischer Technik

Wir wollen nun einen Sonderfall des Verbalisierens betrachten, den der freien Assoziation, wie sie von der orthodoxen Psychoanalyse durchgeführt wird. Worauf wir die Aufmerksamkeit lenken möchten, ist der Unterschied zwischen dem in dieser Methode nahegelegten Verhalten des Patienten und dem Verhalten des Therapeuten; ausgehend von dieser Kritik werden wir erneut zu ähnlichen Folgerungen über den Charakter guten Sprechens kommen, wie wir sie bereits vorgetragen haben.
In der freien Assoziation wird der Patient anfangs auf einen Inhalt A hingewiesen, gewöhnlich ein Detail aus einem Traum, den er gehabt hat, dazu assoziiert er ein anderes Wort B — was immer ihm einfällt —, dazu ein drittes C usw. Er assoziiert »frei«, d. h. er versucht nicht, die Folge so zu ordnen, daß sie einen Sinn oder ein Bedeutungs-

ganzes ergibt oder ein Problem löst. Auch darf er keine Zensur ausüben (eine Assoziation verweigern, weil er gegen die Wörter, so wie sie ihm durch den Kopf gehen, etwas einzuwenden hat). Dieses Verhalten kann man als Grenz- oder Idealfall des Verbalisierens bezeichnen.

Nach der älteren Assoziationstheorie mußten die Worte nach diesem Gesetz aufeinanderfolgen: Wenn A häufig mit B zusammen aufgetreten ist oder eine Ähnlichkeit damit aufweist, und sei es auch nur eine entfernte Ähnlichkeit, dann besteht die Wahrscheinlichkeit, daß B von A heraufgerufen wird, dann C von B usw. Die ganze Kette wurde nun Stück für Stück in dieser Weise analysiert und »erklärt«. Es war eine geniale Leistung der Psychoanalyse, zu zeigen, daß die freien Assoziationen tatsächlich nicht nur nach diesem Gesetz der Stückwerk-Assoziation aufeinander folgten; sie hatten vielmehr die Tendenz, sich zu sinnvollen Ganzheiten oder Bündeln zu vereinigen und in bestimmte Richtungen zu gehen, und diese Bündel und Richtungen standen in einer wichtigen Sinnverbindung zu dem Ausgangsreiz, dem Traumdetail, und dem latenten Problem des Patienten. Der Patient brachte in Wahrheit den Assoziationsfluß nicht »mechanisch« hervor, sondern gab, wenn auch unbewußt, bestimmten Neigungen Ausdruck, ging immer wieder im Kreise zu bestimmten emotionalen Bedürfnissen zurück und versuchte, eine unfertige Gestalt zu ergänzen. Dies war natürlich ein kapitaler Beweis für die Existenz des Unbewußten, die Frage ist nur, ob es auch nützlich ist für die Psychotherapie.

Zu beachten ist, daß der Therapeut sich auf den Assoziationsfluß konzentriert und ganze Figuren darin schafft (indem er sie vorfindet und erzeugt): Er achtet auf die Bündelungen, beobachtet, zu welchem Zeitpunkt der Patient keine Assoziationen bringt, was immer einen Widerstand verrät, und vermerkt Ton und Gesichtsausdruck. Auf diese Weise gewahrt er etwas an dem Patienten, nämlich dessen Verhalten außerhalb des Gewahrseins.

Nun ist es aber nicht Ziel der Psychotherapie, daß der Therapeut etwas an dem Patienten gewahrt, sondern daß der Patient seiner selbst gewahr wird. Daher muß nun der Prozeß einsetzen, in dem der Therapeut dem Patienten *erklärt*, was er nun über ihn weiß. Auf diese Weise erfährt der Patient, wie nicht zu bezweifeln ist, viel Interessantes über sich selbst, es ist aber fraglich, ob er damit auch das Gewahrsein seiner selbst steigert. Denn sein »Wissen-über« hat eine gewisse Abstraktheit, es ist nicht interessiert, und er eignet es sich wieder auf seine gewohnte Weise an, nämlich indem er das Wissen einer Autorität introjiziert. Wenn er zu erkennen vermöchte, daß der Gegenstand dieses Wissens *er selbst ist,* so träte das Wissen — etwas, das er schon immer wußte, ohne aber zu wissen, daß er es wußte — ihm furchtbar zu nahe. Ziel der Therapie ist, ihn dies erkennen zu lassen, aber da sind wir wieder an dem Punkte, von dem wir ausgegangen waren.

Das Problem ist, daß *sein* Tun nur im Hervorbringen eines Stroms sinnloser Worte bestand. Dieses Tun fügte zu seinem Erleben nichts besonders Neues hinzu — im Gegenteil, es war ein getreues Abbild seines gewohnten Erlebens: in dieser Rolle ist er sich wohlbekannt. Die Regel, keine Zensur auszuüben, enthob ihn der Verantwortung für seine Worte — für viele Menschen auch keine ungewöhnliche Haltung. Aber das Wissen, das ihm nun erklärt wird, ist *diesem* seinem Tun ganz fremd, es gehört zu einer anderen gewöhnlichen Tätigkeit, nämlich unangenehme Wahrheiten anzunehmen und als Ganze zu schlukken; und schon wieder sagt der Alte gräßliche Dinge über ihn. (Aber vielleicht ist er ein netter Mensch, und dann denkt er sich vielleicht, wie Stekel einmal gesagt hat: »Ich werde jetzt gesund, einfach um dem alten Esel einen Gefallen zu tun.« Dies ist auch eine Methode, zu heilen, aber es ist an sich nicht freie Assoziation.)

Die Gefahr dieser Technik wäre die, daß der Patient, indem er sein verantwortliches Selbst, das sich betroffen fühlt und Entscheidungen trifft, ausklammert, sein neues Wissen strikt an das Verbalisieren anbindet, das angenehm mit dem Wohlgefühl einer warmen Atmosphäre und eines freundlich-väterlichen Angehörtwerdens durchtränkt ist. Statt also die Spaltung zu heilen, würde diese Technik sie weiter komplizieren.

5. Freie Assoziation als Sprachexperiment

Doch wollen wir auch die schönen und nützlichen Seiten der freien Assoziation würdigen und sie als das nehmen, was sie ist, eine Sprechweise eigenen Charakters.

Zunächst, die Assoziationen kreisen um ein Detail aus einem Traum. Nehmen wir an, der Patient erkennt den Traum als seinen eigenen an, er erinnert sich an ihn und kann sagen, daß er ihn geträumt habe, und nicht, daß der Traum ihm gekommen sei. Wenn er nun neue Wörter und Gedanken mit diesem Tun verbinden kann, so ist dies eine große Bereicherung seiner Sprache. Der Traum redet in der Bildersprache der Kindheit; und es geht nicht darum, den kindlichen Inhalt wieder zu erinnern, sondern von neuem etwas über das Gefühl und den Gestus der Kindersprache zu lernen, die Stimmung des eidetischen Bildes wieder zu erfassen und das Verbale mit dem Präverbalen zu verknüpfen. Aus die-

ser Sicht aber wäre die beste praktische Übung vielleicht nicht die freie Assoziation *vom* Bilde *weg* und die Anwendung kühlen Wissens *auf* das Bild, sondern gerade das Gegenteil: die sorgfältige schriftliche und zeichnerische Darstellung desselben (Surrealismus).
Aber es kann auch etwas für die freie Assoziation als solche gesagt werden. Für einen Patienten, der zu skrupulös und prosaisch in seiner Redeweise ist, ist es heilsam, vor sich hin zu brabbeln und zu sehen, daß die Welt davon nicht untergeht. Es ist dasselbe wie die spielerische Grundhaltung der Poesie: die Sprache scheinbar selbst ihren Lauf nehmen zu lassen, vom Bild zum Gedanken, zum Reim, zum Ausruf, zum Bild, zum Reim, wie es auch gehe, gleichzeitig aber zu spüren, daß man *selber* spricht; es ist kein automatisches Sprechen. Auch hier aber wäre die beste Übung vielleicht die direktere: sich auf den Sprechvorgang zu konzentrieren, während man frei assoziiert, sinnlose Silben oder Fetzen aus Liedern ausstößt.
Noch einen wichtigen Vorteil hat die freie Assoziation, der näher mit ihrem klassischen Gebrauch in der Psychoanalyse zu tun hat. Der Grund, warum der Patient aufgefordert wird, frei zu assoziieren, anstatt seine Lebensgeschichte zu erzählen und Fragen zu beantworten, ist natürlich der, daß seine gewöhnliche Redeweise neurotisch erstarrt und eine falsche Integration seiner Erfahrung ist. Was ihm als Figur bewußt ist, ist wirr, trüb und uninteressant, weil der Hintergrund andere, verdrängte Figuren enthält, die ihm nicht bewußt sind, die aber seine Aufmerksamkeit ablenken, Energie absorbieren und Selbstgestaltung verhindern. Die freie Assoziation schmilzt dieses eingefrorene Verhältnis von Figur und Grund auf und läßt andere Dinge in den Vordergrund treten. Der Therapeut notiert sie sich, aber wo ist der Vorteil für den Patienten? Dieser liegt nicht darin, wie wir gesehen haben, daß er die neuen Figuren mit der gewohnten Figur seines Erlebens verknüpfen könnte, denn die Haltung der freien Assoziation wird von jenem Erleben dissoziiert. Der Vorteil ist jedoch, daß der Patient erfährt: Etwas, das er nicht als sein eigen kennt, kommt aus dem Dunkel auf ihn zu und ist doch sinnvoll; dadurch wird vielleicht nun auch *er* ermutigt, sein Unbewußtes zu erforschen, es als eine terra incognita zu betrachten, nicht als ein Chaos. Aus diesem Interesse heraus muß er natürlich zum Partner beim Deuten gemacht werden. Der Gedanke dabei ist, daß die Maxime »Erkenne dich selbst« ein ethischer Grundsatz des Menschen ist, nicht etwas, das man jemandem verordnet, der in Nöten ist, sondern etwas, das man der eigenen Menschlichkeit zuliebe tut. Der geheimniskrämerische Umgang des Therapeuten mit der Deutung, die er bald zurückhält, bald im rechten Moment aus der Tasche zieht, steht dem entgegen. Das heißt nicht,

der Analytiker müsse alle seine Deutungen bekanntgeben, es heißt vielmehr, er sollte nur sehr wenig deuten, dafür aber das *Instrumentarium* der Deutung dem Patienten übergeben. Es sollte klar sein, daß die niederschmetternde Neugierlosigkeit der Menschen ein epidemisches neurotisches Symptom ist. Sokrates wußte schon, daß dies aus der Furcht vor der Selbsterkenntnis kam (Freud betonte die besondere Angst vor dem den Kindern vorenthaltenen Sexualwissen). Es ist also unklug, die Heilung in einem Kontext herbeiführen zu wollen, der die Spaltung bestätigt: Der Therapeut, der Erwachsene, weiß alles, und man selber wird das Geheimnis nie erfahren, es sei denn, er sagt es einem. Mit der Verfügung über das analytische Instrumentarium aber wird dieses Gefühl des Ausgeschlossenseins überwunden.

Zuletzt wollen wir die drei Sprechweisen, die im Experiment der freien Assoziation gebraucht werden, miteinander vergleichen: Der Patient assoziiert frei, der Therapeut erfährt und sagt sich etwas, und der Therapeut erklärt dem Patienten, was er weiß. Hier haben wir drei Gruppen von Worten, die sich auf einen Fall beziehen. Für den Patienten sind seine Assoziationen gleichbedeutend mit sinnlosen Silben, reines Verbalisieren. In diesen Worten jedoch wird der Therapeut des Patienten gewahr, und dieses Gewahrsein wird in Sätzen formuliert, die der Therapeut zu sich selbst sagt und die definieren, worum es in dem betreffenden Fall geht, »was der Fall ist«; sie sind die Wahrheit. In diesem Kontext aber sind dieselben Sätze nicht länger wahr, wenn er sie zu dem Patienten sagt — wahr weder für den Patienten noch für den Therapeuten: Sie sind nicht wahr, weil sie nichts bewirken, sie taugen nicht als Beweise, sie sind *bloße* Abstraktionen. Dem Logiker könnte dieser Gesichtspunkt, daß der Therapeut interessiert oder der Patient uninteressiert, und die Frage, ob die Aussagen nun in die Realität aufgenommen werden oder nicht, als nebensächlich erscheinen; er würde sagen, das sei eine »bloß psychologische« Frage, für die Therapie wichtig, aber logisch unerheblich, ob der Patient die Wahrheit der Deutung nun begreife oder nicht, oder auf welcher Ebene er sie begreife. Aber wir sollten es eher so verstehen: »Was der Fall ist«, ist bis jetzt nur eine Möglichkeit, eine Abstraktion, und ob das eine Wirkliche gegeben ist oder ein anderes Wirkliches, über das man etwas »Wahres« aussagen könnte, hängt ab von der Formulierung, dem Interesse und der Haltung, in der wir etwas darüber erfahren.

Für einen Logiker, der an der Physik geschult ist, gibt es zum »richtigen« Gebrauch der Worte, der sinnvollsten Sprache, um etwas über die »Realität« auszusagen, nur ein mageres Vokabular von Ding-Symbolen, eine analytische Syntax, die das Komplexe durch Additionen erfaßt, in einem leidenschaftslosen Ton; und er wäre bereit, die Sprache in dieser Richtung zu reformieren (z. B. im Sinne des Basic English). Für einen Psychologen jedoch, dem die Affektlosigkeit unserer Zeit Bedenken erregt, hat das richtige Sprechen genau die entgegengesetzten Züge: Es ist voll der leidenschaftlichen Töne aus der Kindersprache, seine Wörter sind komplexe funktionale Strukturen wie die Wörter der Primitiven, und seine Syntax ist poetisch.

6. Philosophien der Sprachreform

Angesichts der modernen Epidemie der symbolischen sozialen Institutionen anstelle von Gemeinschaften, des Verbalisierens anstelle des Erfahrens, hat es zahlreiche Versuche gegeben, die Sprache aufgrund rhetorischer und logischer Analyse zu reformieren. Die latenten rhetorischen Motive des Sprechers werden ans Licht gebracht, und durch empirische Kritik werden leere Stereotypen und Abstraktionen abgewertet und an der Elle konkreter Dinge und Verhaltensweisen gemessen. Für unsere Zwecke können wir diese Philosophien des guten Sprachgebrauchs als »empirische«, »operationale« und »instrumentale« zusammenfassen.

Die empirische Sprache reduziert die gut gebrauchten Wörter auf Zeichen für Wahrnehmungen, beobachtbare Phänomene oder leicht handhabbare Objekte und einfache Verhaltensweisen. (Der höchste Grad an Konkretheit wird im allgemeinen unbelebten »physischen« Objekten zuerkannt, doch dies ist ein metaphysisches Vorurteil; Auguste Comte zum Beispiel war der Auffassung, daß soziale Beziehungen und Institutionen das Konkreteste seien.)

Die operationalen Sprachen legen den Hauptakzent nicht so sehr auf die Dinge als solche, sondern auf die Handhabung der Dinge. Dabei wird wenigstens noch eine sensorisch-motorische Basiseinheit vorgesehen.

Die instrumentalen Sprachen erfordern, daß die Grundeinheiten auch die Ziele-im-Blickfeld umfassen müßten, also auch die Motive und rhetorischen Haltungen beim Sprechen.

Dies ist also eine Folge, in der zunehmend immer mehr Faktoren des Kontakts berücksichtigt werden, doch keine dieser analytischen Sprachen kann die Kontaktsprache selbst erreichen, denn Kontaktsprache ist teilweise Erschaffen von Wirklichkeit, und im schöpferischen Gebrauch der Worte werden die Worte selbst plastisch zerstört und umgebildet: Keine Liste der Grundworte läßt sich einfach von den Dingen, dem nichtsprachlichen Verhalten oder auch den Sprechzielen ableiten. Kontakt erfordert Orientierung, Zugriff und Gefühl – und das Gefühl ist sprachlich insbesondere in Rhythmus, Tonfall, Wahl und Verformung der

Worte und der Syntax enthalten. Die Normen und Regeln guten Sprechens lassen sich nicht auf einfache konkrete Dinge und Motive hin analysieren – denn diese sind nicht konkret genug; sie lassen sich nur in konkreten ganzheitlichen Strukturen erfassen. Um es deutlich zu sagen, eine Sprachreform – als Heilung von den leeren Symbolen und vom Verbalisieren – ist nur möglich, wenn wir die Strukturen der Poesie und der Literatur erlernen und wenn wir schließlich selber Poesie hervorbringen und die Umgangssprache poetisch machen.
Die Frage ist von philosophischer Bedeutung, weit über das Interesse an einer Sprachreform hinaus. Wir haben es mit einem beständigen Suchen, gerade unter Empirikern und Instrumentalisten, nach einer »naturalistischen Ethik« zu tun, einer Ethik ohne Normen außerhalb des ablaufenden Prozesses selbst. Wenn nun die Kriterien richtigen Sprechens so ausgewählt werden, daß die Gefühls- und Schöpfungsaspekte des Sprechens zur »Bedeutung« der Aussagen nichts beitragen und vielmehr »bloß subjektiv« sein sollen, so ist prinzipiell keine solche Ethik mehr möglich, denn kein Werturteil kann Zustimmung unter Berufung auf logische Gründe fordern. Wenn dagegen einmal verstanden ist – was offensichtlich sein sollte –, daß Gefühle keine isolierten Regungen sind, sondern strukturierte Hinweise auf Wirkliches, nämlich das Zusammenwirken des Organismus/Umwelt-Feldes, wofür es außer dem Gefühl keine anderen direkten Belege gibt, und wenn weiter verstanden wird, daß ein komplizierter Schöpfungsvorgang ein noch stärkerer Hinweis auf Wirkliches ist, dann können die Regeln der Sprache so formuliert werden, daß jedes kontakthafte Sprechen sinnvoll ist, und dann können Werturteile logisch begründet werden.

8

Der Antisoziale und die Aggression

1. Sozial und antisozial

Wir haben uns bemüht, deutlich zu machen, daß im Organismus, bevor er überhaupt als »Persönlichkeit« bezeichnet werden kann, also schon in der Entstehung der Persönlichkeit, die sozialen Einflüsse wesentlich sind. Wir wollen nun über mehrere Kapitel hin »Gesellschaft« im geläufigeren Sinne betrachten, die Beziehungen und Institutionen von Personen. In diesem Sinne nur können wir von einem Konflikt zwischen Individuum und Gesellschaft sprechen und bestimmte Verhaltensweisen »antisozial« nennen. Im gleichen Sinne müssen wir auch bestimmte Bräuche und Institutionen der Gesellschaft »antipersönlich« nennen.

Die von Grund auf soziale Natur des Organismus und die Bildung der Persönlichkeit – Kinderaufzucht und Abhängigkeit, Kommunikation, Imitation und Lernen, Liebeswahl und Freundschaft, Leidenschaften der Sympathie und Antipathie, gegenseitige Hilfe und gewisse Rivalitäten – all dies ist äußerst konservativ, es kann unterdrückt, aber nicht ausgetilgt werden. Und es wäre sinnlos, sich einen Organismus zu denken, der in dieser Hinsicht »antisoziale« Triebe besäße, die sich gegen seine soziale Natur kehrten, denn dies wäre ein lebender innerer Widerspruch und er bliebe nicht lange erhalten. Dagegen gibt es jedoch Schwierigkeiten der individuellen Entwicklung, des Aufwachsens, Schwierigkeiten, alle seine Anlagen zu verwirklichen.

Die Gesellschaft von Personen ist nun aber weitgehend ein Artefakt, wie die Sprachpersönlichkeiten selbst. Jedes Detail darin ist ständig im Wandel; ja, sogar gesellschaftliche Änderungen anzustoßen, neue Institutionsartefakte zu schaffen, gehört vermutlich ebenfalls jenem konservativen natürlichen Boden des Sozialen mit an, der in jeder Gesellschaft, welche man auch betrachtet, verdrängt wird. In dieser Hinsicht ist ein persönliches Verhalten sinnvollerweise »antisozial«, wenn es darauf abzielt, etwas an den am jeweiligen Ort und Zeitpunkt üblichen Sitten, Institutionen oder Persönlichkeiten zu zerstören. In der Therapie müssen wir annehmen, daß ein strafbares Verhalten, das der sozialen Natur des Täters widerspricht, änderbar ist und daß die strafbaren Aspekte bei weiterer Integration verschwinden werden. Wenn ein strafbares Tun aber bloß antisozial ist, weil es einem sozialen Artefakt widerspricht, so bleibt fraglich, ob es bei weiterer Integration nicht noch ausgeprägter wird und der Täter nicht um so hartnäckiger versucht, nicht sich an die Gesellschaft, sondern die Gesellschaft an sich anzupassen.

Wir wollen zunächst unterscheiden, was der Neurotiker für antisozial hält, und was antisozial ist.

Wir befürchten von jedem Trieb und jedem Ziel, das wir haben, aber nicht als unser eigenes anerkennen, das wir außerhalb des Gewahrseins halten oder auf andere projizieren, daß es antisozial sei. Selbstverständlich, denn wir haben es ja unterdrückt und aus dem Gewahrsein vertrieben, weil es sich nicht in ein akzeptables Bild von uns einfügen wollte, und dieses Bild war eine Identifikation, eine Nachbildung jener Autoritätspersonen, die unsere erste Gesellschaft waren. Aber natürlich, wenn dem Trieb Raum gegeben und er als ein Stück von uns anerkannt wird, so stellt sich heraus, daß er gar nicht so antisozial ist; wir sehen plötzlich, daß er in unserer erwachsenen Gesellschaft nicht besonders ungewöhnlich und sogar mehr oder weniger akzeptiert ist – und die zerstörerische Intensität, die wir ihm zugeschrieben haben, erweist sich als geringer denn befürchtet. Eine Regung, von der wir das vage Gefühl hatten, sie sei höllisch oder mörderisch, stellt sich als ein simples Bedürfnis heraus, etwas zu vermeiden oder abzuweisen, und niemanden kümmert es, ob wir dies tun oder lassen. Aber es war erst die Verdrängung als solche, die

a) den Gedanken zu einer ständigen Bedrohung machte,

b) die Begrenztheit seiner Absicht verdunkelte und uns die soziale Wirklichkeit nicht mehr sehen ließ,

c) die düsteren Farben des Verbotenen auftrug und

d) selbst erst die Idee des Zerstörens schuf, denn die Verdrängung ist ein Angriff auf das Selbst, und dieser Angriff wurde dem Trieb zugeschrieben. (Um das klassische Beispiel zu zitieren: 1895 dachte Freud, die Masturbation führe zur Neurasthenie; später fand er, daß es die schuldbewußte Masturbation sei, der Versuch, die Masturbation zu verdrängen, und die Hemmung der orgastischen Lust, was die Neurasthenie bewirke. Es war also gerade die Furcht vor dem Schaden, den die irrende Medizin dem Sexualtabu zuliebe an die Wand malte, was den Schaden verursachte.) Seit Freuds Schriften sind nun die Inhalte des Es weniger höllisch und zahmer geworden. Vermutlich würde er sich heute nicht mehr aufgerufen fühlen, jenes hochfliegende Motto zu zitieren: *Flectere si nequeo superos, Acheronta movebo* – was schade wäre.

Aber die neurotische Einschätzung ist auch berechtigt. Manche Theoretiker sind zu weit gegangen in dem Bestreben zu zeigen, daß die latenten Triebe »gut« und »sozial« seien; sie haben sich allzu geflissentlich auf die Seite der Engel geschlagen. Tatsächlich hat sich in den letzten fünfzehn Jahren eine erstaunliche Revolution in den sozialen Sitten und Werten abgespielt, so daß vieles, was einmal als böse galt, nun nicht mehr als böse gilt. Nicht weil ein bestimmtes Verhalten heute als gut, sozial oder harmlos gälte, wird es anerkannt, sondern weil es eben ein anerkannter Teil unseres Menschenbildes geworden ist. Der Mensch strebt nicht mehr nach dem Guten, sondern das Gute ist, wonach zu streben menschlich ist. Anders ausgedrückt, bestimmte Inhalte des Es waren höllisch, nicht nur weil die Verdrängung sie in den vier oben erwähnten Weisen dazu machte, sondern auch, weil sie

e) einen Rest an echtem Zerstörungswillen enthielten, der sich gegen die damaligen sozialen Normen wandte, echte Versuchung oder echtes Laster – und es war echter sozialer Druck seitens der Autoritätsfiguren, der zur neurotischen Verdrängung führte.

Wo die verdrängte Versuchung jedoch mehr oder weniger allgegenwärtig war, gelangte sie, sobald ihre Verbreitung erst einmal bekanntgeworden war und man sie halbwegs hinnahm, mit erstaunlicher Geschwindigkeit ans Tageslicht; sie wurde öffentlich, und, mehr oder weniger befriedigt, verlor sie ihre höllischen Aspekte; und binnen einer Generation war die soziale Norm verändert. Es ist höchst bemerkenswert, mit welcher Einmütigkeit die Gesellschaft zu einem neuen Bild von sich selber als Ganzem kommt; man hätte erwartet, daß Teile des Moralkodex hartnäckigeren konservativen Widerstand leisteten (aber natürlich wirkten soziale Faktoren jeder Art hier zusammen: ökonomische Veränderungen, Wachstum der Großstädte, internationaler Verkehr, gestiegener Lebensstandard usw.). Nur wenn man eine sehr provinzielle Landgemeinde besucht, in einem Handbuch der Kinderpflege von 1890 blättert oder einen alten Aufsatz über »Christentum und Theater« liest, wird einem klar, wie einschneidend der Wandel gewesen ist. Und was das Wichtigste ist, die ältere Auffassung ist nicht notwendig düster, übertrieben oder besonders unwissend, vielmehr besteht sie oft nur in dem nüchternen und wohlüberlegten Urteil, etwas sei nicht ratsam oder zerstörerisch, das wir heute für nützlich oder heilsam halten. Zum Beispiel wurde meist schon ganz klar gesehen, daß strenge Sauberkeitserziehung bei Kindern nützlich sei, um ordnungsliebende Charaktere zu bilden – das ist alles andere als unwissend, es ist vermutlich zutreffend. Doch damals hieß es, deshalb *macht* es so, und wir sagen, deshalb macht es *nicht* so. Ein Grund für die Veränderung ist z. B., daß in unserer gegenwärtigen Ökonomie und Technologie die alten Grundsätze von Beharrlichkeit, Fleiß und Pflichtbewußtsein sozial nachteilig wären.

Freud nahm diesen feindseligen Kern, das tatsächlich sozial Zerstörerische, sehr ernst. Immer wieder warnte er vor dem Widerstand der Gesellschaft gegen die Psychoanalyse. Wenn unsere modernen Psychohygieniker feststellen, daß die Triebe, die ihnen begegnen, unweigerlich gut und nicht antisozial seien und daß sie daher unter den Liberalen und Toleranten keinen Widerstand zu fürchten hätten, so kommt das daher, daß die Schlachten, die sie schlagen, in der Hauptsache schon früher gewonnen wurden, so daß sie jetzt nur noch mit – gewiß auch notwendigen – Säuberungsaktionen zu tun haben. Psychotherapie der Aggression aber ist unvermeidlich ein soziales Risiko. Dies muß klar sein, denn sozialer Druck deformiert die organische Selbstregulierung nicht so weit, daß nur noch »Gutes« und »nicht Antisoziales« herauskommt, wenn man nur geduldig Verständnis zeigt und die passenden Worte spricht; die Gesellschaft verbietet, was sich zerstörerisch gegen die Gesellschaft kehrt. Dies ist kein semantischer Fehler, sondern ein echter Konflikt.

3. Ungleichmäßiger Fortschritt und Reaktion der Gesellschaft

Wir wollen zwei recht augenfällige neuere Wandlungen der Sitten betrachten, bei denen die Psychoanalyse eine führende Rolle gespielt hat: die bejahende Haltung zur Geschlechtslust und die freizügige oder permissive Haltung in der Kinderpflege. Diese Wandlungen sind heute so weit verbreitet, daß man eine kumulative Verstärkung erwarten könnte, d. h. es müßte heute genug an faktischer Befriedigung und Selbstregulierung geben (in gewissen Sphären), um ganz allgemein den öffentlichen Unwillen und jene manchmal projizierten Schreckgespenster zu vermindern; daher müßten die Tabus noch weniger streng durchgesetzt werden, was wiederum zu noch mehr Befriedigung und Selbstregulierung führen müßte, und so fort. Besonders bei den Kindern müßten das Zulassen des Daumenlutschens, die der Selbstregulierung näherkommenden Normen der Ernährung, Erlaubnis der Masturbation, Lokkerung der Sauberkeitserziehung, Anerkennung des Bedürfnisses nach Körperkontakt und Saugen, Verzicht auf körperliche Strafen – all dies müßte nun schon im Glück der aufwachsenden Generation seine Früchte tragen. Aber sehen wir näher hin.

Wir haben hier ein interessantes Beispiel einer ungleichmäßigen Entwicklung, mit Fortschritten in Richtung auf Selbstregulierung in mancher Hinsicht, bei gleichbleibender oder gar steigender neurotischer Befangenheit in anderer Hinsicht. Wie stimmt sich die Gesellschaft so ab, daß sie ein neues Gleichgewicht in der Ungleichmäßigkeit der Entwicklung findet, um die revolutionäre Dynamik auszuschalten, die in jeder neuen Freiheit verborgen liegt – denn von jeder Freiheit wäre zu erwarten, daß sie Energien entbindet und zur Verschärfung des Kampfes führt –? Das Betreben der Gesellschaft geht dahin, zu isolieren, zu verinseln und der »Bedrohung von unten« den Zahn zu ziehen.

Also ging die quantitative Vermehrung relativ ungehemmter Sexualität mit einer gleichzeitigen Verminderung der Erregung und einer Verflachung der Lust einher. Was hat das zu bedeuten? Es ist geltend gemacht worden, Mangel als solcher sei notwendig für den Aufbau der Reizspannung; doch sollte organische Selbstregulierung ausreichen, um die Zeiten des Verlangens und seiner Stillung ohne äußere Eingriffe zu markieren. Es wurde auch gesagt, modische Nachäfferei und »Übersättigung« hätten die Geschlechtslust trivialisiert, und das ist richtig; aber, wenn es mehr Befriedigung gäbe, mehr Kontakt und Liebe, so würden auch die Triebbetätigungen weniger zwanghaft und automatisch sein, und die Frage, die wir stellen, heißt: *Warum* gibt es weniger Befriedigung? Es ist richtiger, dies als einen besonderen Fall von Desensibilisierung zu betrachten, qualitativ ähnlich der sonstigen heute epidemischen Desensibilisierung, Kontakt- und Affektlosigkeit. Diese sind die Folge von Angst und Erschrecken. In der ungleichmäßigen Entwicklung ist die freigelassene Sexualität auf eine Sperre nicht freigelassener Emotionen gestoßen, und die Angst wird geweckt, der Akt vollführt, aber Sinn und Gefühl bleiben abgewandt. Da nicht zu Ende geführt, wird der Akt wiederholt. Schuldgefühl wird erzeugt aus Angst und ausgebliebener Befriedigung. Und so weiter.

Eine der wichtigsten Sperren, wie wir kurz ausführen wollen, ist die Hemmung der Aggression. Und dies wird offenkundig besonders an der Tatsache, daß sich die kommerzielle Ausbeutung der Sexualität im Film, in Romanen und Comic-Strips (wie Legman-Keith gezeigt hat) auf Sadismus und Mord konzentriert. (Der Stil dieser Art kommerzialisierter Träume ist immer ein untrüglicher Hinweis auf das, was vorgeht, denn er kennt kein anderes Kriterium, als der Nachfrage gerecht zu werden und sich zu verkaufen.)

Einer der wichtigsten sozialen Mechanismen zur Verinselung der Sexualität ist paradoxerweise die vernünftige, gesunde, wissenschaftliche Haltung der Sexualaufklärung seitens der Erzieher und der fortschrittlichen Eltern. Diese Haltung sterilisiert das Geschlecht und macht zu einer amtlich anempfohlenen, beinahe pflichtgemäßen Übung, was seiner Natur nach kapriziös, nicht-rational und psychisch explosiv ist (wenn auch organisch sich selbst begrenzend). Die Sexualität ist organisch von periodischem Charakter, ohne Zweifel, aber nach Verordnung läßt es sich nicht lieben. Vor dieser Verinselung warnte Rank, als er sagte, der Ort, wo die Tatsachen des Lebens zu erfahren seien, sei die Gosse, dort werde ihr Geheimnis geachtet und gelästert – so wie nur die wahren Gläubigen lästern. Heute lehrt man, die Sexualität sei schön und ekstatisch und überhaupt nichts »Dreckiges« – aber natürlich, sie *ist* dreckig, *inter urinas et faeces,* und zu *lehren,* sie müsse ekstatisch sein (anstatt dies als Überraschung dem Erleben vorzubehalten), kann bei der großen Mehrheit der Menschen, deren Aggressionen gehemmt sind und die sich daher weder selbst gehenlassen noch in anderen die Widerstände zerstören können, nur zur Enttäuschung führen und sie fragen lassen: »Wie, und das ist alles?« Weit besser noch, überhaupt nichts zu sagen, denn dann ist alles erlaubt. Aber die sogenannte ganzheitliche Haltung, die eine Lebensäußerung in eine Hygiene-Übung verwandelt, ist ein Mittel der Herrschaft und der Verinselung.

Natürlich waren die Pioniere der Sexualaufklärung Revolutionäre, die darauf ausgingen, die Verdrängungen ihrer Zeit aufzulösen und die Heuchelei zu demaskieren; sie machten sich daher wohlweislich alle guten und engelreinen Wörter zunutze. Aber dieselben Wörter sind heute ein neues Tabu – »Sex ist schön, aber sauber muß er bleiben« –, sie sind gewissermaßen die tiefgestaffelte Verteidigung der Gesellschaft. Dies ist der Grund, warum Entbehrung und Verbot zu tieferer geschlechtlicher Erregung zu führen scheinen; nicht daß der Organismus dieser äußeren Hilfen bedürfte, aber sie verhindern im blockierten Organismus die Verinselung, sie halten die Verbindungen zu Haß und Wut offen, zur unterdrückten Aggression gegen die Autorität und, auf einer sehr tiefen Ebene, zum verzweifelten Aufsspielsetzen des Selbst. Denn in dem Augenblick, wo man das Tabu mißachtet und die tödliche Gefahr in Kauf nimmt, spürt man vermutlich einen Schauder spontaner Freude.

Auch die permissive Haltung in der Kinderpflege ist ein belustigendes Beispiel für das Zusammenwirken der ungleichmäßigen Entwicklung und der gesellschaftlichen Abwehrkräfte, dem nur das satirische Genie eines Aristophanes wahrhaft gerecht werden könnte. Man bedenke nur, daß unsere Generation einerseits gelernt hat, dem wilden Getobe der Kinder großenteils seinen Lauf zu lassen, und andererseits haben wir die Kasernenhof-Ordnung unserer ganzen physischen und sozialen Umwelt noch gestrafft. Wir haben ein Minimum an Wohnraum in den Großstädten – und saubere Spielplätze, wo ein Junge mit etwas Selbstachtung ums Verrecken nicht hingeht. Natürlich werden die Eltern zwischen den Fronten erdrückt. Die erstaunliche Überschätzung der Kindheit in unserer Gesellschaft, die den Griechen oder den Patriziern der Renaissance unverständlich erschienen wäre, ist nichts als die Reaktion auf die Verdrängung der Spontaneität der Erwachsenen (einschließlich des spontanen Wunsches, ihre Kinder abzuschlachten). Auch sind wir so beschämt über die eigene Minderwertigkeit, daß wir uns mit den Kindern identifizieren und deren natürliche Frische zu hegen versuchen. Dann, wenn die Kinder heranwachsen, müssen sie eine immer kalkuliertere und kompliziertere Anpassung an die Zivilisation von Wissenschaft, Technik und Staatsallmacht leisten. Die Periode der Abhängigkeit wird so notwendig immer länger. Den Kindern wird jede Freiheit gelassen, nur nicht die eine, wesentliche, aufzuwachsen und Initiativen zu ergreifen, ökonomisch oder privat im eigenen Hause. Sie hören nicht auf, zur Schule zu gehen.

Die Widersprüche der Verinselung sind deutlich: In fortschrittlichen Familien und Schulen regen wir zur Selbstregulierung an, zum lebhaften Gebrauch der Neugier, Lernen durch Selbermachen, demokratischer Freiheit. Und haargenau dies ist unmöglich, wenn man mit dem Stadtplan rechnen, seinen Unterhalt verdienen, eine Familie ernähren, zum Staate das seine beitragen muß. Wenn die langwierige Anpassung endlich vollbracht ist, hat nirgendwann eine scharfe Frustration stattgefunden, die eine tiefeingewurzelte Empörung hätte wecken können, sondern ein stetiger Druck hat gute, gesunde Staatsbürger geformt, die frühzeitig ihre Nervenzusammenbrüche haben und sich beklagen, »das Leben ist an mir vorbeigegangen«. Oder ein anderes Ergebnis, wie wir noch sehen werden, wäre dies, wenn man einen guten, anständigen, noblen und unendlich zerstörerischen Krieg anfinge.

Die Geschichte der Psychoanalyse ist selbst schon eine Fallstudie über die Zähmung durch Respektabilität. Sie ist eine perfekte Illustration zu Max Webers Gesetz der Bürokratisierung der Prophetie. Doch dieses Gesetz ist nicht unausweichlich; es ist Folge der ungleichmäßigen Entwicklung und der aus ihr erwachsenden Angst; das Ganze hat das Bedürfnis, sich selbst an die neue Kraft und die neue Kraft an sich anzupassen. Was muß Psychotherapie tun, um diese Bürokratisierung durch Respektabilität zu verhindern? Einfach weitergehen, *auf den nächsten Widerstand drücken!*

4. Der Antisoziale ist heute der Aggressive

Die Leidenschaften unserer Epoche weisen als hervorstechendste Merkmale Gewalt und Zahmheit auf. Es gibt Staatsfeinde und Staatskriege,

die unglaublich sind in der Ausdehnung, in der Intensität und in der Atmosphäre des Schreckens, den sie verbreiten; und gleichzeitig herrscht eine musterhafte öffentliche Ordnung, bei fast vollständiger Unterdrückung persönlicher Ausbrüche, mit den entsprechenden neurotischen Symptomen der Kontaktlosigkeit, des nach innen, gegen das Selbst gewandten Hasses, sowie den somatischen Symptomen verdrängter Wut (Magengeschwüre, Zahnverfall usw.). Zu Freuds Zeit und in seinem Lande scheint das Leidenschaftsklima sehr viel stärker von Entbehrung und Haß geprägt gewesen zu sein, sowohl in sexueller wie in wirtschaftlicher Hinsicht. Im heutigen Amerika haben wir einen allgemein hohen Lebensstandard, und die Sexualität ist nicht so sehr frustriert als vielmehr unbefriedigend. Auf einer oberflächlicheren Ebene hängt die Neurose mit Isolierung und Minderwertigkeit zusammen, doch diese werden allgemein empfunden und sind daher nicht so schwerwiegend; die Sitten gründen sich immer mehr auf Nachahmungseifer und geflissentliche Umgänglichkeit. Verborgen bleiben der unterdrückte Haß und Selbsthaß. Die tiefwirkende Neurose, die sich maskiert in Träumen wie denen der Comic-Strips und der Außenpolitik äußert, ist retroflektierte und projizierte Aggression.
Das Bündel von Trieben und Perversionen, die als aggressiv bezeichnet werden – vernichten, zerstören oder töten wollen, Kampflust, Initiative, Jagd, Sado-Masochismus, erobern und herrschen – gilt nun als das Antisoziale par excellence. »Aber«, hört man den wütigen Einwand, »die *sind* doch auch ganz klar antisozial, zerstörerisch für die Gesellschaftsordnung!« Die Tatsache der unmittelbaren und fraglosen Ablehnung verschiedener Aggressionen kann als ein erstes Anzeichen dafür gelten, daß wir die nächsten Fortschritte der Gesellschaft zu glücklicheren Normen hin in der Analyse und Freilassung der Aggressionen werden suchen müssen.[1]

[1] Die Veränderung im Charakter des Antisozialen seit der Zeit Freuds zeigt sich auch in der Änderung der psychotherapeutischen Methode von der Symptomanalyse zur Charakteranalyse und darüber hinaus. Dies bedeutet teils eine Verbesserung der Technik, teils aber auch Eingehen auf andere Fälle. Die Symptome waren ursprünglich »neurasthenisch«; sie waren, wie Freud (um 1895) sagte, direkte Folgen sexueller Versagung; die psychogenen Symptome waren auf sexuelle Handlungen hin durchsichtig. (Mediziner sprechen heute vom Verschwinden der Fälle von klassischer Hysterie.) Es scheint, daß diese direkte sexuelle Vergiftung weniger häufig geworden ist; z. B. gibt es heute sicherlich sehr viel mehr Masturbation ohne allzuviel Schuldgefühle. Bei den Charakterneurosen bezieht sich die sexuelle Blockierung nicht auf die Triebentladung, sondern in gewisser Weise auf den Akt selbst und weitgehend auch

5. Vernichten und Zerstören

Die Einstellungen und Handlungen, die als »aggressiv« bezeichnet werden, umfassen ein Bündel wesentlich verschiedener Kontakt-Funktionen, die im Handeln gewöhnlich in dynamischer Wechselwirkung verbunden sind und daher mit einem gemeinsamen Namen belegt werden. Wir werden zu zeigen versuchen, daß zumindest Vernichten, Zerstören, Initiative und Wut für das Wachstum im Feld von Organismus und Umwelt wesentlich sind; wenn auf vernünftige Ziele gerichtet, sind sie immer »gesund«, und in jedem Falle sind sie unverzichtbar, wenn nicht wertvolle Teile der Persönlichkeit verlorengehen sollen, insbesondere Selbstvertrauen, Gefühl und Schöpfertum. Andere Aggressionen wie Sado-Masochismus, Erobern und Herrschen und Selbstmord werden wir als neurotische Derivate interpretieren. Meistens wird jedoch die Gesamtmischung nicht genau analysiert, und die Aggressionen werden allzusehr en bloc »abgebaut«. (Die unaustilgbaren Faktoren andererseits werden verdrängt.)

Unterscheiden wir als erstes Vernichten und Zerstören. Vernichten heißt Zu-nichts-Machen, ein Objekt ablehnen und seine Existenz auslöschen. Die Gestalt schließt sich ohne jenes Objekt. Zerstören (De-strukturieren) heißt ein Ganzes in Fragmente zertrümmern, um sie als Teile in einem neuen Ganzen assimilieren zu können. Vernichten ist zuallererst eine Abwehrreaktion auf Schmerz, Eindringen von Fremdkörpern oder Gefahr. Bei Flucht und Vermeidung zieht das Lebewesen sich selbst aus dem schmerzhaften Feld zurück; wenn es tötet, entfernt es das bedrohliche Objekt auf »kaltem« Wege aus dem Feld. Im Verhalten bedeutet das, den Mund fest schließen, den Kopf wegwenden, Schlagen oder Treten. »Kalt« ist die Abwehrreaktion, weil sie nicht mit Lust verbunden ist (die Bedrohung kommt von außen). Die Existenz des bedrohenden Objekts ist unangenehm, aber seine Nicht-Existenz bereitet keinerlei Freude, sie wird bei der Schließung des Feldes nicht gespürt; was manchmal wie Freude aussieht, ist nur Rückkehr in die entspannte Haltung: Seufzer der Erleichterung, Schweißperlen usw.

Wenn weder Flucht noch Beseitigung des Objekts möglich sind, bleibt dem Organismus nichts anderes übrig, als das eigene Gewahrsein auszulöschen, den Kontakt zu vermeiden, die Augen abzuwenden und die Zähne zusammenzubeißen. Diese Mechanismen werden sehr wichtig

---

auf Kontakt und Gefühl. Auch die Haltung der Therapeuten hat sich entsprechend geändert: In der älteren Orthodoxie war dies eine Art Verführer-Haltung (mit Mißbilligung), bei der Charakteranalyse ist die Haltung kämpferisch.

dort, wo die Umstände mehrere gegensätzliche Reaktionen auf ein und dasselbe Objekt erfordern (eigentlich auf verschiedene Eigenschaften, die in einem Objekt miteinander verbunden sind) – besonders wenn ein Bedürfnis oder Wunsch die Anwesenheit eines Objektes notwendig machen, das zugleich unangenehm und gefährlich ist. Man ist dabei genötigt zu besitzen, ohne spontan zu genießen, festzuhalten, ohne zu berühren. Dies ist die übliche und unvermeidliche Qual der Kinder und oft auch der Erwachsenen. Die Analyse muß klarmachen, welche Eigenschaft des Objektes man haben und welche man nicht haben will, damit der Konflikt ans Licht kommt und entschieden oder erlitten werden kann.
Zerstören hingegen ist abhängig von Lust. Jeder Organismus wächst in seinem Feld, indem er neue Stoffe in sich aufnimmt, sie verdaut und assimiliert, und dies erfordert ein Zerstören der ursprünglichen Form zu assimilierbaren Elementen, ob es sich nun um Nahrung handelt, um einen Vortrag, väterlichen Einfluß oder den Unterschied zwischen den häuslichen Gepflogenheiten eines Gefährten und den eigenen. Der neue Stoff darf nur gemäß seiner Bedeutung für ein neues spontanes Tun aufgenommen werden. Wird seine frühere Form nicht restlos zerstört, so kommt es statt zur Assimilation entweder zur Introjektion oder es bilden sich Zonen ohne Kontakt. Mit dem Introjekt kann zweierlei geschehen: entweder ist es ein unangenehmer Fremdkörper und wird erbrochen (eine Art Vernichtung), oder aber das Selbst identifiziert sich teilweise mit dem Introjekt, verdrängt die Unannehmlichkeit und versucht einen Teil des Selbst zu vernichten – da aber die Zurückweisung unvermeidlich ist, kommt es zu einer dauernden Verklammerung, einer neurotischen Spaltung.
Der Appetit des Zerstörens ist warm und lustvoll. Er tritt heran mit gebleckten Zähnen, greift aus nach seiner Beute, und beim Kauen spritzt ihm der Speichel. Natürlich gilt eine solche Haltung als brutal, besonders wenn dabei im buchstäblichen oder übertragenen Sinne getötet wird. Wird die Zerstörung abgelehnt, so kann das Selbst entweder introjizieren oder sein Verlangen ganz unterdrücken (auf bestimmte Erfahrungsbereiche verzichten). Ersteres ist die Reaktion besonders auf das Erbe der Familie und der sozialen Vergangenheit; das nach fremdem Zeitmaß und ohne eigenes Bedürfnis zwangsgefütterte Selbst introjiziert Eltern und Kultur und kann sie weder zerstören noch assimilieren. Es gibt viele Teil-Identifikationen; diese zerstören das Selbstvertrauen, und am Ende zerstört die Vergangenheit die Gegenwart. Wenn das Verlangen unterdrückt wird, aus Übelkeit oder aus Furcht, zu beißen und zu kauen, findet ein Affektverlust statt.
Andererseits führt das warme, lustvolle (und wütende) Zerstören be-

stehender Formen in persönlichen Beziehungen oft zu beiderseitigem Vorteil und zur Liebe, wie beim Verführen und Entjungfern eines schüchternen Mädchens oder beim Beseitigen der Vorurteile zwischen Freunden. Denn wenn der Zusammenschluß zweier Menschen tatsächlich zutiefst vorteilhaft für sie ist, so ist die Zerstörung des miteinander Unvereinbaren, das sie mitbringen, ein Schritt auf ihr tieferes Selbst zu – das sich in der kommenden neuen Gestalt verwirklichen wird; in diesem Herauslassen des Inneren wird gebundene Energie befreit, und dies überträgt sich auf den Befreier als Liebe. Der Prozeß wechselseitigen Sichzerstörens ist wohl der wichtigste Beweis tiefer Vereinbarkeit. Daß wir nicht bereit sind, dies zu wagen, kommt offenbar aus der Furcht, nichts mehr zu haben, wenn wir dies noch verlieren; wir nehmen lieber schlechte Nahrung als gar keine; wir haben uns gewöhnt an Knappheit und Hunger.

6. Initiative und Wut

Aggression heißt »herangehen« an den Gegenstand des Verlangens oder des Hasses. Der Übergang vom Impuls zum Schritt auf den Gegenstand zu ist die Initiative: der Impuls wird als eigene Regung anerkannt und ebenso seine motorische Ausführung. Gewiß kann die Initiative durch Unterdrückung des Verlangens, wie oben beschrieben, ganz und gar erstickt werden. Häufiger aber ist in unserer Zeit wahrscheinlich die Abspaltung des Verlangens von dem zu seiner Befriedigung nötigen motorischen Verhalten, so daß es sich nur noch in geschwätzigen Zukunftsträumen bekundet. Man hat den Eindruck, seit die Menschen nicht mehr jagen und kämpfen, hören sie ganz auf, sich zu bewegen, denn die Bewegungen im Sport haben nichts mit organischen Bedürfnissen zu tun, und die Bewegungen der Industrie sind keine menschlichen Bewegungen.

Wenn ein Kind sagt: »Wenn ich groß bin, tu ich das und das«, so zeigt es seine Initiative, nimmt imitatorisch ein Verhalten an, das ihm den bis zur Ausführung noch dunklen Wunsch erfüllen wird. Wenn es der Erwachsene schließlich tut, so bleibt der unerfüllte Wunsch, aber die Initiative ist hin. Was ist inzwischen geschehen? Dies, daß in unserer Wirtschaft, Politik und Erziehung die sogenannten Ziele zu fremd und die Mittel, um sie zu erreichen, zu kompliziert sind, nicht handlich genug. Alles ist nur Vorbereitung, nichts Verwirklichung und Befriedigung. Die Folge ist, daß die Probleme nicht durchgearbeitet und assimiliert werden können. Das Bildungssystem führt zu einer Anzahl unassimilierter Introjekte. Nach einer Weile verliert das Selbst den Glauben an das eigene Verlangen. Das Vertrauen schwindet, denn Vertrauen heißt zu wissen – ohne daß man sehen kann –, wenn man einen Schritt macht, hat man Boden unter den Füßen: Man macht sich ohne Zögern an die Arbeit, voll Vertrauen, daß der Hintergrund schon für die Mittel sorgen werde. Schließlich wird der Versuch zu assimilieren, aufgegeben, und es kommt zu Enttäuschung und Ekel.

Während sich die Initiative in Ratlosigkeit verläuft, in der Verfolgung zu schwieriger Ziele, wird sie gleichzeitig bei der Verfolgung einfacher Ziele direkt abgeschreckt, etwa wenn ein Kind einen Klaps kriegt, weil es zu »unbescheiden« ist. Furcht bewirkt, daß das Verlangen aufgegeben wird. Insgesamt findet eine Zurückdrängung auf eine einfachere Stufe des Verlangens, auf Initiativlosigkeit oder Abhängigkeit statt: Man will gefüttert und versorgt werden, ohne zu wissen wie, und dies führt zu einer andauernden Unsicherheit und Minderwertigkeit.

Nehmen wir nun aber an, ein Verlangen ist stark und unterwegs zu seinem Ziel, es trifft auf ein Hindernis und wird frustriert: Die Spannung flammt auf, und dies ist die Wut oder der heiße Zorn.

Wut enthält die drei Komponenten der Aggression: Zerstören, Vernichten und Initiative. Die Hitze der Wut ist die des Verlangens und der Initiative. Zuerst wird das Hindernis einfach als Teil der bestehenden Form betrachtet, die es zu zerstören gilt, und wird auch seinerseits mit lustvoller Hitzigkeit angegriffen. Wenn aber die frustrierende Natur des Hindernisses deutlich wird, wird die anhaltende Spannung des auf Befriedigung drängenden Selbst schmerzhaft, und zu dem warmen zerstörerischen Verlangen tritt die kalte Notwendigkeit der Vernichtung hinzu. In extremen Fällen wird nun das Verlangen ganz unmäßig, und die Weißglut der Raserei tritt ein. Der Unterschied zwischen Raserei (Mordlust) und einfachem Vernichtungswunsch (das Ding soll im Feld zu existieren aufhoren) liegt im ausgreifenden Beteiligtsein des Selbst; man hat sich schon auf die Situation eingelassen, man schiebt nicht mehr bloß etwas beiseite. Mordlust ist nicht einfach eine Abwehrhaltung, denn man ist selbst engagiert und kann nicht mehr einfach ausweichen. So gerät ein Mann in Raserei, wenn man ihn geohrfeigt hat.

Im allgemeinen ist Wut eine Leidenschaft der Sympathie; sie vereinigt die Personen, weil sie mit Begehren gemischt ist. (So steht auch Haß in einem notorisch ambivalenten Verhältnis zu Liebe. Wenn die Überschreitung des Begehrens zur »reinen« Wut hin durch Verdrängung des Begehrens geschieht, dann überläßt das Selbst sich ganz dem wütenden Angriff, und wenn sich nun die Verdrängung plötzlich löst – zum Beispiel, wenn man feststellt, man ist der Stärkere und hat nichts zu fürchten –, so hat sich das Begehren plötzlich zu Liebe kristallisiert.)

Man wird sehen, daß die übliche Formel »Frustration führt zu Aggression« zutreffend, aber zu einfach ist, denn sie erwähnt nicht das warme Verlangen in der wütenden Aggression. Es wird dann schwer verständlich, warum Wut, eine wütende Gestimmtheit, auch dann noch anhält, wenn Tod oder Entfernung für die Beseitigung des Hindernisses gesorgt haben (z. B. die Eltern sind schon tot, aber immer noch ist das Kind auf sie wütend), oder auch, warum in Haß oder Rache die Vernichtung des Feindes Befriedigung gewährt: Seine Nicht-Existenz ist *nicht* gleichgültig, sondern gibt Nahrung; er wird nicht vernichtet, sondern zerstört und assimiliert. Aber dies alles nur, weil das frustrierende Hindernis zuerst als Teil des erstrebten Zieles behandelt wird; das Kind ist wütend auf die toten Eltern, weil sie immer noch Teil seines unerfüllten Bedürfnisses sind – es genügt ihm nicht, wenn es weiß, daß sie als Hindernisse nun aus dem Weg geräumt sind. Und das Opfer von Haß und Rache ist ein Stück von einem selbst, wird unbewußt geliebt.
Andererseits ist es die Beimischung des Vernichtungswillens in der Wut, die ein so intensives Schuldgefühl gegen geliebte Objekte erregt, denn wir können es uns nicht leisten zu vernichten, zu nichts zu machen, wessen wir bedürfen, auch nicht, wenn es uns frustriert. So kommt es, daß anhaltende Wut, in der Verlangen und Vernichtungswille vereint sind, dazu führt, daß das Verlangen ganz unterdrückt wird, und dies ist eine häufige Ursache von Impotenz, Inversion usw.
In der rotglühenden Wut ist das Gewahrsein etwas verschwommen. In der weißglühenden Raserei ist es oft sehr scharf, wenn es sich, bei Erstickung aller körperlichen Lust, doch von den lebhaften Bildern der verzögerten Befriedigung speist, während das Selbst sich seinem Objekt zuwendet, um es zu vernichten. Im purpurroten oder gestauten Rasen zerbirst das Selbst vor frustrierten Impulsen und verwischt sich ganz. Im schwarzen Zorn oder Haß hat das Selbst begonnen, sich im Interesse seiner Angriffsabsicht selbst zu zerstören; es sieht nicht mehr die Realität, sondern nur noch die eigene Idee.

7. Fixierungen von Initiative und Wut, Sado-Masochismus

Vernichten, Zerstören, Initiative und Wut sind Funktionen guten Kontakts, notwendig für Unterhalt, Lust und Sicherheit eines jeden Organismus in einem schwierigen Umfeld. Wir haben gesehen, daß sie in verschiedenen Kombinationen auftreten und meist mit Lust verbunden sind. Der Organismus, wenn er die Aggressionen vollführt, dehnt sich sozusagen in seiner Haut und reibt sich an der Umwelt, ohne daß das Selbst Schaden nimmt; die Hemmung der Aggressionen löscht diese nicht aus, sondern kehrt sie gegen das Selbst (wie wir im nächsten Kapitel noch ausführen werden). Ohne die Aggression stagniert die Liebe und wird kontaktlos, denn Zerstören ist das Mittel der Erneuerung. Auch ist die feindselige Aggression oft genau dort rational, wo sie als neurotisch gilt; z. B. wird Feindschaft vielleicht nicht deshalb gegen einen Therapeuten gekehrt, weil er eine »Vaterfigur« wäre, sondern weil er »schon wieder einer« ist, der einem unassimilierbare Deutungen aufzwingt und einen ins Unrecht setzt.

Die Fixierungen dieser Funktionen jedoch, Haß, Rache und überlegter Mord, Ehrgeiz und zwanghaftes Jagen nach der Liebesbeute, habituelle Kampfbereitschaft, sind nicht so gutartig. Diesen verfestigten Leidenschaften werden andere Funktionen des Selbst geopfert; sie sind selbstzerstörerisch. Um etwas zu hassen, muß man Energie an das per definitionem Schmerzhafte oder Frustrierende binden, und gewöhnlich wird dabei der Kontakt zu den wechselnden Aktualsituationen verringert. Man klammert sich an das Hassenswerte und hält es fest. Bei Rache und vorbedachtem Mord haben wir ein brennendes, verfestigtes Bedürfnis, die »Person« zu vernichten, deren Existenz unser Selbstbild beleidigt; analysieren wir aber unser Selbstbild, so stellt sich der Konflikt als ein innerer heraus. So richtet sich rechtschaffene Empörung meist gegen die eigene Versuchung. Der kaltblütige Mörder wiederum versucht systematisch, seine Umwelt zu vernichten, was gleichbedeutend ist mit Selbstmord. »Was liegt mir an euch?« bedeutet soviel wie »Was liegt mir an mir?«, und dies ist eine Identifizierung mit dem furchtbaren Urteil »Uns liegt nichts an dir«. Der Kampflustige ist augenscheinlich ein Mann voller Verlangen, der eine Annäherung unternimmt und sich darauf plötzlich selber frustriert, weil er sich minderwertig oder mißbilligt fühlt; sein Zorn gegen den Frustrierer flammt auf, und er projiziert das »Hindernis« in irgendein mögliches oder unmögliches Objekt; offenbar will er geschlagen werden.

Allgemein ist das Selbst (wie wir ausführlicher im nächsten Kapitel sehen werden), wenn ein Verlangen verdrängt und habituell außerhalb des Gewahrseins gehalten wird, auf Feindschaft gegen sich selber fixiert. Sofern diese Feindschaft nach innen gekehrt bleibt, haben wir es mit einem wohlerzogenen Masochismus zu tun; sofern sie ein Abbild des Selbst in der Umwelt findet, ist sie fixierter Sadismus. Die Lust des Sadismus ist die Steigerung des Verlangens im Ablassen vom Selbst; Schlagen, Zustechen usw. sind die Formen, in denen der Sadist sein Objekt lustvoll berührt. Und das Objekt wird geliebt, weil es wie das eigene unterdrückte Selbst ist.

Beim primären Masochismus (Wilhelm Reich) ist nicht der Schmerz das

Erwünschte, sondern die Freilassung der aufgestauten Triebe. Der Schmerz ist ein »Vor-Schmerz« [2], ein Gefühl, für das man habituell desensibilisiert war und das nun ein sehr viel stärkeres Gefühl herausläßt. Je mehr die Trieberregung steigt, ohne entsprechende Steigerung des Gewahrseins, daß es eigene Erregung ist und eigener Vorsatz, der sie hemmt, desto heftiger das masochistische Verlangen. (Es scheint übrigens, daß sich diese Situation durch eine physiologische Therapie wie die Reichs experimentell herstellen ließe.) Beim Masochismus werden die Triebregungen ausgreifender und erhöhen die Spannung, und entsprechend straffer wird die Hemmung; das Verlangen nach der Abfuhr wird neurotisch interpretiert als der Wunsch, es gemacht zu bekommen, vergewaltigt, zerbrochen, angestochen zu werden, um den inneren Druck loszuwerden. Der Masochist liebt den brutalen Geliebten, der die ersehnte Befriedigung gewährt und doch mit dem eigenen selbstbestrafenden Selbst identifiziert wird.

8. Der moderne Krieg ist Massenselbstmord ohne Schuldgefühl

Wir wollen uns nun wieder dem weiteren sozialen Kontext zuwenden und noch einiges über die für unsere Epoche charakteristische Art der Gewalttätigkeit sagen.

Wir haben gegenwärtig in Amerika eine Verbindung von beispiellosem allgemeinem Wohlstand und beispielloser öffentlicher Ruhe und Ordnung. Ökonomisch wie soziologisch kommt beides einander zugute: je mehr Ordnung, desto mehr Produktivität, und je mehr Wohlstand, desto weniger Anreize, die Ordnung zu stören. Mit öffentlicher Ordnung meinen wir nicht eine geringe Zahl von Gewaltverbrechen, sondern die allgegenwärtige Sicherheit in Stadt und Land. Im Vergleich zu allen anderen Orten und Zeiten ist Reisen gefahrlos, überall, ob bei Tag oder Nacht. Es gibt kaum Schlägereien, Aufruhr oder bewaffnete Banden. Keine Verrückten laufen auf den Straßen Amok, es gibt keine Seuchen. Krankheiten werden in den Hospitälern schnell isoliert, den

[2] Wir möchten den Freudschen Begriff der »Vorlust« durch den des »Vorgefühls« ersetzen. Das Vorgefühl ist das kleine Element, das einem großen Gefühlsausbruch den Weg bahnt. Denn offenbar wirkt Vorschmerz ebenso wie Vorlust: Ein Mann stößt sich den Zeh, und nun brechen kosmischer Schmerz und Zorn aus ihm hervor. Oder die Vorlust zieht ein Gefühl nach sich, das man nicht lustvoll nennen würde: Die Geliebte streichelt einen tröstend und, wie D. W. Griffith gesagt hat, »alle Tränen der Welt spülen über unsere Herzen«.

Tod bekommt man nie zu Gesicht, selten die Geburt. Fleisch wird gegessen, aber kein Stadtbewohner sieht je, wie ein Tier geschlachtet wird. Nie zuvor hat es je einen solchen Zustand der Gewaltlosigkeit, Sicherheit und Sterilität gegeben. Was unseren Wohlstand angeht, so berührt keine der noch strittigen ökonomischen Fragen das Lebensnotwendige. Die Gewerkschaften fordern nicht Brot, sondern bessere Löhne, kürzere Arbeitszeiten und mehr Sicherheit; die Kapitalbesitzer fordern weniger staatliche Kontrolle und bessere Reinvestitionsbedingungen. Ein Einzelfall von Verhungern macht Skandal in der Presse. Weniger als zehn Prozent des Wirtschaftsertrags werden für die Grundversorgung mit Lebensnotwendigem verausgabt. Es gibt mehr Annehmlichkeiten, Luxus und Unterhaltung als je zuvor in der Geschichte.

Psychologisch ist das Bild zweifelhafter. Es gibt kaum überlebensgefährdende psychische Frustrationen, aber auch kaum Befriedigung, und es gibt Zeichen von nackter Angst. Die allgemeine Verwirrung und Unsicherheit der isolierten Individuen in einer allzu großen Gesellschaft zerstören Selbstvertrauen und Initiative, und ohne diese gibt es kein tätiges Vergnügen. Sport und Unterhaltung sind passiv und symbolisch; die Auswahl auf dem Markt ist passiv und symbolisch; es gibt nichts mehr, was die Menschen selber tun oder lassen, es sei denn symbolisch. Das Angebot an Sexualität ist reichlich, die Unempfindlichkeit extrem. Früher herrschte das Gefühl vor, Wissenschaft, Technik und neue Sitten würden ein glückseliges Zeitalter hereinbrechen lassen. Diese Hoffnung ist enttäuscht worden. Überall sind die Menschen enttäuscht.

Schon oberflächlich gesehen gibt es also Grund, die Dinge kurz und klein zu schlagen, nicht diesen oder jenen Teil des Systems zu zerstören (z. B. die herrschende Klasse), sondern das Ganze en bloc, denn es verspricht nichts mehr, es hat sich in seiner bestehenden Form als unassimilierbar erwiesen. Dieses Gefühl findet sich, in wechselnden Graden der Klarheit, sogar im Gewahrsein.

Wenn wir aber näher hinsehen, unter den Aspekten, die wir eben erörtert haben, so stellen wir fest, daß diese Bedingungen fast genau diejenigen sind, welche den primären Masochismus erregen. Es findet eine dauernde Reizung statt, bei nur partieller Spannungsabfuhr, eine unerträgliche Steigerung der unbewußten Spannungen — unbewußt, weil die Menschen nicht wissen, was sie wollen, noch wie sie es erlangen können, weil die Mittel, die sich ihnen bieten, zu groß und unhandlich sind. Der Wunsch nach der letzten Befriedigung, nach dem Orgasmus, wird als Wunsch nach totaler Selbstzerstörung interpretiert.

Unvermeidlich also muß es einen öffentlichen Traum von der Weltkatastrophe geben, von riesigen Explosionen, Feuern und Elektroschocks, und die Menschen bemühen sich mit vereinten Kräften, die Apokalypse Wirklichkeit werden zu lassen.
Gleichzeitig jedoch wird jeder offene Ausdruck von Zerstörungslust, Vernichtungswillen, Wut und Kampfbereitschaft unterdrückt im Interesse der öffentlichen Ordnung. Schon das Gefühl des Ärgers wird zurückgehalten und verdrängt. Vernünftig, tolerant, höflich und kooperationswillig lassen die Menschen sich herumstoßen. Aber die Anlässe, sich zu ärgern, werden keinesfalls seltener. Im Gegenteil, wenn die größeren Initiativen in die Wettbewerbsroutine der Ämter, Bürokratien und Fabriken kanalisiert werden, gibt es Demütigungen, verletzte Gefühle, kleine Gemeinheiten. Der kleine Ärger wächst ständig nach und wird nie abgeführt; die große Wut, welche die große Initiative begleitet, wird verdrängt.
Die Situation der Wut wird daher in die Ferne projiziert. Die Menschen müssen große, ferne Ursachen finden, die ausreichen, den Druck der Wut zu erklären, der gewiß nicht aus dem kleinen Ärger kommt. Es ist notwendig, etwas zu haben, das des Hasses würdig wäre, den man unbewußt gegen sich selber spürt. Kurz, man ist wütend auf den Feind.
Der Feind – kaum nötig, es zu sagen – ist grausam und kaum mehr menschlich; es hat daher keinen Sinn, daß wir mit ihm so verhandeln, als wäre er es. Denn, erinnern wir uns, wie der Inhalt aller populären Filme und der Unterhaltungsliteratur zeigt, ist der amerikanische Liebestraum sado-masochistisch, aber das Verhalten beim Liebesakt selbst ist nicht sado-masochistisch, denn das wäre antisozial und unanständig. Es muß daher «jemand anders» sein, welcher der Sadist, und natürlich auch «jemand anders», welcher der Masochist ist.
Im Zivilleben also, wie wir gesagt haben, ist das Bündel der Aggressionen antisozial. Im Krieg aber ist es zum Glück gut und sozial. So führen die Menschen Krieg, im Verlangen nach der Weltexplosion und der großen Katastrophe, gegen Feinde, die sie eigentlich durch ihre Grausamkeit und übermenschliche Stärke aufregen und faszinieren.
Die Armee der Massendemokratie ist für die Volksbedürfnisse vortrefflich geeignet. Sie gewährt die persönliche Sicherheit, an der es im Zivilleben mangelt; sie zwingt einem eine persönliche Autorität auf, ohne irgendwelche Ansprüche an das geheime Selbst zu richten, denn schließlich ist man ja nur eine Einheit in der Masse. Die Armee enthebt einen der Arbeit und der Familie, wo man nicht viel taugt und wenig zu lachen hat, und sie faßt die eigenen Kräfte viel wirksamer

zum Zweck sadistischer Übungen und eines masochistischen Debakels zusammen.

Die Menschen sehen das Debakel kommen. Sie hören rationale Warnungen an und treffen allerlei vernünftige Entscheidungen. Aber die Energie, zu flüchten oder sich zu widersetzen, ist paralysiert, oder die Gefahr ist zu faszinierend. Die Menschen brennen darauf, die unerledigte Situation zu erledigen. Sie sind auf Massenselbstmord aus, die Lösung aller Probleme ohne Schuldgefühl. Die Gegenpropaganda der Pazifisten ist schlimmer als nutzlos, denn sie löst kein Problem und steigert das persönliche Schuldgefühl.

9. Kritik von Freuds Thanatos

Die Umstände waren ähnlich, als Freud seine Theorie vom Todestrieb erträumte. Aber es waren noch keine so extremen Umstände wie heute, denn er konnte damals noch, im Schwunge seiner Libido-Theorie, von einem Konflikt zwischen Thanatos und Eros sprechen und im Eros ein Gegengewicht gegen den Thanatos suchen. Die neuen Sitten hatten noch keine Gelegenheit gehabt, sich zu bekunden.

Freud scheint seine Theorie auf dreierlei Anhaltspunkte gestützt zu haben: a) die Art Gewalttätigkeit, die wir eben beschrieben haben, den Ersten Weltkrieg, der gegen alle Prinzipien des Lebens und der Kultur zu verstoßen schien; b) den neurotischen Wiederholungszwang oder die Fixierung, die er der Anziehung durch das Trauma zuschrieb. Wir haben nun aber gesehen, daß der Wiederholungszwang einfacher als das Bestreben des Organismus zu erklären ist, mit archaischen Mitteln die *gegenwärtige* unerledigte Situation zu vollenden, jedesmal, wenn genug organische Erregung akkumuliert ist, um den schwierigen Versuch zu unternehmen. Aber noch in einem wichtigen anderen Sinne könnte man dieses Sichwiederholen und Umkreisen des Traumas mit Recht einen Todeswunsch nennen: Es ist gerade der Tod des bewußteren, unterdrückenden Selbst (mit seinen bekannten gegenwärtigen Bedürfnissen und Mitteln), der gewünscht wird, im Interesse der lebenswichtigeren verborgenen Bedürfnisse. Was also neurotisch notwendig als Todeswunsch interpretiert wird, ist ein Wunsch nach erfüllterem Leben. c) Freuds wichtigster Anhaltspunkt war aber wohl die scheinbare Unreduzierbarkeit des primären Masochismus. Er stellte nämlich fest, daß sich der primäre Masochismus keineswegs verringerte, wenn es den Patienten besser ging, sondern im Gegenteil, ihre Träume (und ohne Zweifel auch Freuds Träume) wurden noch katastrophischer; der Theoretiker sah sich so durch sein Material gezwungen, auf einen Zustand völliger Gesundheit bei totalem Masochismus zu schließen, d. h. zu sterben ist ein Triebwunsch. Im Sinne unserer Theorie des Masochismus erklären wir jedoch dieses Material besser folgendermaßen: Je mehr Triebabfuhr ohne entsprechende Stärkung der Fähigkeit des Selbst, mit der neuen Energie etwas anzufangen, desto zerstörerischer und gewalttätiger die Spannungen im Feld. Und ebenso wie die physiologische Methode Reichs diesen Zustand experimentell herbeiführt, so auch die anamnestische freie Assoziation Freuds: Es kommt zu Abfuhr ohne Integration. Da Reich jedoch die Situation besser kontrollieren konnte, gelang es ihm, eine einfachere Erklärung zu finden.

Als biologische Überlegung jedoch ist Freuds Theorie keineswegs außer acht zu lassen, und wir müssen theoretisch darauf eingehen. Wir wollen es schematisch folgendermaßen ausdrücken: Jeder Organismus, so sagt diese Theorie, versucht Spannung zu vermindern und ein Gleichgewicht zu erreichen; wenn er aber auf eine Struktur niedrigerer Ordnung zurückgeht, kann er ein noch festeres Gleichgewicht erreichen; also strebt letztlich jeder Organismus den unbelebten Zustand an. Dies ist der Todestrieb, ein Sonderfall des allgemeinen Entropie-Satzes. Dem entgegen wirken die Lust- oder Verlangensregungen (Eros), die auf immer komplexere Strukturen der Evolution hinzielen.

Dies ist ein machtvoller Gedanke. Wenn wir die Voraussetzungen und die Mystik der Wissenschaft des neunzehnten Jahrhunderts gelten lassen, so ist er kaum zu widerlegen. Daß er von den meisten Theoretikern abgelehnt wird, auch von vielen orthodoxen, dürfte, wie wir meinen, eher den Grund haben, daß er als schroff und antisozial betrachtet wird, als daß er als irrig erschiene.

Es ist jedoch eine Fehlinterpretation der Evolutionsgeschichte, sich wie Freud eine *Kette* von Ursachen zu denken, die aus miteinander verbundenen Elementargliedern besteht und bis zu den Anfängen zurückreicht; es heißt für wirklich und konkret nehmen, was doch nur Abstraktion ist, nämlich eine bestimmte Gruppe von Belegen (z. B. die Fossilien in Gesteinsschichten), aus denen wir etwas über die Entwicklung erfahren. Freud spricht so, als ob die aufeinanderfolgenden Komplexitäten zu einer einzigen Triebkraft, dem »Leben«, die von ihren konkreten Erscheinungsformen isolierbar wäre, »hinzutreten« würden, also als würde zu einem Protozoon die Seele eines Metazoons hinzugetan oder, umgekehrt, als wäre in das Wirbeltier ein Ringelwurm introjiziert – so daß das Wesen, wenn es als Wirbeltier einschläft, zugleich als Ringelwurm einschläft, als Amöbe und schließlich als unbelebter Stoff. Tatsächlich ist aber jede der aufeinanderfolgenden Entwicklungsstufen ein neues Ganzes, das als Ganzes und auf seine eigene Weise lebt. Es will *seine* Lebensweise als konkretes Ganzes vervollständigen, und es kümmert sich nicht um das »Gleichgewicht im allgemeinen«. Der Zustand eines Moleküls oder einer Amöbe ist nicht die unerledigte Situation des Säugetiers, denn die vorhandenen organischen Bestandteile, die vervollständigt sein wollen, sind in jedem einzelnen Fall höchst verschieden. Für den Organismus der einen Art wäre nichts damit gelöst, wenn die Probleme einer andern Art gelöst würden.

(Es ist sinnvoll, Freuds Theorie als ein psychisches Symptom zu betrachten: Wenn jemand an die Möglichkeit gegenwärtiger Lösungen nicht mehr glaubt, muß er die gegenwärtigen Bedürfnisse auslöschen, und damit bringt er manche anderen Bedürfnisse niedrigerer Strukturierungsgrade in den Vordergrund. Die Struktur niedigerer Ordnung erhält so eine Art Existenz durch den Akt des gegenwärtigen Verzichts auf die höhere.)

Freud scheint das Wesen einer »Ursache« mißzuverstehen. Eine »Ursache« ist nicht selbst eine existierende Sache, sondern ein Erklärungsprinzip für ein gegenwärtiges Problem. Wenn wir daher eine *Kette* von Ursachen haben — die in beide Richtungen führt, zum *telos* oder Endziel hin wie zum genetischen Ursprung –, so ist cine solche Kette, je länger sie wird, um so bedeutungsloser, denn wir suchen ja eine Ursache, um uns in einer bestimmten individuellen Frage zu orientieren, um die Situation zu ändern oder uns mit ihr abzufinden. Eine gute Ursache löst das Problem (der spezifischen Orientierung) und hört dann auf, uns zu beschäftigen. Die Ursachen zu einer Kette zu verbinden, wie in einem Lehrbuch, ist nichts, was wir tun, wenn wir uns mit einer gegenwärtigen Angelegenheit befassen, wir tun es nur, wenn wir darüber Unterricht geben.

Schließlich isoliert Freuds Theorie systematisch den Organismus von den laufenden Vorgängen im Organismus/Umwelt-Feld, und als weiteren Faktor isoliert er eine abstrakte »Zeit«. Doch dieses Feld existiert; seine Gegenwärtigkeit, seine dauernde Jetzigkeit, in der ständig Neues sich ereignet, ist wesentliches Moment seiner Definition und der Definition des Organismus. Das Wachstum des Organismus und der Wandel der Gattungen sind als Teil dieses immer neuen Feldes zu denken. Das Vergehen von Zeit, die Veränderung in der Zeit sind nicht etwas, das zu einem Urtier hinzukäme, welches in sich schon über ein von der Zeit im Feld isoliertes Wachstumsprinzip verfügte und sich irgendwie an immer neue Situationen anzupassen verstünde. Es ist vielmehr gerade die Anpassung immer neuer Situationen, bei der so-

wohl Organismus wie Umwelt verändert werden, welche das Wachstum und die Zeitform der Organismen ausmacht — denn jeder Gegenstand der Wissenschaft hat seine eigene Zeitform. Für eine Geschichte sind Erneuerung und Unumkehrbarkeit das Wesentliche. Ein Lebewesen, das sein Leben zu vervollständigen sucht, strebt notwendig nach Wachstum. Dieses gelingt ihm schließlich nicht mehr, und das Lebewesen stirbt, nicht weil es selbst nach einer Ordnung auf niedrigerer Stufe strebte, sondern weil das Feld als ganzes sich nicht länger in solcher Weise ordnen kann, daß dieses Wesen ein Teil davon bleibt. Wir werden zerstört, wie wir, um zu wachsen, zerstören.
Die Aggressionstriebe sind von den erotischen Trieben nicht wesensverschieden; es sind vielmehr verschiedene Wachstumsphasen, die sich in Auswählen, Zerstören und Assimilieren oder in Genießen, Aufnehmen und Gleichgewichtfinden manifestieren. Und wenn nun, um zu unserem Ausgangspunkt zurückzukehren, die Aggressionstriebe antisozial sind, so deshalb, weil die Gesellschaft gegen Leben und Veränderung (und Liebe) ist; sie wird daher entweder vom Leben zerstört werden oder das Leben in einen allgemeinen Ruin mit hineinziehen, in dem das menschliche Leben die Gesellschaft und sich selber zerstört.

9

Konflikt und Selbstvergewaltigung

1. Konflikt und schöpferisches Desinteresse

Wir müssen nun etwas über das Finale der Aggressionen sagen, über Sieg oder Niederlage, Unterdrückung und Knechtschaft. Denn in den Neurosen ist das Bedürfnis zu siegen entscheidend, und für dieses Bedürfnis gibt es ein billiges Opfer, das Selbst. Die Neurose kann als eine Selbst-Vergewaltigung betrachtet werden.

Doch das neurotische Bedürfnis zu siegen ist nicht ein Bedürfnis nach dem umkämpften Objekt, ein Vollziehen der Aggression im offenen Konflikt; es ist vielmehr ein Bedürfnis, *gesiegt zu haben*, der Sieger als solcher zu sein. Das bedeutet, man hat schon schwere Verluste erlitten, ist gedemütigt worden und hat die Niederlage nicht verwunden, versucht aber immer wieder, mit billigen kleinen Triumphen das Gesicht zu wahren. So werden alle zwischenpersönlichen Beziehungen und überhaupt alle Erlebnisse zu kleinen Scharmützeln, wo man gewinnen und seine Überlegenheit beweisen kann.

Wichtige Konflikte jedoch, der Kampf um ein Objekt, das einem etwas bedeutet, und die Initiative, bei der man sich selbst aufs Spiel setzt, um den Status quo zu ändern — ebendies wird vermieden. Kleine symbolische Konflikte und große, scheinhafte und daher endlose Streitereien über »Seele oder Leib?«, »Luststreben oder Realismus?«, »Liebe oder Aggression?« sind Ausflüchte vor den erregenden Konflikten, für die es eine Lösung gäbe. Die Menschen klammern sich an ihre Sicherheit, die hier in der Fixierung des Hintergrundes zu sehen ist, im latenten organischen Bedürfnis und der alten Gewohnheit; der Hintergrund muß Hintergrund bleiben.

Das Gegenteil des Siegesbedürfnisses ist das »schöpferische Desinteresse«. Wir werden später noch versuchen, diese eigentümliche Haltung des spontanen Selbst zu beschreiben (Kapitel 10). Der schöpferisch unparteiische Mensch erkennt sein Verlangen ebenso an wie das Objekt, er vollzieht die Aggression, wird durch den Konflikt erregt und wächst durch ihn, ob er gewinnt oder verliert; er ist dem nicht verhaftet, was er verlieren könnte, denn er weiß, er verändert sich, und identifiziert sich schon mit dem, was er sein wird. Mit dieser Haltung geht ein Gefühl einher, welches das Gegenteil des Sicherheitsbedürfnisses ist, nämlich Zuversicht: Er geht im gegenwärtigen Tun auf und sichert nicht den Hintergrund ab, sondern schöpft aus ihm Energie; er vertraut darauf, daß sie ausreichen werde.

2. Kritik der Theorie von der »Beseitigung innerer Konflikte«: Bedeutung des »Inneren«

Die klassische Psychoanalyse hat sich der Aufdeckung »innerer« Konflikte« und ihrer »Beseitigung« verschrieben. Oberflächlich gesehen ist dies eine schöne Idee (wie jene andere von der »Nacherziehung der Gefühle«), aber es ist nun an der Zeit, sie näher zu betrachten.

Das »Innere«, wo die Konflikte liegen sollen, meint wohl entweder, sie sind innerhalb der Haut des Organismus, innerhalb der Psyche oder im Unbewußten; Beispiele wären der Konflikt zwischen sexueller Spannung und Schmerz, zwischen Trieb und Gewissen oder zwischen introjiziertem Vater und introjizierter Mutter. Diesen entgegengesetzte, nicht-neurotische Konflikte wären vermutlich bewußte Konflikte mit der Umwelt oder mit anderen Menschen. Aber so gesehen ist die Unterscheidung zwischen »inneren« Konflikten und anderen Konflikten wertlos, denn es gibt eindeutig Konflikte, die keine »inneren« sind, aber sehr wohl als neurotisch betrachtet werden können. Bei einem Kinde z. B., das im Kind/Eltern-Feld noch nicht auf eigenen Füßen steht — es lutscht noch am Daumen, lernt erst sprechen, ist ökonomisch abhängig usw. —, wäre es sinnlos zu sagen, seine neurotischen Störungen (unbewußtes Verhungern, Feindschaft, Kontaktmangel) befänden sich in seiner Haut oder in seiner Psyche. Die Störungen sind im Felde; gewiß entspringen sie aus »inneren Konflikten« der Eltern, und sie werden später introjizierte Konflikte bei den Nachkommen zur Folge haben, wenn sie eigenständig werden; doch ihr Wesen liegt in der gestörten Gefühlsbeziehung und ist nicht auf die Teile reduzierbar. Also müssen Kind und Eltern zusammen behandelt werden. Oder ähnlich der Schwund des Gemeinschaftlichen in den politischen Gesellschaften — dies läßt sich nicht auf die Neurosen von Individuen zurückführen, die ja erst wegen des Verfalls der Gemeinschaft zu »Individuen« geworden sind; es läßt sich auch nicht auf die schlechten Institutionen zurückführen, denn diese werden ja von den Bürgern unterhalten; es ist vielmehr eine Krankheit des Feldes, und nur eine Art Gruppentherapie könnte hier helfen. Wie wir schon oft gesagt haben, die Unterscheidung zwischen »Innerpersönlichem« und »Zwischenpersönlichem« taugt nicht viel, denn jede Einzelpersönlichkeit und alles organisiert Gesellschaftliche entwickelt sich aus Funktionen des Zusammenhalts, die wesentlich sowohl der Person wie der Gesellschaft angehören (Liebe, Lernen, Kommunikation, Identifizierung usw.). Ja, sogar die entgegengesetzten Funktionen der Trennung, wie Ablehnung, Haß, Entfremdung usw., gehören ebenso beiden Seiten an. Der Begriff Kontakt/Grenze ist fundamentaler als Innen/Zwischen oder als Innen/Außen. Und weiter, es gibt Störungen, die als neurotisch bezeichnet werden könnten und die im Felde von Organismus und natürlicher Umwelt auftreten, wie z. B. die magischen Riten der Primitiven, die sich, ohne jede persönliche Neurose, aus der Furcht vor dem Verhungern und vor dem Gewitter entwickeln; oder unsere zeitgenössische Krankheit, die Natur »beherrschen«, statt symbiotisch mit ihr leben zu wollen, denn ganz abgesehen von den persönlichen und gesellschaftlichen Neurosen (die hier natürlich Hochkonjunktur haben) findet infolge unbemerkten Mißbrauchs eine Verzerrung im Verhältnis von rein stofflichen Mengen und Knappheiten statt. Der Primitive sagt: »Die Erde hungert, und daher hungern wir«; wir sagen: »Wir hungern, daher laßt uns noch etwas mehr aus der Erde herauspressen« — beide Haltungen sind symbiotisch gesehen schlechte Träume.

Der klassische Ausdruck «innere Konflikte» enthält jedoch, wenn man bereit ist, das Unterste zuoberst zu kehren, eine sehr wichtige Wahrheit. Die inneren Konflikte nämlich — die Konflikte innerhalb der Haut, der Psyche (gegensätzliche Spannungen und das Gleichgewicht des physiologischen Systems, Spiel, Träume, Kunst) – sind zumeist gutartig und *nicht* neurotisch; auf ihre Selbstregulierung ist Verlaß, sie haben sich seit Jahrtausenden immer wieder bekundet und sich nicht wesentlich geändert. Die inneren Konflikte in diesem Sinne sind nicht Gegenstand von Psychotherapie; wo sie unbewußt sind, mögen sie es bleiben. Es sind im Gegenteil die Einmischungen sozialer Kräfte außerhalb der Haut in die inneren Belange, die das spontane innere System stören und eine Psychotherapie erfordern. Diese Kräfte sind Neuankömmlinge und daher oft wenig bekannt. Ein großer Teil der Psychotherapie besteht darin, diese von Rechts wegen nach draußen gehörenden Kräfte herauszufinden und sie davon abzubringen, sich innerhalb der Haut einzumischen und die organische Selbstregulierung zu stören. Und aus dem gleichen Grund ist Psychotherapie ein Prozeß, in dem auch solche entfernteren, unzuverlässigen Kräfte der Ökonomie und Politik wie Wettbewerb, Geld, Prestige und Macht gehindert werden, sich im Innern des primären persönlichen Systems von Liebe, Trauer, Wut, Gemeinschaft, Elternschaft, Abhängigkeit und Unabhängigkeit einzumischen.

Offensichtlich sind in der klassischen Formel nicht die »Konflikte« zwischen den gegensätzlichen inneren Kräften und Spannungen, die selbsttätigen Regelungen des Körpers gemeint, sondern schlechte Konflikte; also müssen diese »inneren Konflikte« gelöst werden. Warum ist das notwendig?

Es scheint, die Konflikte sollen schlecht sein aus einem der folgenden Gründe oder allen diesen Gründen: 1. Alle Konflikte sind schlecht, weil sie Energie vergeuden und Leiden verursachen. 2. Alle Konflikte reizen zu Aggression und Zerstörung an, die schlecht sind. 3. Manche Konflikte sind schlecht, weil eine der Parteien ungesund oder antisozial ist, daher lieber ausgeschaltet oder sublimiert als zum Konflikt zugelassen werden sollte, so z. B. prägenitale Sexualität oder verschiedene Aggressionen. 4. Konflikte am falschen Ort sind schlecht, und die Inhalte des Unbewußten sind meist archaisch und somit am falschen Ort (verschoben).

Die Ansicht, die wir hier vertreten (es ist weitgehend, wenn auch nicht ausschließlich, ein Vorschlag zu besserem Sprachgebrauch) ist jedoch, daß im Grunde *kein* Konflikt durch Psychotherapie gelöst werden sollte. Besonders die »inneren« Konflikte tragen starke Energien und sind als Mittel des Wachstums von großem Interesse; Aufgabe von Psychotherapie ist es, sie gewärtig zu machen, damit sie sich aus neuen Stoffen in der Umwelt speisen und zu einer Krise getrieben werden können. Die am wenigsten erwünschten Konflikte sind die auf semantischen Fehlern beruhenden bewußten Scharmützel und endlosen Streitereien, von denen wir zu Beginn dieses Kapitels gesprochen haben; diese interpretieren wir, nicht um Konflikte zu vermeiden, sondern gerade um die wichtigeren Konflikte voranzubringen, deren Anzeichen sie sind.

Wir wollen nun den Konflikt selbst betrachten, wenn er gewärtig und mit Leiden verbunden ist. Der Gedanke, daß Konflikte, ob sozial, zwischenpersönlich oder intrapsychisch, Energievergeudung seien, ist plausibel, doch oberflächlich. Seine Plausibilität beruht auf der Annahme, daß die zu leistende Arbeit auch direkt vorgenommen werden könne; ein Konflikt wäre dann unproduktiv, wenn man davon ausgeht, daß diejenige Partei, welche die Arbeit erledigen muß, zuerst einen Gegner abwehren oder Reibungswiderstand überwinden muß, während sich vielleicht beide Parteien harmonisch die Arbeit teilen könnten. Aber das ist oberflächlich, denn es wird angenommen, man wisse im vorhinein, welches die zu leistende Arbeit sei, wo und wie die Energie verausgabt werden müsse. Die Annahme ist, wir wüßten — und ein Teil des Patienten wüßte —, welches gute Ziel anzustreben sei, und in diesem Falle wäre die Gegenpartei fehlgeleitet oder pervers. Wo aber ein Konflikt von tiefem Interesse ist, da ist die Frage, *was* zu tun sei, im eigenen Interesse und nicht im Interesse einer stereotypen Norm, eben die Frage, die erst geprüft werden soll. Mehr noch, die echte Arbeit, die es zu leisten gilt, vielleicht sogar die echte Neigung, wird erst in dem Konflikt entdeckt; sie ist bislang niemandem bekannt und kommt gewiß auch in den widerstreitenden Ansprüchen nicht zureichend zum Ausdruck. Konflikt ist Kooperation, die über das Beabsichtigte hinausgeht, zu einer ganz und gar neuen Gestalt hin.

Dies gilt gewiß für jede schöpferische Kooperation von Menschen. Die beste Leistung wird nicht durch Sicherstellung vorgängiger Harmonie zwischen ihren Einzelinteressen und auch nicht durch Interessenkompromiß zugunsten eines vorgefaßten Zieles erreicht. Vielmehr (solange sie in Kontakt bleiben und sich ernstlich um die beste Gestaltung bemühen), je weniger sie übereinstimmen und je mehr sie sich auseinandersetzen, desto wahrscheinlicher werden sie gemeinsam eine Idee hervorbringen, die besser ist als jede, die einer von ihnen allein gehabt hatte. So ist es auch im Sport erst die Konkurrenz, welche die Wettkämpfer sich selbst übertreffen läßt. (Das Ärgerliche an neurotischer Konkurrenz ist nicht die Konkurrenz, sondern daß die Konkurrenten nicht an der Sache interessiert sind.) Ebenso ist es im Schaffen eines Einzelnen, z. B. eines Künstlers oder Wissenschaftlers: Es ist ein Krieg disparater, unversöhnlicher Elemente, die plötzlich zu einer schöpferischen Lösung zusammengehen. Der Dichter schiebt ein Bild nicht weg, das hartnäckig, aber »zufällig« auftaucht und seinen Plan durcheinanderbringt; er respektiert das Eindringsel und entdeckt plötzlich selber erst, welches »sein« Plan denn ist. Und ebenso nimmt sich ein Wissenschaftler gerade das Material vor, welches seine Theorie widerlegt.

Die Frage ist, ob dasselbe auch für den intrapsychischen emotionalen Konflikt gelten muß. In gewöhnlichen, nicht blockierten Situationen gibt es kein Problem: Durch organische Selbstregulierung setzt sich flexibel ein jeweils vorrangiger Trieb durch, z. B. starker Durst schiebt andere Regungen so lange beiseite, bis er gestillt ist. Und langfristige Regelungen kommen auf dieselbe flexible Weise zustande: Durch Konflikte setzen sich Beißen/Kauen/Trinken gegen das Saugen durch, und im Geschlechtsleben werden die Genitalien vorrangig, der genitale Orgasmus wird zum Endziel der sexuellen Erregung. In der Entwicklung dieser Regelungen hat es konflikthafte Spannungen gegeben, aber diese sind ausgetragen worden — im Durchbrechen von Gewohnheiten, durch Zerstörung, Assimilation und neue Gestaltbildung. Nehmen wir nun an, die Situation sei blockiert gewesen, z. B. der Primat der Genitalien sei wegen unerledigter oraler Situationen, Genitalängste, sogenannter »Regressionen« usw. nicht stark befestigt gewesen. Und nehmen wir an, alle Konfliktparteien treten nun offen auf, in offenem Kontakt und Konflikt hinsichtlich Objektwahlen, Sozialverhalten, moralischer Schuld einerseits, Lustgewinn andererseits. Müssen nun nicht dieser Konflikt und die mit ihm verbundenen Leiden und Mühen zu Mitteln werden, um eine selbstschöpferische Lösung zu finden? Ein solcher Konflikt ist schwer, weil so vieles zu zerstören ist; soll aber die Zerstörung deshalb gehemmt werden? Wenn die Lösung — der normale Primat der Genitalien — vom Therapeuten vorgefaßt und vorangetrieben wird (wie sie auch vom sozialen Selbst des Patienten schon längst geschickt vorbereitet worden ist), so werden viel Leiden und Gefahr vermieden, aber die Lösung wird um so fremder und daher weniger energisch sein. Das heißt, es ist nicht ratsam, den Konflikt zu besänftigen oder zu unterdrücken oder einzelne starke Kontrahenten wegzuinterpretieren, denn die Folge wird sein, daß gründliche Zerstörung und Assimilation verhindert werden; und der Patient ist verurteilt, mit einem schwachen und sich nie vollkommen selbst regulierenden System auszukommen.

Vor allem müssen wir bedenken, daß die Kontrahenten, sofern es natürliche Triebe sind — Aggressionen, besondere Begabungen, sexuelle Praktiken, die tatsächliches Vergnügen bereiten, usw. — nicht reduziert werden können, nur ihre Manifestationen können vorsätzlich unterdrückt werden, durch Einschüchterung oder Beschämung. Wenn sich alle Kontrahenten im Gewahrsein und im Kontakt befinden, so kann der Mensch selbst die schwierigen Entscheidungen treffen; er ist dann kein Patient. Zu hoffen ist, daß in einem solchen Falle ein gefährlicher Trieb von selbst in einer neuen Gestalt sein gebührendes Maß finden wird, durch schöpferische Anpassung und die Heilkraft organischer Selbstregulierung.

4. Leiden

Wir wollen nun auch die Bedeutung des Leidens untersuchen. Die schöpferische Lösung, so haben wir gesagt, ist den kriegführenden Parteien nicht bekannt; sie ergibt sich erst aus dem Konflikt. In diesem Konflikt werden die Parteien, ihre Gewohnheiten und Interessen, teilweise zerstört; sie erleiden Niederlagen und Schmerzen. In sozialer Kooperation streiten sich die Partner also und machen sich kaputt, sie hassen den Konflikt. Der Dichter, der ein Gedicht macht, ärgert sich über ein störendes Bild, das sich eindrängt, oder über einen Gedanken, der ihn vom Thema wegführt; er zerbricht sich den Kopf, klammert sich an seinen Vorwurf, kommt durcheinander und ins Schwitzen. Wer in einen Konflikt verwickelt ist, kann den Schmerz aber nicht vermeiden, denn ihn jetzt zu unterdrücken, würde nicht Lust, sondern Unlust bereiten, Langeweile, Unbehagen und nagenden Zweifel. Außerdem wirkt der Konflikt selbst im Schmerz noch erregend. Wie wird nun der Schmerz tatsächlich am Ende doch noch verringert?

Indem man schließlich »aus dem Weg geht«, um die große Regel des Tao zu zitieren. Man löst sich von seiner vorgefaßten Idee, wie es ausgehen »müßte«. Und in die so entstandene »fruchtbare Leere« strömt die Lösung ein. Das heißt, man wird handgemein, spielt die eigenen Interessen und Fertigkeiten aus, läßt sie aufeinanderprallen, um den Konflikt zuzuspitzen und um sie zerstört und verändert in die heraufdämmernde Idee eingehen zu lassen; und schließlich klammert man sich an seine Interessen nicht mehr als an die »eigenen« Interessen. In der Erregung des Schöpfungsvorgangs findet man zu einer schöpferischen Unparteilichkeit zwischen den sich befehdenden Kontrahenten, und dann, in einem ganz unverantwortlichen, fröhlichen Gemetzel, tobt nun wahrscheinlich jeder der Kontrahenten alle seine Aggressionen für und wider die eigene Seite aus. Aber das Selbst wird nun nicht länger zerstört, denn es findet jetzt erst heraus, was es ist.

Die Frage ist nun wieder, ob dieselbe Interpretation der Bedeutung von Schmerz und Leiden und der Mittel, sie zu lindern, für somatische wie für emotionale Schmerzen und Leiden gilt. Wir wollen uns für einen Augenblick vergegenwärtigen, welches die Funktion von Schmerz ist.

Schmerz ist in erster Linie ein Signal; er lenkt Aufmerksamkeit auf eine unmittelbar drohende Gefahr, z. B. für ein Körperorgan. Die spontane Reaktion ist, aus dem Weg zu gehen, oder, wenn das nicht möglich ist, den Gefahrenherd zu vernichten. Kreatürliches Leben bleibt beim Schmerz oder Leiden nicht lange stehen; wenn der Schaden fortwirkt und nichts sinnvoll getan werden kann, um ihm abzuhelfen, wird das Lebewesen für den Schmerz taub oder sogar ohnmächtig. (Die neurotische Reaktion, den verletzten Körperteil zu berühren, um den Schmerz hervorzulocken, ist ein Wunsch nach Empfindung an der unempfindlichen Stelle; auch dies ist wahrscheinlich ein nützliches Signal, wenn auch schwer zu interpretieren.)

Welches ist nun die Funktion langwierigen Leidens, wie es unter

Menschen häufig ist? Wir wollen die Vermutung wagen, daß es uns dazu bewegen soll, uns des unmittelbar gegenwärtigen Problems anzunehmen und dann aus dem Weg zu gehen, alle Kräfte gegen die Gefahr aufzubieten und dann aus dem Weg zu gehen, nutzloses Befangensein zu lockern, den Konflikt toben und zerstören zu lassen, was zerstört werden muß. Nehmen wir zwei einfache Fälle zur Illustration: Ein Mann ist krank; er versucht, seinen Geschäften nachzugehen und leidet; zu der Einsicht gezwungen, daß er nun ein ganz anderes Geschäft hat, kümmert er sich um seine Krankheit, legt sich hin und wartet; das Leiden läßt nach, und er schläft ein. Oder der Tod eines geliebten Menschen: Es gibt einen traurigen Konflikt zwischen intellektuellem Hinnehmen einerseits, Wünschen und Erinnerungen andererseits. Der Durchschnittsmensch versucht sich abzulenken, wer aber mehr von sich verlangt, gehorcht dem Zeichen und gibt sich dem Leiden hin; er ruft sich die Vergangenheit zurück und sieht seine Gegenwart hoffnungslos versperrt. Er weiß nicht, was er tun soll, jetzt, da alles aus den Fugen ist; die Trauer, die Verwirrung und das Leiden dauern lange, denn so vieles muß zerstört und vernichtet und so vieles assimiliert werden, und währenddessen darf er nicht seinen unwichtigen Geschäften nachgehen und den Konflikt vorsätzlich unterdrücken. Schließlich ist die Trauerarbeit erledigt, der Mensch verändert; er nimmt nun eine Haltung schöpferischen Desinteresses ein, und alsbald werden neue Interessen vorrangig.

Emotionales Leiden ist ein Mittel, die Isolierung des Problems zu verhindern, damit das Selbst im Durcharbeiten des Konflikts im Felde des Gegenwärtigen wachsen kann. Je eher man bereit ist, im Ankämpfen gegen den zerstörerischen Konflikt nachzugeben, desto schneller ist das Leiden vorüber. (Diese Interpretation des Leidens als Trauer, als Mittel, das alte Selbst fahren zu lassen, um sich zu ändern, erklärt, warum Leiden von selbstzerstörerischem Verhalten begleitet ist, wie etwa sich die Haut zu zerkratzen, sich gegen die Brust zu schlagen, sich die Haare zu raufen.)

Der Arzt sieht natürlich im Gefühlskonflikt und im Leiden die Gefahr, der Patient könne sich im Wüten gegen sich selbst zerstören, sich in Stücke reißen. Dies ist wirklich eine Gefahr. Aber man begegnet ihr nicht notwendig mit der Schwächung des Konflikts, sondern mit der Stärkung des Selbst und des Selbstgewahrseins. Wenn man sich klarmacht, daß der Konflikt der eigene Konflikt ist und daß man sich selber in Stücke reißt, so tritt ein neuer dynamischer Faktor in die Situation ein, nämlich man selbst. Dann, wenn der Konflikt ausgefochten und zugespitzt wird, erreicht man früher oder später die Haltung der schöpferischen Unparteilichkeit und identifiziert sich mit der heraufdämmernden Lösung.

5. Selbstvergewaltigung: Voreiliges Befrieden

Wir sagen also, die Neurose besteht nicht aus einem aktiven Konflikt, es sei dies ein innerer oder äußerer, ein Konflikt eines Triebs mit einem anderen oder der sozialen Normen mit den animalischen Bedürfnissen oder der persönlichen Bedürfnisse (z. B. Ehrgeiz) sowohl mit den sozialen Normen wie mit den animalischen Bedürfnissen. Alle diese Konflikte sind mit der Integration des Selbst verträglich, und es sind sogar Mittel zu dieser Integration. Die Neurose ist vielmehr das voreilige Befrieden des Konflikts; sie ist Verklammertsein, Waffenstillstand oder Taubheit zwecks Vermeidung weiteren Konflikts, und sie äußert sich sekundär als Bedürfnis, in kleinen Scharmützeln zu siegen, wie um die grundsätzliche Demütigung ungeschehen zu machen. Sie ist, kurz, *Selbstvergewaltigung.* Wir wollen zwei Phasen ihrer Befriedigung unterscheiden: 1. die Befriedigung über das Aufhören des Konflikts und 2. die Befriedigung, sich zu unterdrücken.

Nehmen wir an, das Selbst sei nicht imstande, sich mit einer Lösung des Konflikts zu identifizieren; es verzweifelt an der Lösung und hat keine Aussichten als die auf ewiges Leiden und eine schimpfliche Niederlage. In unseren Familien und in unserer Gesellschaft muß dies oft so sein, denn eine schöpferische Lösung ist hier meist unmöglich. Ein Erwachsener, der die Lage durchschaut, leidet vielleicht weiter, aber das Kind gibt hier notwendig auf. Wir wollen die Bedeutung der Resignation untersuchen.

Im Augenblick extremen Konflikts und extremer Verzweiflung hilft sich der Organismus damit, daß er unempfindlich wird, am augenfälligsten durch Ohnmacht, häufer durch ein taubes Gefühl, eine Lähmung oder irgendeine andere Art zeitweiliger Verdrängung. Wenn aber die augenblickliche Krise vorüber ist, ohne daß die Umstände für eine Lösung jetzt günstiger geworden wären, so wird weiterer Konflikt vermieden, das Selbst greift nicht mehr an, und die erträglichere Situation der Verdrängung wird permanent; man hat resigniert. Aber die Figur enthält nun einen leeren Fleck, denn der allgemeine Kontext der Bedürfnisse, Gelegenheiten, Schwierigkeiten usw. ist noch der gleiche, jedoch fehlt das sich behauptende Selbst, das im Konflikt den Mittelpunkt einnahm. Dieser leere Fleck wird nun ausgefüllt durch die Identifizierung mit einer anderen Person, nämlich derjenigen, die den Konflikt unerträglich gemacht und einen zum Aufgeben gezwungen hat. Dies ist meist ein gefürchteter und geliebter Mensch; der Konflikt wird aufgegeben teils aus Furcht vor ihm und teils, weil man von ihm nicht mißbilligt werden möchte — und dieser Mensch wird nun »man selber«. Das heißt, anstatt sich an das Selbst zu halten, das man in der unbekannten Lösung des Konflikts werden würde, introjiziert man dieses andere Selbst. Indem man sich mit ihm identifiziert, leiht man ihm die Kraft der eigenen Aggressionen, die nun von der Verfolgung der eigenen Bedürfnisse entbunden sind. Die Aggressionen werden retroflektiv gegen die eigenen Bedürfnisse gekehrt: Sie lenken die Aufmerksamkeit von ihnen ab, spannen die Muskeln gegen deren Reizungen, nennen solche Bedürfnisse töricht oder bösartig, bestrafen sie usw. Gemäß den Normen des introjizierten Menschen entfremdet man sich und kämpft gegen das konflikthafte Selbst. Dies fällt uns leicht, denn unser kindlicherer und sozialerer Teil, der einer der Kontrahenten in dem Konflikt war, kann sich mit der introjizierten Autorität verbünden; nützliche aggressive und repressive Haltungen sind naheliegend und leicht zu erlernen. Es ist leicht, jede Gelegenheit der Versuchung zu meiden, wenn man erst einmal eingewilligt hat, brav zu sein; es ist leicht, eine Triebregung als bösartig und einem selbst fremd anzusehen, wenn man sich mit jenen identifiziert hat, die sie so ansehen.

Das Gegenteil der Erregung im Konflikt ist die Taubheit der Resignation. Das Gegenteil der »fruchtbaren Leere«, wenn man einen gewissen Grad von Desinteresse erreicht hat (und diese Leere ist das Schöpferische im Selbst), ist der leere Fleck, wo vorher das Selbst war. Und das Gegenteil der Identifizierung mit dem neuen Selbst ist die Introjektion einer fremden Persönlichkeit. Es findet also eine voreilige Befriedung statt. Im Ergebnis ist natürlich der unerledigte Konflikt immer noch unerledigt, aber er äußert sich nun als Siegeswille in kleinen Scharmützeln, ohne Bereitschaft, schwierige Gegensätze mit einer gewissen Unparteilichkeit zu betrachten, als Sichklammern an Sicherheiten, ohne Zuversicht.

Der Gefühlskonflikt war schwer zu lösen, weil ein anderer Mensch, zum Beispiel der Vater, zugleich geliebt und gefürchtet wurde; wenn nun aber der Konflikt, die verworrenen Bedürfnisse und Kämpfe des Selbst, aufgegeben, der Vater introjiziert und die Aggression gegen das eigene Selbst gekehrt wird, so geht unglücklicherweise die Liebe dennoch verloren: denn es besteht kein Kontakt zu dem, woran man sich klammert, und die Liebe erneuert sich nicht durch das Ausgreifen der Aggression.

Sehen wir uns nun den Frieden an, der hergestellt worden ist. Wir müssen unterscheiden zwischen positivem und negativem Frieden. Wenn sich der Konflikt ausgetobt hat und mit der Veränderung und Assimilation der kriegführenden Parteien zu einer schöpferischen Lösung gekommen ist, so tritt eine Erleichterung des Leidens ein und die vollständige Erregung des neugeschaffenen Ganzen. Dies ist positiv. Es gibt nichts zu erobern oder zu vergewaltigen, denn die möglichen Opfer sind ja verschwunden, sie sind zerstört und assimiliert. Im positiven Frieden herrscht paradoxerweise die Freude des Sieges, ohne daß sich jemand besiegt fühlt; das stärkste Gefühl ist das des Erwachens neuer Möglichkeiten, denn es gibt jetzt eine neue Gestalt. So wird die Siegesgöttin immer geflügelt dargestellt, auf Zehenspitzen, den Blick nach vorn gerichtet.

Auch in einer vernichtenden Niederlage ist ein positiver Frieden, wenn man bis an seine Grenzen gegangen ist, seine Kräfte erschöpft und den äußersten Zorn nicht zurückgehalten hat. Denn durch Wut und Trauerarbeit wird das Bedürfnis nach dem Unmöglichen vernichtet. Das neue Selbst ist düster, aber ein ganzes, das heißt, sein Lebensspielraum ist unter den neuen Bedingungen verengt, aber es hat den Sieger nicht in sich aufgenommen und sich nicht mit ihm identifiziert. Péguy hat z. B. schön gezeigt, wie in der griechischen Tragödie die Gedemütigten stärker sind als die arroganten Sieger.

Der Friede der Unterdrückung dagegen, wenn das Opfer noch existiert und beherrscht werden muß, ist als Friede eine Negation: Die Leiden des Kampfes sind vorbei, aber die Figur des Gewahrseins enthält keine neuen Möglichkeiten, denn nichts ist gelöst worden; Sieger und Besiegter und ihr Verhältnis zueinander beschäftigen weiterhin die Zeitungen. Der Sieger ist auf der Hut, der Besiegte verbittert. In sozialen Kriegen sehen wir, daß ein solcher negativer Friede nicht von Dauer ist; zu vieles ist unerledigt geblieben. Wie kommt es, daß sich bei der Selbstvergewaltigung die Befriedung überhaupt als dauerhaft erweist und das siegreiche Selbst jahrzehntelang den entfremdeten Teil seiner selbst unterdrücken kann? Denn jeder natürliche Trieb ist doch zählebig; er kann entfremdet, aber nicht vernichtet werden. Wir müßten erwarten, daß er zu stark sei, um sich lange von Furcht oder dem Bedürfnis nach Zuneigung im Zaum halten zu lassen. Warum fängt der Konflikt nicht beim ersten günstigen Wechsel in der Situation gleich wieder an?

Der Grund ist, daß das Selbst nun eine mächtige *positive* Befriedigung aus seiner Identifizierung mit der starken Autorität schöpft. Als Ganzes ist das Selbst besiegt worden, denn es hat seinen Konflikt nicht reifen lassen und zu etwas Neuem, Positivem werden dürfen, doch das sich identifizierende Selbst kann nun sagen: »*Ich* bin der Sieger.« Diese mächtige Befriedigung ist die der Anmaßung. Welches sind ihre Elemente?

Erstens, zu der Erleichterung, daß die Leiden des Konflikts vorbei sind, kommt die ungeheure Erleichterung von dem Druck der drohenden Niederlage, Beschämung, Erniedrigung; indem sie die andere Rolle einnimmt, wird die Anmaßung überschwenglich, unverschämt und selbstgewiß. Zweitens kommt dazu der Musterknabenstolz, eine besondere Art Eitelkeit; freudianisch ausgedrückt, das Überich klopft dem Ich auf die Schulter. Drittens, das stolze Selbst maßt sich die vermeintlichen Tugenden der Autoritäten an, ihre Kraft, Rechte, Wissen und Schuldfreiheit. Und zuletzt, als wichtigste, keinesfalls illusorische Befriedigung: Das anmaßende Selbst kann nun seine Aggressionen betätigen und *permanent* beweisen, daß es der Sieger sei, denn das Opfer der Unterdrückung steht immer zu Diensten. Die Stabilität des resignierten Charakters kommt nicht daher, daß er »ein für allemal« aufgegeben hätte, sie kommt aus der Tatsache, daß die Aggression dauernd verübt wird. Leider ist das Opfer der Aggression in erster Linie man selber, man ist immer da, um geschlagen, gewürgt, gequetscht, gebissen zu werden und ähnliches mehr. Der scheinbare Zuwachs an Stärke und Aggressivität ist also in Wahrheit eine verkrüppelnde Schwächung. (Zuerst kommt es manchmal zu einem richtigen Aufblühen der Gesundheit, denn man hat eine Anpassung geleistet, aber die Quittung kommt später.) Energie wird in der Aufgabe gebunden, den entfremdeten Trieb am Boden zu halten. Wenn die innere Spannung zu stark wird, projiziert man die Gefahr von unten auf Sündenböcke, andere Personen, die den anstößigen, in einem selbst entfremdeten Trieb haben oder denen man ihn zuschreiben kann. Sie verlängern die Liste der Opfer und steigern damit die Anmaßung und den Stolz.

Wir wollen genau besehen, was an diesem Prozeß das Unglückselige ist. Die Elemente der Expansivität, des Ichideals und der Anmaßung fremder Tugenden machen an und für sich keine besonders abstoßende kindliche Haltung aus; es ist der Musterknabenstolz, das Sichsonnen in sozialer Anerkennung und Selbst-Anerkennung, wie wenn man sagte: »Da seht ihr, was für ein prächtiger Junge ich bin!« Es ist eine Art Sichzurschaustellen, verletzend wohl nur für jene, die enttäuscht und neidisch sind. Wenn das vierte Element, die ungehemmte Aggression, hinzukommt, wird das Porträt düsterer, aber immer noch nicht abstoßend. Wo wir es mit absolutem Stolz auf das Selbst und ungezähmter Aggression nach außen zu tun haben, da haben wir den echten Gewaltherrscher, ein verrücktes Schauspiel, wie ein Gewitter oder eine andere unvernünftige Gewalt, die alles niederreißt und bald auch sich selber zerstört. Es ist eine Verbindung von Selbstliebe, Selbstsicherheit und Kraft, ohne Selbstregulierung oder zwischenpersönliche Regulierung durch das organische Bedürfnis oder den sozialen Zweck. Dieser dunkle Wahnsinn entbehrt nicht der Großartigkeit; wir sind beeindruckt *und* versuchen ihn zu vernichten.

Natürlich ist es dieser Traum von Größe, den der schwächliche Selbstvergewaltiger träumt; sein Bild von sich ist durch und durch illusorisch, es speist sich nicht aus seiner Energie. Der echte Gewaltherrscher ist ein konfuser Schöpfer, der sich selbst seine Rolle zuweist und sie spielt. Der Selbstvergewaltiger hat sich selbst aufgegeben und hat von jemand anderem eine andere Rolle zugewiesen bekommen.

7. Selbstbeherrschung und »Charakter«

Dicht unter der Oberfläche der Sieges- und Sicherheitsbedürfnisse finden sich also eine bemerkenswerte Arroganz und Einbildung; erst weiter unten stößt man auf die Resignation. Die Selbstgefälligkeit beweist sich selbst, indem sie zeigen kann, wie produktiv und wie stark sie ist, denn ihr Opfer ist ja immer zur Hand. Typische Bemerkungen sind: »Ich bin stark, ich bin selbständig, ich kann es tun oder lassen« (den Geschlechtsakt). Jedes Ausüben von Selbstbeherrschung, wie man dies nennt, ist ein Überlegenheitsbeweis.

Hier ergibt sich wieder eine Schwierigkeit, die besonders durch unsere Sitten bedingt ist. Die sozialen Gründe der Selbstachtung sind mehrdeutig. Es genügt nicht, Stärke zu beweisen, sondern man muß auch »potent« sein, geschlechtlich erregbar. Dieser widersprüchlichen Forderung kann nur Genüge geschehen, wenn es gelingt, den Liebesakt hinreichend sadomasochistisch zu gestalten, um Aggression als auslösendes Vorgefühl der Sexualität einsetzen zu können und Sexualität wiederum als Mittel, bestraft zu werden, zur Linderung der Angst.

Selbstvergewaltigung wird gesellschaftlich als »Charakterfestigkeit« geachtet. Ein Mann von festem Charakter erliegt keiner »Schwäche« (die »Schwäche« ist in Wahrheit der spontane Eros, der alles Schaffen ermöglicht). Er kann seine Aggressivität in den Dienst seiner »Ideale« stellen (Ideale sind die Normen, mit denen man sich abgefunden hat). Die sexualfeindliche Gesellschaft, deren Ethik sich auf den Charakter stützt — vielleicht während der letztvergangenen Jahrhunderte etwas mehr als heute — schreibt alles Geleistete der Verdrängung und Selbstbeherrschung zu. Und manche Aspekte unserer Zivilisation sind wohl auch tatsächlich auf den Charakter zurückzuführen, z. B. Fassadenhaftigkeit, Quantitätsglauben und Imponiergehabe, denn diese sind die stets neu erforderlichen Beweise dafür, daß man die Menschen und die Natur beherrsche; es sind Potenzbeweise. Dagegen sind Anmut, Warmherzigkeit, Kraft, Verstand, Ausgelassenheit und Trauer für charakterfeste Menschen unmöglich.

Dennoch, angesichts so ausgiebiger Befriedigungen, der Freiheit, Aggressionen zu verüben, und des höchsten sozialen Prestiges ist Selbstvergewaltigung eine lebensfähige Teilintegration. Sie führt bloß zu weniger Glück, zum Erkranken der Persönlichkeit, zur Beherrschung und Verelendung anderer Menschen und zur Vergeudung sozialer Energie. All dies läßt sich ertragen. Aber plötzlich wirken die Verdrängungen nicht mehr, infolge der weiten Verbreitung von Luxusgütern und Versuchungen; die Selbstachtung wird geschwächt durch soziale Unsicherheit und die Unerheblichkeit der eigenen Person; der Charakter wird nicht mehr belohnt; die ausgreifende Aggression wird im Zivilleben eingeschränkt, so daß die Aggression sich nur noch gegen das Selbst kehren kann. In dieser heutigen Situation tritt die Selbstvergewaltigung als das Zentrum der Neurose in den Vordergrund.

8. Verhältnis von Theorie und Methode

Was der Theoretiker als das »Zentrum der Neurose« betrachtet, hängt teilweise von sozialen Bedingungen wie den eben beschriebenen ab. Aber natürlich hängt es teilweise auch von der angewandten Therapiemethode ab (und diese wiederum hängt ab von sozialen Kräften wie der Auswahl der Patienten, dem Kriterium für Gesundheit usw.).

Bei der in diesem Buch erläuterten Methode, mit der wir versuchen wollen, dem Selbst zu helfen, sich zu integrieren und die vitalen Zonen über weitere Bereiche der Persönlichkeit auszudehnen, finden wir den Hauptwiderstand in der Weigerung des Selbst, das nicht wachsen will. Das Selbst hält eine Sperre gegen seine eigene Weiterentwicklung aufgerichtet (siehe dazu auch *Gestalt-Therapie. Wiederbelebung des Selbst.*

Bei der frühen orthodoxen Methode, wo der Patient passiv, ohne zu denken und ohne Verantwortung seine Es-Inhalte verlautbarte, fiel den Therapeuten naturgemäß als erstes der Zusammenstoß zwischen diesen Inhalten und den gesellschaftlichen Normen auf; die Aufgabe der Integration war eine lebensfähigere Neuanpassung. Später wurde dieses Vorgehen als unzulänglich empfunden; die Resignation und Charaktergestörtheit des Patienten rückten ins Zentrum. Aber wir müssen hier auf einen bemerkenswerten und nahezu lächerlichen Widerspruch in der gebräuchlichen Terminologie der charakteranalytischen Theorien hinweisen.

Wir haben gesehen, daß das Selbst, wenn es sich mit der Autorität identifiziert, seine Aggression gegen die eigenen entfremdeten Triebe kehrt, z. B. seinen Geschlechtstrieb. Der Aggressor ist das Selbst, es herrscht und vergewaltigt. Sonderbarerweise sprechen nun aber die Charakteranalytiker, wenn sie auf die Grenze zwischen dem Selbst und dem Entfremdeten eingehen, plötzlich nicht von den »Waffen des Selbst«, sondern von seinen »Abwehrmechanismen«, seinem »Abwehrpanzer« (Wilhelm Reich). Das Selbst, welches das motorische System steuert, die Aufmerksamkeit vorsätzlich lenkt und die Erregungen abwürgt, soll sich gegen die Gefahren von unten wehren! Welches ist der Grund für diesen komischen Irrtum? Das Selbst wird vom Therapeuten nicht ernst genommen. Er kann darüber sagen, was ihm eben zupaß kommt, denn *praktisch* ist es für ihn nichts. Für ihn gibt es nur zwei Kräfte, die Autorität und die Triebe, und zunächst überträgt der Therapeut — nicht der Patient — die Macht der ersteren, dann wird er rebellisch und überträgt sie den letzteren.

Es gibt jedoch noch ein Anderes, das auch da ist, das Selbst des Patienten, und dieses muß vom Therapeuten ernst genommen werden, denn nur hier kann ja die Hilfe ansetzen. Die gesellschaftlichen Normen können in der Psychotherapie nicht geändert werden, und die Triebe können überhaupt nicht geändert werden.

9. Was wird durch Selbstvergewaltigung unterdrückt?

Die Genesis der Selbstvergewaltigung, in umgekehrter Reihenfolge, ist die folgende:

Siegesbedürfnis
Anklammern an Sicherheiten
Selbstgefälligkeit der angemaßten Persönlichkeit
Introjektion
Resignation
Rückzug des Selbst.

Was ist es nun, das dabei hauptsächlich unterdrückt wird, welches ist die fundamentale Beeinträchtigung, die dem Selbst vom Selbst widerfährt? Es ist die »heraufdämmernde Lösung« des Konflikts, die verhindert wird. Es ist die Erregung des Wachsens, die in den Untergrund getrieben wird. Sexuelle Erregung, Aggression und Trauer mögen in einem gewissen, beschränkten Maße zu ihrem Recht kommen, solange wir aber nicht spüren, wie wir uns in ihnen selbst aufs Spiel setzen, bleiben wir auf dem Boden der Taubheit, Langeweile und Resignation; unsere ausgreifenden Akte bleiben sinnlos. Sinnhaftigkeit ist dasselbe wie die Erregung der heraufdämmernden Lösung. Die vorzeitige Unterbrechung des Konflikts aus Verzweiflung, Furcht vor der Niederlage oder zur Ersparung des Leidens hemmt die Gestaltungskraft des Selbst, seine Kraft, den Konflikt zu assimilieren und ein neues Ganzes zu bilden.

Die Therapie muß in entgegengesetzter Richtung vorgehen: die Aggression von dem Ziel lösen, auf das sie fixiert ist, dem Organismus; die Introjekte gewärtig machen, damit sie zerstört werden können; zwischen den gegeneinander verinselten Interessen, dem Sexuellen, dem Gesellschaftlichen usw., wieder Kontakt und Konflikt herbeiführen und sich auf die Integrationskraft des Selbst verlassen, auf seinen eigenwilligen Stil, wie er sich gerade in der Vitalität der Neurose ausdrückt.

Viele Fragen stellen sich sofort. Ist nicht die »heraufdämmernde Lösung« etwas Zukünftiges und Nicht-Existierendes? Wie kann Nicht-Existierendes unterdrückt werden, und wie sollte dabei viel Schaden entstehen können? Wie macht es das Selbst, sich neu zu gestalten? Aus was für Stoffen? Mit was für Energie? In welcher Form? Und »sich auf die Integrationskraft des Selbst verlassen« — ist das nicht eine Haltung des therapeutischen Laisser-faire? Und wenn der Konflikt weiter verschärft und das Selbst noch weiter desintegriert werden soll, wie soll das Selbst sich da auch nur halten können, geschweige denn wachsen? Was ist überhaupt das »Selbst«? Wir werden versuchen, auf diese Fragen in den nächsten Kapiteln zu antworten. Hier wollen wir nur kurz auf den wichtigsten Punkt eingehen.

Das Selbst ist das System der Kontakte im Felde von Organismus und Umwelt, und diese Kontakte sind das strukturierte Erleben der gegenwärtig wirklichen Situation. Das Selbst ist nicht das Selbst des Organismus allein, noch ist es passiver Empfänger der Umweltreize. Gestalten ist Erfinden einer neuen Lösung, Erfinden sowohl im Sinne von »Auffinden« wie von »Ausdenken«; doch diese neue Lösung könnte nicht aus dem Organismus oder seinem »Unbewußten« erwachlen, denn die kennen nur konservative Lösungen, noch könnte sie sich in einer neuen Umwelt als solche vorfinden, denn selbst wenn man dort auf sie stieße, würde man sie nicht als sein eigen erkennen. Doch das existierende Feld, das in den nächsten Augenblick übergeht, ist reich an potentiell Neuem, und Kontakt ist dessen Aktualisierung. Erfinden ist das Ursprüngliche; es ist das Wachsen des Organismus, Assimilieren neuer Stoffe und Schöpfen aus neuen Energiequellen. Das Selbst weiß nicht vorher, was es erfinden wird, denn Wissen ist die Form dessen, was schon eingetreten ist; und sicherlich kann auch ein Therapeut es nicht wissen, denn er kann nicht das Wachstum eines anderen durchmachen — er ist einfach ein Teil des Feldes. Aber wenn das Selbst wächst, geht es das Wagnis ein — das Wagnis des Leidens, nachdem es lange zurückgeschreckt ist und daher nun viele Vorurteile, Introjekte, Fixierungen an Vergangenes, Sicherheiten, Pläne und Ambitionen zerstören muß, das Wagnis der Erregung, wenn es bereit ist, in der Gegenwart zu leben.

III

Theorie des Selbst

10

Selbst, Ich, Es und Persönlichkeit

1. Plan der folgenden Abschnitte

Im vorangegangenen haben wir einige Grundprobleme der Realitätswahrnehmung, der animalischen Natur des Menschen, der Reifung, Sprache, Persönlichkeitsbildung und der Gesellschaft behandelt. Bei alldem haben wir zu zeigen versucht, wie das Selbst seine Funktion der schöpferischen Anpassung erfüllt, was oft in Situationen des Notstands und der erzwungenen Resignation geschieht, wo das neugestaltete Ganze »neurotisch« ist und überhaupt keine schöpferische Anpassungsleistung zu sein scheint. Ja, wir haben absichtlich in der Hauptsache jene Probleme und Situationen behandelt — wie z. B. die Idee der Außenwelt, das Infantile oder das Antisoziale —, deren Mißverstehen die echte Natur des Selbst, so wie wir sie sehen, zu verdunkeln pflegt.

Wir wollen hier einen neuen Anfang machen und systematischer unsere Auffassung des Selbst und seiner neurotischen Hemmung darlegen. Zuerst behandeln wir, ausgehend von dem im Einleitungskapitel, »Die Struktur des Wachstums«, Gesagten (das wir an dieser Stelle noch einmal nachzulesen empfehlen), das Selbst als die Funktion der Kontaktnahme zu der vergänglich-wirklichen Gegenwart; wir fragen, welches seine Eigenschaften und Tätigkeiten sind, und erörtern die drei wichtigsten Teilsysteme des Ich, des Es und der Persönlichkeit, die unter je besonderen Umständen das Selbst zu sein scheinen. Als nächstes versuchen wir in einer Kritik an verschiedenen psychologischen Theorien zu zeigen, warum unsere Auffassung bisher übersehen worden ist und warum andere, unvollständige oder irrige Auffassungen plausibel erscheinen konnten. Dann fächern wir das Tun des Selbst in einen *zeitlichen Vorgang* auf und erörtern die Phasen des Vorkontakts, der Kontaktnahme, des Kontaktvollzugs und des Nachkontakts, und dies ist eine Darstellung der Natur schöpferisch sich anpassenden Wachstums. Schließlich, nachdem wir zunächst einmal die herkömmliche Freudsche Analyse der Verdrängung und der Neurosenentstehung geklärt und zusammenhängend dargestellt haben, erklären wir die verschiedenen neurotischen Gestalten als verschiedene Formen, wie der Prozeß der Kontaktnahme zur Gegenwart gehemmt werden kann.

2. Das Selbst ist das System der Gegenwartskontakte und das Agens des Wachstums

Wir haben gesehen, daß der konkrete Gegenstand jeder biologischen oder sozio-psychologischen Forschung immer ein Organismus/Umwelt-Feld ist. Es gibt *keine* Funktion eines Lebewesens, die anders denn als Funktion eines solchen Feldes zu definieren wäre.[1] Organphysiologie,

[1] Das sollte eigentlich klar sein, aber die Abstraktionen sind dermaßen in Fleisch und Blut eingefressen, daß es besser ist, wir unterstreichen das Selbstverständliche und weisen auf die häufigsten Klassen von Irrtümern hin.

a) Stehen, Gehen, Liegen sind Interaktionen mit der Schwerkraft und mit Stützelementen, Atmen mit der Luft. Eine Außen- oder Innenhaut oder eine Schale zu haben ist Interaktion mit Temperatur, Wetter, dem Druck flüssiger, gasförmiger oder fester Körper und osmotischer Dichten. Ernährung und Wachstum sind Assimilationen ausgewählter neuer Stoffe, die zerbissen, zerkaut, eingesogen und verdaut werden. In diesen Fällen haben wir die Tendenz, einen »Organismus« zu abstrahieren, ähnlich wie jemand »ißt, um gesund zu bleiben«, offenbar ohne sich dabei um das, was er ißt, zu kümmern, oder wie man »sich ausruht«, ohne daran zu denken, daß es dazu des Bodens bedarf, auf dem man liegt, oder wie man »atmet«, ohne Aus- und Einatmen zu unterscheiden.

b) Alles Wahrnehmen und Denken ist mehr als bloß Reaktion, es geht ebensowohl ins Feld hinaus, wie es aus dem Felde kommt. Das Sichtbare (im ovalen Gesichtsfeld) wird mit den Augen berührt, es ist das Sehen; die Töne (Hörbarkeitszonen) berühren beim Hören die Ohren und werden von ihnen berührt. Die »Objekte« des Gesichts und Gehörs existieren infolge unseres Interesses, weil wir vor ihnen stehen, sie unterscheiden oder praktisch etwas mit ihnen vorhaben. Die Ursachen von Veränderung und die Formen von Dauer sind Lösungen der Orientierungs- und Zugriffsfunktionen. In diesen Fällen jedoch neigen wir dazu, eine »Umwelt« oder »Realität« zu abstrahieren und sie als etwas dem »Organismus« Voraufgehendes zu betrachten — wir denken uns den Reiz und die Tatsachen so, als ob sie früher da seien als die Reaktion und das Bedürfnis.

c) Kommunikation, Imitation, Brutpflege, Abhängigkeit usw. sind die organische soziale Natur bestimmter Tiergattungen. Die Persönlichkeit bildet sich aus zwischenpersönlichen Beziehungen und rhetorischen Haltungen, umgekehrt wird die Gesellschaft durch zwischenpersönliche Bedürfnisse zusammengehalten. Die Symbiose von Organismen und unbelebten Kräften ist eine Interaktion des Feldes. Gefühle, Interessen usw. sind Kontakt-Funktionen und nur als Beziehungen zwischen Bedürfnissen und Objekten definierbar. Sowohl Identifizierung wie Entfremdung sind Funktionsweisen in einem Feld. Die geläufige Tendenz jedoch geht in diesen Fällen dahin, sowohl »Organismus« wie »Umwelt« isoliert voneinander zu abstrahieren und sie erst sekundär wieder miteinander zu verbinden.

Gedanken und Gefühle, Objekte und Personen sind Abstraktionen, die nur im Rückbezug auf die Interaktionen des Feldes etwas bedeuten.

Das Feld als ganzes strebt nach Vervollständigung, Erreichen des einfachsten Gleichgewichts, das auf der jeweiligen Stufe des Feldes möglich ist. Da aber die Bedingungen stets wechseln, ist das erreichte Partialgleichgewicht immer wieder ein neues, in das man hineinwachsen muß.

Der Organismus erhält sich nur, indem er wächst. Selbsterhaltung und Wachstum sind Pole auf einem Kontinuum, denn nur, was sich erhält, kann durch Assimilation wachsen, und nur, was immer wieder Neues assimiliert, kann sich erhalten, ohne zu degenerieren. Dies also sind die Stoffe und Energien des Wachstums: das konservative Bestreben des Organismus zu bleiben, wie er ist, die neue Umwelt, die Zerstörung früherer Partialgleichgewichte und die Assimilation neuer Stoffe.

Kontaktnahme ist im allgemeinsten Sinne das Wachsen des Organismus. Mit Kontaktnahme meinen wir Nahrungssuche und Essen, Liebe und Liebesakt, Angreifen, Kämpfen, Kommunizieren, Wahrnehmen, Lernen, Fortbewegung, Technik und, allgemein, jede Funktion, die in erster Linie als ein Geschehen an der Grenze im Organismus/Umwelt-Feld zu verstehen ist.

Das komplexe System der zur Anpassung in einem schwierigen Felde nötigen Kontakte nennen wir das »Selbst«. Man kann das Selbst als die Grenze des Organismus betrachten, aber die Grenze ist ihrerseits nicht isoliert von der Umwelt; sie vermittelt den Kontakt zur Umwelt und gehört beidem an, dem Organismus wie der Umwelt. Kontakt ist Berühren, das *etwas* berührt. Das Selbst ist nicht als Institution mit festem Standort zu denken; es existiert, wo und wann immer eine Grenzinteraktion tatsächlich stattfindet. Um einen Satz des Aristoteles abzuwandeln: »Wenn der Daumen gequetscht wird, existiert das Selbst in dem schmerzenden Daumen.«

(Nehmen wir also an, wir konzentrieren uns auf unser Gesicht und haben das Gefühl, daß es eine Maske ist, und nun fragen wir uns, welches unser »wahres« Gesicht sei. Die Frage ist jedoch absurd, denn das wahre Gesicht ist eine Reaktion auf eine gegenwärtige Situation: In Gefahr ist es ein angstvolles Gesicht, vor etwas Interessantem ein interessiertes, usw. Das wahre Gesicht unter dem als Maske empfundenen wäre die Reaktion auf eine außerhalb des Gewahrseins gehaltene Situation, und dieses gegenwärtige Tun, etwas außerhalb des Gewahrseins zu halten, kommt in der Maske zum Ausdruck: denn die Maske ist nun das wahre Gesicht.[2] Absurd ist also der Ratschlag »Sei du selbst«, wie Therapeuten ihn manchmal geben; was damit gemeint ist, hieße: »Nimm Kontakt auf zur Gegenwart«, denn das Selbst ist nur dieser Kontakt.)

Das Selbst als System der Kontakte integriert immer die perzeptiv-propriozeptiven Funktionen, die motorisch-muskulären Funktionen und die organischen Bedürfnisse. Es gewahrt und orientiert, greift an und wirkt ein und erfaßt gefühlsmäßig, ob Organismus und Umwelt miteinander im Einklang sind. Es gibt kein gutes Wahrnehmen ohne Beteiligung der Muskeln und der organischen Bedürfnisse; eine wahrgenommene Figur wird erst scharf, wenn man an ihr Interesse nimmt, sich auf sie konzentriert und sie durchmustert. Ebenso gibt es keine Anmut oder Geschicklichkeit der Bewegung ohne Interesse, Eigenwahrnehmung der Muskeln und Wahrnehmung der Umwelt. Und organische Erregung drückt sich gerade dadurch aus und wird sinnvoll, daß sie dem Wahrgenommenen Rhythmus und Bewegung verleiht — so offenbar in der Musik. Um es anders auszudrücken: Was wahrnimmt, ist das Sinnesorgan, was sich bewegt, der Muskel, was an Überbeanspruchung oder Mangel leidet, ist das vegetative Organ — was aber gewahrt, wirkt und fühlt, das ist der Organismus-als-ganzer in Kontakt mit der Umwelt.

Diese Integration ist nichts Zufällig-Funktionsloses; sie ist die schöpferische Anpassung. In Kontaktsituationen ist das Selbst die Kraft, die die Gestalt im Feld bildet; oder, besser, das Selbst *ist* der Figur/Grund-Prozeß in Kontaktsituationen. Das Wahrnehmen dieses Gestaltungsprozesses, das dynamische Verhältnis von Figur und Grund, bedeutet Erregung: Erregung ist das Gefühl der Gestaltung von Figur und Grund in Kontaktsituationen, während die unerledigte Situation ihrer Vollendung entgegengeht. Umgekehrt, da das Selbst nicht als feste Institution existiert, sondern insbesondere in der Abstimmung auf schärfere und schwierigere Probleme, wird das Selbst schwächer, wenn die Situation ruhig oder nahezu im Gleichgewicht ist, so z. B. im Schlaf oder bei jedem Wachstumsvorgang kurz vor der Assimilation. Bei der Ernährung sind Hunger, Phantasie, Sichbewegen, Auswählen und Verzehren der Nahrung ganz vom Selbst erfüllt, das Schlucken, Verdauen und Assimilieren dagegen wenig oder überhaupt nicht. Oder im Nahkontakt geladener Oberflächen, wie in der Liebe: Das Begehren, Sichannähern, Berühren und die totale Entladung der Energien

[2] Sie drückt aus: »Ich bin einer, der nicht fühlen will«, oder: »Ich möchte verbergen, was ich fühle.«

sind vom Selbst erfüllt, das anschließende Sichverströmen dagegen weniger. So auch in Konflikten: Zerstören und Vernichten sind vom Selbst erfüllt, Identifizierung und Entfremdung weniger. Kurz, wo am meisten Kontakt, Konflikt und Figur/Hintergrund ist, da ist auch am meisten Selbst; wo Verschwommenheit ist, Isolierung oder Gleichgewicht, da ist auch am wenigsten Selbst.
Das Selbst ist da, wohin sich die Grenzen des Kontakts verschieben. Die Kontaktzonen können sich verengen wie in der Neurose, aber wo immer eine Grenze ist und Kontakt sich ereignet, da wird auch das Selbst hervorgerufen.

3. Das Selbst als Aktualisierung des Potentiellen

Die Gegenwart ist ein Durchgang aus der Vergangenheit in die Zukunft, und dies sind die Stadien einer Handlung, in der das Selbst mit der Wirklichkeit in Kontakt tritt. (Es ist wahrscheinlich, daß die metaphysische Zeiterfahrung in erster Linie aus dem Tun des Selbst abgelesen ist.) Wichtig zu beachten ist, daß die im Kontakt erfahrene Wirklichkeit nicht ein unveränderlicher »objektiver« Stand der Dinge ist, den man sich verfügbar macht, sondern ein Potentielles, das im Kontakt aktuell wird.
Die Vergangenheit ist, was sich nicht ändert und wesentlich unveränderlich ist.[3] Wenn wir das Gewahrsein auf die gegenwärtige Situation konzentrieren, so ist dieses Vergangensein der Situation im Zustand von Organismus und Umwelt gegeben, sofort aber, noch im Augenblick, wo wir uns konzentrieren, löst sich das unveränderte Gegebene in vielerlei Möglichkeiten auf und erscheint nun als ein Potentielles. Wenn wir uns weiter konzentrieren, bilden sich diese Möglichkeiten zu einer neuen Figur um, die aus dem Grund des Potentiellen hervortritt: Das Selbst erkennt sich in der Identifikation mit manchen dieser Möglichkeiten wieder, während es sich anderen entfremdet. Die Zukunft, das Kommende, ist die Gerichtetheit dieses Prozesses auf eine einzige neue Figur unter den vielen möglichen.
(Wir müssen darauf hinweisen, daß es ein kontakthaftes Erleben eines »unveränderten« objektiven Zustands, eines »Objekts«, gibt. Dies ist die Erfahrung beim konzentrierten Beobachten von etwas, wobei man sich dem Dinge zuwendet und es mustert, sich aber hütet, es in irgendeiner Weise zu beeinflussen oder zurechtzurücken. Die Fähigkeit, diese

[3] So sind Abstraktionen und die unveränderte abstrakte »Realität« Formen verfestigter früherer Erfahrung. Wirklich »ewige« reale Zustände werden nicht als unveränderte erfahren, sondern immer wieder neu als dieselben hervorgebrachte.

Haltung mit einem lebhaftem Eros zu verbinden, ist offenbar, was den großen Naturwissenschaftler auszeichnet, wie etwa Darwin, der stundenlang fasziniert eine Blume betrachten konnte.)

Es wird gesagt, die Hemmung des Selbst in der Neurose sei eine Unfähigkeit, sich die Situation als in Veränderung begriffen oder als verändert vorzustellen; die Neurose sei eine Fixierung an die unveränderliche Vergangenheit. Das ist richtig, doch ist die Funktion des Selbst nicht nur das Anerkennen der Möglichkeiten, sondern auch deren Aneignung und Entfremdung, das schöpferische Herbeiführen einer neuen Figur; es muß zwischen den »obsoleten Reaktionen« und dem einmaligen neuen Verhalten, das erforderlich ist, unterscheiden.

Wir sehen hier wieder, wie irreführend der oft zu hörende Rat ist, »Sei du selber«, denn was man selbst ist, kann nur als ein Potentielles gespürt werden; jede genauere Bestimmtheit muß sich erst im wirklichen Verhalten ergeben. Die Angst, die dieser Rat weckt, ist Furcht vor der wirren Leere einer so unbestimmten Rolle. Der Neurotiker fühlt sich nun wertlos im Vergleich zu einem geschönten Bilde von sich selbst, und darunter liegt die Angst vor dem verdrängten Verhalten, das aus der Leere hervordringen könnte.

4. Eigenschaften des Selbst

Das Selbst ist spontan, im mittleren Modus (im Hinblick auf Tun oder Erleiden) und geht in seinen Situationen auf (als Ich, Du und Es). Wir wollen diese drei Eigenschaften nacheinander betrachten, auch wenn sie faktisch zusammen auftreten.

Spontaneität ist das Gefühl, den gerade ablaufenden Organismus/Umwelt-Prozeß handelnd zu erleben, nicht nur der Gestalter oder das Gestaltete zu sein, sondern darin zu wachsen. Spontaneität ist nicht gelenkt oder selbst-lenkend, noch ist sie ein Dahingetragenwerden, wobei man im Grunde unbeteiligt wäre, sondern sie ist ein Entdecken-und-Erfinden, während man unterwegs ist, sich einläßt und anerkennt. Das Spontane ist zugleich aktiv und passiv, sowohl das, wozu man bereit ist, wie auch das, was einem zustößt, oder, besser, es ist ein mittlerer Modus zwischen Tun und Erleiden, eine schöpferische Unparteilichkeit, ein Desinteresse, nicht in dem Sinne, daß man nicht erregt oder nicht schöpferisch wäre, denn Spontaneität ist dies beides in außerordentlichem Maße, sondern als Einheit vor (und nach) der Trennung von Aktivität und Passivität, die beides einschließt.[4]

[4] »Was sich soll mischen lassen, muß sich gegenseitig berühren können, und wo etwas im eigentlichen Sinne wirkt, während das andere leidet, da ist es

(Es ist merkwürdig, daß dieses Gefühl der Unparteilichkeit oder des Desinteresses, das von schöpferischen Menschen bezeugt wird, analytisch gerade als ein *Verlust* des Selbst, statt als das rechte Selbstgefühl gedeutet wird, aber wir werden in Kürze versuchen zu zeigen, wie das kommt.) Die Extreme der Spontaneität sind Absichtlichkeit einerseits und Entspannung andererseits.[5]

Unter den wichtigsten Klassen der Kontakt-Funktionen werden am häufigsten die Gefühle als das tiefere Selbst oder die »Seele« angesehen, und dies hat den Grund, daß Gefühle immer spontan sind und im mittleren Modus erfahren werden; man kann weder fühlen wollen noch gezwungen werden zu fühlen. Muskelbewegungen sind überwiegend aktiv, und die Wahrnehmung ist manchmal überwiegend passiv. Bewegung wie Wahrnehmung können sich aber natürlich auch spontan und im mittleren Modus ereignen, wie bei lebhaftem Tanzen oder in ästhetischer Wahrnehmung; sogar Vorsätzlichkeit kann spontan sein, z. B. in der unheimlichen Vorsätzlichkeit des begeistert heroischen Handelns, und ebenso Entspannung, z. B. wenn man sich in der Sonne aalt oder in der Gunst einer Geliebten.

Mit »Aufgehen in der Situation« meinen wir, daß man nichts anderes an sich selbst oder an anderen Dingen im Sinn hat als das, was man in der Situation erlebt. Wir wollen den Kontrast zwischen zwei Haltungen herausstreichen: Wenn uns Wahrnehmung und Eigenwahrnehmung eine Orientierung im Feld verschaffen, können wir diese Orientierung abstrakt nehmen, sie erscheint dann als Hinweis auf eine auszuführende Bewegung, nach der wir am Ziel anlangen und Befriedi-

---

ebenso.« (Aristoteles: *Über Werden und Vergehen,* I, 6. Paderborn [Schöningh] 1958, S. 122.)

[5] Wenn wir von einem mittleren Modus sprechen, begegnet uns wieder eine größere sprachliche Schwierigkeit. Im Englischen (wie im Deutschen) haben wir fast ausschließlich aktive oder passive Verben. Unsere intransitiven Verben wie »gehen« oder »reden« haben ihre mittlere Modalität eingebüßt und bezeichnen nur noch Tätigkeiten ohne Objekt. Dies ist eine Krankheit der Sprache. Das Griechische kennt einen regulären mittleren Modus, mit der desinteressierten Bedeutung, um die es uns hier geht: z. B. *dunamai,* Macht haben zu, oder *boulomai,* wünschen. Das gilt auch für manche reflexiven Verben, besonders im Französischen, wie z. B. *se promener,* spazierengehen, oder *s'amuser,* sich vergnügen. Wir müssen jedoch eines sorgfältig unterscheiden: Eben das, was nicht im mittleren Modus ist, wird dem Selbst *an*getan — dies nennen wir später die »Retroflexion«, ein häufiger neurotischer Mechanismus. Der mittlere Modus bedeutet hingegen, daß das Selbst, ob es nun tut oder erleidet, den Prozeß als ein Ganzes auf sich bezieht; es empfindet ihn als seinen eigenen Prozeß und ist daran beteiligt.

gung erhalten werden — oder wir nehmen die Orientierung konkret und empfinden sie als ein Unterwegssein, bei dem man in gewissem Sinne schon angelangt ist und nun seine Orientierung erhält. Oder, im Kontakt mit einer Aufgabe wird der Plan vom fragmentarischen Aufblitzen des Endergebnisses erhellt; umgekehrt ist das Endergebnis nicht das, was vorher abstrakt ausgedacht wurde, sondern was sich im Planen und im Verarbeiten des Stoffes herausschält. Es gibt nichts, was bloß Mittel oder bloß Zweck wäre; mit jedem Schritt des Prozesses ist eine in sich abgerundete, aber weiterweisende Befriedigung verbunden: Sich zu orientieren, ist selbst schon ein Handlungsschritt und ein Vorgefühl. Wenn dem nicht so wäre, könnte niemals je etwas spontan geschehen, denn man würde spontan abbrechen und sich dem zuwenden, was die Gefühle wirklich erregt. Um ein dramatisches Beispiel zu geben (das von Gide stammt): Der Krieger in einem Kampf auf Leben und Tod empfindet dabei Lust und Leidenschaft.

Schließlich, während das Selbst spontan in seiner gegenwärtigen Angelegenheit aufgeht und einverstanden ist mit dem Gang der Dinge, ist es sich seiner selbst nicht in abstrakter Form bewußt, sondern es ist seiner selbst gewahr, wie es mit etwas in Kontakt ist. Sein »Ich« steht einem »Du« und einem »Es« gegenüber. Das »Es« ist der Eindruck der Stoffe, der Bedürfnisse und des Hintergrundes, das »Du« ist die Gerichtetheit des Interesses, das »Ich« unternimmt die Schritte und leistet die Folge der Identifizierungen und Entfremdungen.

5. Ich, Es und Persönlichkeit als Aspekte des Selbst

Die Tätigkeit, von der wir gesprochen haben — das Aktualisieren des Potentiellen —, und die Eigenschaften des Selbst, wie Spontaneität, mittlerer Modus usw., gehören einem Selbst an, das in einer Art verallgemeinerter Gegenwart aufgeht. Natürlich gibt es nun aber einen solchen Augenblick nicht (wenn auch für gefühlvolle und feinhändige Menschen, wenn sie außerdem Glück haben, Momente intensiver Produktivität nichts Seltenes sind). Zumeist bringt das Selbst spezielle Strukturen für spezielle Zwecke hervor, indem es manche seiner Kräfte ausklammert oder stillegt, während es die übrigen ausgiebig betätigt; das gilt für die vielen bereits erwähnten neurotischen Strukturen, für die eben erst erwähnte Haltung naturwissenschaftlichen Beobachtens und anderes mehr. Gegenstand einer korrekten Psychologie wäre die erschöpfende Klassifizierung, Beschreibung und Analyse der möglichen Strukturen des Selbst. (Bis jetzt ist es Gegenstand der Phänomenologie.)

Für unsere Zwecke wollen wir kurz nur drei dieser Strukturen des Selbst erörtern, das Ich, das Es und die Persönlichkeit, denn aus mancherlei Gründen, die mit der Auswahl der Patienten und den verschiedenen Therapiemethoden zu tun haben, sind diese drei getrennten Partialstrukturen in den verschiedenen Theorien der klinischen Psychologie jeweils für die ganze Funktion des Selbst gehalten worden.
Als Aspekte des Selbst in einer einfachen spontanen Handlung sind Ich, Es und Persönlichkeit die Hauptstadien schöpferischer Anpassung: Das Es ist der gegebene Hintergrund, der sich in seine Möglichkeiten auflöst; er umfaßt organische Erregungen, unerledigte frühere Situationen, deren wir gewahr werden, die unbestimmt wahrgenommene Umwelt und die unausgegorenen Gefühle, die den Organismus mit der Umwelt verbinden. Das Ich ist das fortwährende Sichidentifizieren mit und Sichentfremden von Möglichkeiten, das Vermehren und Vermindern des gegenwärtigen Kontakts; es umfaßt motorisches Verhalten, Aggression, Orientierung und Realitätszugriff. Die Persönlichkeit ist die geschaffene Figur, zu der das Selbst wird und die es an den Organismus assimiliert, vereinigt mit den Ergebnissen früheren Wachstums. Natürlich ist dies alles nichts anderes als der Figur/Grund-Prozeß selbst, und in einem so einfachen Falle besteht keine Notwendigkeit, jede der Phasen mit einem besonderen Namen auszuzeichnen.

6. Das Ich

Häufiger jedoch ist die folgende wohltätige Erfahrung: Man ist entspannt, es gibt vieles, was einen möglicherweise interessieren könnte, man läßt alles gelten, und alles bleibt ziemlich unbestimmt — das Selbst ist eine »schwache Gestalt«. Dann gewinnt ein Interesse den Vorrang, und nun geraten spontan Kräfte in Bewegung, Vorstellungen treten deutlich in den Vordergrund, und motorische Reaktionen werden in Gang gesetzt. An diesem Punkt werden meistens auch gewisse vorsätzliche Wahl- und Ausschließungsentscheidungen notwendig (neben den spontanen Prioritäten, wo sich mögliche rivalisierende Interessen von selbst unterordnen). Man muß sich sowohl konzentrieren als auch Konzentration erzwingen, seine Zeit und Kräfte einteilen, Mittel in Bewegung setzen, die nicht um ihrer selbst willen interessant sind, usw. Das heißt, dem Gesamtprozeß des Selbst werden vorsätzlich Schranken auferlegt, und das Identifizieren und Entfremden vollziehen sich innerhalb dieser Schranken. Dennoch ist natürlich auch diese Zwischenzeit vorsätzlicher Konzentration voller Spontaneität, im Hintergrund, im Schöpfungsakt des vorsätzlichen Entscheidens und in der an-

schwellenden Erregung des Vordergrunds. Und auf dem Höhepunkt der Erregung schließlich werden die Vorsätze gelockert, und die Befriedigung ist wieder spontan.
Was ist in dieser alltäglichen Erfahrung das Selbstgewahrsein des Ichs, des Systems der Identifikationen? Es ist absichtsvoll, im aktiven Modus, sensorisch in Bereitschaft, motorisch aggressiv, und es ist sich seiner selbst als von der Situation isoliert bewußt.
Gesundes absichtsvolles Entscheiden nimmt wissentlich die Einschränkung mancher Interessen, Wahrnehmungen und Bewegungen in Kauf, um sich mit einfacherer Geschlossenheit auf etwas anderes konzentrieren zu können. Wahrnehmung und Eigenwahrnehmung werden durch »Nichtbeachten« mancher Eindrücke eingeschränkt, z. B. kann die Aufmerksamkeit motorisch abgewandt werden, oder es wird eine organische Erregung unterdrückt, so daß das Wahrgenommene an Schärfe verliert. Motorische Impulse können durch Gegenimpulse abgefangen werden. Erregungen können gehemmt werden, indem man sie isoliert, keine Objekte heranläßt, die sie auslösen oder steigern könnten, und keine Muskelregung in Gang kommen läßt. (Unterdessen entfaltet sich natürlich das bevorzugte Interesse und zieht die Erregung auf sich.)
Diese Mechanismen erzeugen nun mit Notwendigkeit ein Gefühl, daß man »aktiv« sei, daß man *mache*, was man erlebt, denn das Selbst ist mit dem lebhaft bevorzugten Interesse identifiziert und erscheint von diesem Mittelpunkt aus als ein von außen gekommener Agent im Felde. Das Hineingehen in die Umwelt wird als ein aktives Angreifen, nicht als ein Hineinwachsen erlebt, denn auch hier wieder begegnet man der Realität nicht in Übereinstimmung mit dem natürlichen Gestaltprozeß, sondern sie wird ausgewählt oder ausgeschlossen, je nach dem Interesse, mit dem man sich identifiziert. Man hat den Eindruck, Herr der Lage zu sein. Mittel werden ausschließlich als Mittel gewählt, nach Maßgabe des Wissens aus früheren, ähnlichen Situationen: Man hat eher das Gefühl des Benutzens und Bemeisterns als des Entdekkens und Erfindens. Die Sinne sind alarmiert und halten Ausschau, sie sind nicht bereit zu unparteiischem »Finden« und Sicheinlassen.
In hohem Maße abstrahiert wird von der perzeptiv-motorisch-affektiven Ganzheit und vom Gesamtfeld. (Abstraktion heißt, wie wir schon gesagt haben, bestimmte Teile verfestigen, damit andere sich bewegen und in den Vordergrund rücken können.) Handlungsplan, Mittel und Ziel sind voneinander getrennt. Diese Abstraktionen hängen in einem engeren, einfacheren Ganzen zusammen.
Eine wichtige Abstraktion schließlich, die in der Situation absichtsvollen Handelns als real empfunden wird, ist das Ich selbst: denn das

organische Bedürfnis wird auf das Ziel eingeschränkt, die Wahrnehmung wird kontrolliert, und die Umwelt ist nicht als der eine Pol der eigenen Existenz im Kontakt, sondern wird als »Außenwelt« auf Distanz gehalten, in der man selbst sich wie ein Außenstehender bewegt. Was als nah empfunden wird, ist die Ganzheit von Ziel, Orientierung, Mitteln, Kontrolle usw., und ebendies ist der Handelnde selbst, das Ich. Da nun alle Theoriebildung, besonders wenn sie introspektiver Art ist, ebenfalls absichtsvoll, einschränkend und abstrahierend ist, steht in den Theorien über das Selbst, insbesondere jenen, die von introspektiven Befunden ausgehen, das Ich als die zentrale Struktur des Selbst da. Man ist seiner selbst in einer gewissen Isolierung gewahr, nicht immer im Kontakt mit etwas anderem. Wenn man seinen Willen anspannt und eine Technik anwendet, so beeindruckt dieser Vorgang durch seine offensichtliche Energie. Außerdem ist der folgende neurotische Faktor wichtig: Absichtsvolle Handlungen treten zur Beschwichtigung unerledigter Situationen immer wieder auf, so daß diese Gewohnheit des Selbst sich dem Gedächtnis als ein Grundgefühl einprägt, während spontane Kontakte meist die Situation zu Ende führen und vergessen werden. Wie dem auch sei, Tatsache ist, daß in den orthodoxen psychoanalytischen Theorien des Bewußtseins das Ich und nicht das Selbst in den Mittelpunkt gerückt wird (worauf wir ausführlicher im nächsten Kapitel eingehen werden).

Das heißt, in einer paradiesischen Welt spontaner Identifikationen und Entfremdungen, ohne absichtliche Einschränkungen, wäre das Ich nur eine Phase im Prozeß des Selbst. Und wenn nur Verhalten beobachtet wird, selbst wenn es großenteils absichtlich ist, so ist das Ich immer noch nicht allzu auffällig. Aber in jeder introspektiven Theorie ragt es notwendig groß heraus, und wenn die Person neurotisch ist, so existiert nichts anderes mehr im Bewußtsein als das absichtsvolle Ich.

7. Das Es

Dem orthodoxen Psychoanalytiker bedeutet jedoch wenig, was sein neurotischer Patient bewußt vorbringt; dessen absichtlichem Tun scheint die Energie zu fehlen. Der Psychoanalytiker achtet vielmehr auf das Gegenteil und stellt fest, daß der wesentliche, energiereiche Teil des »psychischen« Apparats das Es sei. Das Es aber ist in der Hauptsache »unbewußt«. Die Introspektion sagt uns darüber nichts; es ist nur in Verhaltensweisen beobachtbar, einschließlich sprachlicher Verhaltensweisen, an denen nur ein rudimentäres Bewußtsein haftet. Diese Auffassung von den Eigenschaften des Es ist natürlich eine Folge der Therapiemethode: der Entspanntheit des Patienten, der freien Assoziation und der Sinndeutungen, die aus der Konzentration nicht des Patienten, sondern des Therapeuten erwachsen (vgl. Kap. 7, 4 ff.).

Aber sehen wir uns statt dessen die Struktur des Selbst im Zustand normaler bewußter Entspannung an. Was hier geschieht, ist, daß das Selbst die Sinne aus ihrer Bereitschaft entläßt und, aus einem Zustand mittlerer Gespanntheit, die Muskeln lockert. Das Es erscheint darauf als passiv, konfus und irrational; seine Inhalte sind halluzinatorisch, und der Körper tritt stark hervor.

Das Gefühl der Passivität erwächst aus dem Akt des Hinnehmens, ohne sich einzulassen. Das Selbst will seine Ruhe haben, es denkt nicht daran, sich aufzuraffen und den Impuls auszuführen; motorische Anstöße sind völlig unterbunden. Eines nach dem andern treten flüchtige Signale hervor und vergehen wieder, denn sie werden nicht im Kontakt festgehalten. Dem kleinen Zentrum des introspektiven Tuns erscheinen diese Möglichkeiten als »Eindrücke«; sie werden einem gegeben oder angetan.

Die Vorstellungen, die auftreten, sind meist halluzinatorisch, reale Objekte und ganze dramatische Szenen, zu denen mit minimalem Energieaufwand Kontakt hergestellt werden kann, z. B. hypnagogische Vorstellungen oder Masturbationsphantasien. Ihre Energie kommt aus unerledigten Situationen, die durch Bewegungen der Kontaktgrenze selbst schon erledigt werden (vgl. Kap. 3, 7). Denn wenn die unerledigten organischen Situationen dringlich sind, ist Ruhe unmöglich; der Versuch, sie zu erzwingen, führt dann zu Schlaflosigkeit, nervöser Unruhe usw.; wenn sie dagegen nur schwach sind (im Verhältnis zu der Ermüdung), so kann ihnen durch Halluzination mehr oder weniger Genüge getan werden. Die passive Sexualität der Masturbation verbindet diese passiven Phantasien mit einer aktiven Selbstaggression, die das Bedürfnis nach motorischer Tätigkeit beschwichtigt.

Das Selbst erscheint nun konfus und löst sich tatsächlich auf, es verblaßt zu einem bloß Potentiellen, denn seine Existenz, seine Aktualisierung, erfährt es nur im Kontakt. Da sowohl Sinnesorientierung wie motorisches Wirken gehemmt sind, ergibt nichts mehr »Sinn«, und die Inhalte erscheinen als geheimnisvoll. Um Ich, Selbst und Es miteinander zu konstrastieren: Das Absichts-Ich hat die straffe, abstrakte Einheitlichkeit des Zielstrebens und des Ausschaltens von Ablenkungen; Spontaneität hat die flexible, konkrete Einheitlichkeit des Wachsens, Sicheinlassens und Annehmens der Ablenkungen als möglicher Attraktionen; und die Entspannung ist ein Auflösungszustand, vereinheitlicht nur durch das groß hervortretende Gefühl des Körpers.

Der Körper tritt groß hervor, weil nun, bei Aussetzen der Sinnestätigkeit und der Bewegung, die Eigenwahrnehmungen das Feld besetzen. Diese wurden zuvor bewußt unterdrückt und strömen nun freigelassen ins Gewahrsein. Sofern sie keinen dringlichen Anlaß bieten, sich zu konzentrieren, schläft man ein.

8. Die Persönlichkeit

Auch die Persönlichkeit wird als Struktur des Selbst weitgehend erst im analytischen Verfahren entdeckt-und-erfunden, besonders wenn die Methode in der Deutung und Korrektur der zwischenpersönlichen Beziehungen besteht. Die Persönlichkeit ist das System der Einstellungen in zwischenpersönlichen Beziehungen, die Annahme, man sei, was man ist, die für den Fall, daß man nach einer Erklärung gefragt wird, zur Begründung des eigenen Verhaltens dienen kann. Wo das zwischenpersönliche Verhalten neurotisch ist, besteht die Persönlichkeit aus einer Anzahl irriger Ideen über sich selbst, aus Introjekten, Ich-Idealen, Masken usw. Wenn jedoch die Therapie zu einem Abschluß kommt (und das gilt für jede Therapiemethode), so ist die Persönlichkeit eine Art Einstellungsskizze, so wie man sich selbst versteht, deren man sich für alles zwischenmenschliche Tun bedienen kann. So wie die Dinge liegen, ist dies letztlich das Ergebnis des psychoanalytischen Gesprächs, und die Folge ist, daß die so erreichte »freie« Struktur von den Theoretikern für das Selbst gehalten wird. Aber die Persönlichkeit ist im wesentlichen ein verbales Duplikat des Selbst, dasjenige, was auf eine Frage, auch eine selbstgestellte, Antwort gibt. Es ist bezeichnend für die Theoretiker des Zwischenpersönlichen, daß sie über organische Prozesse, Sexualität, dunkle Phantasien oder auch über die Verarbeitung äußeren Materials wenig zu sagen haben, denn all dies wird nicht in erster Linie zum Anlaß, Erklärungen abzugeben.

Was ist nun das Selbstgewahrsein der Persönlichkeit, so wie wir vom Selbstgewahrsein des Ichs und des Es gesprochen haben? Es ist autonom, verantwortlich und sich durch und durch selbst vertraut, insofern es eine bestimmte Rolle in der gegenwärtigen Situation spielt.

Autonomie darf nicht mit Spontaneität verwechselt werden. Sie ist freies Auswählen und immer von einer gewissen anfänglichen Unparteilichkeit, an die sich Beteiligtsein anschließt. Die Freiheit erwächst aus der Tatsache, daß die Begründung des Tuns bereits geleistet wurde: Man engagiert sich nach Maßgabe dessen, was man einmal ist, d. h. wie man geworden ist. Aber der mittlere Modus der Spontaneität kennt den Luxus dieser Freiheit nicht und auch nicht das Gefühl der

Sicherheit, das aus dem Wissen kommt, wer man ist und wo man ist und daß man sich einlassen kann oder auch nicht; spontan *läßt* man sich ein und *ist* hingerissen, nicht gegen sich selbst, sondern über sich hinaus. Autonomie ist nach außen hin weniger aktiv als absichtsvolles Tun und natürlich weniger passiv als Entspannung — denn es ist die eigene Situation, in der man sich gemäß seiner Rolle engagiert; man bearbeitet nichts anderes, noch wird man bearbeitet; die freie Persönlichkeit wird daher als spontan und im mittleren Modus gedacht. Für spontanes Verhalten ist jedoch alles neu, und alles wird erst nach und nach angeeignet. Bei autonomem Verhalten ist alles im Prinzip schon angeeignet und assimiliert. Die »gegenwärtige Situation« ist eigentlich nicht neu, sondern ein Spiegelbild der Persönlichkeit — man erkennt sich in ihr und ist in Sicherheit.
Die Persönlichkeit ist »transparent«, sie ist durch und durch bekannt, weil sie ja das System dessen ist, was erkannt worden ist (in der Therapie ist sie das Gesamtgefüge aller »Aha«-Einsichten). Das Selbst ist in diesem Sinne überhaupt nicht transparent — obwohl es seiner gewahr ist und sich orientieren kann —, denn sein Bewußtsein von sich selbst drückt sich in dem aus, was in der Situation anders ist.
Ebenso ist die Persönlichkeit verantwortlich und kann sich verantwortlich machen, in einem Sinne, in dem das Selbst nicht verantwortlich ist. Denn Verantwortlichkeit ist das Erfüllen eines Vertrags; ein Vertrag wird nach Maßgabe dessen geschlossen, was man ist, und die Verantwortlichkeit besteht dann darin, daß man sich auch weiterhin in diesem Rahmen bewegt. Aber die reine Spontaneität kann in diesem Sinne keinen Vertrag schließen, der Rahmen, in dem sie sich hält, entsteht erst mit ihrem Tun. Die Persönlichkeit ist also die Verantwortungsstruktur des Selbst. Um ein Beispiel, nicht so sehr einen Vergleich, zu geben: Ein Dichter kann, in Kenntnis der besonderen Umstände und der durch sie gebotenen kommunikativen Haltung, den Vertrag eingehen, ein Sonett zu schreiben, und er füllt nun, sich seiner Verantwortung bewußt, das metrische Schema aus; die Bilder jedoch, den Rhythmus des Gefühls und den Sinn erzeugt er, wenn er immer näheren Kontakt zur Sprache aufnimmt.

11

Kritik der psychoanalytischen Theorien des Selbst

1. Kritik einer Theorie, bei der das Selbst müßig geht

Funktion des Selbst ist der Figur/Grund-Prozeß in Grenzkontakten des Organismus/Umwelt-Feldes. Diese Auffassung ist von der alltäglichen wie von der klinischen Erfahrung her so naheliegend und zugleich so hilfreich für die Therapie, daß wir vor der Frage stehen, warum sie in den neueren Theorien nur wenig oder überhaupt nicht beachtet wurde. In diesem Kapitel wollen wir nun die Mängel dieser Theorien des Bewußtseins (die im allgemeinen als Theorien des Ichs deklariert werden) untersuchen. Später (Kap. 13) werden wir sehen, daß die Funktion des Selbst von Freud selbst zutreffender behandelt wurde, abgesehen davon, daß er, aufgrund einer falschen Theorie der Verdrängung, die schöpferischen Leistungen des Selbst meist dem Unbewußten zuschreibt.

Die Schwierigkeiten der orthodoxen Theorien fangen schon bei der Unterscheidung zwischen dem gesunden und dem kranken Bewußtsein an, denn das gesunde Bewußtsein wird als *müßig* betrachtet — dynamisch funktionslos in der Theorie und daher auch praktisch funktionslos in der Therapie — es tut nichts. Nur das kranke Bewußtsein tut etwas und muß beachtet werden, damit es aus dem Weg geräumt werden kann.

Lesen wir die folgende Passage aus Anna Freuds *Das Ich und die Abwehrmechanismen:* »Diese Rolle des Beobachters dem Es gegenüber erfüllt das Ich im friedlichen Grenzverkehr mit ihm in ausgezeichneter Weise. Die einzelnen Triebregungen dringen immer wieder aus dem Es in das Ich vor; dort verschaffen sie sich Zugang zum Bewegungsapparat, mit dessen Hilfe sie ihre Befriedigung durchsetzen können. Im glücklichen Falle hat das Ich gegen den Eindringling nichts einzuwenden, stellt ihm seine Kräfte zur Verfügung und beschränkt sich darauf, wahrzunehmen ... Das mit der Triebregung einverstandene Ich ist in dieses Bild in keiner Weise mit eingezeichnet.« [1]

Diese Passage enthält zunächst natürlich eine wichtige Erkenntnis: Die Triebregungen setzen sich vermittels organischer Selbstregulierung

[1] Anna Freud: *Das Ich und die Abwehrmechanismen.* München (Kindler) o. J., S. 9.

durch, ohne vorsätzliches Eingreifen; es geschieht eine Identifizierung mit dem Gegebenen. (Wie wir sagen würden: Das Ich ist nur eine Phase im Prozeß des Selbst.) Aber welch eigenartige Wortwahl: Die Triebregung »dringt vor«, »verschafft sich Zugang« als ein »Eindringling«, und das Ich »hat nichts einzuwenden«, als ob nicht unter glücklichen Umständen ein einheitlicher Prozeß stattfände, in dem das Selbst der Grund ist! Und so wird überall in diesem Text der Karren vor das Pferd gespannt: Anstatt daß von einem noch undifferenzierten Kontaktverhältnis zwischen Wahrnehmung, Bewegung und Gefühl ausgegangen würde, das sich dann näher ausbildet, wenn die Hindernisse und Probleme deutlicher werden, muß das Ich »seine Kräfte [für die Triebregung] zur Verfügung stellen«, als ob man schon je eine »Triebregung« gesehen hätte, die nicht zugleich auch Wahrnehmung und Muskelbewegung wäre!

Man versucht auch vergebens, sich vorzustellen, was das wohl für ein Verhältnis zwischen Organismus und Umwelt sein müßte, bei dem das Ich »sich darauf beschränkt, wahrzunehmen«, also gewahr zu sein, und ansonsten nicht ins Bild kommt. Gewahrsein ist nicht müßig; es ist Orientierung, Einschätzen, Sichnähern und Auswählen einer Technik, und es steht überall in funktionellem Wechselspiel mit dem Zugreifen und mit der anschwellenden Erregung des dichter werdenden Kontakts. Die Wahrnehmungen sind nicht bloß Wahrnehmungen, sie werden heller und schärfer und üben Anziehung aus. Während des ganzen Prozesses wird entdeckt und erfunden, nicht zugeschaut; denn wenn auch das Bedürfnis des Organismus konservativ ist, so kann doch die Befriedigung des Bedürfnisses nur aus dem Neuen in der Umwelt kommen: Die Es-Funktion wird mehr und mehr zur Ich-Funktion, bis zum Kontaktvollzug und zur Befriedigung, also genau das Gegenteil dessen, was Anna Freud behauptet. Gerade unter glücklichen Umständen, wo sich Es und Ich in Harmonie befinden, wird die schöpferische Leistung des Gewahrseins am deutlichsten — statt daß sie hier »ins Bild nicht mit eingezeichnet« wäre. Nehmen wir an, dem wäre nicht so: Warum wäre dann das Gewahrsein funktionell überhaupt notwendig? Warum kann nicht die Befriedigung eintreten und die Spannung gelöst werden, während das Lebewesen in traumlosem Schlafe vegetiert? Deshalb nicht, weil die Kontaktnahme zur neuen Gegenwart ein einheitliches Zusammenwirken der Kräfte erfordert.

Wir wollen noch eine Passage zitieren, um zu zeigen, wie dieser theoretische Irrtum eines als müßig gedachten Gewahrseinssystems in der Therapie verhängnisvoll wird. Der Zusammenhang in Anna Freuds Buch — das übrigens ein verdienstvoller Beitrag ist — ist der folgende: Das Bewußtsein ist das, was für die Behandlung am leichtesten zugänglich ist; es sind die fixierten »Abwehrmechanismen« des Ichs, welche die Neurose ausmachen. Mit diesen Thesen stimmen wir natürlich überein (auch wenn wir eher von einer Aggression des Ichs als von Abwehr sprechen würden). Und das Problem, wie Anna Freud es sieht, ist, wie man das Ich in Tätigkeit beobachten könne. Im Zustand der Gesundheit, so sagt sie, gehe dies nicht, denn da sei das Ich müßig. Noch gehe es, wenn dem Ich die Abwehr gelingt, denn dann bleibe die Maßnahme unsichtbar, und die Triebregung werde verdrängt. Aber z. B.: »... studiert man den Vorgang der Reaktionsbildung am leichtesten am Zerfall von Reaktionsbildungen ... für eine Weile werden Triebregung und Reaktionsbildung nebeneinander im Ich sichtbar. Eine andere Funktion des Ichs, seine Neigung zur Synthese, ist schuld daran, daß dieser Zustand, der für die analytische Beobachtung außerordentlich günstig ist, nur für Augenblicke bestehenbleibt.«[2]

Man beachte, daß die »Neigung zur Synthese« als eine »andere« Funktion des beobachtbaren Ichs bezeichnet und am Ende des Kapitels nebenher erwähnt wird. Diese Neigung ist jedoch dasselbe, was z. B. Kant für das Wesen des empirischen Ichs, die synthetische Einheit der Apperzeption, hielt, und sie ist das, was wir für die wichtigste Aufgabe des Selbst ansehen, die Gestaltbildung. In dieser Passage erscheint nun aber diese Neigung zur Synthese als ein unseliges Hindernis für die Beobachtung — wovon? Des Ichs. Mit dem Ich meint Anna Freud hier eindeutig nicht das Gewahrsein, sondern das neurotisch gewahrseinslose Absichts-Ich; dieses jedoch ist nicht das für die Behandlung am leichtesten zugängliche Bewußtsein, das den Patienten kooperationswillig machte. Die Alternative wäre, was wir die ganze Zeit vorgeschlagen haben, nämlich gerade die Struktur der Synthesen zu analysieren: Der Patient soll sich darauf konzentrieren, wie unvollständig, verzerrt, schwerfällig, blaß oder dunkel seine Figuren sind, und sie sich zu mehr Vollständigkeit hin verändern lassen, indem man die Neigung zur Synthese nicht umgeht, sondern sie im Gegenteil stärker entfacht. In diesem Prozeß wird Angst erweckt, und Konflikte tauchen auf; gleichzeitig wird der Patient immer besser fähig, die Angst zu bewältigen, so daß sie wieder zu einem erregten Atmen wird. Die Theorie des Selbst entwickelt sich also Hand in Hand mit der Therapie des Selbst. Für die orthodoxe Auffassung gilt dagegen das Umgekehrte: Indem er sich nicht auf das Integrationsvermögen des Patien-

[2] Anna Freud, a. a. O., S. 11 f.

ten konzentriert, sondern dieses, so gut es geht, durch List ausschaltet, erfährt der Analytiker etwas darüber, wie der Patient wäre, wenn er völlig desorientiert und lahmgelegt wäre. Und dann? Will der Analytiker nun den Patienten aus den disparaten Teilen wieder zusammensetzen? Gerade dies aber muß das Integrationsvermögen des Patienten leisten. Doch dieses hat der Analytiker nicht nur außer Übung gesetzt und geschwächt, so gut er nur konnte, sondern er weiß auch immer noch nichts darüber.

Eine Theorie, die das Gewahrseinssystem praktisch außer Tätigkeit setzt und die sogar ein Hindernis darin erblickt, gibt ein falsches Bild vom gesunden Zustand und hilft nicht im neurotischen Zustand.

2. Kritik einer Theorie, die das Selbst in festen Grenzen isoliert

Die orthodoxen Theorien des Gewahrseins sind meist nach dem eben behandelten Muster angelegt. Weniger typisch ist Paul Federns Theorie vom Ich und seinen Grenzen. (Die folgenden Zitate sind seinem Aufsatz »The Mental Hygiene of the Psychotic Ego« entnommen.) In dieser Theorie geht das Ich nicht müßig, es handelt als eine existierende synthetische Einheit und wird als solche empfunden: »Das Ich besteht in dem Gefühl der Einheit, der räumlichen und zeitlichen Kontinuität zwischen Leib und Seele in der Eigenwahrnehmung der Individualität ... Das Ich ist eine funktional energiebesetzte Einheit, die sich mit jedem aktuellen Gedanken und jeder Wahrnehmung ändert, aber das gleiche Gefühl ihrer Existenz in bestimmten Grenzen behält.« [3]

Und weiterhin warnt Dr. Federn vor dem Irrtum der Funktionsverkennung: »Die Versuchung, zu glauben, man biete eine Ich-Psychologie, wenn man, statt ›Persönlichkeit‹ oder ›Individuum‹ zu sagen, ›Ich‹ sagt ... Jede tautologische Terminologie dient leicht der Selbsttäuschung. Wir müssen immer daran denken, daß das Ich eine mit psychischer Energie besetzte spezifische psychosomatische Einheit ist.« [4]

Und Dr. Federn zeigt, wie diese energiebesetzte Einheit in der Therapie zu handhaben ist. Zum Beispiel können bestimmte Gewahrseinsfunktionen, wie Abstraktionsvermögen oder begriffliches Denken, ge-

[3] Dies ist eine gute Beschreibung dessen, was wir oben (Kap. 10, 8) die Persönlichkeit genannt haben. Das Selbst als solches fühlt nicht so sehr die eigene Existenz als vielmehr die Einheit seiner Kontakte.

[4] Paul Federn: »The Mental Hygiene of the Psychotic Ego«, in *American Journal of Psychotherapy*, Juli 1949, S. 366—371.

schwächt sein (bei Schizophrenie), und die Therapie besteht dann darin, sie durch Übung des Ichs zu stärken.
So weit, so gut. Aber die Schwierigkeit bei dieser Auffassung ist die folgende: Wenn das Kontaktsystem wesentlich (und nicht nur manchmal und als strukturelle Besonderheit) die Eigenwahrnehmung der Individualität innerhalb bestimmter Grenzen ist, wie soll es dann möglich sein, mit einer Realität außerhalb dieser Grenzen in Kontakt zu treten? Die Schwierigkeit tritt deutlich in der folgenden Formulierung Dr. Federns hervor: »Alles, was bloß gedacht ist, ist Folge eines psychischen Prozesses *innerhalb* der psychischen und leiblichen Grenze; alles, was die Eigenschaft hat, real zu sein, liegt *außerhalb* der psychischen und leiblichen Ich-Grenze.«
Beim gegenwärtigen Stande der Philosophie erscheint eine solche Formulierung als völlig vernünftig, sie ist jedoch absurd. Denn wie wird man des Unterschieds zwischen dem Innen und dem Außen, zwischen dem »Gedachten« und dem »Realen« gewahr? Geschieht das nicht durch Gewahrsein? Das System des Gewahrseins muß daher auf irgendeine Weise zu der »äußeren« Realität direkten Kontakt haben; das Gefühl seiner selbst muß über die Eigenwahrnehmung der Individualität hinausgehen. (Wir haben als das Wesentliche am Kontakt natürlich die Tuchfühlung mit der Situation herausgestellt; die Selbst-Funktion ist eine Funktion des Feldes.) Das Problem hier ist ein sehr altes: Woher weiß man, wenn man aufgewacht ist, daß man vorhin geträumt hat und nicht jetzt träumt? Und die Antwort muß immer noch die klassische sein: Man erkennt die Realität nicht an einem besonderen »Attribut«, so wie wenn sie eine ablösbare Eigenschaft wäre, sondern nur, indem man mehr und mehr Gewahrsein in die gegenwärtige Situation integriert, mehr Stimmigkeit, mehr Körpergefühl und, besonders in diesem Falle, mehr vorsätzliche Muskelbewegungen. (Man zwickt sich, um zu sehen, ob man wach sei, und obwohl man ja auch träumen könnte, daß man sich zwicke, ist dies doch ein Anzeichen mehr, und wenn erst all die verschiedenen Anzeichen dieser Art miteinander übereinstimmen, so macht es ohnehin keinen Unterschied mehr, ob man nun wach ist oder träumt.) Wenn der Herr Doktor neben Wahrnehmung und Eigenwahrnehmung auch das motorische Verhalten als Teil des Ich-Gefühls erwähnen würde, so wäre die Absurdität offenkundig, denn der »Leib« des Individuums könnte nun von den anderen Dingen der Umwelt nicht abgegrenzt werden.
Wir wollen nun sehen, wie man, dynamisch betrachtet, zu diesem plausiblen Bilde kommt, das Dr. Federn gibt. Bedenken wir die folgenden Sätze: »Das psychische und das leibliche Ich werden getrennt

empfunden, im Wachzustand jedoch immer so, daß das psychische Ich als innerhalb des leiblichen befindlich erlebt wird.«

Ganz gewiß *nicht* immer. Eine Situation von starkem Interesse tritt im Gewahrsein viel stärker hervor als das Körperempfinden; der Körper wird als ein Teil davon empfunden, oder es ist überhaupt nicht der Körper, was empfunden wird, sondern das Objekt-in-seiner-Situation, qualifiziert durch das körperliche Verlangen. In einem solchen Augenblick wird der Körper als klein und nach außen, zum Gegenstand seines Interesses hingewandt empfunden. Woran der Autor aber wahrscheinlich denkt, das ist der Augenblick der *Introspektion,* und da ist es denn auch richtig, daß die »Seele« innerhalb des »Körpers« sein soll — besonders wenn der Körper sich dagegen wehrt, in den Hintergrund zu treten, und sich stur, gelangweilt und unbehaglich breitmacht.

Wir können nun die folgende Formulierung würdigen: »Das Ich als Subjekt ist an dem Pronomen ›ich‹ zu erkennen, während es als Objekt ›das Selbst‹ genannt wird.«

Dies ist ein vernünftiger Sprachgebrauch, wenn die Beobachtungstechnik die der Introspektion ist, denn dabei ist das »psychische« Ich aktiv, und das psychische und leibliche Selbst sind passiv; und da das Körper-Gewahrsein nicht kontrollierbar ist — es sei denn, die Introspektion würde zu einer lebhaften Phantasie —, ist das Objekt Körpergefühl größer als das introspektive Subjekt. Aber wenden wir uns der Logik dieser Empfehlungen für den allgemeinen Sprachgebrauch zu: Das Körper-Gewahrsein ist in der Introspektion nicht aktiv — ist es nun also »Ich« oder nicht? Wenn das Körper-Gewahrsein »Ich« ist, dann ist das Selbst nicht bloß Objekt, und das »Ich« ist zum Teil nicht Subjekt. Wenn das Körper-Gewahrsein nicht »Ich« ist, so gibt es ein System des Gewahrseins, in welches das Ich keinen Einblick hat (nämlich dasjenige Gewahrsein, welches nicht Introspektion ist), und was wird da aus der Einheit? Beide Folgerungen sind zufällig richtig, und beide sind unvereinbar mit Federns Theorie. Zum Glück läßt sich die tatsächliche Grundeinheit durch ein einfaches Experiment demonstrieren: Man versuche bei der Introspektion mehr und mehr Stücke des größeren, passiven Körper-Selbst mit unter die Objekte des aktiven »Ichs« aufzunehmen; nach und nach zuerst, dann ganz plötzlich vereinigen sich Geist und Körper, »Ich« und Selbst verschmelzen, die Unterscheidung zwischen Subjekt und Objekt verschwindet, und das Selbst berührt im Gewahrsein die Realität als eine Wahrnehmung oder ein Interesse an einem »äußeren« Problem, ohne Einschaltung von »bloß« Gedachtem.

Das heißt, das Selbst, im mittleren Modus des Gewahrseins, sprengt die Trennung zwischen Geist, Körper und Außenwelt. Müssen wir nicht zu dem Ergebnis kommen, daß für die Theorie des Selbst und seines Verhältnisses zum »Ich« die Introspektion als *hauptsächliche* Methode der Beobachtung ungeeignet ist, da sie einen Zustand eigener Art hervorruft? Wir müssen zunächst ein weites Spektrum interessanter Situationen und Verhaltensweisen erkunden. Wenn wir dann wieder auf die Introspektion zurückkommen, wird das wirkliche Verhältnis deutlich: daß das introspektive Ich eine absichtlich einschränkende Haltung des psychosomatischen Gewahrseins ist, welche das Gewahrsein der Umwelt vorübergehend ausschließt und aus dem Körper-Gewahrsein ein passives Objekt macht.

Wo diese vorsätzlich einschränkende Haltung *außerhalb* des Gewahrseins bleibt (wo die Ich-Funktion des Entfremdens neurotisch ist), da haben wir das Gefühl eines fest umgrenzten Selbst mit einem isolierten aktiven Zentrum. Aber dieses Verhältnis wird erst durch die Haltung geschaffen. Und dann haben wir auch »bloße« Gedanken, die von »Realität« entleert sind. Im Zusammenhang einer Introspektion innerhalb des Gewahrseins jedoch *sind* die Gedanken Realität: Sie sind die gegenwärtige Situation, wenn man die Umwelt ausschließt, und dann bilden das abgegrenzte Selbst und sein aktives Zentrum eine gute Gestalt.

Im allgemeinen jedoch hat das gewahre Selbst keine festen Grenzen; es existiert in jedem besonderen Falle im Kontakt zu einer wirklichen Situation, und seine Grenzen sind der Kontext seines Verlangens, sein leitendes Interesse und die daraus folgenden Identifikationen und Entfremdungen.

3. Vergleich der behandelten Theorien

Die Erörterung dieser Theorien bringt die beiden einander entgegengesetzten Schwierigkeiten in den geläufigen modernen Psychologien zutage:

a) Man rettet, wie Anna Freud, das Funktionsfeld, das Wechselspiel von Organismus und Umwelt (Trieb und Befriedigung), setzt aber die synthetische Kraft des Selbst außer Tätigkeit.

b) Oder man rettet, wie Federn, die synthetische Kraft des Selbst, indem man das Selbst (Gedanken) von der Umwelt (Realität) abschneidet.

Die Schwierigkeiten sind jedoch lösbar, wenn wir uns erinnern, daß das zuerst Gegebene ein einheitlicher Grund von Wahrnehmungs-,

Bewegungs- und Gefühlsfunktionen ist und daß die Funktion des Selbst die schöpferische Anpassung im Organismus/Umwelt-Feld ist.
Wir können nun an die zu Beginn dieses Kapitels gestellte Frage herangehen: Wie kommt es, daß die Selbst-Funktion so grob mißverstanden wird und daß, wie bekannt ist, die Theorie des Ichs der zuletzt entwickelte Teil der Psychoanalyse ist? Wir können vier miteinander verknüpfte Ursachen nennen:

1. Das philosophische Klima, das die Trennung von Leib, Seele und Außenwelt begünstigt.
2. Die Furcht der Gesellschaft vor gestaltender Spontaneität.
3. Der historische Gegensatz zwischen Tiefenpsychologie und allgemeiner Psychologie.
4. Die aktiven und passiven Techniken der Psychotherapie.

Diese Ursachen haben sich verschworen, die bekannten Schwierigkeiten der Ich-Theorie hervorzubringen.

4. Philosophische Abtrennungen

Die klassische Methode der Psychologie ist es, von den Gegenständen der Erfahrung über die Aktivitäten zu den Kräften oder »Vermögen« fortzuschreiten, wobei die letzteren dann das eigentliche Thema sind, z. B. von der Beschaffenheit des Sichtbaren über den Akt des Sehens zum Sehvermögen als einem Teil der organischen Seele. Dies ist eine vernünftige Schrittfolge, vom Beobachtbaren zum Abgeleiteten. Wenn das Erleben nun aber neurotisch ist, ergibt sich eine merkwürdige Schwierigkeit: Ein abnormes Vermögen ergibt verzerrte Akte, und diese ergeben fehlerhafte Objekte, und wenn wir nun von dieser fehlerhaft erlebten Welt ausgehen, so leiten wir ein falsches Erlebnisvermögen daraus ab, und die verschiedenen Fehler verstärken sich gegenseitig im Teufelskreis.
Wir haben in Kapitel 3 gesehen, wie die Reaktion auf einen epidemischen und chronischen Notstand niedrigen Grades darin besteht, die Welt als in Seele, Leib und Außenwelt geschieden wahrzunehmen. Die Objekte in einer solchen Außenwelt sind nun so beschaffen, daß sie von einem aggressiven Willen herumgestoßen werden müssen (und nicht so, daß man in einem Wachstumsprozeß mit ihnen interagieren könnte); kognitiv sind sie fremdartig, fragmentarisiert usw., so daß man sie nur durch bewußt abstraktes Folgern erkennen kann. Das Selbst, das als Erlebnisträger solcher Objekte abgeleitet würde, wäre das Absichts-Ich, das wir beschrieben haben. Diese Ableitung wird nun bestärkt durch die Tatsache, daß die chronische unbemerkte

Muskelhypertonie, die überwache Wahrnehmung und verminderte Eigenwahrnehmung zu einem Gefühl von Willensanspannung und übertriebener Bewußtheit führen: das ganze Selbst als das isolierte Absichts-Ich. Ebenso ist es im Verhältnis zwischen Seele und Körper: Die selbstvergewaltigende Aggression hält Wünsche und Ängste niedrig; medizinische Beobachtung und Theorie schweifen aus in Richtung auf Befall durch äußere Gifte und Mikroben, und die medizinische Praxis besteht in steriler Hygiene, chemischer Behandlung, Vitaminen und Schmerzlinderungsmitteln. Die Faktoren der Depression, Spannung und Anfälligkeit werden übersehen. So verhindert allgemein ein Verhalten, das sich um die Einheit des Feldes nicht kümmert, die Erbringung von Beweisen gegen die gerade geltende Theorie. Schöpfertum ist wenig zu sehen, der Kontakt fehlt, die Energie scheint von »innen« zu kommen, und die Teile der Gestalt scheinen nur »im Geiste« zu existieren.

Denken wir nun, angesichts dieser Theorie (und dieses Gefühls) vom isolierten aktiven Ich, an das Problem, vor dem der Arzt steht. Wenn die synthetische Kraft des Ichs im Hinblick auf die physiologischen Vorgänge ernst genommen wird, so hat die organische Selbstregulierung ihre Grenze, denn das Ich wird sich einschalten, statt die Dinge hinzunehmen und gehen zu lassen. Eingreifen in die Selbstregulierung aber führt zu psychosomatischen Leiden. Daher wird bei relativer Gesundheit das Ich theoretisch wie praktisch als müßig, als ein Zuschauer behandelt. Und diese Auffassung wird gestützt durch die Tatsache, daß es dem isolierten Ich an Energie mangelt, daß es wirklich nicht viel leistet. Ebenso, wenn die synthetische Kraft des Ichs im Hinblick auf die Realität ernst genommen wird, so haben wir die Welt des Psychotikers, eine Welt voller Projektionen, Rationalisierungen und Träume; daher wird bei relativer Gesundheit eine endgültige Trennlinie zwischen dem »bloß« Gedachten und dem Realen gezogen; das Ich wird in seinen Grenzen festgebunden.

Es ist interessant zu sehen, was geschieht, wenn die eine Seite der philosophischen Abtrennung aufgelöst wird, aber nicht die andere. Wilhelm Reich hat die psychosomatische Einheit völlig wiederhergestellt, aber trotz mancher Konzessionen an den klaren Augenschein betrachtet er immer noch das Lebewesen als ein nur in seiner Haut Lebendes — z. B. wird der Orgasmus mit dem Pulsieren in der Blase verglichen; der »Organismus« wird nicht als Abstraktion aus einem gegebenen Felde verstanden. Was geschieht also nach seiner Theorie? An der Grenze werden die Kontaktsituationen als widersprüchliche Triebäußerungen betrachtet, und um ihre Einheit aufzufinden, kann man nicht zu der schöpferischen Synthese des Selbst hinblicken, sondern muß sich von der sozio-biologischen Oberfläche abwenden und die biologischen Tiefen ergründen; alle menschliche Energie kommt »von innen«. An der Möglichkeit einer schöpferischen Lösung der Oberflächen-Widersprüche, z. B. in Kultur und Politik, verzweifelt man mehr und mehr (doch natürlich ist diese Verzweiflung schon eine der Ursachen für die Abwendung des Theoretikers von der Oberfläche gewesen). In der Therapie läuft die Methode letztlich bloß darauf hinaus, daß versucht wird, die Orakelstimmen des Körpers wiederzuerwecken. Das Schöpfertum des Selbst wird der ganz und gar nicht-bewußten organischen Selbstregulierung zugeschrieben, gegen allen Augenschein aus den Humanwissenschaften, aus Kunst, Geschichte usw. Dann jedoch, sekundär und die Kontaktgrenze überspringend, wird die verdrängte Einheit des Feldes abstrakt in den Himmel projiziert, wo sie nun »von außen« überall, als eine bio-*physikalische* Kraft, dem Organismus direkt Energie spenden (und ihn direkt angreifen) kann. Und diese Abstraktion und Projektion — die »Orgontheorie« — ist von dem üblichen zwanghaften Wissenschaftspositivismus begleitet. (Damit soll nicht gesagt sein, daß Reichs biophysische Kraft notwendig eine Illusion sei, denn oft trifft die Projektion tatsächlich ins Schwarze; eine Illusion ist aber die Vorstellung, eine solche Kraft, wenn sie existierte, könne direkt einwirken, ohne die Bahnen der gewöhnlichen menschlichen Assimilations- und Wachstumsvorgänge zu durchlaufen.)

Nehmen wir andererseits an, die Abgetrenntheit der sozialen Umwelt werde aufgehoben, die psychosomatische Einheit aber nicht begriffen, sondern nur im Lippenbekenntnis angenommen. Wir kommen zu der Auffassung der »interpersonalen« Theoretiker (die Washington-Schule, Fromm, Horney usw.). Diese reduzieren das Selbst auf das, was wir im Vorhergehenden die Persönlichkeit genannt haben, und dann — überraschend, aber zwingend — erklären sie uns, daß die biologische Natur großenteils neurotisch und »infantil« sei. Doch ihrer Theorie fehlt es an Kühnheit und Originalität, und gerade dort, wo man hoffen möchte, daß sie als erfinderische und revolutionäre soziale Neuerer ihr Bestes geben könnten, erscheint uns ihre Sozialphilosophie als ausnehmend fade Ruhmeshymne auf die freien, aber leeren Persönlichkeiten.

Soviel zu den Aufspaltungen im Felde, dem Boden des Kontakts. Wenden wir uns nun der Gestaltbildung im Felde zu, der Spontaneität des Selbst.

Wie wir schon in Kapitel 6 zu zeigen versucht haben, herrscht eine epidemische Angst vor der Spontaneität. Sie ist das »Infantile« par excellence, denn sie trägt der sogenannten »Realität« nicht Rechnung, sie ist unverantwortlich. Doch betrachten wir einmal das Sozialverhalten in einer normalen politischen Angelegenheit, um zu sehen, was diese Ausdrücke bedeuten. Hier ist eine Streitfrage, ein Problem, und da sind die Parteien, die sich bekämpfen: Das Problem wird so formuliert, wie es die Programme, die Sonderinteressen und die Geschichte dieser Parteien gebieten, und ihre Sichtweisen gelten nun als die einzig möglichen angesichts des Problems. Die Parteien bilden sich nicht aus der Realität der Problemlage heraus (außer in großen revolutionären Augenblicken), sondern das Problem wird nur dann als »real« angesehen, wenn es in dem von ihnen anerkannten Bezugssystem formuliert wird. Tatsächlich empfiehlt sich aber keine der gegensätzlichen Auffassungen spontan als wirkliche Lösung des wirklichen Problems, und man hat daher ständig nur die Chance, »von zwei Übeln das kleinere« zu wählen. Natürlich erweckt eine solche Wahl keinerlei Enthusiasmus oder Initiative. Dies ist es, was man »realistisch« nennt.

Das schöpferische Angehen einer Schwierigkeit ist genau das Gegenteil: Es versucht, das Problem auf eine andere Ebene zu versetzen, durch Entdecken oder Erfinden einer neuen, dritten Alternative, die das Wesentliche trifft und sich spontan empfiehlt. (In unserem Beispiel wäre dies eine neue Politik oder Partei.) Immer, wenn ausschließlich bloß »kleinere Übel« zur Wahl stehen, ohne daß wirklich Befriedigendes ins Auge gefaßt würde, haben wir es wahrscheinlich überhaupt nicht mit einem echten Konflikt zu tun, sondern nur mit der Maske eines echten Konflikts, von dem niemand etwas wissen will. Unsere sozialen Probleme werden gewöhnlich so gestellt, daß sie die echten Konflikte verbergen und die echten Lösungen verhindern — denn diese könnten schwere Risiken und Veränderungen erfordern. Wenn ein Mensch dagegen seinen *realen* Verdruß äußert oder etwas schlicht Vernünftiges vorschlägt und sich um eine schöpferische Lösung der Frage bemüht, so bekommt er zu hören, er sei weltfremd, unpraktisch, eskapistisch, utopisch oder unrealistisch. Es ist das anerkannte Schema, wie das Problem gestellt werden muß, und nicht das Problem selbst, was als die »Realität« gilt. Dieses Verhalten beobachten wir gleichermaßen in der Familie, in der Politik, den Universitäten und den akademischen Berufen. (Später wundern wir uns, wie frühere Epochen, aus deren sozialen Formen wir herausgewachsen sind, in mancher Hinsicht so erstaunlich dumm sein konnten. Wir sehen, mit einem bißchen mehr Spontaneität oder auch nur schlichter Vernunft wären ihre Probleme leicht zu lösen gewesen, verheerende Kriege hätten verhindert werden können usw. Nur war eben, wie die Geschichte zeigt, jede neue Sichtweise, die damals jemand vorschlug, einfach nicht »realistisch«.)

Das meiste an der Realität des Realitätsprinzips besteht in durch Selbstvergewaltigung aufrechterhaltenen gesellschaftlichen Illusionen. Das ist ganz klar, wenn wir daran denken, daß in Naturwissenschaft und Technologie, dort, wo sie ihr Bestes geben, ohne alle Angst und Skrupel jederlei Vermutungen, Wünsche, Hoffnungen und Projekte gehegt werden; der *reale* Erkenntnisgegenstand ist nichts, woran man sich »anpaßt«, sondern man beobachtet ihn fasziniert und stellt hemmungslos seine Versuche mit ihm an. In anderen Belangen jedoch (wo man das Gesicht wahren muß) haben wir den folgenden circulus vitiosus: Das Realitätsprinzip läßt die schöpferische Spontaneität als müßig, gefährlich oder psychotisch erscheinen; die verdrängte Erregung kehrt sich nun aggressiver gegen das schöpferische Selbst; und nun wird die »Realität« der Norm als tatsächlich real erlebt.

Die jämmerlichste Furchtsamkeit ist nicht Furcht vor dem Trieb oder Furcht, Schaden zu stiften, sondern Furcht, etwas auf neue Weise, aus sich selbst heraus zu tun — oder es zu lassen, wenn man nicht wirklich interessiert ist. Dennoch ziehen die Leute Handbücher zu Rate, Fachautoritäten, Leitartikler, die Meinung der Wohlunterrichteten. Was für ein Bild vom Selbst kann man da zeichnen? Es taugt nicht einmal zum Assimilieren, geschweige denn zum Gestalten; es introjiziert, häuft an und äußert sich durch Erbrechen.

6. Die Kunst in der analytischen Theorie

Ein schönes Beispiel für die Austilgung der Spontaneität aus der analytischen Theorie läßt sich in der Behandlung von Kunst und Dichtung beobachten, gerade dort also, wo man erwarten sollte, die schöpferische Spontaneität im Vordergrund zu finden.

Vor langer Zeit erklärte Freud, die Psychoanalyse könne sich zwar mit den von den Künstlern gewählten Themen und mit den Blockierungen ihres schöpferischen Vermögens befassen (und dies sind die

Themen seiner Schrift über Leonardo), nicht aber mit ihren schöpferischen Eingebungen, die ein Geheimnis blieben, noch mit ihrer Technik, die Gegenstand von Kunstgeschichte und Kunstkritik sei. An dieses Urteil haben sich die Psychoanalytiker bisher zumeist gehalten (wenn auch nicht immer mit dem gleichen humanistischen Takt, mit dem Freud es vorgebracht hatte), und wo sie sich nicht daran hielten, war das Ergebnis immer, daß ihnen die Kunst zu einem besonders bösartigen neurotischen Symptom wurde.[5] Aber was für eine eigenartige Auffassung! Denn ein Thema und eine Hemmung gibt es bei jedem Tun, und was den Künstler und Dichter ausmacht, sind doch gerade die schöpferische Kraft und seine Technik, und die sogenannte Psychologie der Kunst wäre so eine Psychologie von allem möglichen, nur nicht der Kunst.

Wir wollen nun gerade auf diese zwei verbotenen Themen eingehen, besonders auf die Technik. Für den Künstler sind natürlich Technik und Stil alles: Das Schöpferische empfindet er als natürliche Erregung und natürliches Interesse an seinem Thema (das ihm »von außen« zuteil wird, aus den unerledigten Situationen der Vergangenheit und den Tagesereignissen), die Technik aber ist *seine* Art, aus dem Wirklichen Wirklicheres zu bilden, sie steht im Vordergrund seines Gewahrseins, seines Hinsehens und Zugreifens. Der Stil ist er selber, er ist, was er vorstellt und mitteilt: Stil, und nicht banale verdrängte Wünsche oder neueste Nachrichten. (Daß in erster Linie die Technik der Träger der Kommunikation ist, ist natürlich aus dem Rorschach-Test und anderen projektiven Tests offensichtlich. Ganz gewiß sind es nicht Cézannes Äpfel, die uns interessieren — obwohl auch sie keineswegs unwichtig sind —, sondern wie er sie verarbeitet, was er ausgerechnet aus Äpfeln macht.)

Das Verarbeiten der realen Oberfläche, die Umformung des aufscheinenden oder rudimentären Themas in das materielle Medium ist die schöpferische Gestaltung. Der Vorgang hat überhaupt nichts Geheimnisvolles, es sei denn das bloß verbale Geheimnis, daß man nicht vorher weiß, was man tut, sondern es zuerst tut und dann weiß und darüber reden kann. Aber das gilt für jedes Wahrnehmen und Zugreifen, das es mit etwas Neuem zu tun hat und eine Gestalt bildet. Wenn wir, wie in psychologischen Experimenten, eine Aufgabe isolieren und ähnliche Teile davon wiederholen, so können wir das Ganze voraussagen, das spontan wahrgenommen oder ausgeführt werden

[5] Die große Ausnahme war Rank, dessen *Art and the Artist* über jedes Lob erhaben ist.

wird; in allen wichtigen Belangen aber, in der Kunst wie im übrigen Leben, sind das Problem und seine Teile immer ein bißchen neu. Das Ganze ist erklärbar, doch nicht voraussagbar. Auch so kommt das Ganze zustande, schon in der ganz gewöhnlichen (alltäglichen) Erfahrung.

Das »Geheimnis« des Schöpferischen kommt für die Psychoanalytiker dadurch zustande, daß sie die Aufklärung nicht im Nächstliegenden suchen, im gesunden Normalzustand des Kontakts. Aber wo sonst könnte man nach der klassischen Theorie der Psychoanalyse hoffen, sie zu finden? Nicht im Überich, denn das hemmt den schöpferischen Ausdruck, es vernichtet. Nicht im Ich, denn das bringt nichts neu hervor, sondern beobachtet nur oder führt aus, unterdrückt oder wehrt sich. Das Ich kann das Schöpferische nicht sein, denn der Künstler kann sich nicht selbst erklären. Er sagt: »Ich weiß nicht, woher es kommt, aber wenn Sie wissen wollen, wie ich es mache, das geht so . . .«, und nun beginnt er eine langweilige technische Erläuterung, die die Kunstgeschichte und Kunstkritik angeht, aber nicht die Psychologie. Daher nehmen die Psychoanalytiker an, das Schöpferische müsse im Es sein — und da wäre es denn gut versteckt. Tatsächlich ist aber dem Künstler nicht *un*bewußt, was er tut, er weiß es recht gut. Er redet nicht und theoretisiert nicht darüber, außer im Nachhinein, aber er macht etwas, indem er das materielle Medium handhabt und ein neues Problem löst, das sich ihm unter den Händen verwandelt.

Da ihre Theorien vom Standpunkt des selbstvergewaltigenden Ichs her formuliert sind, weiß die Psychoanalyse mit einer Art Kontakt, die erregend sein und die Realität verändern soll, nichts anzufangen. Und das Elend unserer Generation ist, daß diese Art Ich derart epidemisch verbreitet ist, daß das Tun des Künstlers als *außer*ordentlich erscheint. Statt die Theorie des Ichs von den Fällen lebendigster Gestaltungskraft her zu denken, welche (in dieser Hinsicht) die normalen Fälle sind, wurde vom Durchschnittlichen ausgegangen, und das Schöpferische erscheint als geheimnisvoll, wenn nicht gar als bösartig neurotisch.

Die richtige Theorie könnte aber auch aus der Spontaneität der Kinder abgelesen werden, die mit größter Selbstverständlichkeit Realität halluzinieren und immer noch Realität erkennen, die mit der Realität spielen und sie ändern, ohne im mindesten psychotisch zu sein. Aber natürlich, die sind infantil.

Historisch hat sich die Psychoanalyse in der Blütezeit der Assoziationspsychologie entwickelt, mitten in der ersten Begeisterung über die Verankerung der Assoziationen in Reflexbögen und konditionierten Reflexen. Die funktionale und dynamische Theorie Freuds ging von diesen Theorien so weit ab, daß sie einer anderen Welt anzugehören schien. Und derart war tatsächlich der Waffenstillstand, den man schloß, eine Aufteilung der Welten. Die Welt des Bewußten überließ Freud den Assoziationspsychologen (und den Biologen), die Welt der Träume behielt er für sich und zeichnete sie in korrekten Karten mit Funktionssignalen auf. An der Grenze zwischen den beiden Welten, wo die Träume ins Wachen übergehen, geschah, was Freud in einer schönen Eingebung (verächtlich?) den »Sekundärvorgang« nannte; es war gewiß nicht das Primäre, mit Energie Besetzte, sondern ein Versuch, sich zurechtzufinden, indem man sich den »Gesetzen der Realität« unterwarf, insbesondere den Assoziationen. (Wir kommen auf Freuds Unterscheidung von Primär- und Sekundärvorgang noch in Kapitel 13 zurück.) Unterdessen häuften die Psychologen immer mehr Beweise an, daß dies tatsächlich die Gesetze der Realität seien, indem sie Versuchsanordnungen schufen, die von immer weniger Lebensinteresse waren und in denen tatsächlich meist Reflexe die Reaktion waren: Labyrinthe und Elektroschocks, worauf nicht mehr sekundär, sondern tertiär und quaternär reagiert wurde, bis zum Nervenzusammenbruch. (Wenn Psychologie die Wissenschaft von den schöpferischen Anpassungen ist, dann ist die Reflex-Psychologie die Strafvollzugs-Sparte der Physik.)

Von Zeit zu Zeit deutete Freud natürlich an, daß die Gesetze des Traums zugleich die der Realität sein könnten, doch sah er nicht, wie man die Kluft überbrücken sollte. Tatsächlich ist es angesichts dieser zwei Welten, der Welt der Träume mit ihren Gesetzen der Lust und ihren phantastischen Umbildungen und der Welt des Bewußten-Realen mit ihren lustlosen und additiven Assoziationen, schon logisch schwierig, sich nicht immer wieder die erkenntnistheoretische Frage zu stellen: Mit welchem einheitlichen Gewahrsein unterscheiden wir die beiden Welten, und welches sind die Gesetze dieses einheitlichen Systems?

In der allgemeinen Psychologie kam es zu der gestalttheoretischen Revolution, die im wesentlichen eine Rückkehr zu den Auffassungen der Antike war. (Denn die Vorgänge des Denkens und Verhaltens sind kein allzu abseitiges oder dunkles Thema, und die Alten, auch wenn sie keine großen Empiriker waren, konnten nicht umhin, ihre Erfahrungen damit zu machen.) Wahrnehmung, Abstraktion und Problemlösung wurden nun als gestaltete und sich gestaltende Ganzheiten verstanden, als Erfüllung unerledigter Aufgaben oder Bedürfnisse. Man hätte nun eine sofortige Annäherung zwischen Gestaltpsychologie und Psychoanalyse erwarten sollen, eine Synthese zwischen Kontakt- und Tiefenpsychologie und damit zugleich eine funktionale Theorie von Selbst, Es, Ich und Persönlichkeit. Dies trat nicht ein.

Der Mangel an Wagemut, es zu versuchen, muß den Gestaltpsychologen zur Last gelegt werden, denn die Psychoanalytiker ließen es daran nicht fehlen. Erstens gaben die Gestaltpsychologen, um die Assoziationisten zu widerlegen, sich jahrelang damit ab, zu beweisen, daß die wahrgenommenen Ganzheiten »objektiv« und körperlich und nicht bloß »subjektiv« oder Folgen von Gefühlsneigungen seien. Doch was für ein sonderbarer Sieg wurde da errungen! Denn die Gestaltpsychologen durchsuchten eifrig die ganze physische Natur nach Ganzheitstendenzen, beharrten auf dem Kontext und den Wechselbeziehungen aller Teile, um ihre Psychologie herauszustaffieren, nur in dem einen Falle der menschlichen Gefühle sollte das Gestaltprinzip nicht gelten! Ein Gefühl war kein echter Teil der Wahrnehmung, die es begleitete, es kam nicht mit ins Bild.

Zweitens, weil sie einmal auf den Sieg aus waren, sterilisierten (kontrollierten) sie sorgfältig ihre Versuchsanordnungen und machten es für die Versuchspersonen zunehmend unmöglich, daran ein Interesse zu nehmen; dennoch, dank einer wunderbaren Erfindungsgabe, gelang es ihnen, die Gestalt nachzuweisen. Ihr Erfolg hätte sie alarmieren und ihnen als Gegenbeweis dienen müssen, denn er verstieß gegen ihr Kontext-Prinzip: daß die Gestalt am deutlichsten dort ist, wo alle Funktionen durch ein echtes Bedürfnis angeregt werden. Ihre Versuche hätten gerade in die entgegengesetzte Richtung gehen müssen: Zu zeigen gewesen wäre die *Schwächung* der Gestaltbildungstendenz, wenn die Aufgabe bloß eine Laboraufgabe ist, abstrakt, isoliert und ohne Interesse. (Und dies war von Anfang an der wunde Punkt bei den Tierversuchen.)

Drittens blieben sie von Anfang an der wissenschaftlichen Methode des Laborexperiments verhaftet. Dabei ist die folgende Schwierigkeit zu bedenken: Was, wenn eben dasjenige, was die wichtigste Erklärung bietet, die schöpferische Kraft lebhafter Erregung, sich entweder aus der Situation zurückzieht oder aber in den Versuch eingreift, die Kontrollen durcheinanderbringt, die Situation entsterilisiert, sich vielleicht auch weigert, überhaupt mit sich experimentieren zu lassen, und auf dem konkreten, statt dem abstrakten Problem insistiert? In einem solchen Falle müßte man wohl dem Fetisch der anerkannten »wissenschaftlichen Methode« den Rücken kehren, im

Interesse der Wissenschaft. Der Versuch muß ein realer und sinnhafter sein, d. h., er muß einem persönlich etwas bedeuten, ein Stück verfeinertes Glücksstreben, das eine Partnerschaft zwischen einem menschlichen »Versuchsleiter« und einer menschlichen »Versuchsperson« einschließt. Solche Untersuchungen sind nichts Unerhörtes, das nicht in Frage käme. Politisch gibt es sie bereits in kooperativen Gemeinschaften; es gibt sie in sozialmedizinischen Projekten wie dem des Peckham Health Centre; und es gibt sie in jeder Psychotherapiesitzung.

Wie dem auch sei, wir haben nun seit zwei Generationen die Anomalie, daß zwei höchst dynamische psychologische Schulen parallel in die gleiche Richtung arbeiten, aber kaum miteinander sprechen. Und unvermeidlich hat gerade der Boden, auf dem sie einander begegnen sollten, die Theorie des Selbst, darunter gelitten und ist am wenigsten entwickelt.

8. Schlußfolgerung

Zuletzt haben auch die in der Psychotherapie angewandten Methoden die richtigen Theorien des Selbst und des Wachstums verdunkelt, und meist haben sie Theorien bestätigt, wonach das Ich entweder müßig oder bloß widerständig, das Es unbewußt und die Persönlichkeit etwas bloß Formales wäre. Sie haben Beobachtungssituationen herbeigeführt — und Heilungskriterien angewandt —, bei denen der Augenschein solche Theorien bestätigt. Im vorliegenden Buch haben wir immer wieder Beispiele dafür angeführt, wie es dazu kommt.

Dennoch wäre es ungerecht, dieses unfreundliche Kapitel zu beschließen, ohne folgendes gesagt zu haben:

Bei all ihren Mängeln hat keine andere Disziplin der Gegenwart die einheitliche Auffassung des Organismus/Umwelt-Feldes so sehr gefördert wie die Psychoanalyse. Wenn wir uns an die großen Linien und nicht an die Details halten, dann sehen wir, daß in Medizin, Psychologie, Soziologie, Recht, Politik, Biologie, Biophysik, Anthropologie, Kulturgeschichte, Gemeindeplanung, Pädagogik und anderen Spezialgebieten die Psychoanalyse eine Einheit entdeckt und gefunden hat. In jedem dieser Fälle haben die Fachspezialisten mit Recht Vereinfachungen und Reduktionen zurückgewiesen, und doch sehen wir, daß sie schon in ihren Entgegnungen auf die Irrtümer der Psychoanalyse die Begriffe der Psychoanalyse zu benutzen anfangen, und das Material, das heute aufgeboten wird, um die Psychoanalyse als irrelevant zu widerlegen, wurde vor dem Auftreten der Psychoanalyse ganz übersehen.

12

Schöpferische Anpassung: Vorkontakt und Kontaktanbahnung

1. Physiologie und Psychologie

Obwohl es keine Funktion des Organismus gibt, die nicht wesentlich eine Interaktion im Organismus/Umwelt-Feld wäre, spielt sich doch zu jeder Zeit der allergrößte Teil der Lebensprozesse vollständig innerhalb der Haut ab, geschützt und außer Gewahrsein; dies sind keine Kontakt-Funktionen. Kontakte finden an der »Grenze« statt (aber natürlich verschiebt sich die Grenze, sie kann sogar, wie etwa bei Schmerzen, tief im »Innern« des Lebewesens verlaufen), und was kontaktiert wird, ist wesentlich das Neue. Organische Anpassungen sind konservativ; sie wurden in einer langen phylogenetischen Geschichte in den Organismus eingebaut. Vermutlich ist jede innere Funktion zu irgendeiner Zeit einmal zugleich Kontakt-Funktion gewesen, die sich in die Umwelt hinauswagte und diese erlitt (z. B. Peristaltik-Bewegung, osmotische Verdauung-Tastsinn, Mitose-Sexualität usw.), nun aber erfolgt die Regulierung selbst in Notsituationen ohne viel Kontakt zum Neuen. Das System der konservativen ererbten Anpassungen ist die Physiologie. Sie ist natürlich integriert und reguliert sich als Ganzes selbst, sie ist nicht eine Ansammlung elementarer Reflexe. Diese Ganzheit der Physis pflegten die Alten die »Seele« zu nennen, und die »Psychologie« (die Lehre von der Seele) umfaßte auch die Behandlung der Physiologie. Wir ziehen es jedoch vor, nur jenen besonderen Komplex der physiologischen Anpassungen als Gegenstand der Psychologie zu betrachten, die auch zu dem Nicht-Physiologischen in Beziehung stehen, nämlich die Kontakte an der Grenze im Organismus/Umwelt-Feld. Der definitorische Unterschied zwischen Physiologie und Psychologie ist der selbstregulierende, relativ selbstgenügsame Konservatismus der »Seele« einerseits, das Ergreifen und Assimilieren des Neuen durch das »Selbst« andererseits. Es wird ersichtlich sein, daß Gegenwärtigkeit in der Situation und schöpferische Anpassung die Funktion des Selbst ausmachen.

In einer Hinsicht ist das Selbst nichts als eine Funktion der Physiologie, in einer anderen Hinsicht aber ist es überhaupt nicht Teil des Organismus, sondern Funktion des Feldes, die Art, wie das Feld den Organismus umschließt. Diese Interaktionen zwischen der Physiologie und dem Selbst wollen wir nun betrachten.

Ein physiologischer Vorgang vollzieht sich innerlich, aber letztlich geht dies auf Dauer niemals (der Organismus kann sich nicht »aus sich selbst erhalten«), ohne daß etwas aus der Umwelt assimiliert wird, ohne daß Wachstum stattfindet (oder Ausscheidungen in die Umwelt und Absterben). Aufgrund von Mangel- oder Überschußzuständen erregen also periodisch unerledigte physiologische Situationen die Kontaktgrenze, und diese Periodizität gilt für jede Körperfunktion, ob Stoffwechsel, Bedürfnis nach dem Orgasmus, nach Abspaltung, Bewegungs- oder Ruhebedürfnis usw., und alles dies erscheint im Selbst in Form von Trieben, Verlangen, Hunger, Bedürfnissen nach Darmentleerung, Sexualität, Schlaf usw.
Wir können hieraus ersehen, warum das Atmen in Psychologie und Psychotherapie eine so interessante Rolle spielt (»psyche« oder »animus« heißt Atem). Atmen ist eine Körperfunktion, aber die Periodizität, mit der die Umwelt in Anspruch genommen wird, ist so kurz und im Grunde kontinuierlich, daß es immer am Rande des Gewahrwerdens steht, als eine Art Kontakt. Und nirgends sonst sehen wir so deutlich, wie sehr das Lebewesen ein »Feld«, wie sehr die Umwelt »in« ihm ist oder es in jedem Augenblick durchtränkt. Und daher begleitet Angst, die Störung des Atmens, jede Funktionsstörung des Selbst; der erste Schritt in der Therapie ist daher, mit dem Atem Kontakt aufzunehmen.
Die konservativen Funktionen werden auch dann zu Kontaktfunktionen, wenn infolge einer bewußtgewordenen Funktionsstörung eine neue Situation eintritt. Dies sind die aperiodischen Schmerzen. Wir wollen die periodischen Triebe und die aperiodischen Schmerzen einander gegenüberstellen. Beim Trieb oder Verlangen entwickelt sich die Figur des Kontakts — z. B. Durst und die Möglichkeiten, ihn zu stillen —, und der Körper (im Ungleichgewicht) ist Hintergrund und tritt mehr und mehr zurück. (Dies gilt auch für das Bedürfnis, auszuscheiden, das im gesunden Zustand ein Bedürfnis ist, »fahrenzulassen«.) Beim Schmerz dagegen zieht der Körper immer mehr Aufmerksamkeit auf sich und wird zur Vordergrund-Figur. So heißt denn die klassische therapeutische Maxime: »Der Gesunde spürt seine Gefühle, der Neurotiker seinen Körper« — womit natürlich nicht bestritten, sondern eher vorausgesetzt ist, daß man in der Therapie versucht, die Zone des Körpergewahrseins zu erweitern, denn gerade weil manche Zonen *nicht* gespürt werden können, werden andere bei Erregung übermäßig angespannt und dann als schmerzhaft empfunden.
Andere neue Situationen in der konservativen Physiologie treten ein

infolge von Umweltreizungen, Wahrnehmungen oder Giften. Diese sind aperiodisch. Sie begegnen entweder einem Trieb oder Verlangen und werden in diesem Falle zu Zentren der entstehenden Kontaktfigur, während der Körper mehr und mehr in den Hintergrund tritt, oder aber sie werden als Ärgernisse, als nebensächlich usw. behandelt; in diesem Falle tritt der Körper in den Vordergrund, und es wird versucht, das Neue aus der Figur zu tilgen, damit sie wieder aus dem Gewahrsein verschwinden kann.

Schließlich gibt es noch eine Kategorie neuer Situationen in der Physiologie, die für die Neurose besonders verhängnisvoll sind: die Störungen der konservativen organischen Selbstregulierung. Nehmen wir z. B. an, ein Verlangen werde von der Umwelt nicht gestillt und die Notstandsfunktionen (Launen, Träume, Ohnmacht usw.) könnten nicht eingreifen oder seien erschöpft; es wird nun eine physiologische Neuabstimmung stattfinden, ein Versuch, eine neue konservative Regelung ohne Gewahrsein unter den neuen Bedingungen zu erreichen. Dasselbe wird bei chronisch schmerzhaften Umweltbelastungen oder andauernder Zufuhr von Fremdkörpern geschehen. Natürlich lassen sich alle diese ad hoc erfolgten physiologischen Abstimmungen nicht ohne weiteres mit dem ererbten konservativen System vereinbaren; sie führen zu Funktionsstörungen, Krankheiten und Schmerzen. Doch ist klar, daß dies eine sekundäre Physiologie ist, denn das Neue bewirkt kein Gewahrsein und keine schöpferische Anpassung, sondern verliert sich seinerseits aus dem Gewahrsein und wird (recht und schlecht) organisch selbstregulierend. Haltungsschäden sind ein Beispiel. Sobald sie nicht mehr neu sind, scheinen diese Strukturen im Selbst, im Kontakt, nicht mehr auf, sie werden jedoch, wie wir sehen werden, eben in den Defekten und Fixierungen der Selbst-Funktion deutlich. Die schlechte Abstimmung zwischen der ererbten und der sekundären Physiologie tritt auch im Selbst wieder in periodischen schmerzgetönten Trieben oder Symptomen hervor.

Kontakthaft wird die Physiologie also beim Auftreten des Neuen. Wir haben die folgenden Kategorien unterschieden:

1. Periodische Impulse und Verlangen, bei auf die Umwelt gerichtetem Kontaktbestreben.
2. Aperiodische Schmerzen, bei auf den Körper gerichtetem Kontakt.
3. Reizungen, die sich entweder als Verlangen (Gefühle) oder als Schmerzen entwickeln.
4. Umweltbedingte Neuanpassungen der Physiologie, die sich entweder in Mängeln der Kontaktstruktur zeigen oder periodisch als Symptome auftreten.

Diese Erregungen oder Vorkontakte setzen den Figur/Hintergrund-Prozeß in Gang.

Die Erregungen an der Kontaktgrenze steuern ihre Energien zur Bildung einer schärfer und einfacher konturierten Objekt-Figur bei; sie gehen an sie heran, schätzen sie ein, überwinden Hindernisse, beeinflussen und ändern die Realität, bis die unerledigte Situation vollendet und das Neue assimiliert ist. Dieser Prozeß der Kontaktnahme — das Berühren des geliebten, begehrten oder interessanten Objekts oder das Ausstoßen des gefährlichen oder unangenehmen Objekts durch Vermeiden oder Vernichten — ist im allgemeinen eine kontinuierliche Abfolge von Gründen und Figuren, in der jeder Grund sich leert und seine Energie auf die sich bildende Figur überträgt, die ihrerseits wieder der Grund für eine schärfere Figur wird; der ganze Prozeß ist ein Anschwellen der Erregung, dessen man gewahr ist. Zu beachten ist, daß die Energie für die Bildung der Figur von beiden Polen des Feldes her fließt, vom Organismus wie von der Umwelt. (Wenn wir z. B. etwas lernen, so kommt die Energie aus dem Bedürfnis, es zu lernen, aus dem sozialen Milieu und dem Unterricht, und außerdem auch aus der inneren Kraft des Gegenstandes: Es ist zwar üblich, aber unserer Ansicht nach irreführend, sich das »Interesse« des Lernthemas ganz und gar aus der psychischen Besetzung seitens des Lernenden und aus dessen sozialer Rolle erklären zu wollen.)

Der Prozeß des Kontakts ist ein einheitliches Ganzes, aber zur Übersicht können wir die Abfolge der Hintergründe und Figuren folgendermaßen aufgliedern:

1. Vorkontakt: Der Körper ist Grund, das Verlangen oder der Umweltreiz ist Figur. Dies ist, was als das »Gegebene« oder Es der Situation gewahrt wird und sich in seine Möglichkeiten auflöst.

2. Kontaktnehmen:

a) die Erregung des Verlangens wird Grund, und ein »Objekt« oder eine Gruppe von Möglichkeiten ist Figur. Der Körper verblaßt. (Oder umgekehrt, wie beim Schmerz, wo der Körper Figur wird.) Ein Gefühl ist vorhanden.

b) Auswählen und Verwerfen von Möglichkeiten, Aggression als Herangehen und Überwinden von Hindernissen, absichtliches Sichorientieren und Zugreifen. Dies sind die Identifizierungen und Entfremdungen des Ichs.

3. Kontaktvollzug: Vor dem uninteressanten Hintergrund von Umwelt und Körper tritt die Figur lebhaft hervor und wird in Berührung ge-

nommen. Alles Absichtliche ist gelockert, Wahrnehmung, Bewegung und Gefühl wirken spontan und einheitlich zusammen. Das Gewahrsein besitzt am meisten Leuchtkraft in der Figur des Du.
4. Nachkontakt: fließende Organismus/Umwelt-Interaktion, die kein Figur/Grund-Prozeß ist: das Selbst verblaßt.
In diesem Kapitel erörtern wir die ersten beiden von diesen Stadien, die letzten beiden im nächsten Kapitel.
Das Verlangen scheint entweder durch etwas in der Umwelt gereizt zu werden oder sich spontan aus dem Organismus zu erheben. Doch natürlich könnte die Umwelt keinen Reiz ausüben, wäre der Organismus nicht bereit zu reagieren; außerdem läßt sich oft zeigen, daß es ein Verlangen ist, dessen wir nur trübe gewahr sind, das einen zur rechten Zeit in die Nähe des Reizes führt. Die Reaktion kommt dem Reiz entgegen.
Das Verlangen ist jedoch meist vage, solange es kein Objekt gefunden hat, das es verarbeiten kann; es ist eine Leistung schöpferischer Anpassung, die das Gewahrsein dessen schärft, was man will. In Extremfällen der Bedürfnisspannung jedoch, bei extremem physischem Mangel oder Überschuß, kann das spontane Verlangen von selbst konkret, hell und scharf konturiert werden, bis zur Halluzination. In Ermangelung eines Objekts wird ein Objekt erzeugt, im wesentlichen aus Erinnerungsfragmenten. (Dies geschieht natürlich auch bei der neurotischen »Wiederholung«, wenn das Bedürfnis von so überwältigendem Einfluß und die Mittel der Annäherung so archaisch und untauglich sind, daß eine normale schöpferische Anpassungsleistung, bei der etwas wirklich Neues assimiliert wird, unmöglich ist.) Halluzinieren bis zu dem Punkt, wo die Umwelt nicht mehr wahrgenommen wird, ist eine Notstandsfunktion; es lenkt unsere Aufmerksamkeit aber auch auf das, was im Normalfall geschieht.
Denn in den aussichtsreicheren Fällen eines starken, doch vagen Verlangens, mit Befriedigungsmöglichkeiten in der Umwelt, leistet das Selbst folgendes: Die Neigung zu halluzinieren, sich ein Objekt zu machen, erhellt ein aktuell wahrgenommenes Objekt. Dieses wird vom Selbst spontan untersucht, erinnert oder antizipiert. Das Objekt ist nun nicht mehr, was es eben noch war, sondern ein aus Wahrnehmung *und* Phantasie geschaffenes Objekt, vor einem Hintergrund wachsender Erregung. Eine solche Figur ist bereits gestaltete Realität. Währenddessen bringt das motorische Verhalten weitere neue Elemente zu dem sich rasch ändernden Ganzen bei, indem es Beachtung zollt und sich annähert. Neue Möglichkeiten werden aggressiv angegangen; sofern Hindernisse da sind, ändern Wut und Vernichtung die Realität. All-

gemein kommen die eigenen Techniken oder der Stil, die erlernten Möglichkeiten des Zugriffs, zu dem »Objekt« hinzu und bestimmen, was als solches wahrgenommen wird.
Das heißt, von Anfang an und den ganzen Prozeß hindurch, löst das Selbst auf die Erregung durch ein Neues hin das Gegebene (der Umwelt, des Körpers und der eigenen Gewohnheiten) in Möglichkeiten auf und erschafft aus ihnen eine Realität. Die Realität ist ein Übergang aus der Vergangenheit in die Zukunft: von dem, was da ist, zu dem, was das Selbst gewahrt, entdeckt und erfindet.

4. Zweckfreies Schaffen

Oft erscheint das Selbst nämlich kaum geneigt, auf organische Erregungen und Umweltreize zu reagieren, sondern halluziniert ein Ziel und spielt mit der eigenen Technik, so als bereite es sich spontan ein Problem, um sich zum Wachsen zu zwingen. Dieser »acte gratuit« ist von größtem Interesse. Auf den ersten Blick scheint er neurotisch zu sein, weil er soviel Nachdruck auf das Schöpferische und sowenig auf die Anpassung legt; es scheint Flucht *vor* der Realität zu sein, bloßes Halluzinieren. Dennoch ist dies vermutlich eine normale Tätigkeit, denn angesichts eines so verzwickten und verästelten Lebensfeldes wie des menschlichen ist es einleuchtend, daß überragender Erfolg die Fähigkeit erfordert, gelegentlich ganz ohne Anlaß Pläne zu schmieden, »sich selbst Ärger zu machen« und Zweck und Spiel in der Schwebe zu halten. Wenn auch sicherlich Wissen meist die Frucht dringender Problemlösungen ist, so erscheinen doch menschliche Weisheit und Torheit, wo sie am ausgeprägtesten sind, immer zuerst als zweckfrei. Außerdem müssen wir auch im willkürlichen Tun des Neurotikers, in der Realitätsflucht, zwei Aspekte unterscheiden: Der erste ist der des gefahrlosen Ausdrucks für unbewußte unerledigte Situationen — redseliges Pläneschmieden, Betriebsamkeit um des Betriebs willen, Ersatzhandlungen usw.; daneben findet sich aber auch der Ausdruck der Unzufriedenheit mit dem fest umschriebenen Selbst, des Wunsches, sich zu ändern, ohne zu wissen, wie, und von daher der Lust am verwegenen Abenteuer, das oft in Wahrheit völlig vernünftig und integrativ ist und nur vom Neurotiker als verwegen empfunden wird. Und außerdem, wie Yeats gesagt hat, ohne eine Spur Verwegenheit gäbe es kein edles Tun und keine Poesie.
Man bedenke auch die gewaltige Verausgabung menschlicher Anstrengungen, eine wünschenswertere Oberflächenrealität zu erschaffen, aus Wahrnehmungen und Vorstellungen in den Künsten oder aus Wesens-

begriffen und Erklärungen in den theoretischen Wissenschaften. In einer Hinsicht sind diese Anstrengungen ganz und gar zweckfrei, selbsttätiges Arbeiten der Kontaktgrenze allein. (Der nicht zweckfreie Aspekt der Künste ist natürlich der eines kathartischen Abreagierens; das Schöne erregt das Vorgefühl der Vollendung einer verdrängten unerledigten Situation. Die theoretischen Wissenschaften haben den Nutzen pragmatischer Anwendbarkeit.) Das naive Urteil über Schönheit und Wahrheit jedoch — das herkömmliche Urteil seit der Antike, so wie es von Kant ein für allemal analysiert worden ist — bezieht sich auf die Oberfläche als solche: Sie sind nicht Anpassung des Organismus an die Umwelt, noch Erfüllung eines organischen Antriebs in der Umwelt, sondern sie sind Anpassung des ganzen Feldes an das Selbst, an die Oberfläche des Kontakts; wie Kant treffend gesagt hat, »eine Form der Zweckmäßigkeit, ohne Vorstellung eines Zwecks«. Und der Akt ist ein reiner Akt des Selbst, denn das Wohlgefallen ist interesselos und spontan, das Interesse des Organismus ist suspendiert. Hat dies nun vielleicht doch eine Funktion? In einem schwierigen und konfliktreichen Felde, wo fast nichts bestehen kann ohne Absichtlichkeit, Vorsichtsmaßnahmen und Anstrengungen, da ist das Schöne plötzlich ein Symbol des Paradieses, wo alles spontan ist, wo »die Raubtiere ohne Krallen sind und ohne Dornen die Rose« — ja, oder auch Raubtiere mit Krallen, und wo es Helden gibt, die erhaben siegen oder verlieren können, und wo, wie Kant sagte, Glückseligkeit der Lohn der guten Absichten ist. Dieses zweckfreie Schaffen des Gewahrseins wäre also in Wahrheit Neuerschaffen eines Lebewesens, das sich beständig neu erschaffen muß; es hilft uns, die gewöhnlichen Vorsichtsmaßnahmen zu lockern, damit wir atmen können.

5. Schaffen/Anpassung

Zum größten Teil können wir jedoch das Schaffen des Selbst und die Organismus/Umwelt-Anpassung als Polaritäten betrachten: das eine kann nicht sein ohne das andere. Angesichts der Neuheit und unbegrenzten Wechselhaftigkeit der Umwelt wäre Anpassung allein aufgrund der ererbten konservativen Selbstregulierung unmöglich; eine schöpferische Umwandlung durch den Kontakt muß stattfinden. Andererseits ist ein Schaffen, das nicht beständig die der Wahrnehmung gegebene und dem Zugriff widerstrebende Umwelt zerstört und assimiliert, nutzlos für den Organismus, oberflächlich und ohne Energie; es weckt keine tiefere Erregung und ermattet schnell. Für den Organismus nutzlos ist es, weil es letztlich keine Erfüllung unerledigter physiologischer Bedürfnisse gibt, ohne daß neue Stoffe aus der Umwelt assimiliert werden.

Dies letzte ist selbstverständlich im Hinblick auf Stoffwechseldefizite, wie z. B. Hunger und andere körperliche Bedürfnisse; im Hinblick auf die (sekundär-physiologischen) unerledigten Situationen der Neurose wird es jedoch manchmal übersehen. Dies ist das Richtige an der Auffassung der orthodoxen Psychoanalytiker, die auf der »Übertragung« in der Behandlung insistieren, denn das Verhältnis zum Therapeuten stellt eine reale soziale Situation dar. Und der Einstellungswandel eines Patienten, wenn er seine Aggressivität von sich selbst ab- und und zu seinen Introjekten hinkehrt, um sie zu assimilieren oder auszuspeien, ist ein Wandel in der Realität. Wir müssen aber noch weiter gehen: Wenn wir unsere Kalküle lockern, uns selbst richtig verstehen lernen, ja, sogar, wenn wir unseren Körper und unsere Gefühle spüren, so ist mit alldem letztlich doch noch kein einziges Problem gelöst. Die Lösung wird zwar dadurch wieder möglich, die nicht gewärtige sekundäre Physiologie wird wieder zu einem Problem für den schöpferischen Kontakt, aber dann erst muß die Lösung gelebt werden. Wenn die soziale Umwelt der schöpferischen Anpassung immer noch widerstrebt, so daß der Patient die Umwelt nicht an sich anpassen kann, so muß er sich erneut seinerseits an sie anpassen und seine Neurose behalten.

Schaffen ohne ausgreifende Anpassung bleibt also oberflächlich, erstens, weil die in der unerledigten Situation gebundene Energie nicht verfügbar ist und es schon am bloßen Interesse für den Kontakt mangelt. Zweitens entdeckt das Selbst erst in der Auseinandersetzung mit dem Widerspenstigen sein Interesse; Kenntnisse und Techniken, mehr und mehr von seinen früheren Errungenschaften werden ins Spiel gebracht und in Frage gestellt, und bald erweisen sich selbst die »nebensächlichen« Schwierigkeiten (das Irrationale der Realität) als Mittel, sich selbst zu erkennen und herauszufinden, was es eigentlich ist, das man vorhat. Frustrationen, Ärger und Teilerfolge speisen die Erregung — sie wird teils aus dem Organismus gespeist, teils aus der widerständigen, anreizvollen und zerstörten Umwelt. Um wieder einen Vergleich zu den Künsten zu ziehen: Croces Idee, schöpferisch sei nur der Augenblick, in dem das Ganze intuitiv erfaßt wird, und das Übrige sei bloß noch Ausführung, ist richtig und dennoch zugleich zutiefst falsch. Die Intuition läßt zwar schon das endgültige Ergebnis ahnen, es wird zu Anfang als Halluzination projiziert, doch der Künstler versteht seinen Traum nicht, er weiß noch nicht, was er will, und erst der praktische Umgang mit seinem Medium zeigt ihm, welches seine Absicht ist, und zwingt ihn, sie auszuführen.

Zur Illustration des Übergangs von den Erregungen und Reizungen des Vorkontakts zur schöpferischen Gestaltbildung in der Kontaktnahme wollen wir die Gefühle betrachten.

Ein Gefühl ist integratives Gewahrsein eines Verhältnisses zwischen Organismus und Umwelt. (Es ist die Vordergrund-Figur verschiedener Kombinationen von Wahrnehmungen und Eigenwahrnehmungen.) Als solches ist es Funktion des Feldes. In der Psychotherapie kann man dies experimentell aufzeigen: Es ist durch Konzentrations- und Muskelübungen möglich, bestimmte Kombinationen von Körperverhaltensweisen zu mobilisieren — z. B. Straffung und Lockerung des Kiefers, Ballen der Fäuste, nach Luft schnappen usw. —, diese wecken eine Art ruheloser Erregung und ein Gefühl frustrierter Wut. Wenn nun zu dieser Eigenwahrnehmung das Gewahrsein der Umwelt hinzukommt, die Vorstellung oder Anschauung eines Dings oder einer Person, auf die man wütend sein kann, so scheint das Gefühl sogleich in voller Stärke und Klarheit auf. Umgekehrt spürt man auch in einer gefühlsbeladenen Situation das Gefühl nicht, solange man nicht das entsprechende Körperverhalten annimmt — erst wenn man z. B. die Fäuste ballt, spürt man seine Wut.

(Die James-Langesche Gefühlstheorie — daß das Gefühl ein Körperzustand sei, daß die Angst beim Davonlaufen komme — ist also teilweise richtig; hinzufügen müssen wir jedoch, daß der Körperzustand auch eine wichtige Orientierung und Umweltbeeinflussung sein kann, d. h. Angst kommt nicht einfach beim Rennen, sondern beim *Davonlaufen* vor etwas Gefahrdrohendem.)

Wenn wir an die Tätigkeiten des Organismus in seiner Umwelt denken, wird die Notwendigkeit solcher integrativer Kombinationen deutlich. Das Lebewesen muß sofort und zuverlässig wissen, welche Verhältnisse im Felde herrschen, und dieses Wissen muß es antreiben. Gefühle sind ein solches Motivationswissen, die es dem Lebewesen ermöglichen, die Umwelt als sein eigen zu erleben, zu wachsen, sich zu schützen usw. Zum Beispiel ist Sehnsucht die Steigerung des Begehrens angesichts eines fernen Objekts, um die Entfernung oder andere Hindernisse zu überwinden; Trauer ist die Spannung des Verlusts oder das Nichthinnehmen der Tatsache, daß das Objekt im Felde fehlt, wobei man sich zurückzieht, um sich wieder zu fassen; Wut ist Zerstören von Hindernissen für das Verlangen; Trotz ist ein Angriff auf einen unvermeidbaren, übermächtigen Feind, um nicht ganz zu kapitulieren; Mitgefühl ist Vermeiden oder Ungeschehenmachen des eigenen Verlustes durch Hilfeleistungen für einen anderen, usw.

In der Abfolge der Gründe und Figuren übernehmen die Gefühle die Motivationskraft der Triebe und Bedürfnisse; doch wird die Motivation jetzt, durch den Bezug auf ein Objekt konkretisiert, noch stärker. Auch die Gefühle aber, außer bei sehr einfachen Anpassungen, geben wieder ihre Motivationskraft an die noch stärkeren und noch bestimmteren Gefühle weiter, welche die vergegenwärtigten Tugenden und Laster ausmachen (z. B. Mut, Übellaunigkeit, Entschlossenheit usw.) und die, besonders wenn sie bewußt sind, zu noch komplizierteren Orientierungen und Einflußnahmen antreiben. In diesem Übergang sehen wir also, daß sowohl mehr vom Organismus (Tugenden und Laster sind Gewohnheiten) als auch mehr von der Umwelt einbezogen wird.

Noch ein paar Worte sind zu den Gefühlen zu sagen. Es ist klar, daß Gefühle keine wirren oder rudimentären Triebregungen sind, sondern scharf differenzierte funktionale Strukturen. Wenn jemand grobschlächtige Gefühle hat, so ist sein Erleben insgesamt grobschlächtig. Aber natürlich sind die lexikalischen Wörter für die Gefühle grob und selten; will man Gefühle, die man lebhaft spürt, ausdrücken, so erfordert dies viele Nuancen und viel Bedachtsamkeit, ebenso wie viele Hinweise auf Objektives. Bildhauerei und Musik sind die reine Sprache der Gefühle, in der Überzeugungen formuliert werden.

Die Gefühle sind Mittel des Erkennens. Sie sind nicht etwa Denkhindernisse, sondern einzigartig und unersetzlich als Träger von Informationen über den Zustand des Organismus/Umwelt-Feldes; über sie vergewissern wir uns der Angemessenheit unserer Wünsche, darüber, wie die Dinge für uns stehen. Als Erkenntnisse sind sie fehlbar, aber korrigieren lassen sie sich nicht, indem wir sie ausschalten, sondern nur, indem wir probieren, ob sie sich in die geordneteren Gefühle überführen lassen, die mit vorsätzlicher Orientierung einhergehen, z. B. wenn aus der ersten Begeisterung über eine Entdeckung eine feste Überzeugung oder wenn aus geschlechtlichem Begehren Liebe wird.

Schließlich sehen wir in der Psychotherapie, welche eine »Schule der Gefühle« ist, daß nur eine kombinierte ganzheitliche Methode etwas ausrichtet: Wir müssen uns sowohl auf die Welt der »Objekte« konzentrieren — zwischenpersönliche Beziehungen, Phantasien, Erinnerungen usw. —, auf die Freisetzung der körperlichen Mobilität und des Verlangens und ebenso auch auf die Struktur der dritten Sache, des Gefühls des Selbst.

Die Erregung dauert an und steigert sich in der Schrittfolge der schöpferischen Anpassung, am stärksten ist sie im Kontaktvollzug. Das ist auch dann so, wenn Hindernisse und Niederlagen den Vollzug verhindern; in einem solchen Falle jedoch kehrt sich die Erregung in augenfällig störender Weise gegen das aktive Selbst. Wut wird zu übler Laune; Niedergedrücktheit und Erschöpfung stellen sich ein, vielleicht auch Halluzinationen (Tagträume von Sieg, Rache und Befriedigung). Dies sind Notventile der Spannungsabfuhr, die einen befähigen, beim nächsten Mal wieder von vorn anzufangen, denn natürlich sind das physiologische Bedürfnis und seine Erregung immer noch unerledigt. Dieser Prozeß der totalen Frustration und unbegrenzten Explosion ist nicht ungesund, aber, überflüssig zu sagen, er ist — entgegen der Meinung vieler Eltern — auch nicht dazu nützlich, irgend etwas zu lernen, denn das Selbst wird dabei verstört, und es bleibt nichts zu assimilieren übrig.

Nehmen wir nun aber an, die Erregung wird unterbrochen. Achten wir auf die verstärkte Atmung, die ein Faktor bei jeder Erregung ist: Die Erregung wird unterbrochen, der Atem angehalten. Dies ist Angst.

Der eindeutigste Fall von gesunder Angst ist das Erschrecken, ein Drosseln des Gefühls und eine Bewegung, in der man ganz aufgeht, mit dem Ziel, einer plötzlichen Gefahr zu begegnen. Bei dieser Situation ist es besonders wahrscheinlich, daß sie traumatisch wirkt; wie man sehen kann, wenn man sie mit gewöhnlicher Furcht vergleicht. Bei Furcht wird die Gefahr vorausgesehen, man ist ihr gegenüber befangen und abwehrbereit; wenn es daher notwendig wird, sich zurückzuziehen, weil die Gefahr zu groß ist, steht der Weg in die Umwelt immer noch offen; später, wenn man mehr weiß oder stärker geworden ist, wird es möglich sein, sich der Gefahr abermals zu stellen und ihr zu entgehen oder sie zu vernichten. Beim Erschrecken springen drohender Schmerz und drohende Strafe plötzlich und übermächtig groß hervor, und die Reaktion ist, die Umwelt auszuschalten, d. h. sich totzustellen und sich in die eigene Haut zurückzuflüchten. Die Angst, die plötzlich muskulär gestaute Erregung, zittert noch über längere Zeit hin nach, ehe man wieder frei atmen kann.

Eine sexualfeindliche Gesellschaft ist dazu angetan, diese traumatische Situation äußerst häufig und in größter Intensität herzustellen. Weil die Sexualität ein Geheimnis ist (und die Kinder sie natürlich zur Schau stellen wollen), betätigen die Kinder sie dort, wo die Wahrscheinlichkeit, überrascht zu werden, am größten ist; und wenn sie überrascht werden, steht die Strafe außerhalb jeden Verhältnisses zu ihren Erfahrungen mit Wirkungen und Ursachen, es könnte daher auch die Todesstrafe sein. Eine solche Gesellschaft ist eine ausgeklügelte Falle.

Die Atmung kann natürlich auch auf andere Weise als durch Erschrekken unterbrochen werden und Angst verursachen; im allgemeinen wirkt Erschrecken mit diesen anderen Unterbrechungen zusammen. Freud hat den Coitus interruptus, das Abbrechen vor dem Höhepunkt des Kontakts, als einen besonderen Fall der primären Angst hervorgehoben (Aktualneurose), verbunden mit neurasthenischen Symptomen. Das Unterbrechen durch Bestrafen der aggressiven Energie in derselben Phase eines Streits oder Wutanfalls erscheint als eine naheliegende Ursache für Resignation und Selbstvergewaltigung, für das Vermeiden des früheren Kampfes als »nicht der Mühe wert«. Oder die Erregung wird noch früher, schon beim Bemerken eines Objekts in der Umwelt, abgebrochen, und dies würde zu *Projektionen* führen. Die verschiedenen Formen der Unterbrechung werden wir noch in Kapitel 15 erörtern.

In welchem Stadium der Kontaktanbahnung die Unterbrechung, Angst oder Schrecken auch eintreten: Die Folge ist, daß man gegen das ursprüngliche Verlangen argwöhnisch wird und es durch Ablenken der Aufmerksamkeit, Zerstreuen des Interesses mit anderen Dingen, Anhalten des Atems, Zähnezusammenbeißen, Straffung der Bauchmuskeln, Einziehen des Beckens, Straffung des Schließmuskels usw. unterdrückt. Das Verlangen oder der Trieb kehrt in jedem Fall wieder, nun aber, da er muskulär gehemmt wird, ist er unangenehm, denn Triebe sind in der Regel expansiv, ausgreifend. Das heißt, es kommt nun zu einer Veränderung gegenüber jener Sequenz, bei welcher der Körper als verblassender Grund für die Entwicklung des Selbst diente; jetzt ist der Körper Figur, und das Selbst, in seiner Eigenschaft als motorisch aktives Absichts-Ich, ist Grund. Dieser Prozeß ist noch völlig im Gewahrsein; es ist ein Versuch schöpferischer Anpassung, bei dem auf den Körper statt auf die Umwelt eingewirkt wird.

Wenn jedoch diese absichtliche Unterdrückung andauert, tritt wahrscheinlich Verdrängung ein, Absichtlichkeit ohne Gewahrsein. Die Natur der Verdrängung wird Thema von Kapitel 14 sein.

8. Identifizieren und Entfremden: Konflikt

Im Zusammenhang der Kontaktanbahnung können wir nun die Funktion des Ichs definieren als das Sichidentifizieren, Sichentfremden und das Bestimmen der Grenzen oder des Kontexts. »Eine Triebregung als eigene anerkennen« heißt in dieser Sequenz, sie einen Teil des Grundes sein lassen, in dem die nächste Figur sich entwickeln wird. (Dies ist es, was Freud meinte, wenn er davon ausging, daß das Ich Teil des Es sei. Dieses Sichidentifizieren ist oft absichtsvoll, und das Ich wird in seinen Orientierungen und Zugriffen leistungsfähig sein, wenn es mit Gründen identifiziert ist, aus denen sich tatsächlich gute Figuren entwickeln, vorausgesetzt, die Gründe haben Energie und Wahrscheinlichkeit. So sagt Freud, daß das Ich als Teil des Es stark, das vom Es gelöste Ich schwach sei.)

Wir wollen den Prozeß noch einmal durchgehen. Im Prozeß sind Hintergrund und Figur Polaritäten. Eine Figur kann nur vor einem Grund erlebt werden, und ein Grund ohne Figur ist einfach Teil einer größeren unbestimmten Figur. Aber das Verhältnis zwischen Grund und Figur ist im Gestalten ein dynamisches und sich verschiebendes. Die anschwellende Erregung fließt aus dem Grunde der immer schärfer konturierten Figur zu. (Dies, um es zu wiederholen, bedeutet nicht bloß, daß die Figur »besetzt« würde, denn ein Teil der Energie kommt auch aus dem Umwelt-Hintergrund, und so muß es sein, denn nur neue Energie kann eine unerledigte Situation vollenden.) Energie zur Bildung der Figur wird frei, wenn die chaotischen Umweltteile einer Trieberregung »begegnen«, sie definieren und transformieren und selber zerstört und transformiert werden. Das Steigen der Erregung ist fortschreitendes Hintersichlassen des Grundes. Im Stadium des Gefühls verblaßt der Körper-Hintergrund, und die Möglichkeiten der Umwelt konturieren sich; als nächstes wird die Umwelt abgegrenzt und vorsätzlich angeeignet; schließlich wird die Vorsätzlichkeit gelockert, das Gefühl des aktiven Ichs schwindet, und für einen Augenblick sind nur die Figur und das Gefühl der Spontaneität da, während der Grund leer ist.

Wir sprechen aber nur dann davon, daß wir etwas »anerkennen«, wenn auch eine Neigung besteht, es abzulehnen. Wo die Identifizierung mit einer Regung, einem Objekt oder einem Hilfsmittel spontan und selbstverständlich ist — wie bei Faszination oder bei Gebrauch einer meisterhaft beherrschten Fertigkeit —, so daß gar nichts anderes in Frage kommt, dort ist es unnötig, zwischen Selbst, Es und Ich zu unterscheiden. Was das Ich anerkennt, ist ein Konflikt, dessen es gewahr ist und in dem es eine Aggression ausüben will.

Der Konflikt ist eine Störung in der Homogenität des Grundes und verhindert das Vortreten einer scharf und lebhaft konturierten nächsten Figur. Die widerstreitenden Erregungen stellen Alternativfiguren heraus. Der Versuch, wenn der Grund in Bewegung ist, eine Vereinheitlichung in einer einzigen Figur zu erreichen, um weitergehen und zu einer bequemen Lösung gelangen zu können (d. h. sich für einen der Kontrahenten zu entscheiden und die übrigen auszuschließen oder einen billigen Kompromiß zu wählen und diese Entscheidung zum Grund der fortschreitenden Tätigkeit zu machen) — ein solcher Versuch muß zu einer schwachen Gestalt führen, der die Energie mangelt. Wenn dagegen die Entscheidung zugunsten des Konflikts als solchem fällt, so wird die Figur erregend und energisch sein, aber auch voller Zerstörung und Leiden.

Jeder Konflikt ist wesentlich ein Konflikt im Grund des Handelns, ein Konflikt von Bedürfnissen, Wünschen, Faszinationen, Selbstbildern und Zielhalluzinationen; und die Funktion des Selbst ist es, ihn zu durchleben, Verluste zu erleiden und das Gegebene zu verändern. Wo der Grund harmonisch ist, besteht selten ein echter Konflikt in der Wahl der Vordergrund-Objekte, Hilfsmittel oder Maßnahmen; vielmehr wird sofort etwas entdeckt oder erfunden, das besser ist als jede andere Möglichkeit. Eine Notlage wie die von Buridans Esel, der mit nur einem Verlangen zwischen zwei genau gleichen Objekten verhungerte, kommt nicht oft vor. (Wo es tatsächlich gleichgültig ist, welches Objekt gewählt wird — wie bei mehreren Stücken eines Kuchens —, da bildet das Verlangen sogleich die Gestalt des Auswählens von »einem Exemplar aus einer Klasse«, wobei gerade die Gleichgültigkeit zu einer positiven Eigenschaft wird.) Ein starker Konflikt im Vordergrund ist ein Zeichen dafür, daß der echte Konflikt im Hintergrund entfremdet und verhüllt ist, wie bei zwanghafter Bedenklichkeit. (Verhüllt sein könnte der Wunsch, überhaupt nichts zu bekommen oder in zwei Hälften gerissen zu werden.)

Unter diesem Aspekt wollen wir noch einmal den Sinn der Behauptung untersuchen: »Den Konflikt zu erregen, schwächt das Selbst«, und überlegen, welche Therapiemethode dieser Gefahr begegnen kann. Der gefährliche Umstand ist, daß ein großer Teil des Selbst sich offenbar bereits auf eine schwache Gestalt festgelegt hat, aufgrund einer billigen Entscheidung, die zuvor getroffen wurde. Wenn eine neue Erregung aus dem entfremdeten Hintergrund anerkannt wird, dann wird der Konflikt dieses schwache »Selbst« zerstören — das Selbst wird die Ordnung, die es immerhin hat, auch noch verlieren, und daher, so sagt man uns, sei es besser, die neue Erregung herunterzuspielen. Tatsächlich hat sich aber das Selbst nur scheinbar auf die schwache Gestalt festgelegt, denn *das Selbst ist nicht die Gestalt, die es bildet, sondern das Bilden der Gestalt,* d. h. das Selbst ist das dynamische Verhältnis von Grund und Figur. Die einzige Therapiemethode, die das Selbst stärken kann, ist daher, auf der Verbindung der schwachen Vordergrund-Gestalt (z. B. jemandes Selbstbild) mit ihrem Grund zu beharren, damit der Grund stärker ins Gewahrsein tritt. Nehmen wir z. B. an, der Vordergrund sei verbales Rationalisieren, an das sich jemand klammert. Die therapeutische Frage darf nicht sein, ob, was er sagt, richtig oder falsch ist (was einen Konflikt von Objekten erregen würde), sondern: Welches ist das Motiv, warum er so redet? Kümmert es ihn eigentlich, ob es stimmt oder nicht? Oder manipuliert er, und wen? Ist es ein Angriff, und auf wen? Eine Beschwichtigung? Ein Verbergen, wovon, vor wem?

Die Notwendigkeit dieser Methode versteht sich von selbst, wenn wir bedenken, daß viele Rationalisierungen, besonders bei intelligenten Leuten, völlig richtige Aussagen sind, und doch sind es Rationalisierungen. Eine dieser Aussagen anzufechten, führt zu endlosen Disputen, und Patienten können so gut informiert sein wie Therapeuten.

Wenn jedoch die Figur mit ihrem Motiv verknüpft wird, treten plötzlich neue Erregungen auf, sowohl aus dem Organismus und der Vergangenheit stammend als auch aus neuen Dingen, die in der Umwelt bemerkt werden. Die schwachen Figuren verlieren an Interesse und werden wirr, das Selbst verliert seine »Sicherheit« und leidet. Doch dieses Leiden ist keine Schwächung des Selbst, sondern eine schmerzhafte Übergangserregung des schöpferischen Gestaltens. Es ist das Gegenteil von Angst. Dieses Leiden ist schmerzlich und bringt die tiefe Atmung der Anstrengung mit sich. Angst ist lustlos, statisch, atmungslos. Ein Konflikt in den Hintergründen ist begleitet von Zerstörung und Leiden; ein falscher Konflikt bezüglich der Objekte, Zweckerwägungen und Ideen friert ein zu einem Dilemma und ist von Angst begleitet. Der Sinn des falschen Konflikts ist das Unterbrechen der Erregung; Angst als Gefühl ist Angst vor der eigenen Courage.

9. Sichidentifizieren und Sichentfremden: »Sicherheit«

Die Ängstlichkeit vor dem Schöpferischen erwächst aus zwei Quellen: aus der Schmerzhaftigkeit der steigenden Erregung (ursprünglich der Furcht vor dem Trieb) und aus der Furcht, abzulehnen oder abgelehnt zu werden, zu zerstören und zu verändern; dies beides verschärft sich wechselseitig und ist im Grunde eins. Ein Gefühl der »Sicherheit« wird dagegen durch Sichfesthalten am Status quo erreicht, an früher geleisteten Anpassungen. Die neue Erregung droht diese Sicherheit zu zertrümmern.

Wir müssen begreifen, daß es eine echte Sicherheit nicht gibt, denn dann wäre das Selbst etwas Festgelegtes. Wo man keine irrationalen Befürchtungen hegt, taucht das Problem, ob man nun sicher ist oder nicht, gar nicht auf; wenn es aber auftaucht, hat es seine Gründe. Das Gefühl der Sicherheit ist ein Zeichen von Schwäche: Wer sich sicher fühlt, wartet nur darauf, daß sich sein Gefühl als unberechtigt herausstellt.

Die Energie des verzweifelten Sichanklammerns an den Status quo erwächst aus den unerledigten Situationen, die sich noch vollenden wollen und denen die Aggression entgegenwirkt, welche durch die nach früheren Niederlagen introjizierten Identifikationen gegen einen selbst gekehrt wird: Diese Verklammerung gewährt so etwas wie ein Gefühl der Solidarität, Stabilität, der Kraft, Selbstbeherrschung und »Sicherheit«. Unterdessen hat das Selbst wenig Energie, die es nach außen wenden könnte.

Wer sich sicher fühlt, gebraucht seine Kräfte für einen gefahr- und überraschungslosen Kampf mit seinen unassimilierten Identifikationen. Der Kampf dauert an und bewegt die Gefühle, denn die Situation bleibt unerledigt und kehrt immer wieder; das Gefühl ist jedoch eines von »Sicherheit«, denn nichts Neues wird eintreten, die Niederlage ist schon ausgestanden. Ein solcher Kampf ist etwas, worauf Verlaß ist; er kann kein Ende nehmen, weil der Organismus immer wieder das Bedürfnis hervorbringt, die Aggression sich jedoch nicht gegen die Umwelt kehrt, wo die Lösung zu finden wäre. Auch ist es oft möglich — wenn es sich um eine gute und »soziale« Identifikation handelt —, viele bestechend ähnliche reale Probleme zu finden, die sich nach demselben Schema lösen lassen wie der frühere Konflikt, nämlich durch die Niederlage. Es ist offenbar ganz leicht, mit der Realität fertigzuwerden, ohne dazulernen, etwas Neues ertragen oder etwas ändern zu müssen; man braucht nur jede interessante oder gewagte Einlassung zu meiden, die Aufmerksamkeit von alldem abzuwenden, was heute nicht so ist wie gestern, und dies gelingt am besten, wenn man das Neue als »unrealistisch« bezeichnet. Aufgrund eines solchen eleganten Haushaltens mit den eigenen Kräften verleiht also gerade die hingenommene Niederlage ein Gefühl von Kraft und Tüchtigkeit. Im populären Sprachgebrauch nennt man dies »sich die Hörner abstoßen«. Was dabei nur fehlt, sind Erregung, Wachstum und das Gefühl, lebendig zu sein.

Wo aber das Selbst Kräfte hat, die es einsetzen kann, ebendort fühlt es sich nicht sicher. Es hat vielleicht ein Gefühl des Gefaßtseins: das Anerkennen der Erregung, einen gewissen verrückten Optimismus, daß die Realität zu ändern sein werde, und eine gewohnheitsmäßige Zuversicht, daß der Organismus sich schon von selbst regulieren und sich nicht am Ende verschleißen oder in Stücke platzen werde. (Dieses Gefaßtsein ist vielleicht dasselbe, was die Theologen den Glauben nennen.) Die Antwort auf die Frage »Kannst du das?« kann nur lauten: »Es interessiert mich.« Ein Gefühl von Kraft und Tüchtigkeit wächst erst in der Arbeit, wenn ein bestimmtes Problem sich strukturiert und neue Möglichkeiten darbietet und wenn die Dinge sich überraschend zu einer Lösung ordnen.

13

Schöpferische Anpassung: Kontaktvollzug und Nachkontakt

1. Einheit von Figur und Grund

Der Vollzug ist das Ziel des Kontakts (aber nicht sein »Zweck« oder seine Funktion — dies sind Assimilation und Wachstum). Im Kontaktvollzug geht das Selbst direkt und ganz und gar in der *Figur* auf, die es entdeckt-und-erfunden hat; für einen Augenblick gibt es praktisch keinen Hintergrund. Die Figur verkörpert alle Interessen des Selbst, und das Selbst ist nichts als sein gegenwärtiges Interesse, daher *ist* das Selbst die Figur. Die Kräfte des Selbst werden nun aktualisiert, und somit wird das Selbst zu etwas (hört aber dabei auf, Selbst zu sein).

Dieser Punkt ist offensichtlich nur unter den folgenden Bedingungen zu erreichen:

1. Das Selbst hat die Realität im Hinblick auf die eigene Realität ausgewählt, d. h. es hat sich mit dem identifiziert, was seinen Hintergrund aktiviert oder in Bewegung bringt, und das Übrige entfremdet.
2. Es hat sich der Umweltrealität zugewandt und sie so verändert, daß nichts, was für das Selbst von Belang ist, beim alten bleibt.
3. Es hat die vorrangigen unerledigten Situationen des Organismus anerkannt und zu Ende geführt, so daß im Körper-Gewahrsein kein Verlangen zurückbleibt.
4. Während dieses Prozesses ist es nicht nur ein aktiver Problemlöser und auch nicht ein passives Ergebnis der Problemlösung gewesen, sondern es ist mehr und mehr in den mittleren Modus übergegangen und in die Lösung hineingewachsen.

Überlegen wir, welches die Natur eines Gewahrseins ist, das keinen Umwelt- oder Körperhintergrund hat, denn Gewahrsein ist eine Figur vor einem Grund. Ein solches Gewahrsein ist nur möglich als Gewahrsein eines Ganzen mit seinen Teilen, wo jeder Teil als alle anderen Teile unmittelbar einbeziehend erlebt wird und wo das Ganze nur aus diesen Teilen besteht. Von der ganzen Figur könnte man nun sagen, daß sie der Hintergrund für die Teile sei, aber sie ist mehr als nur Grund, sie ist zugleich *die Figur der Teile,* und diese sind Grund. Anders ausgedrückt: Das Erleben läßt keine anderen Möglichkeiten zu, weil es notwendig und wirklich so ist; das Wirkliche ist notwendig; diese Teile können in diesem Augenblick nichts anderes bedeuten. Geben wir ein paar Beispiele: Im Augenblick einer Erkenntnis hat man keine Hypothesen mehr, denn man sieht, wie die Dinge zusammenwirken (man hat den »mittleren Modus« gefunden); und so beginnen alle Dinge, wenn das Problem auf den Augenblick der Erkenntnis zusteuert, an den rechten Ort zu rücken. Nach der Erkenntnis geschieht die Anwendung auf andere Fälle sofort und gewohnheitsmäßig — der Kontakt zu dem Problem ist ein für allemal hergestellt. Ebenso gibt es für den Liebenden keine Alternativen: Man kann sich nicht zurückziehen, sich woanders umsehen usw., und man fühlt, daß alle weiteren Züge, die an der Geliebten noch hervortreten könnten, entweder liebenswert oder aber völlig gleichgültig und bedeutungslos sein werden. Oder, ein düsteres Beispiel, in einem Augenblick letzter Verzweiflung kann es keine Hilfe mehr geben; die Figur ist in einem solchen Falle nur noch der leere Grund mit nichts darin, was sie entlasten könnte, und dies wird als notwendig empfunden, denn das Unmögliche ist eine Art des Notwendigen.

In einem solchen Ganzen-aus-Teilen setzt sich die Figur selbst ihre Grenze. Es gibt daher keine Ich-Funktionen: Es werden keine Grenzen gewählt, es gibt keine Identifikationen und Entfremdungen und keine weiteren Absichten. Das Erleben ist ein ganz und gar inneres, in keiner Weise arbeitet man darauf hin. Die Auflösung des Absichtlichen und das Verschwinden der Grenzen sind die Ursache für die besondere Helligkeit und Schärfe der Figur — z. B. das »Aufblitzen« der Einsicht oder den »Schock« des Erkennens —, denn die Energie, die darauf verwandt wurde, sich selbst zurückzuhalten oder aggressive Fühler in die Umwelt auszustrecken, tritt nun plötzlich zu dem endgültigen spontanen Erleben hinzu. Die Spontaneität ist am besten bei Verhaltensweisen zu beobachten, denen vorsätzliche Muskelbewegungen vorangegangen sind — z. B. die spontane Beckenbewegung und die Zuckungen vor dem Orgasmus oder das spontane Schlucken des Essens, nachdem es gut verflüssigt und geschmeckt worden ist.

Bei jedem Kontakt gibt es eine grundsätzliche Einheit von Wahrnehmungs-, Bewegungs- und Gefühlsfunktionen: Es gibt keine Anmut, Kraft oder Gewandtheit der Bewegung ohne Orientierung und Interesse, keine gute Sicht ohne Scharfeinstellung des Auges, kein Gefühl des Angezogenwerdens ohne Zugreifen usw. Aber erst im Kontaktvollzug mit seiner Spontaneität und seinem Hingerissensein kommt es vielleicht dazu, daß alle diese Funktionen Vordergrund sind, sie sind die Figur: man gewahrt die Einheit. Das heißt, das Selbst (das nichts als Kontakt ist) fühlt nun sich selbst. Was es fühlt, ist die Interaktion des Organismus und der Umwelt.

Wir wollen versuchen, das Aufgehen im Kontaktvollzug als ein Gefühl zu analysieren (obwohl wir uns hier für die Armut der eigenen Sprache entschuldigen müssen). Bei unserer Analyse der Kontakt-Sequenz haben wir auch eine Sequenz von Motivationen erwähnt: erstens Wünsche, Triebregungen und Reaktionen auf Reize, die den Organismus in die Umwelt ausgreifen lassen (z. B. Hunger, Schikanen); zweitens Emotionen oder das Gefühl eines Verhältnisses zwischen Verlangen, Schmerz usw. und einer Umweltsituation (z. B. Begierde, Wut), die zu einer aggressiven Annäherung reizt; drittens das planvollere Betätigen von Lastern oder Tugenden (z. B. Trübsinn, Entschlossenheit), die einen durch komplizierte Orientierungen, Zugriffe und Konflikte hindurchlotsen können. Es ist klar, daß es im Prozeß der schöpferischen Anpassung Triebe oder Motivationen geben muß, welche das Gefühl des Organismus von sich selbst als einem »Ich« (dem heimischen Boden) mit dem Neuen in der Umwelt verknüpfen, dem »Es« oder »Objekt«, an dem es zu arbeiten gilt. Während des spontanen Aufgehens [1] im Kontaktvollzug besteht jedoch nicht die Notwendigkeit einer solchen Motivation, denn es gibt gar keine anderen Möglichkeiten, man kann nicht anders wählen. Das Gefühl des Aufgehens ist »selbstvergessen«, es wendet sich ganz und gar dem Gegenstande zu. Und da dieser Gegenstand nun das ganze Feld einnimmt — alles andere wird nur unter diesem leitenden Interesse gesehen —, wird der Gegenstand zu einem »Du«, er ist gleichsam angesprochen. Das »Ich« verschwindet ganz in einer Haltung der Aufmerksamkeit. Wir sagen dann, wir seien »ganz Ohr« (oder Auge), z. B. beim Anhören schöner Musik, und jedes mögliche »Es« wird einfach zu einem Interesse am »Du«. Wir wollen für diese Art selbstloser Gefühle das Wort »Anteilnahme« verwenden. Im Vergleich zu den Triebwünschen und den Gefühlen hat Anteilnahme etwas Statisches oder Endgültiges, denn sie hat keine Motivationen. Helle Zustände dieser Art sind Mitgefühl [2], Liebe, Freude, Heiterkeit, ästhetisches Genießen, Einsicht usw., sie sind nicht Beweggründe des Gefühls. (Inter-

[1] Es geht hier nicht um die Spontaneität, denn spontan, etwas, das von selbst kommt, sind die Gefühle alle (vgl. Kap. 10, 4), in den Motivationen ist jedoch ein gewisses Selbstgefühl enthalten. So wird man etwa bei »Faszination« spontan angezogen, gegen den eigenen Willen, beim »Aufgehen« aber ist man ganz »in« dem Gegenstand.

[2] Mitgefühl, die Anteilnahme des Arztes, scheint aber gerade motivational und prozeßhaft zu sein. Es ist jedoch kein Motiv. Mitgefühl ist liebevolles Erkennen des Schadens als etwas potentiell Gesundes, und das Prozeßhafte

essante Beispiele sind Triumph oder Siegesfreude, weil in diesen Fällen das »Du« wahrscheinlich gerade das Ich-Ideal ist.) Dunkle Zustände dieser Art sind Verzweiflung, Trauer usw., und wir können nun sehen, wie furchtbar sie sind, denn hier gibt es kein Ich mehr und kein Du, nur ein Gefühl wie vor einem Abgrund.

Im allgemeinen gehen wir in diesem Buch von der Annahme aus, daß alles Reale Anteilnahme erweckt: Es ist real als Objekt des Verlangens, des Gefühls oder der Anteilnahme. So glaubte man sowohl in der Antike wie im Mittelalter, daß das »Gute« und das »Seiende« gegeneinander austauschbar seien (vgl. jedoch unten, Abschnitt 3). Dies steht natürlich im Gegensatz zum gegenwärtigen Positivismus, dessen Realität neutral ist, aber auch zu dem analytischen Begriff der »Besetzung«, demzufolge die Energie den Objekten angeheftet wird — eine Auffassung, die plausibel erscheint, wenn man an die ungewöhnlichen Energiebeträge in Fetischen, Erinnerungsobjekten usw. denkt. Unsere Auffassung ist, daß das uninteressante Objekt und die objektlose Erregung Abstraktionen von der interessanten Figur des Kontakts sind, die am Ende und möglicherweise von Anfang an das primäre spontane Gewahrsein der Realität ist. Die Abstraktionen erscheinen im Erleben als primär, wenn man von einem Hintergrund von Vorsätzlichkeit und unbestimmtem Schmerz aus urteilt, deren man nicht gewahr ist, wie wir im nächsten Kapitel näher ausführen werden.

3. Beispiel des sexuellen Berührens usw.

Liebe ist auf Nähe aus, d. h. den dichtestmöglichen Kontakt, bei dem der andere noch unzerstört fortdauert. Der Liebeskontakt besteht auch darin, daß man sich sieht, miteinander spricht, zusammen ist usw. Der archetypische Augenblick des Kontakts ist jedoch die geschlechtliche Umarmung. Hier verdeutlicht die wirkliche räumliche Nähe augenfällig das Verblassen und Uninteressantwerden des Hintergrunds. Es gibt kaum einen Hintergrund, weil für ihn kein Platz ist: Die lebendige Gestalt drängt sich vor und versucht den Hintergrund ganz wegzuschieben, und alle ihre Teile sind erregend. Die Gestalt ist nicht ein »Objekt« für ein »Subjekt«, denn das Gewahrsein drängt sich in die Berührung. Die Fernsinne werden wie der Tastsinn eingesetzt, denn ein

daran ist Ausfüllen der Potentialität des Objekts. Die Anteilnahme selbst ist endgültig und ändert sich nicht. (Analytisch wird sie als Weigerung gedeutet, sich mit einem Verlust abzufinden, z. B. Kastration — so Jekels.) Bei der Betätigung des Mitgefühls ist nicht ein Interesse des »Ich«, sondern die Integration des »Du« der Beweggrund.

Gesicht füllt das Gesichtsfeld aus, und kleine Geräusche erfüllen das Gehör. Es ist kein Augenblick für Abstraktionen oder für Bilder von anderswo und früher, es gibt keine Alternativen. Die Sprache ist sozusagen präverbal; alles, worauf es ankommt, liegt im Tonfall und in der primitiven Handgreiflichkeit der Ausdrücke. Und die Nahsinne Geschmack, Geruch und Tasten machen den größten Teil der Figur aus. Die Erregung und die Enge des Kontakts werden als ein und dasselbe empfunden; mehr Erregung ist einfach dichteres Sichberühren. Und die Bewegung wird schließlich spontan.

Bemerkenswerter noch ist das Verblassen des Körper-Hintergrunds. Zum Höhepunkt hin besteht die Figur aus den beiden Leibern, dem Berühren und Berührtwerden, aber diese »Körper« sind nun nichts mehr als ein System von Kontaktsituationen an der Grenze; das Gefühl, es im Grunde mit physiologischen Organen zu tun zu haben, schwindet. Organischer Schmerzen ist man nicht mehr gewahr. Paradoxerweise wird der eigene Körper zum Teil des Du und schließlich die ganze Figur, als ob die Grenze sich losgelöst und nach drüben verschoben hätte.

Dieser archetypische Kontakt zeigt zugleich die schöpferische Kraft des Selbst. Auf dem Gipfel des Gewahrseins ist das Erleben ein neues, einmaliges und ursprüngliches. Wenn aber im Orgasmus die Grenze durchstoßen wird und das Selbst verblaßt, hat man das Gefühl einer Befriedigung für die konservativen Triebe des eigenen wohlvertrauten Körpers.

Wir sehen auch, daß der Kontakt spontan und transitorisch ist. Das Selbst arbeitet auf seine *Vollendung* hin, nicht auf seine *Verewigung*. Wenn der Prozeß der Gestaltbildung vollendet und das Erleben in sich abgeschlossen ist und der Hintergrund verblaßt, wird sofort deutlich, daß die Kontaktsituation als ganze nur ein Augenblick in der Interaktion des Organismus/Umwelt-Feldes gewesen ist.

Dieselben Merkmale des Kontaktvollzugs sind beim Essen deutlich, einem Kontakt durch Zerstörung und Einverleibung. Was geschmeckt und gekaut wird, ist herzhaft und einmalig, sobald es aber heruntergeschluckt wird, verblaßt spontan die Figur, und die Assimilation geschieht ohne Gewahrsein.

Auch beim intensiven Erleben eines Kunstwerks spüren wir, daß nicht nur alles an seiner Werksgestalt notwendig ist, sondern daß es merkwürdigerweise auch das einzig mögliche Werk ist oder zumindest das höchste seiner Art, und es zu erleben erscheint unschätzbar wertvoll, d. h. der Hintergrund, aus dem wir vergleichende Urteile herleiten könnten, ist verschwunden.

(Wir haben unsere Beispiele für Kontaktnahme und Kontaktvollzug hauptsächlich unter den Äußerungen des Verlangens gewählt. Weitgehend, wenn auch nicht ganz genau, gilt dasselbe aber auch für einen Kontakt wie den des Vernichtens. Die Figur beim Vernichten ist die Abwesenheit des vertilgten Objekts im Grund; auf dem Gipfelpunkt bleibt einem daher kein Objekt der Erregung mehr, nur noch der schwere Atem der Anstrengung und ein kaltes Gefühl des Selbst angesichts der nun nicht weiter interessierenden Situation — es sei denn, daß sich vielleicht auch ein Triumphgefühl mit der Glorifizierung des Ich-Ideals einstellt. Kaltes Vernichten zieht natürlich keinerlei Wachstum nach sich. Dennoch, zumindest psychologisch ist Vernichten ein positives Verhalten und Gefühl, und wir können daher den antiken und mittelalterlichen Denkern in ihrer schon erwähnten Formel nicht zustimmen, daß die Realität das »Gute« [Wünschenswerte] und das Böse eine Negation der Realität sei; denn die Abwesenheit des aus dem Grund Ausgestoßenen ist psychologisch eine Realität, etwas Gefürchtetes ist entfernt worden. Wir sagen daher lieber: »Die Realität ist erregend oder interessant.«)

4. Nachkontakt

Die Nachwirkung des Kontakts (ausgenommen Vernichtung) ist Wachstum. Dieser Prozeß bleibt außerhalb des Gewahrseins, und seine Einzelheiten sind Gegenstand der Physiologie — soweit sie überhaupt bekannt sind.

Je nachdem, welche Art von neuen Dingen vorgenommen und umgewandelt werden, hat das Wachstum verschiedene Namen: Größenwachstum, Wiederherstellung, Zeugung, Verjüngung, Assimilation, Lernen, Erinnerung, Gewohnheit, Nachahmung, Identifizierung. Dies alles ist Ergebnis schöpferischer Anpassung. Ihr gemeinsamer Zug ist eine gewisse Vereinheitlichung, ein Identisch-gemacht-Sein in der Organismus/Umwelt-Interaktion; und dies ist die Leistung des Selbst. Bei der Nahrungsaufnahme wird das »Unähnliche« »ähnlich gemacht«, d. h. assimiliert. Auch von Gelerntem, wenn es verdaut und nicht als Ganzes geschluckt wurde, sagen wir, es sei assimiliert, und es kann nun ebenso in Gebrauch genommen werden wie die Muskeln. Im Hinblick auf die Wahrnehmung ist der philosophische Sprachgebrauch der umgekehrte: Es ist das Sehen, das der gesehenen Farbe gleich wird. Gewohnheiten werden von anderen »aufgeschnappt«, wir haben andere nachgeahmt oder uns mit ihnen identifiziert und unsere Persönlichkeiten nach ihrem Modell gebildet. Aber wir dürfen uns von der offenbaren Verkehrung der Sprache nicht täuschen lassen, denn in jedem Falle hat es das Zerstörte, das Abgewiesene und das Veränderte auf der einen Seite gegeben und das Ausgreifen und Gebildet-werden-Durch auf der anderen. Wo der Kontakt durch Einverleibung geschieht und der zerstörte Teil praktisch nicht beachtet wird, sprechen wir von Assimilation; doch bestehen natürlich die chemischen Elemente weiter, das Überschüssige wird ausgeschieden und besteht dennoch weiter usw. Wo der Kontakt durch körperliche Nähe und Berührung geschieht und der unerhebliche (abgelehnte) Teil immer noch von möglichem Interesse ist, wie in der Wahrnehmung und in der Liebe, sagen wir, wir werden der andere oder identifizieren uns mit ihm. Die Nachwirkung des Orgasmus ist Fortpflanzung und Verjüngung durch eine Spannungsabfuhr des Systems. (Reich meint, es gebe auch eine Art biophysikalischer Ernährung.)

Bei Betrachtung der Nachwirkungen des Kontakts, der Assimilationen und Identifizierungen läßt sich am besten erkennen, wie wichtig der mittlere Modus der Spontaneität ist. Denn wenn das Selbst bloß aktiv gewesen wäre, so hätte es nicht auch jenes Andere werden können, es würde dann bloß projizieren; wäre es bloß passiv gewesen, so hätte es selbst nicht wachsen können, es hätte nur eine Introjektion erlitten.

5. Übergang vom Psychologischen zum Physiologischen

Psychologisch ist der Übergang vom Gewahrsein des Kontakts zur unbemerkten Assimilation von tiefem Pathos. Denn die Figur des Kontakts erfüllte die Welt, sie war Erregung, alles, was es an Erregung gab, doch nun, im Nachhinein, erscheint sie nur als eine kleine Veränderung im Feld. Es ist das Pathos Fausts, wenn er sagt: »Verweile doch, du bist so schön!« Aber dies zu tun, hieße den Orgasmus aufhalten, das Schlucken oder das Lernen. Das spontane Selbst jedoch geht weiter und löscht sich aus.

(An dieser Stelle kommt, wie Rank gezeigt hat, der neurotische Grundmechanismus des Künstlers ins Spiel. Denn der Künstler beharrt auf Verewigung, auf der »Unsterblichkeit« seiner selbst, und daher projiziert er einen Teil von sich in das materiell dauerhafte Medium des Werkes. Doch dabei verwirkt er die Möglichkeit des Abschlusses und ist nie zufrieden. Er muß wiederholen, nicht zwar das gleiche Werk, aber den Prozeß, ein Werk herzustellen. Diese Unterbrechung und die damit verbundene Angst, nicht die »Schuld« des Wagnisses, sind der Ursprung dessen, was Rank »die Schuld des Erschaffens« genannt hat.)

Die Hemmung auf dem erreichten Gipfelpunkt ist die Figur des Masochismus par excellence: Er ist ein Sichfesthalten in der maximalen Erregung, bei gleichzeitigem Wunsch, gewaltsam von ihrem Schmerz befreit zu werden, gewaltsam, weil das Selbst zu »sterben« fürchtet, so als ob das Selbst etwas anderes wäre als nur dieser vergängliche Kontakt. Schließlich wird der Höhepunkt der Liebe ebenso empfunden wie eine Aufforderung zu sterben. Der Liebestod wird gerühmt, als wäre er die beste Art der Liebe. Tatsächlich leben aber die Liebestoten organisch weiter. Die Erregung klingt ab; sie versuchen, sich den schönen Augenblick zurückzurufen, und natürlich gelingt das nicht, denn der neue, jetzt mögliche schöne Augenblick ist ganz anders.
Aber wenn auch der physiologische Zuwachs gering ist, er ist absolut sicher, und wir können uns für immer auf ihn verlassen. Eine schöpferische Anpassung kann nicht trügen. (So ist Lust, das Gefühl des Kontakts, in jeder Form und unter allen Umständen ein augenscheinlicher Beweis für Vitalität und Wachstum. Im Ethischen ist sie nicht das einzige Kriterium — ein einziges, alleingültiges Kriterium gibt es nicht —, aber ihr Vorhandensein spricht immer zugunsten des Verhaltens, und ihr Fehlen sollte immer ein Anlaß zu Bedenken sein.) Im Hinblick auf die Wahrnehmung wird die Zuverlässigkeit einer schöpferischen Identifizierung allgemein anerkannt: die Empfindung selbst ist ein untrügliches Zeichen dafür, wenn auch die Interpretation irren mag. Dasselbe gilt auch für Lernen, Liebe und andere soziale Identifizierungen. Dies wird jedoch nicht gesehen, im Gegenteil, wir betrachten die Liebe, die wir einmal erfahren haben, später oft als abscheulich, unsere früheren Meinungen erscheinen uns absurd, die Musik, die uns als Jugendlichen gefallen hat, wird als rührselig abgetan, die Loyalitäten des Lokalpatriotismus werden verachtet. Wie Morris Cohen zu sagen pflegte: »Wenn man blind sein muß, um sich zu verlieben — wenn man sich entliebt, muß man benebelt sein.« Doch solche Reaktionen sind eine Weigerung, das gegenwärtig Wirkliche unserer fertigen Vergangenheiten anzuerkennen, als ob wir in der Gegenwart etwas anderes für uns sein könnten als das, was wir geworden sind und weiter sein werden. Offenbar ist in solchen Fällen der Kontakt nie vollständig gewesen, die Situation wurde nicht erledigt; eine hemmende Kraft wurde als Teil des Erlebens introjiziert und ist nun ein Teil des Selbstbildes, an dem wir uns messen. Und wenn unser vergangenes Tun, so wie es gewesen ist, notwendig anders war als das, was wir jetzt vorhaben, so benutzen wir es nicht als Teil unserer jetzigen Ausstattung oder behandeln es als unerheblich, sondern verschwenden statt dessen Energie damit, es abzuwehren, uns seinetwegen

zu schämen oder es anzugreifen (denn es ist immer noch eine unerledigte Situation).

6. Persönlichkeitsbildung: Loyalität

Die Nachwirkung schöpferischer sozialer Kontakte führt zur Persönlichkeitsbildung: zu Gruppen-Identifikationen und brauchbaren rhetorischen und moralischen Haltungen. Das Selbst scheint ein Teil des Du zu werden, in das es hineingewachsen ist. (Wenn das Schöpferische gehemmt und die Hemmung introjiziert worden ist, so scheint es, als ob die Persönlichkeit die anderen nachäffe, als ob sie Sprechweisen und Haltungen imitiere, die eigentlich nicht zu ihr passen; und so ist es denn auch.)

Eine Gruppen-Identifikation, in der Bedürfnisse erfüllt und Kräfte erworben wurden und die eine Quelle der Kraft zu weiterem Tun bildet, ist der Ausdruck der Loyalität, was Santayana das Anerkennen »der Quellen unseres Seins« genannt hat. Denken wir z. B. an die Loyalität gegen die Sprache. Jede Sprache erfüllt angemessen die elementaren sozialen Bedürfnisse, wenn man sie unter irgend günstigen Umständen erlernt hat. Wenn es eine große Sprache ist wie das Englische, so wird die eigene Persönlichkeit tief geprägt von ihrem Geiste und ihrer Literatur; ein Schriftsteller spürt diese Loyalität in seinem Vergnügen, englische Sätze zu schreiben. Ein eingewanderter italienischer Bauernsohn weigert sich vielleicht, aus Loyalität gegen seine Kindheit, Englisch zu lernen, obwohl dies sein gegenwärtiges Leben behindert: Er wurde zu schnell und zu gründlich entwurzelt, und zu viele alte Situationen blieben unerledigt. Ein Deutscher dagegen, der vor Hitler geflüchtet ist, lernt Englisch in ein paar Wochen und vergißt das Deutsche völlig: Er muß die Vergangenheit austilgen und rasch ein neues Leben anfangen, um die Leere zu füllen.

In der Therapie sind die sogenannten »Regressionen« bewußte Loyalitäten, und es hat keinen Sinn, zu leugnen oder schlechtzumachen, was der Patient tatsächlich als sein eigen empfunden hat; es geht darum, die unbewußten unerledigten Situationen herauszufinden, welche Energie von den Möglichkeiten der Gegenwart abziehen. Das klassische Beispiel ist die Unmöglichkeit, Homosexuelle zu »ändern«, die einmal große sexuelle Befriedigung genossen haben, besonders wenn sie schöpferisch viele soziale Hindernisse überwunden haben, um sie zu erlangen. Die Methode darf eindeutig nicht darin bestehen, die homosexuelle Anpassung anzugreifen, denn die wurde von der Integrationskraft des Selbst geleistet, sie ist ein bewährter Gefühlskontakt und eine Identifikation. Die Methode muß sein, ans Licht zu bringen, was die Persönlichkeit *entfremdet*, ohne daß sie dessen gewahr ist, nämlich das Interesse am anderen Geschlecht, der andern Hälfte der Menschheit. Das heißt, es hat keinen Sinn, zu sagen: »Warum benimmst du dich wie ein Zwölfjähriger?«, aber es ist vernünftig, zu fragen: »Was ist so scheußlich, unmoralisch oder gefährlich daran, sich wie ein Zwölfjähriger zu benehmen?« Was auch immer gegenwärtig getan wird, ist soweit jedenfalls assimiliert worden.

7. Persönlichkeitsbildung: Moral

Als Nachwirkungen von Kontakt verbinden sich in den moralischen Wertungen und Urteilen über richtiges Verhalten zwei Arten der Assimilation: a) Einerseits sind dies einfach technische Fertigkeiten, die man gelernt hat; man weiß abzuschätzen, was Erfolg bringt. Als solche sind sie flexibel und werden nach den wechselnden Umständen modifiziert. Jedem gegenwärtigen Problem wird so begegnet, wie es ihm gemäß ist. Der Niederschlag der eigenen Umsicht ist Teil des Grundes, von dem aus man das Problem angeht. b) Andererseits sind dies Gruppen-Loyalitäten, wie wir sie schon beschrieben haben: Man handelt in einer bestimmten Weise, weil es sozial erwartet wird, auch von seiten der Persönlichkeit, die man selbst gebildet hat. Das eigene Vorgehen in einer bestimmten Angelegenheit wird modifiziert mit Rücksicht auf das langfristige Interesse, Mitglied der Gruppe zu bleiben, und man geht in der gruppenüblichen Weise vor. Meist ist die Technik der Gruppe weniger flexibel als die des Einzelnen, und wahrscheinlich kommt es zu einem gewissen Konflikt zwischen diesen beiden Gründen des Handelns. Wird der Konflikt zu deutlich und zu häufig, so muß man einsehen, daß die Gruppe irrational ist — vergangenheitsverhaftet —, und nun entweder die Technik der Gruppe ändern oder die Loyalität kündigen. Im letzteren Falle muß man eine neue Loyalität finden, denn unsere Bedürfnisse schließen immer auch irgendeine Art von Geselligkeit ein. Im Konflikt selbst findet man neue Verbündete.

Soweit gäbe es theoretisch keine Schwierigkeit. Leider werden aber in Diskussionen über Moral diese zwei einander widerstreitenden Gründe, Zweckmäßigkeit und Loyalität, mit zwei ganz anderen Formen der Bewertung verwechselt, die beide nicht assimilativ sind. c) Eine dieser Formen hängt mit dem Neuentdecken und Erfinden bei jeder schöpferischen Leistung zusammen. Man stellt fest, daß die alte, vernünftige oder herkömmliche Methode zu dieser neuen Aufgabe nicht taugt, vielmehr muß man jetzt gerade *dies* und nichts anderes tun. Eine solche Bewertung ist zwingend und voller Anteilnahme, es geht über das, was die eigene fertige Persönlichkeit »wünscht«, hinaus. Es ist bestimmt von der auftauchenden Figur, und ihretwegen muß man es riskieren, etwas Absurdes zu tun oder allein dazustehen. Im Nachhinein wird die neue Figur wieder Technik, sie ist nun entweder selbstgewählte Loyalität zu einer neuen Gruppe oder sie gibt den Anstoß zu einer neuen Gruppenbildung. Im Augenblick des Interesses aber ist die Entscheidung kühn, revolutionär oder prophetisch. Und moralische Fragen, in denen es einfach um die Anpassung zwischen den Techniken des Individuums und der Gruppe gehen könnte, werden zum Teil dadurch verwirrt, daß ihnen eine Sehnsucht nach dem Prophetischen und Absoluten beigemischt ist, besonders unter Leuten, die ihr schöpferisches Vermögen hemmen. Eine moralische Entscheidung, die längst gelernt und zur Grundlage alltäglichen Verhaltens geworden ist, wird so behandelt, als wäre sie grad eben von Hesekiel erfunden worden.

Am meisten Verwirrung aber stiftet d) die gewöhnliche Moral der Selbstvergewaltigung: Verhalten wird als »gut« bewertet, weil eine introjizierte Autorität es so will, oder als »schlecht« verworfen, weil man in sich selbst den Impuls zu einem ähnlichen Verhalten bezwingen muß. Nietzsche hat diese Moral zutreffend als die Moral des »Ressentiments« gekennzeichnet; ihre Folgen sind im höchsten Maße vernichtend und negativ. Man hat noch nie davon gehört, daß ein Mensch, der immer »gut« gewesen und ein halbes Jahrhundert lang nicht ins Gefängnis gekommen ist, von seinen Mitbürgern geehrt worden wäre oder einen Orden für Tugend, Gerissenheit und Lebenskunst — die ihm diese fabelhafte Leistung ermöglicht haben — bekommen hätte; die fremden Normen, die er introjiziert hat, sind unschöpferisch. Mit rachsüchtigem Eifer aber wird das »Schlechte« energisch verurteilt und bestraft. Die schwache, selbstvergewaltigende Persönlichkeit erlebt Realität ja meistens nur in der Projektion auf Sündenböcke, die ihr gestatten, ein bißchen Aggression auch nach außen zu kehren und etwas zu fühlen.

Auch beim schöpferischen Gestalten gibt es engagierte Urteile darüber, was gut und was böse sei, was die heraufdämmernde Lösung befördere und was aus dem Felde zu tilgen sei; im Nachhinein aber erscheint das Verwerfen des »Bösen« als archaisch, denn beim nächsten Vorhaben werden die verworfenen Dinge wieder zu naheliegenden Alternativen. Für die Selbstvergewaltigung dagegen ist gerade das »Schlechte«, das Ausgestoßene, dauerhaft, denn das vitale Bedürfnis nach ihm kehrt immer wieder, und die Aggression dagegen muß ständig neu abgeführt werden.

8. Persönlichkeitsbildung: Rhetorische Haltungen

Eine andere Form der Persönlichkeitsbildung ist das Erlernen rhetorischer Haltungen, mit denen man seine zwischenpersönlichen Beziehungen manipuliert; diese erkennt man, wenn man sich auf die eigene Stimme, auf Syntax und Sprechgebaren konzentriert (vgl. Kap. 7). Solche Haltungen sind etwa Klagen, Einschüchtern, Hilflosigkeit, Doppelzüngigkeit oder Offenheit, Geben und Nehmen, Fairneß usw. All dies sind Beeinflussungs-Techniken, die von Kindern, die sie an einem begrenzten und spezifischen Publikum üben und die herausfinden können, was wirkt und was nicht, rasch erlernt werden. Protokoll und Etikette sind ähnliche Beeinflussungs-Techniken. Und wenn man diese Haltungen als assimiliert betrachtet (wie die Loyalitäten oder die Moral), so geht es nur noch darum, ob sie zu einem gegenwärtigen Problem taugen oder aber modifiziert oder aufgegeben werden müssen. Wenn manche Menschen bestimmte Haltungen wie z. B. Doppelzüngigkeit stark mißbilligen, so deshalb, weil sie dafür anfällig sind, gegen ihren Willen dadurch beeinflußt zu werden; bei anderen sind dieselben Haltungen einfach unwirksam und ermüdend (obwohl jemanden zu langweilen natürlich auch eine starke Methode ist, ihn zu bestrafen und abzulenken).

Wenn eine rhetorische Technik unwirksam ist — wenn sich z. B. ein Therapeut von der langweiligen Stimme oder den Krokodilstränen seines Patienten nicht beirren läßt —, so kann sie einfach fallengelassen werden; so sehen wir oft, wie Kinder beim Fehlschlagen eines Betrugs lachen und etwas anderes versuchen. In solchen Fällen ist die Technik gut assimiliert. In anderen Fällen jedoch weckt das Gewahrsein der eigenen Technik starke Angstgefühle, besonders dann, wenn die »Technik« eigentlich gar keine Technik ist, sondern direkter, aber unvollkommener Ausdruck (»Sublimierung«) eines wichtigen unerfüllten Bedürfnisses: Man entscheidet sich für Einschüchterung, weil man gewinnen muß, und nun ist man wieder enttäuscht und wütend; man entscheidet sich für Hilflosigkeit, weil man hilflos *ist,* und schon wird man wieder im Stich gelassen; oder man ist langweilig, weil man wünscht, in Ruhe gelassen zu werden.

Angst aber wird erweckt, wenn die Stimme, die man von sich hört, gar nicht die eigene ist, sondern die introjizierte Stimme eines anderen, der Mutter oder des Vaters, wie sie klagen, brüllen oder freundlich sind. Auch dies ist wieder Selbstvergewaltigung, wie bei der falschen Loyalität oder der Moral des Ressentiments. Angst hat man, weil man im gegenwärtigen Augenblick wieder seine echte Identität, sein Verlangen und seine Stimme abwürgt.

9. Schlußfolgerung

Unter idealen Bedingungen hat das Selbst nicht viel Persönlichkeit. Es ist wie der Weise des Tao, der »wie Wasser« ist, das die Form seines Behälters annimmt. Der Anstieg an Wissen und Wachstum nach gutem Kontakt ist gewiß, aber klein. Das Selbst hat seine Realität gefunden und hergestellt, aber wenn es nun erkennt, was es assimiliert hat, betrachtet es dies wiederum als Teil eines weiteren Feldes. In der Hitze des schöpferischen Kontakts sagt man: »Dies ist es, nicht das«, nun heißt es: »Dies ist dies, denken wir lieber mal an das.« Das heißt, das Auf und Ab zwischen Kontakt und Nachkontakt ist die Abfolge der philosophischen Gefühle, man habe zwar das wesentlich Gute begriffen, finde nun aber doch bestätigt, was der Bischof Butler gesagt hat: »Jedes Ding ist, was es ist, und ist nicht ein ander Ding«, so auch man selbst. Ob ein solcher Prozeß »sinnvoll« oder »lohnend« sei, oder was er zu bedeuten habe, ist keine psychologische Frage.

Wenn das Selbst viel Persönlichkeit hat, so deshalb, wie wir gesehen haben, weil es viel Unerledigtes mit sich herumträgt, sich wiederholende, starre Haltungen und verheerende Loyalitäten; oder es hat ganz abgedankt und spürt sich nur noch in den Haltungen zu sich selbst, die es introjiziert hat.

Wir wollen zuletzt noch einmal zu dem Verhältnis zwischen dem Psychologischen und dem Physiologischen zurückkehren. Assimilation, verdautes Lernen, Techniken und Gruppen-Identifikationen stellen eigentlich Gewohnheiten dar, in dem Sinne, daß Gewohnheit »zweite Natur« ist. Sie scheinen in die nichtbewußte physiologische Selbstregulierung mit einzugehen. Im Hinblick auf die Assimilation der Nahrung würde dies niemand bezweifeln. Im Hinblick auf deutlich erkennbare motorische Gewohnheiten ist der »organische« Charakter des Lernens fast ebenso klar. Gehen zu lernen z. B. könnte man als erste Natur und nicht als Gewohnheitsbildung betrachten; Schwimmen, Schlittschuhlaufen oder Radfahren erscheinen aber als fast ebenso organisch und können nicht vergessen werden, kaum weniger die Fähigkeit, einen Ball aufzufangen. Sprechen ist organisch, die Muttersprache sprechen kaum weniger, und wiederum kaum weniger Lesen und Schreiben. Es erscheint daher als vernünftig, das Physiologische als die angeborene

oder erlernte konservative Selbstregulierung, deren man nicht gewahr ist, zu definieren. Das Psychologische ist der wechselnde, transitorische Kontakt mit dem Neuen. Die physische »erste Natur«, einschließlich der nichtbewußten neurotischen Störmanöver, greift periodisch auf den Kontakt, das Bedürfnis nach Neuem zurück. Die physische »zweite Natur« wird aperiodisch kontaktiert — die gespeicherten Erinnerungen z. B. werden auf äußere Stimulierung hin abgerufen.
Was wächst, ist der Organismus, nicht das Selbst. Wir wollen Wachstum spekulativ wie folgt beschreiben: 1. Nach dem Kontakt findet ein Zustrom von Energie statt, der die Energie des Organismus um die neuen, aus der Umwelt assimilierten Elemente bereichert. 2. Die Kontaktgrenze, die »durchstoßen« worden war, bildet sich neu; sie umschließt die neue Energie und das »Organ der zweiten Natur«. 3. Das Assimilierte ist nun Teil der physiologischen Selbstregulierung. 4. Die Kontaktgrenze liegt nun »außerhalb« des Assimilierten, des Gelernten, der Gewohnheiten, bedingten Reflexe usw. — z. B. was so *ähnlich* ist wie etwas, das man gelernt hat, berührt einen nicht, stellt kein Problem dar.

14

Schwund der Ich-Funktionen: Verdrängung. Kritik der Freudschen Verdrängungstheorie

1. Figur und Hintergrund der Neurose

Auch neurotisches Verhalten ist eine erlernte Gewohnheit, Ergebnis einer schöpferischen Anpassung, und wie bei anderen assimilierten Gewohnheiten besteht kein Kontakt mehr zu ihm, weil es kein neues Problem darstellt. Worin unterscheidet sich nun diese Art Gewohnheit von anderen, und welches ist die Natur neurotischen Nichtgewahrseins (Verdrängung) im Unterschied zum einfachen Vergessen und zur zugänglichen Erinnerung?

Für den Prozeß der schöpferischen Anpassung haben wir die folgende Sequenz der Hintergründe und Figuren nachgezeichnet. 1. Vorkontakt: Hier ist der Körper der Grund, und sein Trieb oder ein Umweltreiz ist die Figur; dies ist das »Gegebene« oder Es des Erlebens. 2. Kontaktnahme: Das Selbst nimmt das Gegebene an und macht sich dessen Kräfte zunutze, dann tritt es an die objektiven Möglichkeiten heran, schätzt diese ab, versucht sie zu beeinflussen usw.; es ist aktiv und vorsätzlich, im Hinblick auf den Körper wie auf die Umwelt; darin manifestieren sich die Ich-Funktionen. 3. Kontaktvollzug: Ein spontanes, desinteressiertes Anteilnehmen, im mittleren Modus, an der erreichten Figur. 4. Nachkontakt: Verblassen des Selbst.

Wir haben auch gesehen, daß der Prozeß in jedem Stadium angesichts einer Gefahr oder einer unausweichlichen Enttäuschung abgebrochen und die Erregung gedrosselt werden kann, was zu Angst führt. In welchem Stadium dies geschieht, ist folgenreich dafür, welche besondere neurotische Gewohnheit erlernt wird; wir werden auf diesen Aspekt im nächsten Kapitel noch eingehen. Wir wollen nun aber zunächst sehen, wie jede Unterbrechung und Angst auch zu dem Versuch führen, den ursprünglichen Trieb oder die Reaktion auf den Reiz zu hemmen, denn diese sind am leichtesten kontrollierbar. Es kommt also zu einer umgekehrten Sequenz, der wir nachgehen müssen.

1. Das vorsätzliche Bemühen um Kontrolle ist Grund. Figur ist die gehemmte Erregung oder die gehemmte Reaktion auf den Reiz; für den Körper ist dies eine unangenehme Empfindung. Unangenehm deshalb, weil die Erregung sich in einem Ausgreifen entladen will und die Kontrolle in einer Kontraktion gegen dieses Ausgreifen besteht (z. B. Zähnezusammenbeißen, Fäusteballen usw.).

Dieser Figur/Grund-Prozeß führt als solcher natürlich nicht weiter. Man lockert die Kontrolle und versucht es noch einmal. Nehmen wir nun aber an, die Gefahr oder Frustration seien chronisch, und gleichzeitig wären noch andere Geschäfte zu erledigen. Dann entsteht 2. eine neue Situation, während die alte noch unerledigt ist. Dies kann entweder ein neuer Reiz sein oder eine Ablenkung, mit der man sich einen Schmerz, eine Enttäuschung usw. erträglicher machen will. Um der neuen Situation gerecht zu werden, unterdrückt man notwendig die alte, unerledigte: Man schluckt seinen Zorn hinunter, verhärtet sich, schlägt sich das Bedürfnis aus dem Sinn. In der neuen Situation dauert nun die unterdrückte Erregung als ein Teil des Grundes unangenehm fort. Das Selbst wendet sich der neuen Figur zu, verfügt aber nicht über diejenigen Kräfte, die es dazu braucht, die unterdrückte Erregung niederzuhalten. Der Grund für die Kontaktnahme zu der neuen Figur ist also gestört durch die Existenz der unangenehmen Unterdrückung, welche manche Ich-Funktionen lahmlegt.

Darüber hinaus kann sich die Sequenz nicht entwickeln. Deshalb nicht, weil der Körper nicht vernichtet werden kann. Der unterdrückte Trieb gehört der physiologischen Selbstregulierung an und dauert konservativ fort, wird immer wieder akut, wenn sich genügend Spannung angestaut hat oder ein neuer Reiz auftritt, und bleibt immer als eine Tönung dessen erhalten, was gerade im Vordergrund des Interesses steht. Die Erregung kann nicht unterdrückt, nur die Aufmerksamkeit kann von ihr ferngehalten werden. Alle weiteren Entwicklungen gehen wieder in die andere Richtung, nur daß der Prozeß jetzt durch den von der unerledigten Situation gestörten Grund behindert wird. Die fortdauernde Störung verhindert den Kontaktvollzug in der neuen Anpassung, denn nicht alles Interesse kann der Figur zugewandt werden. Sie verhindert, daß das neue Problem so angefaßt wird, wie es ihm gebührt, denn jede neue Lösung muß »nebenher« auch noch die unerledigte Situation lösen. Und zur Aufrechterhaltung der absichtlichen Unterdrückung bleiben Wahrnehmungs- und Muskelkräfte gebunden.

Die Erregung kann nicht vergessen werden, aber die absichtliche Unterdrückung kann vergessen werden und außerhalb des Gewahrseins bleiben. Dies einfach deshalb, weil die Situation, die ja ein Bewegungsablauf ist, nach einer Weile gelernt wird; wenn die Hemmung chronisch ist, sind die Mittel, sie auszuführen, nicht mehr neu und kontaktwürdig; sie sind eine Art nutzlosen Wissens, das offenbar sinnlos Aufmerksamkeit beanspruchen würde. Solange also an der Hemmung des Grundes nichts geändert werden muß, vergißt das

Selbst, wie absichtsvoll es hier handelt, und wendet sich neuen Problemen zu. Die an der Hemmung beteiligten Bewegungs- und Wahrnehmungsorgane hören auf, Ich-Funktionen zu sein, und werden einfach zu Spannungszuständen des Körpers. Was diesen ersten Schritt angeht, ist also an dem Übergang von bewußter Unterdrückung zur Verdrängung nichts Bemerkenswertes; es ist ein normaler Lernvorgang, bei dem man vergißt, wie man gelernt hat; es ist unnötig, ein »Vergessen des Unangenehmen« zu postulieren. (Außerdem wird man in jedem schweren Fall von Verdrängung schnell von ganz anderen Dingen in Anspruch genommen und vergißt daher rasch.)

Wir wollen aber den Prozeß weiter verfolgen, denn bis jetzt ist das Mittel der Hemmung noch ein zugänglicher Gedächtnisinhalt. Wir haben gesehen, daß jede kontaktferne Gewohnheit »zweite Natur« ist, ein Teil des Körpers, nicht des Selbst. So kommt uns unsere Körperhaltung, ob sie nun richtig ist oder nicht, »natürlich« vor, und der Versuch, sie zu ändern, weckt Unbehagen, er ist ein Angriff auf unseren Körper. Die Hemmung, deren wir nicht gewahr sind, hat jedoch die Besonderheit, daß jeder Versuch, sie zu lockern, sofort Angst wachruft, denn die Erregungssituation wird dabei neu lebendig und muß prompt gedrosselt werden. Nehmen wir zum Beispiel an, die gehemmte Erregung werde durch einen ungewöhnlichen Reiz überrumpelt oder, umgekehrt, die Hemmung werde vorübergehend bei einer therapeutischen Übung gelockert: dann wird der habituell abgestumpfte Gesichtssinn, so scheint es, von Blendung bedroht, die Ohren klingen, der Muskel erleidet einen schweren Krampf, das Herz pocht rascher usw. Das Selbst, dem nicht gewärtig ist, daß all dies die Wirkung einer einfachen Kontraktion ist und daß nichts weiter von ihm verlangt wird als das Ertragen eines leichten Unbehagens, um die Kontraktion zu lokalisieren und bewußt zu lockern — das Selbst meint, der Körper selber sei in Gefahr, und reagiert mit Schrecken, Abdrosseln und einem sekundären bewußten Vorsatz, den Körper zu schützen. Es geht der Versuchung aus dem Wege, sträubt sich gegen die Therapie; indem es sich unbewußt verschließt gegen etwas Reizvolles, das aber einmal gefährlich gewesen ist, reagiert es nun mit Erbrechen, als ob die Sache Gift wäre. Da außerdem Erregung im Entstehungszustand immer schmerzlich ist, läßt sie sich leicht so extrem deuten. Diese Haltung und Deutung, welche die früheren Ich-Funktionen so schützen, als wären sie lebenswichtige Organe und nicht erlernte Gewohnheiten, sind eine Reaktionsbildung. (Während dieses ganzen Prozesses wird das aggressive Bestreben deutlich, lebenswichtige Körperfunktionen zu vernichten.)

Wir kommen so zu der folgenden Theorie der Verdrängung: Verdrängung ist Vergessen einer absichtsvollen Hemmung, die zur Gewohnheit geworden ist. Wegen weiterer aggressiver, gegen das Selbst gekehrter Reaktionsbildungen wird die vergessene Gewohnheit der Erinnerung unzugänglich. Nicht vergessen wird — und kann werden — der Trieb oder das Verlangen selbst; er besteht jedoch, da unerfüllt und ausgesperrt, nur als ein Schmerzensgrund fort. (Dies ist die »Affektverwandlung«.) In dem Maße, wie der Trieb seine ursprüngliche Qualität behalten und Objekten im Vordergrund Interesse abgewinnen kann, kommt es zu »Sublimierungen«, direkten, aber unvollständigen Befriedigungen.

2. Die Neurose als Schwund von Ich-Funktionen

Die Neurose ist ein Schwund von Ich-Funktionen, die als unzugängliche Gewohnheiten der sekundären Physiologie anheimfallen. Die Therapie der Neurose ist, umgekehrt, absichtsvolle Kontaktnahme mit diesen Gewohnheiten, vermittels Übungen, die so abgestuft sind, daß die Angst erträglich bleibt.[1]

Als Störung der Selbst-Funktion liegt die Neurose auf halbem Wege zwischen der Störung des spontanen Selbst, dem Elend, und der Störung der Es-Funktionen, der Psychose. Wir wollen die drei Klassen von Störungen vergleichen.

Wer sich spontan hingibt, kommt vielleicht nicht zum Kontaktvollzug: Die Figur geht unter in Enttäuschung, Wut, Erschöpfung. In diesem Falle ist er nicht glücklich, sondern elend. Sein Körper leidet Hunger. Er wird verbittert und kehrt sich gegen die Welt; er kehrt sich aber noch nicht gegen sich selbst, auch weiß er noch nicht viel von sich, außer daß er leidet, ja, verzweifelt ist. Die Therapie für ihn müßte sein, brauchbarere Techniken zu lernen, und es muß auch eine Änderung in seinen sozialen Beziehungen eintreten, damit seine Anstrengungen Früchte tragen können, und dazu hilft ihm ein bißchen Philosophie. Darin besteht Persönlichkeitsbildung. (Dies ist eine Beschreibung, die auf viele kleine Kinder zutrifft, denen jedoch nur schwer Philosophie beizubringen ist.)

Das andere Extrem ist die Psychose, die Vernichtung mancher Gegebenheiten der Erfahrung, z. B. der Erregbarkeit von Wahrnehmung oder Eigenwahrnehmung. Sofern überhaupt Integration vorhanden ist, füllt das Selbst die ganze Erfahrung aus: Es ist völlig entwürdigt

[1] Manche dieser Übungen werden in *Gestalt-Therapie. Wiederbelebung des Selbst,* Stuttgart (Klett-Cotta) 1979, erklärt.

oder unermeßlich großartig, Gegenstand einer totalen Verschwörung usw. Allmählich wird auch die primäre Physiologie affiziert.
Die Neurose, auf halbem Wege, ist Vermeiden der spontanen Erregung und Beschränkung von Erregungen. Sie ist Fortdauern sensorischer und motorischer Haltungen, wenn die Situation sie nicht erfordert oder wenn überhaupt keine Kontaktsituation besteht, so wie man eine schlechte Körperhaltung auch im Schlaf beibehält. Diese Gewohnheiten stören die physiologische Selbstregulierung und verursachen Schmerzen, Erschöpfung, Anfälligkeiten und Krankheiten. Keine Entladung, keine vollständige Befriedigung. Gestört von unbefriedigten Bedürfnissen und ohne zu bemerken, daß er sich ständig selbst im Würgegriff hält, kann der Neurotiker in seinen nach außen gerichteten Interessen nicht aufgehen noch sie erfolgreich zu Ende führen, doch seine eigene Persönlichkeit ist übermächtig in seinem Gewahrsein: Er ist verlegen, abwechselnd empfindlich, voll heimlichem Groll und schuldbewußt, selbstgefällig und demütig, frech und schüchtern usw.
Durch das Assimilieren von Erfahrungen unter den Bedingungen eines chronisch gewordenen Notstands hat das neurotische Selbst einen Teil seiner Ich-Funktionen verloren. Der therapeutische Prozeß muß diese Bedingungen ändern und der Erfahrung andere Gründe bieten, bis das Selbst die Figur entdeckt-und-erfindet: »*Ich* vermeide vorsätzlich diese Erregung und verübe diese Aggression.« Von da aus kann es wieder zu einer spontanen schöpferischen Anpassung zurückfinden. (Aber, um es noch einmal zu wiederholen, sofern die Lebensumstände unvermeidlich zu einer chronischen Notlage führen und Enttäuschungen mit sich bringen, wird sich die chronische Unterdrückung letztlich als zweckdienlich erweisen; die Entladung während der Therapiesitzung wird nichts als ein Abreagieren von Wut und Trauer sein oder, schlimmer noch, ein Wiederhochwürgen von Situationen, die man nicht »verdauen« kann.)

3. Kritik der Freudschen Theorie: Verdrängte Wünsche

Unsere Erklärung, insbesondere der Verdrängung, weicht so weit von der Auffassung Freuds ab, daß wir die Diskrepanz erklären, d. h. seine Position erklären und unsere eigene begründen müssen. Denn die Verdrängung ist der Vorgang, den Freud am eingehendsten untersucht hat, und es wäre möglich, das ganze Freudsche System der Psychoanalyse auf »Verdrängung« als dem ursprünglichsten Begriff aufzubauen.
Freud war der Meinung, daß der »Wunsch«, die Trieberregung, verdrängt werde, während wir diese für nicht verdrängbar halten, ob-

gleich jeder spezielle Gedanke oder jedes Verhalten, das einmal mit dem Wunsch verknüpft war, vergessen werden kann. Freud macht sich nun an den für ihn ungewöhnlich komplizierten und zugegebenermaßen schwierigen Versuch, zu erklären, wie der konservative Organismus sich selbst hemmen kann. Das ganze System des »unbewußten Denkens« und das Es, das niemals erfahren werden kann, sind Teil dieses Erklärungsversuchs — obwohl dies wie jede ad hoc angenommene Größe eine Vielzahl neuer Probleme aufwirft. Freud nahm hier wiederum an, daß die verdrängten Inhalte sowohl vom Ich abgestoßen wie vom »Unbewußten« angezogen würden, und er nahm ferner eine unbewußte Zensur an, während wir der Auffassung sind, daß die Anziehung oder die Zensur der Inhalte den Tatsachen widersprechen und daß die Verdrängung durch absichtliche Unterdrückung, schlichtes Vergessen *und* den spontanen Figur/Grund-Prozeß des Selbst, das unter den alten Bedingungen neue Probleme bewältigen muß, zureichend erklärt wird.

Es ist offensichtlich, daß die gehemmten Erregungen nicht verdrängt werden, sondern sich im Gegenteil äußern, und zwar so, daß man sagen muß, sie wollen sich ausdrücken, sich entwickeln. Im Zustand der Entspannung, wie etwa in der freien Assoziation oder im Halbschlaf, oder auch im Zustand spontaner Konzentration, wie bei künstlerischer Produktion oder in einem lebhaften Gespräch, stellen sich sofort alle möglichen seltsamen Vorstellungen, Gedanken, verkümmerte Triebregungen und Gesten, rastlose Schmerzen und Stiche im Gewahrsein ein und beanspruchen Aufmerksamkeit: die unterdrückten Erregungen, die sich entwickeln wollen. Und wenn ihnen in desinteressierter, aber doch gerichteter Konzentration sprachliche und muskuläre Ausdrucksmittel verliehen werden, so offenbaren sie sich sofort in ihrer ganzen Bedeutung. Solche Bestrebungen sind nun aber das tägliche Brot jeder analytischen Sitzung; wie ist es also möglich, daß ihnen Freud als Zeichen für die Unverdrängbarkeit des Es kein Gewicht beimaß?

Lesen wir eine typische Passage in Freuds *Traumdeutung* [2]:

»Unter diesen aus dem Infantilen stammenden, unzerstörbaren und unhemmbaren Wunschregungen befinden sich nun auch solche, deren Erfüllungen in das Verhältnis des Widerspruchs zu den Zielvorstellungen des sekundären Denkens getreten sind. Die Erfüllung dieser Wünsche würde nicht mehr einen Lust-, sondern einen Unlustaffekt hervorrufen, und eben diese Affektverwandlung macht das Wesen dessen aus, was wir als ›Verdrängung‹ bezeichnen«.

---

[2] Sigmund Freud, a. a. O., S. 609.

Das heißt, er betrachtete die nicht verdrängbaren Regungen als »infantil«, wie auch wir annehmen; später »widersprechen« sie anderen Zwecken, sind daher unangenehm und werden verdrängt. Aber Lust und Unlust sind keine Ideen, es sind Gefühle der Abfuhr oder der Spannung. Was für eine organische Umwandlung stellt sich Freud vor, durch die der »Widerspruch« zu einer Änderung des Affekts führen könnte? Wir behaupten dagegen, daß der Wunsch einfach wegen der Anstrengung, ihn zu unterdrücken, unangenehm sei — wegen der unabgeführten Spannung und der Muskelkontraktion: Die Erfahrung dieser Umwandlung machen wir täglich.

Wenn unsere Behauptung aber richtig ist, dann muß das gesamte bewußte Erleben weiter von der *un*verdrängten Unlust getönt bleiben. Offenbar schien es Freud, daß dies nicht der Fall sei. Es ist aber der Fall. Es erscheint nur nach außen nicht so, weil wir nicht zulassen, daß es so erscheint, wenn wir darauf aus sind, mit stoischer Resignation unseren Geschäften nachzugehen und aus den Triebregungen, die wir immerhin anerkennen, das Beste zu machen. Die Unlust ist da, aber unterdrückt: Man konzentriere sich auf seine Gefühle, und sofort ist alles von ihr eingefärbt. Es ist bekannt, wie düster Freud die Aussichten auf menschliches Glück einschätzt, aber er ist bei weitem nicht pessimistisch genug in bezug auf die Gegenwart menschlichen Lebens.

Die Differenz ist hier also eine verbale; sie hängt wie alle wichtigen semantischen Differenzen von unterschiedlichen Maßstäben des Erwünschten ab: Was sollen wir »Lust«, »Schmerz« oder »Unlust« nennen? Für Freud sind die abgestumpfte Wahrnehmung, die absichtlichen Bewegungen und die beherrschten Gefühle im Leben des normalen Erwachsenen nicht »unlustvoll«, sondern neutral. Nach dem Maßstab spontanen Verhaltens müssen diese jedoch mindestens als »unlustvoll«, wenn nicht »schmerzlich« bezeichnet werden: Sie sind nicht neutral, denn sie sind eindeutig gekennzeichnet von Rastlosigkeit, Müdigkeit, Unzufriedenheit, Resignation und einem Gefühl, unerfüllt zu sein.

Zu beachten ist auch, daß in dem eben zitierten Absatz unterstellt wird, es gebe keine physiologische Selbstregulierung, denn die »kindlichen« Triebregungen sind unvorhersehbar und können nicht gehemmt werden, und Absichtlichkeit gehört dem sekundären Denken an. Dies führt uns auf einen weiteren Grund, warum Freud dachte, die Erregungen würden verdrängt. Er sah bestimmte Erregungen beharrlich als infantil, als spezifisch frühkindlichen Situationen, Gedanken und Szenen verhaftet an, und tatsächlich sind solche Situationen und Gedanken, wenn überhaupt, dann nur äußerst schwer wieder zugänglich zu machen; sie stehen nicht im Hintergrund des Gewahrseins. Wie wir aber zu zeigen versucht haben (Kap. 5), treten *alle* Erregungen sehr viel allgemeiner auf; was sie definiert und spezifiziert, sind die wechselnden Situationen und Objekte. Die scheinbar wesentliche Bindung an bestimmte vergessene Gedanken, die zum Vorschein kommt, wenn die Verdrängung der Gedanken aufgehoben wird, ist, wie wir begründet haben, auf die Tatsache zurückzuführen, daß es in einer bestimmten Situation war, wo man die Erregung absichtlich hemmte und unterdrückte — und diese Haltung wurde bald habituell und vergessen; daher rührt die erste freie Äußerung der Erregung nach Aufhebung der Hemmung eine alte Erinnerung als ein verfügbares Hilfsmittel auf. Es ist im Grunde nicht die Erinnerung, welche die Triebregung freisetzt, sondern das Sichentfalten des Triebes, das die Erinnerung weckt. Oder, um es umgekehrt auszudrücken, das spontane Leben bleibt beharrlich »infantiler«, als erlaubt ist; der Verlust des Kindlichen ist keine organische Änderung, sondern ein absichtliches Unterdrücken.

4. Freud-Kritik: Träume

Wenn wir uns nun Freuds Theorie vom »Angezogenwerden« bestimmter Inhalte durch das Unbewußte zuwenden, so wollen wir uns zunächst mit der vertrauten Erscheinung beschäftigen, daß der Traum nach dem Erwachen zu entfliehen scheint. Es ist nämlich richtig, daß der Traum hier nicht einfach aus dem Geiste weggeschoben zu werden scheint, vielmehr scheint es, als würde er von einem unsichtbaren Magneten fortgezogen. Wir müssen jedoch als erstes darauf hinweisen, daß man dem Traum, um ihn festzuhalten, nicht Beachtung »zollt«, sondern man wendet sich ihm desinteressiert zu und läßt ihn kommen, wenn er will; dies wäre sinnlos, wenn der Traum wirklich fortgezogen würde.

Der Traum entschwindet nicht infolge absichtlicher Unterdrückung; es ist im wesentlichen die spontane synthetische Kraft des Selbst, die den Traum soweit als möglich vernichtet, wenn im Wachzustand das einfachste Figur/Grund-Verhältnis gebildet wird: Deshalb entschwindet der Traum so mühelos (die Vernichtung ist spontan), und deshalb sieht es vom Standpunkt angestrengter Introspektion so aus, als fliehe der Traum, weil die Hintergründe für die gewöhnlichen Anstrengungen des Wachbewußtseins unvereinbar sind mit den Hintergründen für das Traumerleben. Der einfachste *mögliche* Kontakt im gewöhnlichen wachen Erleben schließt spontan den Traum aus. Das einzige Mittel, um den Traum — oder irgendeinen Trieb — zum Ausdruck kommen zu lassen, besteht also letztlich darin, die gewöhnliche Figur/Hintergrund-Bildung selbst zu verändern — die Umstände, unter denen Kontakt möglich ist, so umzugestalten, daß auch der Traum ein Teil des Kontakts sein kann. Dies wird erreicht, indem man die Haltung des Desinteressiertseins einnimmt. Die Methode ist, sich weder absichtlich erinnern noch das »Unbewußte« heraufrufen zu wollen, sondern die Hintergründe der Realität des Selbst zu ändern, so daß auch der Traum als real hervortritt. Unsere Träume werden von uns »abgestoßen« und »entfliehen« uns, weil wir selbst die Natur der Dinge falsch sehen; wir können den Traum nicht festhalten, weil wir uns weigern, ihn als real anzunehmen.

Die Unvereinbarkeit des Traums mit dem gewöhnlichen Erwachen ist bekannt. Wenn man erwacht, beginnt man, sich zu regen, man fühlt sich ins Tun hinein und ist im Begriff, aufzustehen. Der Traum aber gehört zu der Klasse der Wünsche, die nur befriedigt werden können, indem man unbewegt bleibt und halluziniert; das Einsetzen der Muskelbewegung schlägt den Traum in die Flucht (was interpretiert wird als Zensieren des Wunsches, bevor dieser sich motorisch entladen kann). Noch wichtiger, wie die Halluzination wird der Traum aus dem, was als die reale Welt gilt, ausgeschlossen. Halluzinationen erkennt man nicht als Funktionen seiner selbst an. (Kinder jedoch behandeln ihr halluzinatorisches Spielen als Stück der realen Welt, und manche Erwachsenen verwenden viel Zeit und Aufmerksamkeit auf Kunstwerke, die Halluzinationen anderer Leute. Nur die eigenen Träume werden geringgeachtet. Oder denken wir an die übliche Einstellung gegen willentliche Tagträumerei: Sie gilt als Flucht, als Ausreißen vor der Wirklichkeit und ihren Pflichten; sie ist aber nicht so sehr eine Flucht als vielmehr ein Mißbrauch: Der Wunsch im Tagtraum bleibt am Ende vage und untätig, es wird nicht zugelassen, daß er sich im aktiven Spielen konkretisiert, noch wird er zur Interpretation der eigenen Absichten benutzt, als Hinweis auf wirkliches Interesse und wirkliche Berufung.) Eine weitere Eigenschaft des gewöhnlichen Wachbewußtseins, die den Traum ausschließt, ist die, daß es verbal ist und die Abstraktion begünstigt — kaum erwacht, fangen wir sofort an, unsere abstrakten Zwecke zu verbalisieren: »Wo bin ich? Was habe ich doch heute morgen vor? Wie spät ist es? Was hab ich da geträumt?« Unser Erleben wird von derlei Abstraktionen geordnet. Der Traum aber ist konkret, nichtverbal und sinnlich — »eidetisch«. Im allgemeinen heißt das, der Traum ist kein mögliches Erlebnis, nicht so sehr wegen seines Inhalts als wegen seiner Form.[3]

Alle diese Faktoren wirken dann besonders stark — so daß der Traum rasch und unerinnerbar vergessen wird, und nicht nur verblaßt und an Intensität verliert, weil er nebensächlich geworden wäre —, wenn das Selbst neurotisch ist und in den gewöhnlichen Figur/Grund-Verhältnissen wegen Hemmungsgewohnheiten, deren es nicht gewahr ist, bereits eine Spannung herrscht. Diese Spannung ist das System der Reaktionsbildungen, mit denen das gewohnte Bild vom Ich und seinem Körper verteidigt wird. Da der Grund habituell nicht leer, sondern gestört ist, muß er, damit überhaupt eine Figur zustande kommen kann, so leer und gewohnt wie möglich bleiben, und darauf wird erhebliche Vernichtungs-Energie verwendet. Angesichts der Spontaneität des Traums erscheinen die Gesundheit des Selbst und die Sicherheit seines Körpers akut gefährdet. Aus dieser Sicht könnten wir das Bedürfnis nach Geschäftigkeit, Wachheit, Orientierung in Zeit, Raum und Zweckbezügen als spontane Reaktionsbildung gegen den Notstand des gefährlichen Traums verstehen. Wenn so schweres Geschütz aufgefahren wird, werden die Traumgedanken sofort vernichtet, und der Traumwunsch wird stark unterdrückt.

Alles in allem entflieht der Traum und wird weggestoßen, sowohl wegen der unter diesen Bedingungen nur möglichen Figur/Grund-Bildung als auch wegen einer absichtlichen Entscheidung, was wir als Realität gelten lassen wollen. Otto Rank sagt, die Irokesen hätten meist die gegenteilige Entscheidung getroffen: Der Traum war das Wirkliche, daher war es ihnen darum zu tun, das Wacherleben in bezug auf den Traum zu erklären, nicht den Traum in bezug auf das Wacherleben. Wie es scheint, war für Freud die Kindheit das psychologisch Wirklichste, denn er deutet letztlich die Träume nicht in bezug auf das Wacherleben (Tagesreste), sondern auf Kindheitssituationen. Wir wollen darauf näher eingehen.

5. Freud-Kritik: Realität

Um uns über Freuds Theorie der Verdrängung klarzuwerden, müssen wir noch einmal auf seine Behandlung der Realität eingehen (vgl. Kap. 3, 13 f.).

[3] Eine ausgezeichnete ähnliche Analyse des Traumvergessens gibt Schachtel in seinem Aufsatz »On Memory«, in: *A Study of Interpersonal Relations,* New York (Hermitage Press) 1949, S. 3—49.

Freud unterscheidet zwischen dem »Primärvorgang« und dem »Sekundärvorgang« des Denkens. Einige kurze Passagen mögen die grundsätzliche Ähnlichkeit dessen, was er sagt, mit unseren Thesen zeigen und ebenso auch die wichtigen Unterschiede.

»Der Primärvorgang strebt nach Abfuhr der Erregung, um mit der so gesammelten Erregungsgröße eine *Wahrnehmungsidentität* herzustellen; der Sekundärvorgang hat diese Absicht verlassen und an ihrer Statt die andere aufgenommen, eine *Denkidentität* zu erzielen.« [4]

Wir würden sagen, der Primärvorgang — eine Einheit von Wahrnehmungs-, Bewegungs- und Gefühlsfunktionen, bei der man besser nicht von einem »Denken« sprechen sollte — *erschafft* eine Realität; der Sekundärvorgang, der von dieser Einheit abstrahiert, ist Denken, das die Realität *widerspiegelt.*

»... eine solche Affektverwandlung [das Wesen der ›Verdrängung‹] [kommt] im Laufe der Entwicklung [vor] (man denke nur an das Auftreten des anfänglich fehlenden Ekels im Kinderleben), und daß sie an die Tätigkeit des sekundären Systems geknüpft ist. Die Erinnerungen, von denen aus der unbewußte Wunsch die Affektentbindung hervorruft, waren dem *Vbw* niemals zugänglich; darum ist deren Affektentbindung auch nicht zu hemmen.«

»... soviel ist tatsächlich, daß die Primärvorgänge in ihm [d. h. dem psychischen Apparat] von Anfang an gegeben sind, während die sekundären erst allmählich im Laufe des Lebens sich ausbilden, die primären hemmen und überlagern und ihre volle Herrschaft über sie vielleicht erst mit der Lebenshöhe erreichen.«

»[Die] inkorrekten Vorgänge sind die im psychischen Apparat primären; sie treten überall dort ein, wo Vorstellungen von der vorbewußten Besetzung verlassen, sich selbst überlassen werden und sich mit der ungehemmten, nach Abfluß strebenden Energie vom Unbewußten her erfüllen können ... diese inkorrekt genannten Vorgänge [sind] nicht wirklich Fälschungen der normalen, Denkfehler, ... sondern *die von einer Hemmung befreiten Arbeitsweisen des psychischen Apparats«* (Hervorhebungen von uns).[5]

Der Primärvorgang, der eine Einheit der Wahrnehmungsrealität herstellt, ist die spontane Kontaktnahme; er wird jedoch von Freud ausschließlich mit den Traumvorgängen gleichgesetzt. Kunst, Lernen, Sicherinnern und Aufwachsen werden vom Primärvorgang radikal ge-

---

[4] Sigmund Freud: *Die Traumdeutung.* Ges. Werke, Frankfurt/M. (Fischer) 1961, 2. u. 3. Bd., S. 607.

[5] a. a. O., S. 609 ff.

schieden, als ob nicht alles Gelernte einfach gebraucht und dann wieder aufgegeben werden könnte, wenn das Selbst erneut spontan handelt. So gesehen schließt Aufwachsen dann natürlich mit Notwendigkeit die »Affektverwandlung« ein, denn Lernen wäre nach dieser Auffassung *nichts als* Hemmung.

Was brachte Freud dazu, sich eine solche Überlagerung des Primären durch das Sekundäre vorzustellen, statt ihrer gesunden Einheit in einem System zugänglicher Erinnerungen? Wir können theoretische, praktische und persönliche Gründe erkennen.

Theoretisch hatte Freud eine falsche Auffassung von der Realität, die aus seiner Übernahme einer irrigen Psychologie des Bewußtseins erwuchs. Denn wenn jede Orientierung in der Realität in Form isolierter Empfindungs- und Wahrnehmungsdaten und jeder Zugriff auf die Realität in Form isolierter motorischer Gewohnheiten vorgegeben wären, dann müßte ganz gewiß, damit überhaupt eine Realität zustande kommen könnte, ein abstrakter Denkprozeß stattfinden, der die Teile wieder zu einem Ganzen zusammenfügte. In diesem Denkprozeß wären alle Teile — Wahrnehmungen, Eigenwahrnehmungen, Gewohnheiten und abstrakte Zwecke — deshalb isoliert, weil die Ganzheit der Spontaneität unterdrückt wird. Die einzigen spontanen Kontaktganzheiten, die Freud bemerken konnte, waren aber offenbar die Traumvorgänge, und in diesen findet sich in der Tat wenig Orientierung und überhaupt kein Realitätszugriff. Aber natürlich gibt es auch unbegrenzt viele nicht-halluzinatorische spontane Ganzheiten; es ist dies nur eine Frage korrekter theoretischer Verarbeitung der Erlebensinhalte, wie sie von dem Gestaltpsychologen und den Pragmatikern geleistet worden ist.

Praktisch, in der Therapie, verließ sich Freud ebenfalls auf die Dissoziationen seiner Patienten; er verbot ihnen, Sinn herzustellen oder zu agieren: so blieben nur die Träume, die ihm um so eindringlicher als spontane Ganzheiten erschienen. (Die Übertragung, eine spontane Handlungsganzheit, sah er beharrlich — wie wenn sie ihn verlegen machte — bloß als ein Relikt der Kindheit an.) Hinzukam, daß nicht nur Freuds Psychologie des Bewußtseins unzulänglich war, sondern auch seine physiologische Psychologie, denn er nahm eine Willkür der Triebregungen an, isolierte Reizspannungen eines mechanischen Organismus. Nach unserer Auffassung besitzt der Körper ein ererbtes Wissen, er ist von Anfang an ungefähr an seine Umwelt angepaßt: Er verfügt über die Rohstoffe zur Verfertigung neuer Ganzheiten, und in seinen Gefühlen besitzt er eine gewisse Art von Umweltkenntnissen und Handlungsmotivationen; er äußert sich in wohlabgestimmten Zu-

sammenhängen von Zwecken und Wünschen. Freud, da für ihn all dies nicht in Betracht kam, kannte nur eine rein verbale, keine psychosomatische Therapie. Ergebnis seiner Praxis war daher, daß er das dynamische, spontane »Denken«, das er beobachtete, weder mit der Umwelt noch mit dem Körper verbinden konnte; also steckte er eine eigene Sphäre dafür ab, die des »Unbewußten«.
Damit aber ist Freud alles andere als zufrieden. Immer wieder möchte er sagen: Die Traumvorgänge sind überhaupt nicht inkorrekt, *sie* sind der Zugang zur Realität; statt dessen bin ich es, in der Lebenshöhe, der die Realität verloren hat. Und weil er dies sagen will, dreht sich das ganze System der Freudschen Psychoanalyse um das »Infantile« — und das zu Recht, denn vor allem in der Kindheit fand ein ungehemmter Prozeß statt, der eine Realität schuf, die nicht nur Traum war. Inkorrekt war der Gedanke, daß sich später eine neue gesunde Einheit ausbilde, der Sekundärvorgang, denn eben dies war die epidemische Neurose.
Im Gedanken des »Sekundärvorgangs« kommt folgendes zum Ausdruck: Das Selbst verliert aus dem Gewahrsein, daß *es selbst* die Hemmung ins Werk setzt und daher auch von ihr ablassen könnte. Dafür wird der Zwang auf die »harte Realität« projiziert. Und mit Hilfe einer Reaktionsbildung wird der spontane Vorgang verleumdet, so daß er »bloß noch« als Traum und neurotische Entstellung erscheint; alle anderen spontanen Gestaltbildungen werden ganz übersehen. Und obendrein werden die Träume und Symptome auch noch angefochten, »gedeutet« und abgewertet, statt daß sie ebenfalls als Teile der Lebenswirklichkeit, als das eigentlich Entscheidende bei allem schöpferischen Tun anerkannt würden. (Dies ist die Kritik Jungs.) Und letztlich wird auch die Kindheit zugleich verleumdet und überschätzt: überschätzt, wenn sie als unwiederbringlich verloren betrachtet wird, verleumdet in der Therapie, wo die ganze Arbeit der Analyse darauf abzielt, dieses Unwiederbringliche wiederzubringen.

6. Beispiele für die Verdrängung: Schlaflosigkeit und Langeweile

Wir wollen den Faden unserer Argumentation wiederaufnehmen und ein Beispiel für die Verdrängung geben.
Bei Verdrängung, so haben wir gesagt, bleibt die Erregung im Hintergrund erhalten und tönt alle weiteren Gestaltbildungen mit Schmerz. Die Hemmungsabsicht wird vergessen. Unter diesen Umständen wendet das Selbst sich anderen schöpferischen Anpassungen zu und unternimmt weitere Schritte, um die vergessene Hemmung in Vergessenheit

zu halten. Akute Schlaflosigkeit bietet die einfachste Illustration zu diesem Mechanismus: Während man sich um den Schlaf bemüht, werden die weiteren schöpferischen Anpassungen verringert, und der Schmerz des unerledigten Bedürfnisses wird durchdringend gespürt als deutliches Unlustgefühl, Ratlosigkeit und Belastetsein. Der Sinn des Bedürfnisses aber wird vergessen, denn es wird ihm nicht gestattet, sich zu entfalten und zu orientieren.

Bei Schlaflosigkeit möchte das Selbst sich entspannen und auflösen, aber ein unerledigtes Bedürfnis hält es immerzu beisammen. Die Anstrengungen, einzuschlafen, werden selbst zu Mitteln, das Bedürfnis niederzuhalten. Zuerst schließt der Schlaflose die Augen, stellt sich langweilige Szenen vor usw. Diese absichtlichen Nachahmungen des Schlafs ändern natürlich nichts an dem echten Bedürfnis, das nicht auf Schlaf, sondern auf Lösung des unerledigten Problems gerichtet ist. Sie können aber als Retroflexionen gedeutet werden: Man will jenen »anderen« langweilen, der das Bedürfnis hat, und ihn einschläfern. Darauf tritt der Schlaflose in eine Abfolge zusammenhangloser Phantasien und Gedanken ein, die sämtlich mit dem unterdrückten Problem zu tun haben, aber diesen Zusammenhang will er nicht erfassen, und die Phantasien verbinden sich daher nicht zu einem einzigen Wunsch, sondern quälen sich eine nach der andern dahin. Es kommt sogar manchmal vor, daß eine dieser Phantasien dieselbe affektive Bedeutung hat wie das unterdrückte Bedürfnis; in diesem Falle reagieren die Gedanken einen Teil der Erregung ab, und man fällt in einen leichten, von Träumen beunruhigten Schlaf, wacht aber bald wieder auf, wenn die Spannung wieder stärker wird. In einem dritten Stadium verbeißt man sich in irgendeine Ersatzursache der Schlaflosigkeit, den bellenden Hund oder die lärmende Gesellschaft einen Stock tiefer, und man kehrt Aggression gegen diese, um sie zu vernichten. Der Wunsch, etwas zu vernichten, kommt der tatsächlichen Grundsituation sehr nahe, in der man versucht, das Problem zu vernichten, und wird daher spontan zu einem starken Affekt — er bedient sich derselben machtvollen Energien, deren man nicht gewahr ist. So kann es zu einer teilweisen Wiederherstellung der Ich-Funktionen kommen, wenn man zuläßt, daß der Wunsch zu vernichten bestimmend wird und zu einer heftigen Aktion führt — einen Schuh nach dem Hund zu werfen, auf den Fußboden zu hämmern. Dies kann unterschiedliche Folgen haben: Man hat nun entweder das Unterdrückte besser in der Gewalt und ist seiner Sache so sicher, daß man einschlafen kann (orthodox gesagt, die Verdrängung ist gelungen und nicht gescheitert), oder aber, umgekehrt, man kann nun, nachdem man etwas von der zuvor nach innen gewandten Energie gegen die Ersatzursache verbraucht hat, plötzlich das unerfüllte Bedürfnis als eigenes Bedürfnis anerkennen. Man gibt die Anstrengung des Einschlafenwollens auf, steht auf, gibt zu, daß die Gesellschaft unten einen eher anzieht als stört oder daß es nicht das Geheul des Hundes ist, sondern ein anderer Ton, den man zu hören wünscht oder fürchtet. Die richtige Orientierung führt zu weiterem zweckdienlichen Tun: Man zieht sich an und geht hinunter, schreibt den Brief, oder was es auch sei.

Die Ironie dabei ist: Wenn man nicht schlafen will, wenn dazu nicht die »rechte Zeit« ist, äußern sich die Verdrängung des Problems und die Fortdauer der Erregung als Unaufmerksamkeit, Langeweile, Müdigkeit (manchmal bis zum Einschlafen!). Das beherrschende Bedürfnis kann nicht in den Vordergrund treten, aber die Figuren im Vordergrund werden gestört, und da ihnen nicht die volle Energie zufließt und sie nicht attraktiv sind, gleitet die Aufmerksamkeit ab, und keine Figur wird hell. Weil man den Wunsch hat, anderswo zu sein und etwas anderes zu tun (aber man kann nicht erkennen, was es ist, weil man den Wunsch nicht hat Gestalt annehmen lassen), fühlt man bloß, hier will man *nicht* sein, und dies will man *nicht* tun. Dies ist die Langeweile. Der Gelangweilte zwingt sich jedoch, Beachtung zu zollen — er verausgabt sich in dem Bestreben, das gespannte Verhältnis der öden Figur und des gestörten Grundes aufrechtzuerhalten; bald überkommt ihn die Müdigkeit, und seine Lider fallen herunter. Wenn die verdrängte Erregung von der Art ist, daß sie hinreichend in der Phantasie befriedigt werden kann, so überläßt er sich nun vielleicht Tagträumen oder schläft ein und träumt. Oft aber stellt sich die Schlaflosigkeit leider gerade dann ein, wenn man dem Bedürfnis zu schlafen nachgeben will und sich hinlegt.

7. »Sublimierung«

Im Gegensatz zu jenen Ablenkungen, denen es nicht gelingt, attraktiv zu werden und Aufmerksamkeit auf sich zu ziehen, stehen jene, die mit Erfolg eine interessante Tätigkeit gestalten. Dies sind Interessen, denen eine Erregung zugute kommt, die sich nicht einfach äußern kann, weil ihr Sinn verdrängt ist, und die auf diesem Wege »indirekt« zu ihrem Recht kommt. Es sind sogenannte »Sublimierungen« — Interessen, die ein Bedürfnis in sozial gebilligter oder gar geachteter Weise befriedigen.

Nach Freuds Theorie von der Affektverwandlung und der daraus folgenden Verdrängung der Erregung wäre der Vorgang der Sublimierung ein undurchdringliches Geheimnis, denn wenn der organische Wunsch in sich verändert wird, was sollte dann durch die Ersatzhandlung befriedigt werden? Nach unserer Theorie dagegen gibt es hier kein Problem. Strenggenommen gibt es einen besonderen Prozeß der »Sublimierung« überhaupt nicht. Was man so nennt, ist eine direkte, aber unvollständige Befriedigung desselben Bedürfnisses.

Unvollständig ist die Befriedigung, weil der Verlust der Ich-Funktionen in der Hemmung, deren man nicht gewahr ist, wirksame schöpferische Anpassung verhindert, weil die Erregung selbst von Schmerz, Unbehagen oder Masochismus getönt ist, die auch in den sie befriedigenden Interessen vorhanden sind, weil die geltenden Beschränkungen für eine gewisse Abstraktheit und Bedürfnisferne des Interesses sorgen und weil die Unfähigkeit zur Spontaneität volle Befriedigung verhindert. Die Sublimierung wiederholt sich daher zwanghaft, der Organismus kommt durch sie nicht völlig ins Gleichgewicht, und das Bedürfnis kehrt zu oft wieder. Die meisten Formen der Masturbation können für diese Eigenschaften der Sublimierung als Illustration dienen.

Dennoch ist die Sublimierung offensichtlich kein Ersatz, sondern eine direkte Befriedigung. Denken wir zum Beispiel an die bekannte Interpretation, daß die Kunst des Romanautors teilweise eine Sublimierung des verdrängten kindlichen Voyeurismus und Exhibitionismus sei (so Bergler). Gewiß, der Autor schaut zu und stellt zur Schau. Die Frage ist, was wurde hier verdrängt? Er befriedigt seine Neugier auf die sexuellen oder sonstigen Handlungen seiner Gestalten, die oft Bekannte von ihm sind und sehr oft Familienangehörige, an die er sich erinnert; er stellt die eigenen Gefühle und sein verbotenes Wissen bloß. Der Beweis, daß von diesem seinem Anteil nichts verdrängt ist, liegt darin, daß er sich faktisch schuldig fühlt, dies zu tun. Aber, wird man einwenden, es sind ja nicht diese Dinge, die verdrängt und sublimiert werden, sondern das Mitangesehenhaben der Urszene und die Entblößung seiner kindlichen Genitalien, und das Schuldgefühl ist aus jener Zeit ererbt. Uns scheint, dies ist eine falsche Deutung des damals Geschehenen: Die kindlichen Interessen an der Urszene bestanden aus lustvoller Neugier bezüglich des Tuns der für das Kind wichtigsten Personen, und was das Kind wünschte, war, auch die eigene Natur und sein Verlangen zu zeigen und teilzunehmen. Ebendies sind die Bedürfnisse, die der Autor nun direkt befriedigt, doch bleibt die Befriedigung unvollständig, denn er erzählt ja nur eine Geschichte, er sieht und tut es nicht zugleich auch.

Denn gerade dem Erzähler gelingt es, diese Triebe *nicht* zu unter-

drücken, sondern ihnen eine gewisse direkte Befriedigung abzugewinnen. Wenn wir einen Augenblick lang bedenken, in welchem Maße viele Sublimierungen sozial wirksam werden, so zeigt dies, daß sie tatsächlich direkte Befriedigung gewähren, denn es ist das Spontane und Ungehemmte, das mächtige Wirkung ausübt und am Ende auch geachtet wird. Ein anderes, ungewöhnlicheres Beispiel: Gandhis Macht, Millionen durch seine berühmte kindliche Persönlichkeit zu bewegen, hatte einen ihrer wichtigsten Aspekte in seiner besonderen Einstellung zum Essen. Wenn Gandhi es ablehnte zu essen oder einwilligte, es zu tun, so war dies von politischer Tragweite. Sollen wir dies nun als kindliche Launenhaftigkeit deuten? Wie konnte es dann so wirksam sein? Es war im Gegenteil das außerordentlich direkt lebendig erhaltene Kindergefühl, daß es einen himmelweiten Unterschied macht, ob man unter den Bedingungen der Liebe oder des Hasses ißt. Gandhi fastete vermutlich nicht in erster Linie um der kalkulierten Drohung willen, sondern weil Essen für ihn unter bestimmten Bedingungen ekelerregend war. Dieses spontane physiologische Urteil und die überlegte Handlung, die sich daran anschloß, im Kontext nicht der Kinderstube, sondern der Erwachsenenwelt, wo sie ebenso berechtigt, aber allgemein mißachtet sind, berührten alle Herzen. Sie waren wirksam, nicht weil sie symbolisch oder ein Ersatz gewesen wären, sondern weil sie eine spontane Reaktion auf Gegenwärtiges waren.
Freuds Theorie der »Sublimierung« war jedoch wiederum die Folge seiner zu engen Verknüpfung der fortdauernden Triebe mit ihren vergangenen Situationen und Gedanken.

8. Reaktionsbildung

Reaktionsbildung ist das Vermeiden der Angst vor dem drohenden Zusammenbruch der Verdrängung (infolge Anwachsens der gehemmten Erregung oder infolge Lockerung der Hemmung, sowohl durch weitere Bemühungen, die Erregung oder die Versuchungen dazu zu vernichten, als auch durch Verstärken der Hemmung. Die Verdrängung vermeidet die Erregung, die Reaktionsbildung vermeidet die Angst der gedrosselten Erregung — denn diese Angst-Erregung erscheint als noch gefährlicher als die ursprüngliche Erregung. Beispiele für das Vernichten der Erregung oder des Verführungsreizes sind Vermeidung, Ekel, Trotz, Snobismus und moralische Verurteilung; Beispiele für das Verstärken der Hemmung sind Selbstgerechtigkeit, Dickköpfigkeit, willentliche Dummheit und Stolz.
Wenn wir auf die Freudsche Theorie von der Verwandlung des Af-

fekts und der Verdrängung der Erregung verzichten, so brauchen wir nicht mehr von »Ambivalenzen« zu sprechen, gegensätzlichen Gefühlen gegen das gleiche Objekt in der gleichen Situation, als ob die Gegensätze auf der gleichen Stufe existierten und beides ausgreifende Gefühle wären. (Solche Gegensätze, wenn es sie gäbe, wären als unvollständige Verwandlungen des Affekts zu erklären: Was einem als Kind Lust bereitete, bereitet auch jetzt noch nicht ausschließlich Schmerz.) Sehr viel wahrscheinlicher sind die Gegensätze dynamisch miteinander verbunden: Das eine ist die Reaktionsbildung auf das andere. Wir haben es zu tun mit einer dynamischen Hierarchie von Trieb, Hemmung des Triebs und »Verteidigung« der Hemmung, d. h. weiterer Aggression gegen den Trieb und Identifikation mit einem ihm feindlichen Introjekt. Denken wir zum Beispiel an das Appetitliche und das Ekelhafte. Das Appetitliche (Versuchung) ist ekelhaft, weil der Appetit durch festes Schließen des Mundes gehemmt wird: Der Ekel ist eine Reaktion auf Zwangsfütterung bei fest zugesperrtem Munde, nur hat man das Gewahrsein der Tatsache verloren, daß man den Mund ja öffnen könnte, daß dann das Essen nicht mehr hineingezwungen würde und man es dann auch nicht erbrechen müßte. Im Stadium der Unterdrückung, der absichtlichen Hemmung, wird einem das Essen einfach entfremdet, man identifiziert sich nicht mit dem eigenen Appetit; im Stadium der Reaktionsbildung dagegen ist man überhaupt nicht mehr in Kontakt mit dem Essen — die Entscheidung hat nichts mit dem Essen zu tun, sondern mit den vergessenen zwischenpersönlichen Beziehungen. Zwischen dem wiederholt auftretenden Appetit und dem Ekel besteht kein echter Konflikt, keine wirkliche »Ambivalenz«: Die Gegensätze heißen »Dies mag ich essen« und »Ich eß nichts, was mir nicht schmeckt«; natürlich sind sie nicht unvereinbar, vielmehr ist die Abstimmung zwischen ihnen infolge der Verdrängung unmöglich.

Vom therapeutischen Standpunkt aus gesehen, hat unsere Gesellschaft einen unseligen Haß auch auf ihre gewöhnlichen Reaktionsbildungen, und sie versucht, diese ihrerseits zu vernichten. Der Grund sind die Bedingungen ungleichmäßiger gesellschaftlicher Entwicklung, die wir an früherer Stelle (Kap. 8, 3) beschrieben haben: eine selbstvergewaltigende Gesellschaft, die doch zugleich das Ausgreifende und Sexuelle schätzt. Die Reaktionsbildungen sind offenkundig vernichtend und negativ, und niemand will sich dazu bekennen. Selbstgerechtigkeit, zwanghafte Sauberkeit, Sparsamkeit, Dickköpfigkeit, Stolz und moralische Entrüstung werden lächerlich gemacht und mißbilligt; sie erscheinen eher als kleinlich denn als großartig. Ebenso mißbilligt werden

Haß und Neid — die Aggressivität der Machtlosen und der Eros der Enttäuschten. Nur in Krisen und Notständen wird diesen Gefühlen erlaubt, in den Vordergrund zu treten. An ihre Stelle drängt sich ein Vernichten des Vernichtens, und das Ergebnis sind leere Höflichkeit, Gutwilligkeit, Einsamkeit, Affektlosigkeit, Toleranz und so weiter. Die Folge ist, daß in der Therapie die Beziehungen zwischen Patient und Therapeut zuerst allzu glatt sind, und es ist notwendigerweise schmerzhaft, diese Züge der Reaktionsbildung und der kleinlichen Triumphe hervorzulocken. Dem Therapeuten wäre es lieber, der Patient käme zu ihm als guter Neurotiker mit starken moralischen Grundsätzen.

15

Schwund der Ich-Funktionen Typische Strukturen und Grenzen

1. Stratagem der Therapie »neurotischer Charaktere«

In diesem letzten Kapitel wollen wir versuchen, die wichtigsten neurotischen Mechanismen und »Charaktere« zu erklären als Möglichkeiten, mit dem gegenwärtig ablaufenden Geschehen in Kontakt zu treten, wie immer dies während der Therapiesitzung aussehen mag. Neurotische Verhaltensweisen sind schöpferische Anpassungen in einem Feld, in dem es Verdrängungen gibt. Diese schöpferische Kraft macht sich in jeder Gegenwart geltend; der Therapeut braucht nicht unter das »gewöhnliche« Verhalten zu tauchen oder es durch Tricks aus dem Weg zu schaffen, um den Mechanismus bloßzulegen. Seine Aufgabe ist einfach die, ein Problem zu stellen, das der Patient unzulänglich löst und bei dem er mit seinem Mißerfolg unzufrieden ist; das Bedürfnis des Patienten wird dann, wenn man ihm dabei hilft, die Hindernisse zerstören und assimilieren und lebensfähigere Gewohnheiten schaffen, wie bei jedem anderen Lernen auch.

Wir haben die Neurosen als Verlust von Ich-Funktionen bestimmt. Im Ich-Stadium der schöpferischen Anpassung identifiziert sich das Selbst mit Teilen des Feldes, die es als sein eigen, und entfremdet sich von anderen Teilen, die es als nicht sein eigen betrachtet. Es empfindet sich als einen aktiven Prozeß, als etwas Absichtsvolles, aus bestimmten Wünschen, Interessen und Kräften Bestehendes, die eine klare, aber sich verschiebende Grenze haben. Das Selbst läßt sich nach und nach ein, als ob es fragte: »Was brauche ich? Soll ich das tun? Wieso bin ich erregt? Was für ein Gefühl habe ich gegen das da draußen? Soll ich das probieren? Wo stehe ich in bezug darauf? Wie weit reicht meine Macht? Über was für Mittel kann ich verfügen? Soll ich jetzt weitermachen oder warten? Welche Technik habe ich gelernt, die ich jetzt gebrauchen kann?« Solche absichtlichen Funktionen werden vom Selbst spontan ausgeübt und weitergeführt mit aller Kraft des Selbst, des Gewahrseins und der Erregung und der Gestaltung neuer Figuren. Und zuletzt, im Nahkontakt und im Kontaktvollzug, löst sich dieses Absichtliche, das Gefühl des »Ich«, spontan in das Interesse auf, und nun werden die Grenzen unwichtig, denn der Kontakt gilt nicht einer Grenze, sondern dem Berührten, dem Bekannten, dem Genossenen, dem Gemachten.

Doch während dieses Prozesses verliert der Neurotiker seine Grenzen, sein Gefühl, wo er ist, was er macht und wie er's macht, und er wird damit nicht mehr fertig; oder er empfindet seine Grenzen als zu starr und wird damit nicht mehr fertig. Therapeutisch ist dieses Problem des Selbst das Hindernis für die Lösung anderer Probleme, und es wird zum Gegenstand absichtlicher Aufmerksamkeitszuwendung. Die Fragen lauten nun: »An welchem Punkt fange *ich* an, dieses einfache Problem nicht mehr lösen zu können? Wie stelle ich es an, mich selbst zu hindern? Was ist das für eine Angst, die ich spüre?«

2. Mechanismen und »Charaktere« als Stadien unterbrochenen Gestaltens

Die Angst ist das Unterbrechen der schöpferischen Erregung. Wir wollen nun unseren Gedanken erläutern, daß die verschiedenen Mechanismen und »Charaktere« neurotischen Verhaltens als die Stadien der schöpferischen Anpassung zu betrachten sind, in denen die Erregung unterbrochen wurde. Das heißt, wir wollen je nach dem Erleben der gegenwärtigen Situation verschiedene Typen herausarbeiten. Wir wollen die Vorteile eines solchen Ansatzes und die Eigenschaften einer Typologie erörtern, die für die Therapie nützlich sein können (denn natürlich behandelt man die einmalige Person und nicht den Typ einer Krankheit).

Jede Typologie hängt ab von der Theorie über die Natur des Menschen, der Therapiemethode, dem, was man für Gesundheit hält, der Patientenauswahl (vgl. Kap. 4, 6). Auch das Schema, das wir hier vorschlagen wollen, bildet in diesem Sinne keine Ausnahme. Der Therapeut braucht sein theoretisches Konzept, um auf Kurs zu bleiben, um zu wissen, in welcher Richtung er suchen soll. Es ist die erworbene Gewohnheit, die den Hintergrund seiner Kunst bildet, wie in jeder anderen Kunst. Und auch das Problem ist dasselbe wie in jeder Kunst: Wie soll man sich dieser Abstraktion (und daher auch Fixierung) so bedienen, daß man das gegenwärtig Wirkliche nicht verfehlt und insbesondere nicht das Im-Fluß-Sein dieses Wirklichen? Und wie soll man es vermeiden — ein Problem, das Therapie mit Pädagogik und Politik gemeinsam hat —, eine Norm durchzusetzen, statt dem anderen seine Möglichkeiten entfalten zu helfen?

a) Wenn es möglich ist, daß wir unsere Begriffe im Prozeß der Kontaktnahme finden, dann werden wir es wenigstens mit dem gegenwärtigen Patienten zu tun haben, und nicht mit etwas Vergangenem oder den Thesen einer biologischen oder soziologischen Theorie. Andererseits, wenn diese Begriffe die Mittel sein sollen, durch welche der Therapeut sich das Wissen und die Erfahrung seiner Kunst zunutze machen kann, so müssen sie natürlich in erkennbarer Weise mit seinem Wissen über das Aufwachsen der Menschen und mit seiner somatischen und soziologischen Theorie verbunden sein.

b) Die gegenwärtige Situation ist immer, und daran müssen wir denken, ein Beispiel für alles, was je gewesen ist oder sein wird. Sie umfaßt einen Organismus, seine Umwelt und ein fortwirkendes Bedürfnis. Wir können daher die üblichen Fragen zur Struktur des Verhaltens stellen: Wie wird es dem Organismus gerecht? Wie wird es der Umwelt gerecht? Wie erfüllt es ein Bedürfnis?

c) Abermals, wenn wir unsere Begriffe aus Augenblicken in einem gegenwärtigen Prozeß ableiten (nämlich seinen Unterbrechungen), so können wir erwarten, daß sich diese Unterbrechungen, wenn der Patient ihrer gewahr wird, zu weiteren Unterbrechungen entwickeln werden; das Im-Fluß-Sein des Prozesses wird uns nicht entgehen. Es wird sich herausstellen, daß der Patient nicht einen »Typ« von Mechanismus hat, sondern eine ganze Reihe von »Typen«, und alle diese »Typen« in erklärbarer Abfolge. Nun erlebt man aber immer, wenn man eine Typologie *anwendet,* statt sie im Gegenwärtigen aufzufinden, die Absurdität, daß keiner der Typen auf eine bestimmte Person paßt oder, umgekehrt, daß die Person unvereinbare Merkmale oder sogar alle Merkmale zugleich hat. Doch was erwartet man auch? Es ist die Natur des Schöpferischen — und soweit der Patient noch irgend lebendig ist, ist er schöpferisch —, sein konkret Einmaliges hervorzubringen, indem es scheinbar Unvereinbares vereint und seine Bedeutung ändert.[1] Statt nun also die widersprüchlichen Merkmale zu bestreiten oder sie zu reduzieren, um zu dem »wahren« Grundcharakter durchzudringen, den der Therapeut errät (Charakteranalyse), oder die fehlenden Zwischenglieder zu dem »eigentlichen« Trieb aufdecken zu wollen (Anamnese), brauchen wir dem Patienten nur zu helfen, seine schöpferische Iden-

---

[1] Wir möchten diese Binsenwahrheit mit einem Beispiel aus einer anderen Humanwissenschaft bekräftigen. Der Literaturkritiker geht an ein Werk mit einem System von Gattungen heran: was eine Tragödie ist, eine Posse usw. Aber er stellt fest, daß nicht nur diese unvereinbaren Typen in *Heinrich IV.*, *Hamlet* und *Romeo und Julia* miteinander kombiniert sind, sondern daß auch der Begriff der Tragödie oder Komödie selbst in jedem einmaligen Ganzen umgewandelt worden ist. Und wenn dies nun schon auf einfache dichterische, musikalische und plastische Gestaltungen zutrifft, um wieviel mehr dann, wenn dem Patienten für seine Gestaltungen das ganze Spektrum menschlicher Situationen zur Verfügung steht!

tität durch einen geordneten Übergang von »Charakter« zu »Charakter« zu entwickeln. Diagnose und Therapie sind derselbe Prozeß.

d) Denn geordneter Übergang heißt nichts anderes, als daß Fixierungen wieder zu beweglichen Ganzheiten des Erlebens werden. Als Wichtigstes ist dabei zu bedenken, daß jeder Mechanismus und jedes Merkmal ein wertvolles Mittel zum Leben ist, wenn es nur im Fluß bleiben und das Seine tun kann. Das Verhalten des Patienten, in der Therapie wie anderswo, ist nun eine schöpferische Anpassungsleistung, die immer wieder die Lösung für ein Problem darstellt, das mit chronischer Frustration oder Furcht verbunden ist. Die Aufgabe ist, ihm ein Problem unter Bedingungen zu stellen, wo seine gewohnten (unerledigten) Problemlösungen nicht mehr die bestmöglichen sind. Wenn er seine Augen gebrauchen muß, es aber nicht tut, weil es gefährlich oder nicht interessant ist, so wird er sich nun von seiner Blindheit entfremden und sich mit seinen Augen identifizieren; wenn er nach außen greifen muß, so wird er nun seiner Muskelaggression gegen das Ausgreifen gewahr, und er kann sie entspannen — dies aber nicht, weil Blindheit oder Lähmung »neurotisch« sind, sondern weil sie nichts mehr leisten: Ihre Bedeutung hat sich gewandelt, sie sind von Techniken zu Hindernissen geworden.

Um zusammenzufassen: Wir möchten mit den folgenden »Charakter«-Skizzen eine Art Brücke schlagen zwischen der Therapie in der aktuellen Situation und den Begriffen des Therapeuten. Diese Charaktere und ihre Mechanismen sind keine Typen von Personen, sondern sie sind in ihrer Gesamtheit eine Beschreibung des neurotischen »Ichs« in seiner Entwicklung. Wir versuchen daher in jedem Falle, 1. von einem gegenwärtigen Augenblick der Unterbrechung auszugehen, 2. den normalen Mechanismus der Unterbrechung zu zeigen, 3. zu verdeutlichen, wie sich dieser Mechanismus vor dem Hintergrund der Verdrängungen mit dem Organismus und der Umwelt verträgt und eine positive Befriedigung erbringt, 4. ihn mit der sozialen und somatischen Geschichte zu verknüpfen. Zuletzt 5. behandeln wir die Abfolge der Charaktere, wenn sie in Bewegung kommen.

3. Die Augenblicke der Unterbrechung

Die Frage beim Verlust der Ich-Funktionen lautet, wie wir gesehen haben: »In welchem Augenblick fange *ich* an, dieses einfache Problem nicht mehr lösen zu können? Wie stelle ich es an, daß ich mich selbst hindere?«

Wir wollen nun noch einmal auf unsere schematische Sequenz der Gründe und Figuren in der Erregung und die umgekehrte Sequenz in der Hemmung (Kap. 14, 1) zurückkommen. In der neurotischen Hemmung ist die Sequenz umgekehrt, und der Körper wird zum Zielobjekt der Aggression; den Hintergrund nimmt eine Verdrängung ein, eine chronische Hemmung, die vergessen worden ist und in Vergessenheit gehalten wird.[2] Vor diesem Grund erscheint die gegenwärtige Unterbrechung (Verlust von Ich-Funktionen).

Die Unterschiede der Typen liegen im Zeitpunkt der Unterbrechung:

1. Vor der neuen primären Erregung. Konfluenz.
2. Während der Erregung. Introjektion.
3. Bei der Auseinandersetzung mit der Umwelt. Projektion.
4. Während des Konflikts, beim Zerstören. Retroflexion.
5. Während des Kontaktvollzugs. Egoismus.

4. Konfluenz [3]

Konfluenz ist der Zustand der Kontaktlosigkeit (ohne Grenze des Selbst), während dessen jedoch andere wichtige Interaktionen weitergehen, z. B. physiologische Vorgänge, Umweltreize usw. Wir haben gesehen, daß normalerweise als Nachwirkung des Kontakts Assimilation eintritt, bei der das Selbst verblaßt und alle Gewohnheiten und Kenntnisse ineinanderfließen. Der Unterschied zwischen der normalen und der neurotischen Konfluenz ist, daß die erstere die Möglichkeit zur Kontaktnahme enthält (z. B. über das Gedächtnis), die letztere nicht, wegen der Verdrängung. Offenbar sind aber riesige Zonen einer rela-

[2] Die in den vorigen Kapiteln erwähnten »Verdrängungen«, »Sublimierungen« und »Reaktionsbildungen« sind selbst natürlich normale Anpassungsfunktionen. Normalerweise ist Verdrängung eine einfache physiologische Funktion, das Vergessen nutzloser Information. Die Sublimierung haben wir als eine ausschließlich normale Funktion gekennzeichnet, sie ist der unvollständige, in der durchschnittlichen Situation mögliche Kontakt. Am interessantesten ist der Fall der Reaktionsbildung. Normalerweise ist Reaktionsbildung die automatische Notlagenreaktion bei einer Gefährdung des Körpers; sie gehört der gleichen Klasse von Reaktionen an wie Sichtotstellen, Ohnmacht, Schock und panische Flucht. Alle diese Reaktionen scheinen ein unmittelbares und daher undifferenziertes und totales Zusammenspiel zwischen dem physischen Signal und den Warnfunktionen des Ichs zu erfordern, das nicht über die normale Sequenz der Kontaktnahme vermittelt wird. Normalerweise ist die Notlagenreaktion der Größe der Gefahr angemessen — obwohl oft auch schon eine leichte Verletzung einen Schock bewirkt. Wenn die Gefahr mit der Angst zusammenhängt, die aus der Aufhebung einer chronischen und vergessenen Hemmung erwächst, so sprechen wir von Reaktionsbildung.

[3] Von lat. »confluere«, »ineinander fließen, verschwimmen«, deutsch stellenweise mit »Verstrickung« angegeben. (Anm. d. Übers.)

tiv dauernden Konfluenz unerläßlich als fundamentaler nichtbewußter Hintergrund des Erfahrungshintergrunds, dessen man gewahr ist. Wir sind verstrickt mit allem, wovon wir von Grund auf fraglos und unheilbar abhängig sind, was zu ändern nicht nötig oder nicht möglich ist. Das Kind ist verstrickt mit seiner Familie, der Erwachsene mit seiner Gemeinschaft, der Mensch mit dem Universum. Wenn wir gezwungen sind, dieser letzten Gründe unserer Sicherheit gewahr zu werden, spüren wir ein Gefühl von »Bodenlosigkeit«, von metaphysischer Angst.

Die gegenwärtige neurotische Haltung — eine neue Aufgabe überhaupt nicht zu erkennen — ist ein Sichklammern ans Nichtgewahrsein, so als ob man auf der Befriedigung durch eine frühere Leistung beharrte, welche einem die neue Erregung wegschnappen könnte; da aber diese Leistung fertig und gewohnheitsmäßig ist, wohnt ihr natürlich keine merkliche Befriedigung inne, sondern nur ein Sicherheitsgefühl. Der Patient achtet darauf, daß nichts Neues eintritt, aber im Alten ist nichts Interessantes oder Auffälliges. Die archetypischen Beispiele dafür sind unbewußtes Saugen oder das Sichklammern an Wärme und Körperkontakt, die nicht gespürt werden, deren Fehlen einen jedoch frieren macht.

Gegen die Umwelt ist die Haltung die, das einmal Erreichte zu verteidigen (gegen Entwöhnung). Der Kiefer nimmt eine Stellung ein wie im Festhalte-Biß des Säuglings, mit Zähnen, die sich anderer Nahrung zuwenden könnten, es aber nicht tun; oder man drückt bei der Kopulation wie ein Bär; oder man hält seine zwischenmenschlichen Beziehungen wie in einem tödlichen Würgegriff. Diese Muskellähmung verhindert jedes Empfinden.

So begegnet der Neurotiker Frustration und Furcht. Welches ist seine Befriedigung? Im Rahmen der Muskellähmung und der erworbenen Unempfindlichkeit ist Befriedigung nur noch in zufälliger Spontaneität möglich, die der Aufsicht durch das Ich ganz entzogen ist (Hysterie). Sogenannte Regressionen sind oft ausgreifende Haltungen, in denen die zufälligen Regungen Sprache und Ausdruck finden; dies erfordert eine Verschiebung der Gefühle und eine Neuinterpretation der Bedeutungen, um Befriedigung zu ermöglichen. Regressives Verhalten ist an und für sich nicht neurotisch; es liegt einfach vor der Konfluenz oder außerhalb ihrer. Aber die Befriedigungen, die darin verstreut sind, summieren sich nicht. Und das Ärgerliche ist natürlich, daß sich in dem »ausgreifenden« Verhalten ähnliche Schwierigkeiten herausschälen — etwas will in Kontakt gezogen sein —, und schon beginnt er wieder, sich anzuklammern.

Gesellschaftlich werden die Reaktionen der Konfluenz von höchst rudimentärem säuglingshaftem oder zusammenhanglosem Charakter sein. Das Ziel ist, alle Arbeit dem andern aufzuladen.

5. Introjektion

Die Unterbrechung kann während der Erregung eintreten; das Selbst introjiziert dann, es ersetzt einen eigenen möglichen Trieb oder Wunsch durch den eines anderen. Normalerweise ist dies unsere Haltung zu dem weiten Spektrum all jener Dinge und Menschen, deren wir gewahr sind, bei denen es uns aber nicht viel ausmacht, ob sie nun so oder so sind: Sprachkonventionen, Kleidung, Stadtpläne und Institutionen. Neurotisch ist diejenige Situation, in der die Konvention Zwang und mit lebhafter Erregung unvereinbar ist und wo, um die Kränkung des Nichtdazugehörens zu vermeiden (ganz zu schweigen von weiteren Konflikten), das Verlangen selbst gehemmt — und die verhaßte Umgebung sowohl vernichtet wie auch hingenommen wird, indem man sie ganz herunterschluckt und austilgt. Ohne daß Menschen aber imitieren und eine öffentliche Einförmigkeit ohne viel lebhaftes Anteilnehmen erreichen könnten, wären die großen Agglomerationen der menschlichen Zivilisation und die Städte, die uns als so wesentlich erscheinen, undenkbar. Jede natürliche (nicht erzwungene) Konvention war einmal eine augenfällig schöpferische Leistung, aber wir benutzen sie zumeist weder dazu, sie wirklich zu assimilieren, noch lassen wir uns ganz von ihr erdrücken. Zum Beispiel dauert es Jahre, bis ein Dichter sich das Englische assimiliert hat, während andere Menschen es, unneurotisch genug, schon sprechen. (Das Unglück ist, daß das Übliche für das Wesentliche gehalten wird.)
Neurotisch wird der Introjektor mit dem eigenen frustrierten Verlangen fertig, indem er den Affekt verwandelt, ehe er ihn noch erkennen kann. Diese Verwandlung geschieht einfach durch die Hemmung selbst. Was man wünscht, wird als unreif, ekelhaft usw. empfunden. Oder, wenn der Trieb umgekehrt dahin geht, etwas, das gehemmt ist, abzustoßen (ein Sichwehren gegen Zwangsfütterung), so überzeugt man sich selbst, daß das Unerwünschte gut für einen sei, daß man es ja eigentlich wolle usw. Aber man schlingt es hinunter, ohne zu kosten oder zu kauen.
Die Haltung gegen die Umwelt ist resigniert (Becken stark eingezogen) und im übrigen kindlich und willfährig. Denn ein bißchen Persönlichkeit, ein paar Techniken und ein paar Triebe muß man haben. Wenn einer sich nicht mit sich selbst identifizieren und sich dem nicht entfremden kann, was nach seinen eigenen Bedürfnissen nicht er selbst ist,

so steht er vor einem Vakuum. Die gesellschaftliche Umwelt enthält alles an Realität, was es gibt, und er gestaltet sich selbst durch Identifizierung mit ihren Normen und Sichentfremden von dem, was möglicherweise seine eigenen Normen wären. Die in dieser Haltung erworbene Bildung ist immer oberflächlich, auch wenn sie umfangreich sein kann. Er wird jede autoritative Auffassung übernehmen, auch wenn sie das Gegenteil von dem ist, was er selbst zu glauben meint; es findet sich sogar eine sekundäre Befriedigung im Vernichten der je vorigen Autorität; er geht masochistisch darauf aus, abgelehnt zu werden. Seine eigenen Meinungen sind rührend kindlich, wegen ihres entlehnten Aufputzes aber erscheinen sie affektiert und albern.

Die ausgreifende Befriedigung des Introjizierens ist der Masochismus — zurückgehaltener Brechreiz, gewaltsam zu einem Lächeln aufgesperrte Kiefer, eingezogenes Becken, angehaltener Atem (vor dem Ausatmen). Masochistisches Verhalten ist die Möglichkeit schöpferischer Anpassung der Umwelt in einem Rahmen, wo jemand sich selbst, mit Billigung seiner falschen Identifikationen, Schmerzen zufügt. Wenn er die Identifikation verstärkt und sich weiter gegen sich selbst wendet, so läßt er sich sadistisch beißen, klagt usw.

6. Projektion

Wenn die Erregung anerkannt wird und man sich der Umwelt zuwendet, so ist ein Gefühl da, die Verknüpfung eines Verlangens oder Triebes mit einem vage vorgestellten Objekt. Wenn es in diesem Stadium zur Unterbrechung kommt, ist Projektion die Folge: Jemand spürt das Gefühl, aber es ist freischwebend, ohne Bezug zu dem aktiven Selbstgefühl, das mit weiterem ausgreifendem Verhalten kommt. Da das Gefühl nicht in ihm selbst entspringt, wird es der anderen möglichen Realität zugeschrieben, der Umwelt — der Betreffende spürt, wie es »in der Luft liegt« oder von dem anderen gegen ihn gerichtet wird. Der Patient macht sich zum Beispiel Sorgen darüber, was der Therapeut jetzt von ihm denken mag. Aber normalerweise ist Projektion unverzichtbar. »Ins Blaue hinein« zu projizieren ist der Anfang zweckfreien Gestaltens (Kap. 12, 4), das dann später ein objektives Gegenstück zu dem freischwebenden Gefühl oder der Intuition bildet; in normalen schöpferischen Anpassungsleistungen ist sie das in den ersten Annäherungen notwendige halluzinatorische Moment. Intuition oder Vorwissen geben uns Hinweise auf den noch nicht deutlich gewordenen Sinn. Der neurotische Projektor jedoch bleibt nicht lange genug bei dem freischwebenden Gefühl, um es als sein eigenes erkennen zu können; vielmehr legt er es eindeutig fest, indem er es jemand anders zuschreibt, und dies kann zu komischen und tragischen Irrtümern führen.

Das typische Beispiel für die neurotische Projektion ist, daß A Absichten auf B hat (erotische oder feindselige), sich aber an der Ausführung hindert; er hat daher das Gefühl, B habe Absichten auf ihn. Er vermeidet das Frustrierende des Gefühls, indem er es nicht als sein eigenes anerkennt.

Gegen die Umwelt jedoch präsentiert (und übt) er unverkennbar die Haltung der Provokation. Was er zutiefst wünscht, sind Annäherung und Kontakt, und da er die Schritte nicht tun kann, versucht er es zuwege zu bringen, daß der andere sie tut. Ohne sich zu rühren, sitzt er doch nicht still, sondern teilt sich mit, indem er »auf der Lauer« liegt, stumm, grollend, brütend. Bemerkt aber der andere das Signal und nähert sich tatsächlich, so wird heftige Angst erregt.

Welche echte Befriedigung erlangt er? Es ist das Agieren der gefürchteten dramatischen Szene, wie in einem Traum. Er kaut sie durch. Sein Brüten ist voller buntfarbiger Gedanken. Dies ist die Aktivität, die dem Selbst in seinem starren, die Umwelt ausschließenden Rahmen übrigbleibt: daß es seine motorischen Kräfte hemmt und sich in seinen freien Gefühlen wiegt. Es ist fast die Figur der Entspannung, die hypnagogische Bilder herbeiführt, nur daß die Muskeln straff und nicht entspannt sind, so daß die Bilder, je gefühlvoller und anziehender sie werden, desto mehr von Schmerz und Gefahr getönt sind.

Kulturell sind die Zonen, wo die Projektionen auftreten, voller Dummheit, Verbiesterung und Argwohn — denn in dem Augenblick, wo die Phantasien und Gefühle anfangen könnten, sich an der Umwelt zu informieren und etwas in Erfahrung zu bringen, wird die Erregung abgewürgt; und das Angsterregende und Bedrohliche wird wahrscheinlich gerade jenen zugeschrieben, die am »objektivsten« und sachlichsten sind. Abstrakte Moral und Sünde stehen hoch im Kurs. Das positivere Denken ergeht sich in weitgesponnenen Zukunftsplänen.

7. Retroflexion

Nehmen wir nun an, die nach außen gerichteten Energien der Orientierung und des Zugriffs gingen ganz auf in der Umweltsituation, in Liebe, Wut, Mitleid, Trauer usw.; der Patient wird aber damit nicht fertig und muß unterbrechen, er fürchtet, zu verletzen (zerstören) oder verletzt zu werden. Notwendig wird er frustriert. Die beteiligten Energien werden nun gegen die einzigen ungefährlichen Objekte im Felde gekehrt, die eigene Persönlichkeit und den Körper. Dies sind Retroflexionen. Normalerweise ist Retroflexion der Prozeß der Selbstumwandlung, z. B. wenn man sich in einem unpraktischen Verfahren verbessert, die Möglichkeiten eines Gefühls neu überprüft, eine Neuabstimmung als Grund zu weiterem Tun vornimmt. So leiden wir unter Skrupeln, Gewissensbissen, erinnern uns, überlegen von vorn usw. Wenn das unerreichbare Objekt in der Phantasie nachgeschaffen wird, kann das Begehren wieder aufkommen, und man befriedigt es durch Masturbation. Und allgemeiner ist jeder Akt absichtlichen Sichbeherrschens in einer schwierigen Angelegenheit Retroflexion.

Wer den Mechanismus der Retroflexion in neurotischer Weise anwendet, vermeidet die Frustration, indem er sich vorzumachen versucht, sich gar nicht erst eingelassen zu haben; das heißt, er will Vergangenes ungeschehen machen, seine Fehler, seine Selbstbefleckung, seine Worte. Er bedauert, sich an der Umwelt vergriffen zu haben (mit seinen Exkrementen). Dieses Ungeschehenmachen ist zwanghaft und wiederholt sich, je nach Lage des Falles, denn eine Umwandlung kann, wie alles andere, nur assimiliert werden, wenn sie neue Stoffe aus der Umwelt in sich aufnimmt. Um das Vergangene ungeschehen zu machen, geht er dieselben Stoffe immer von neuem durch.

Seine greifbare Umwelt besteht nur aus ihm selbst, und an sich läßt er alle Energien aus, die er aufbieten kann. Wenn es die Furcht zu zerstören gewesen ist, die seine Angst erweckt hat, so quält er nun systematisch seinen Körper und ruft psychosomatische Beschwerden hervor. Wenn er etwas vorhat, arbeitet er, ohne dessen gewahr zu sein, aufs Mißlingen hin. Dieser Prozeß wird oft schlau so gewendet, daß er sekundäre Resultate erbringt, welche die anfängliche gehemmte Absicht erfüllen: z. B. um Familie und Freunde nicht zu verletzen, kehrt er sich gegen sich selber und erreicht damit Krankheiten und Mißerfolge, unter denen Familie und Freunde mit zu leiden haben. Aber er empfindet darüber keine Befriedigung, nur weitere Gewissenbisse.

Seine direkte Befriedigung sind sein Gefühl aktiven Sichbeherrschens und sein Beschäftigtsein mit wichtigen Angelegenheiten, denn er ist zwanghaft betriebsam, und er spürt die Folgen in seiner Haut. Seine Ideen und Pläne sind oft gut informiert, wohlbedacht und mit großer Ernsthaftigkeit empfunden — um so verblüffender aber, wenn er sich letztlich doch durch die Furchtsamkeit und das Zögern verrät, mit denen er sie nicht zur Ausführung kommen läßt. Seine Orientierung — der Sinn dafür, wo er in der Situation steht — scheint bemerkenswert zu sein, so lange, bis klar wird, daß er die einfache praktische Möglichkeit übersieht. Auf diese Weise wird das Gegenwärtige stark vernebelt und von Reminiszenzen überlagert.

Die direkte Befriedigung der Retroflexion kann man dort sehen, wo der Trieb erotisch ist, wie in der Masturbation. Die Masturbation ist eine Art Notzüchtigung — denn der Körper reagiert darauf wahrscheinlich nicht entgegenkommender als jeder andere greifbare Körper in der Umwelt; befriedigt wird die angreifende Hand, die sexuelle Lust ist nebensächlich. (Wir können leicht zwischen dieser sadistisch-analen Phase und dem früheren introjektiven Sadismus unterscheiden, der in einem Gefühlsmasochismus gründet.)

8. Egoismus

Zuletzt, wenn alle Gründe für den Kontaktvollzug hinreichend vorbereitet sind, wird der Prozeß der Lockerung der Kontrolle oder Überwachung unterbrochen. Das Verhalten, das zum Wachstum führen würde, kommt nicht zum Zuge: Der Patient tut z. B. nicht, was er doch tun könnte oder was die Situation erfordert, oder er bringt nicht zu Ende, was er begonnen hat, um es dann sein zu lassen. Dies ist ein Bremsen der Spontaneität durch weitere absichtliche Introspektion und Bedenklichkeit; der Patient vergewissert sich, daß tatsächlich alle Möglichkeiten des Grundes erschöpft sind, daß keine Gefahr oder Überraschung mehr drohen, ehe er sich einläßt. (In Ermangelung eines besseren Ausdrucks nennen wir diese Haltung »Egoismus«, denn es handelt sich dabei um ein zielgerichtetes Interesse an den eigenen Grenzen und der eigenen Identität, nicht an dem Gegenstand des Kontakts.) Normalerweise ist Egoismus in jedem langwierigen Verfeinerungs- und Reifungsprozeß unentbehrlich, andernfalls kommt es zu voreiligen Einlassungen und dem entmutigenden Bedürfnis, ungeschehen zu machen. Normaler Egoismus ist zögernd, skeptisch, reserviert, langsam, aber nicht unverbindlich.

Neurotischer Egoismus ist eine Art Verstrickung mit dem absichtlichen Gewahrsein und ein Versuch, das Unbeherrschbare und Überraschende zu vernichten. Der Mechanismus zur Vermeidung von Frustration ist Fixierung, die Abstraktion des beherrschten Verhaltens aus dem dahinfließenden Geschehen. Das typische Beispiel ist der Versuch, die Erektion zu verlängern und den spontanen Verlauf des Orgasmus zu verhindern. Auf diese Weise beweist er seine Potenz, er »kann«, und seine Selbstgefälligkeit wird befriedigt. Von sich fern aber hält er Verwirrung und Im-Stich-gelassen-Werden.

Er hält die Überraschungen der Umwelt von sich fern (Konkurrenzfurcht), indem er sich selbst als einzige Realität zu isolieren versucht. Dazu übernimmt er das Kommando in der Umwelt und macht sie sich zu eigen. Sein Problem ist nun nicht mehr, ein Du in Kontakt zu ziehen, das ihn interessiert, sondern seine Kenntnisse und Bekanntschaften zu vermehren und immer mehr von der Umwelt in seine Reichweite und seine Machtsphäre zu bringen, damit er selbst unwiderlegbar wird. Eine solche »Umwelt« hört auf, Umwelt zu sein, sie nährt ihn nicht, und er wächst nicht und ändert sich nicht. Schließlich, weil er keine neue Erfahrung an sich heranläßt, langweilt er sich und ist einsam.

Seine Methode, direkte Befriedigung zu erlangen, ist die des Abspaltens: Indem er eine Haltung als endgültig und sicher aus dem fließenden Prozeß heraushält, kann er das Ausmaß seiner Spontaneität kontrollieren. Jeder Akt dieser absichtlichen Selbstüberwachung ist Futter für seine Selbstgefälligkeit (und Weltverachtung). Bei einem gewissen Maß von Gerissenheit und soviel Selbstgewahrsein, daß er nichts Unmögliches von seiner Physis verlangt, verwandelt der Egoist sich glatt in die angepaßte, maßvolle und hilfsbereite »freie Persönlichkeit«. Diese Metamorphose ist die Neurose des Psychoanalysierten: Der Patient versteht seinen Charakter vollkommen und findet seine »Probleme« unendlich interessant, mehr als alles andere — und es wird noch genug Probleme geben, in die er sich versenken kann, denn ohne Spontaneität und Neugier auf das Unbekannte wird er die Analyse ebensowenig assimilieren wie alles andere.

9. Zusammenfassung

Wir können die Momente der Unterbrechung und die sich daraus ergebenden »Charaktere« im folgenden Schema zusammenfassen. (O bezeichnet Aggression gegen den Organismus, U gegen die Umwelt und B die in der Fixierung mögliche direkte Befriedigung.)

Konfluenz: kein Kontakt zu Erregung oder Reiz
O: Anklammern, Festhalte-Biß
U: Lähmung und desensibilisierte Feindseligkeit
B: Hysterie, Regression

Introjektion: Nichtanerkennen der Erregung
O: Verkehrung des Affekts
U: Resignation (Vernichtung durch Identifikation)
B: Masochismus

Projektion: kein Herangehen oder Sichauseinandersetzen
O: Verleugnung des Gefühls
U: passive Provokation
B: Wiederkäuen in der Phantasie

Retroflexion: Vermeiden von Konflikt und Zerstörung

O: zwanghaftes Ungeschehenmachen
U: Selbstzerstörung, Sekundärgewinne aus Krankheit
B: aktiver Sadismus, Betriebsamkeit
Egoismus: Bremsen der Spontaneität
O: Fixierung (Abstraktion)
U: Ausschließung, Isolierung seiner selbst
B: Abteilen, Selbstgefälligkeit
Verdrängung
Reaktionsbildung
Sublimierung

(Obiges Schema kann unbegrenzt erweitert werden, wenn man die verschiedenen Klassen miteinander kombiniert, etwa »Konfluenz mit Introjekten«, »Projektion von Retroflexionen« usw. Unter diesen Kombinationen sind vielleicht die Haltungen zu den Introjekten — dem Überich — besonders zu nennen: 1. Konfluenz mit Introjekten ist Schuldgefühl, 2. Projektion von Introjekten ist Sünde, 3. Retroflexion von Introjekten ist Auflehnung, 4. der Egoismus von Introjekten ist das Ich-Ideal.)

10. Das Obige ist keine Typologie neurotischer Personen

Noch einmal, obiges Schema ist keine Klassifikation der Neurotiker, sondern eine Methode, um die Struktur des *einzelnen* neurotischen Verhaltens zu entziffern.

Dies ist auf den ersten Blick klar, denn jeder neurotische Mechanismus ist eine Fixierung, und jeder umfaßt auch eine Konfluenz, etwas, dessen man nicht gewahr ist. Ebenso steckt in jedem Verhalten ein Sichabfinden mit irgendeiner falschen Identifikation, Verleugnung eines Gefühls, Aggression gegen das Selbst und Selbstgefälligkeit. Was das Schema zeigen soll, ist die *Reihenfolge,* in der sich die Fixierung vor dem Hintergrund einer in Gefahr geratenen Verdrängung über den ganzen Kontaktprozeß ausbreitet, und das Nichtgewahrsein kommt ihr aus der anderen Richtung entgegen.

Daß es eine Abfolgeordnung der Fixierung im Aktualerleben geben muß, wird deutlich, wenn wir uns vergegenwärtigen, daß man in dem einen Augenblick recht gut in Kontakt sein, seine Kräfte spielen lassen und sich auf die Situation abstimmen kann und doch wenig später gelähmt ist. Man kann die Abfolge sogar direkt beobachten: Jemand kommt herein, lächelt oder runzelt die Stirn, sagt etwas usw. — bis hierher ist er vital, er verfügt noch über seine Ich-Funktionen, die voll in Tätigkeit sind. Dann wird er ängstlich, irgend etwas regt ihn zu sehr auf, der andere, eine Erinnerung, das Vorhaben, egal was. Anstatt sich nun *weiter* zu orientieren (es ist dieses Weitergehen, das Fließende, worauf es ankommt), isoliert er sich sogleich und fixiert die Situation: er fixiert die einzige bisher geleistete Orientierung. Jetzt ist »sein Ich von seinem Selbst abgeschnitten«. Aber dieses »Sich-seiner-selbst-bewußt-Sein« macht ihn sogleich befangen und linkisch; er stößt den Aschbecher um. Seine Muskeln werden starr (er kehrt sich gegen sich selbst), und nun denkt er, der andere müsse ihn für einen perfekten Trottel halten. Er macht sich diese Norm zu eigen und schämt sich, und im nächsten Augenblick ist er ganz durcheinander und wie gelähmt. Hier interpretieren wir das Erleben von der Ausbreitung der Fixierung her.

Aber natürlich könnte es auch, in umgekehrter Richtung, als Ausbreitung der Konfluenz interpretiert werden. Im Augenblick der Angst ist der Betreffende außer Kontakt mit dem Gang der Situation, aus welchem Grunde immer; er möchte vielleicht anderswo sein, weist eine feindselige Regung gegen den anderen von sich usw. Aber seine Norm ist, immer ganz da und aufmerksam zu sein. Welches Recht haben die andern überhaupt, ihn zu beurteilen? Also stößt er wütend den Aschbecher um, mit Absicht. Im nächsten Augenblick schließt er die Umwelt ganz aus und genügt nun ganz sich selbst.

Als Ausbreitung des Nichtgewahrseins betrachtet, wäre dieses Verhalten Hysterie, als Ausbreitung der Fixierung betrachtet, wäre es zwanghaft. Der Hysteriker hat »zuviel Spontaneität und zuwenig Selbstbeherrschung«, er sagt: »Ich kann die Gefühle nicht beherrschen, die in mir aufsteigen«; sein Körper steht im Vordergrund, er wird von Gefühlen weggespült, seine Ideen und Einfälle sind launenhaft, alles ist sexualisiert usw. Der Zwanghafte ist überkontrolliert, ohne Phantasie, ohne warmes Gefühl oder Sinnlichkeit, der Wille ist stark, das Verlangen schwach usw. Doch diese beiden Extreme laufen immer aufs gleiche hinaus. Bloß weil zuwenig Selbst da ist, zu oberflächliches Begehren und zuviel Spontaneität, organisiert der Hysteriker das scheinbar gewünschte Erlebnis: Die Gefühle sind nicht bestimmend genug, um die Orientierungs- und Zugriffsfunktionen anzutreiben — diese bleiben daher zwecklos und erscheinen als »zuwenig«. Und, umgekehrt, bloß weil die Kontrollfunktionen, Orientierung und Zugriff, zu fixiert und unbeweglich sind, kann der Zwangscharakter mit seinen erregenden Situationen nicht fertig werden; er kann daher seine Triebe nicht beherrschen und wendet sich gegen sie, und dann erscheinen seine Gefühle als »zu klein«. Die Spaltung in Selbst und Ich ist für beide Seiten verheerend.

Dies muß so sein, denn die Neurose ist ein Zustand sowohl chronischer Angst wie chronischer Frustration. Weil die Frustration chronisch ist, lernt das Begehren nicht, die nötigen praktischen Funktionen zu aktivieren, denn ein Mensch, der Enttäuschung und Kummer zu erwarten gelernt hat, wird sich nicht ernsthaft mit der Umwelt einlassen. Dennoch kehrt das frustrierte Begehren immer wieder und setzt Phantasien und zuletzt auch impulsive Handlungen in Gang, die praktisch unwirksam sind — und schon hat er wieder keinen Erfolg, wird verletzt und bleibt in chronischer Angst. Andererseits, der chronisch Ängstliche beherrscht sich und frustriert sich eigenhändig. Dennoch, der Trieb ist nicht vernichtet, sondern bloß vom Ich isoliert; er taucht als hysterischer Impuls wieder auf. Die Frustration, die Impulsivität, die Angst und die Selbstbeherrschung — das alles verstärkt sich gegenseitig.
In jedem einzelnen Erlebnis werden alle Kräfte des Selbst in Bewegung gesetzt, um die Situation so gut es geht zu vervollständigen, entweder im Kontaktvollzug oder in einer Fixierung. Die Häufung solcher Erlebnisse während einer Lebensgeschichte schlägt sich in markanten Persönlichkeitszügen, Charakteren und Typen nieder. Aber dennoch werden im einzelnen Erlebnis, wenn man es als je besonderen Akt des Selbst betrachtet, alle Kräfte mobilisiert. Und da es in der Therapie das Selbst ist, das die Fixierungen zerstören und integrieren muß, dürfen wir eine »Typologie« nicht als Methode des Unterscheidens zwischen Personen auffassen, sondern als Methode, die Struktur des einzelnen neurotischen Erlebnisses zu erkennen.

11. Beispiel für die Umkehrung der Fixierungs-Sequenz

Wir wollen ein Beispiel erfinden [4], um eine therapeutische Sequenz zu illustrieren:
1. Fixierung: Der Patient ist »potent«; er kann die Übung zu seiner eigenen Zufriedenheit machen. Ärgerlich ist nur: am Ende, wenn er für sich etwas daraus gewinnen und damit auch dem Therapeuten etwas geben müßte, kann er nicht loslassen. Er bekommt es mit der Angst.

[4] Das Beispiel *ist* erfunden. In diesem Buch haben wir uns der Heranziehung »echter« Fallgeschichten weitgehend enthalten. Denn sofern sie nicht mit der Farbigkeit und Konkretheit eines Romans geschildert werden, sind sie nicht überzeugend. Es sind bloß Beispiele für eine Interpretation; der kundige Leser denkt sogleich an ganz andere Interpretationen und ärgert sich, daß der Autor die dazu nötigen Informationen weggelassen hat. Wir teilen deshalb lieber das theoretische Gerüst direkt mit und schenken uns die Anspielungen auf eine »Realität«.

Wenn man ihn auf die Tatsache aufmerksam macht, daß er in diesem Stadium unterbricht, wird er seiner Selbstgefälligkeit und seines Exhibitionismus gewahr.

2. *Retroflexion:* Er wirft sich seine persönlichen Mißerfolge vor. Er führt Beispiele an, um zu zeigen, wie seine Liebe zu sich selbst und seine Angeberei ihm im Weg gestanden hätten. Er kann niemandem Vorwürfe machen als sich selber. Er wird gefragt: »Statt sich selber Vorwürfe zu machen, wem würden Sie gern welche machen?« Ja, jetzt will er mit dem Therapeuten mal ein offenes Wort reden.

3. *Projektion:* Bei den Sitzungen ist nichts herausgekommen, weil der Therapeut nicht wirklich weitermachen will. Er nutzt den Patienten aus; wenn das Honorar höher wäre, könnte man denken, er wolle nur Geld aus ihm herausschlagen. Jedenfalls, die Situation ist unangenehm; niemand liegt gern so da und läßt sich anglotzen. Vermutlich ist die orthodoxe Methode besser, weil der Therapeut da nicht zu sehen ist. Die Frage wird gestellt: »Was haben Sie für ein Gefühl dabei, wenn man Sie anglotzt?«

4. *Introjektion:* Er ist verlegen. Der Grund, warum er so angibt, ist: er will, daß der Therapeut ihn bewundert; er sieht in ihm eine Art Ideal — tatsächlich hatte er eine Phantasie über ihn (das Gegenteil von dem Traum, über den gesprochen wurde). Frage: »Bin ich für Sie wirklich attraktiv?« Nein, aber natürlich, man muß doch jemanden lieben, der einem zu helfen versucht, oder zumindest ihm wohlgeneigt sein. Dies kommt ein bißchen wütend heraus.

5. *Konfluenz:* Er ist wütend, weil die Experimente (vgl. dazu *Gestalt-Therapie. Wiederbelebung des Selbst)* so langweilig, sinnlos und manchmal quälend sind; er ist ihrer überdrüssig, und allmählich widert ihn diese Therapie an ... Hier verfällt er in Schweigen; er hat kein Interesse, sich weiter zu bemühen. Der andere soll sich anstrengen.

Der Therapeut verweigert die Kooperation und bleibt schön still. Der Patient spürt plötzlich, wie ihm sein steifer Kiefer weh tut, und er erinnert sich, in der Stille, wie ihm eben die Stimme zwischen die Zähne gekommen ist. Er sperrt die Zähne zu.

Nehmen wir nun an, die in dieser Konfluenz gebundene Energie sei verfügbar. Während er schwieg, fühlte er abwechselnd Schuld, weil er nicht kooperierte, und Ärger, weil der Therapeut nichts tat, um ihm herauszuhelfen (genau wie seine Frau). Jetzt sieht er vielleicht, daß er sich unnötig abhängig gemacht hat, und er lächelt bei dem Bilde, das ihm dazu einfällt. Dennoch, die aus der Konfluenz entbundene Energie wird wieder in Kontakt gezogen und im Sinne der anderen Charaktere fixiert. Also:

Introjektion: Ein Mann sollte selbständig sein und tun, was er will. Warum sollte er sich nicht nach andern Frauen umsehen? Frage: »Gibt es eine bestimmte, an der Sie interessiert sind?«
Projektion: Solche Ideen waren ihm vor der Therapie noch nie gekommen. Er hat fast so ein Gefühl, als ob sie ihm eingeredet würden. »Wirklich?«
Retroflexion: Seine Erziehung ist schuld. Er kennt dieses tadelnde Gesicht der Mittelschicht-Mütter, wie bei seiner eigenen. Er macht Anstalten, langatmige Reminiszenzen vorzutragen. Frage: »Was ist jetzt mit ihr?«
Egoismus: Er versteht alles vollkommen. Was die Leute nicht wissen, tut ihnen nicht weh. Du mußt es innerhalb der Spielregeln abmachen. »Wer spielt hier was für ein Spiel?«
Kontaktnahme zur Situation: Er wird das Experiment jetzt noch einmal machen und sehen, ob etwas dabei herauskommt.

12. Sinn für die Grenzen

Die Leistung des Ichs kann, wie wir gesehen haben, als ein Abstecken der Grenzen bezeichnet werden, bis wohin Interessen, Macht usw. des Selbst reichen. Sichidentifizieren mit dem einen und Sichentfremden von dem anderen sind die zwei Seiten der Grenze, und in jeder aktuellen Kontaktsituation ist die Grenze bestimmt, doch immer in Verschiebung. In der therapeutischen Situation absichtlichen Kontaktnehmens zum Charakter, nun, welches ist da der Sinn der Grenze?
Wenn es in einer interessanten Tätigkeit aufgeht, tritt das Selbst zu seinen verlorenen Ich-Funktionen — Blockierungen, Widerstände, plötzliches Versagen — in Kontakt. Man identifiziert sich mit der interessanten Tätigkeit auf der einen Seite der Grenze, doch das Entfremdete ist nicht — wie bei normalem Verhalten — uninteressant und nebensächlich, sondern eben fremd, bedrückend, unheimlich, unmoralisch, taub, nicht Grenze, sondern Schranke. Das Gefühl ist nicht Gleichgültigkeit, sondern Unlust. Die Grenze läßt sich nicht nach Wunsch oder Bedarf verschieben, wenn man über sie hinaus zu sehen, sich zu erinnern oder zu bewegen versucht; sie bleibt fest.
Topologisch betrachtet, als fixierte Grenzen in den Verschiebungen des Organismus/Umwelt-Feldes, sehen die eben beschriebenen neurotischen Charaktere folgendermaßen aus:
Konfluenz: Identität von Organismus und Umwelt.
Introjektion: Etwas von der Umwelt ist im Organismus.
Projektion: Etwas vom Organismus ist in der Umwelt.

Retroflexion: Ein Teil des Organismus wird zur Umwelt für einen anderen Teil des Organismus.
Egoismus: Isolierung vom Es und von der Umwelt, oder: Organismus weitgehend isoliert von der Umwelt.
Diese Situationen werden von dem neurotischen Bedürfnis, sie in der Fixierung zu halten, und von dem schöpferischen Selbst, das sich auf sie konzentriert, in genau gegensätzlicher Weise empfunden:
In der Konfluenz ist dem Neurotiker nichts gewahr, und er hat nichts zu sagen, während das Selbst in der Konzentration sich von einer bedrückenden Dunkelheit umschlossen fühlt.
In der Introjektion rechtfertigt der Neurotiker als normal, was das Selbst in der Konzentration als einen Fremdkörper spürt, den es ausspeien möchte.
In der Projektion ist der Neurotiker überzeugt, als hätte er greifbare Beweise vor Augen, während das Selbst in der Konzentration eine Lücke im Erleben spürt.
In der Retroflexion ist der Neurotiker eifrig bei der Sache, wo sich das Selbst in der Konzentration übergangen und aus der Umwelt ausgeschlossen fühlt.
Im Egoismus ist dem Neurotiker alles bewußt, und über alles weiß er etwas zu sagen, während das Selbst in der Konzentration sich leer fühlt, ohne Bedürfnis oder Interesse.
Hier ist ersichtlich, daß die Behandlung einer Konfluenz-Zone vor den entgegengesetzten Schwierigkeiten steht wie die Behandlung einer Zone egoistischer Fixierung. Die Dunkelheit der Konfluenz ist allzu dicht, das Selbst ist Routine, kein neuer Vorschlag wird als sinnvoll angenommen — genau wie beim hysterischen Verhalten ist wahrscheinlich alles augenblicksweise bedeutsam (es herrscht kein Mangel an Symptomen, die der Therapeut zu seiner eigenen Befriedigung deuten kann).
In der Geschichte der Psychoanalyse ist nun das extreme Gegenteil dieses Zustands für das gesunde Selbst gehalten worden, nämlich das Stadium, wo alles Ich ist, das überall eine mögliche Kontaktgrenze spürt. Das Selbst wird wesentlich als das System seiner Ich-Grenzen definiert; es wird nicht gesehen, daß dies nur ein Durchgangsstadium des Selbst ist. Die Versuchung zu einer solchen Auffassung ist unwiderstehlich, weil in der Therapie das Gewahrsein der Grenzen die neurotischen Strukturen auflöst, und der Arzt hält sich in seinen Definitionen an das, was in der Therapie geht; außerdem kann jedes besondere »Problem«, das sich in der Therapie stellt, schließlich im Egoismus dadurch aufgefangen und »gelöst« werden, daß man es verinselt

und alle Ich-Funktionen in diesem sicheren Rahmen hält, ohne die Gefühle überhaupt zu bemühen. Dies ist die Verfassung des zu hochgeschraubten Bewußtseins, in dem kein schöpferischer Funke mehr zünden wird, das aber für Therapiesitzungen ganz brauchbar ist. Für das Selbst ist alles ein mögliches Bedeutendes und Neues — überall ist Grenze und Handeln unbeschränkt möglich —, aber nichts ist mehr interessant. Der Analysand ist psychisch »entleert«. Dies, wie schon gesagt, ist die »Analyse-Neurose«, und wahrscheinlich muß *jede* Therapiemethode bei zu langer Dauer zu diesem Ergebnis führen, das im Altertum als stoischer Gleichmut geschätzt wurde und in der Neuzeit als Kennzeichen der »freien Persönlichkeit« gilt — doch eine solche Freiheit des einzelnen, ohne animalische oder gesellschaftliche Natur oder in einem perfekt hygienischen und juristischen Beherrschen des Animalischen und Gesellschaftlichen, eine solche Freiheit ist, wie Kafka gesagt hat, ein einsames und sinnloses Geschäft.

13. Therapie der Grenzen

Für eine Konzentrationstherapie ist das Problem der Kontaktnahme zu den verlorenen Ich-Funktionen von anderen Problemen schöpferischen Sichorientierens und Zugreifens nicht verschieden, denn das Nichtgewahrsein oder der unbefriedigende Zustand des Gewahrseins wird einfach als eines unter anderen Hindernissen im Organismus/Umwelt-Feld empfunden. Zuerst müssen Bedürfnisse, Annäherungen, Zerstörung dasein, damit Identifizierung, Kontakt und Assimilation geschehen können. Es geht nicht darum, etwas aus der Vergangenheit oder hinter einem Panzer hervorzuziehen, sondern darum, eine schöpferische Anpassung in der je gegenwärtigen Situation zu leisten. Um die Gestalt in der Gegenwart zu vervollständigen, ist es notwendig, das Nichtgewahrsein als ein Hindernis zu zerstören und zu assimilieren. Die therapeutischen Übungen bestehen darin, daß die empfundenen Sperren oder Leerstellen scharf nachgezeichnet und sprachlich genau beschrieben werden, und daß versucht wird, die fixierten Grenzen in Bewegung zu bringen.
Aus unserer Sicht ist nichts Mysteriöses an dem psychoanalytischen Wunder, daß schon einfaches Gewahrsein in gewisser Weise kathartisch wirkt, denn die Anstrengung konzentrierten Gewahrens und Mobilisierens der Sperre zieht Zerstörung, Leiden, Gefühle und Erregung nach sich. (Der Therapeut ist demgemäß ein sehr wichtiger Teil der gegenwärtigen Situation, doch ist es unnötig, von »Übertragung« zu sprechen, also Besetzung durch verdrängte ödipale Energien, denn die

Situation umfaßt sowohl die Verstrickung in Abhängigkeit wie die Rebellion dagegen.)
Wir wollen nun auf die Frage des Patienten zurückkommen, von der wir ausgegangen waren: »An welchem Punkt fange ich an, dieses einfache Problem nicht mehr lösen zu können? Wie mache ich's, mich zu hindern?« Und wir wollen den Ton jetzt nicht auf den Augenblick der Unterbrechung legen, sondern auf das *Anfangen* und das *Wie*. Wir wollen die therapeutische und die nicht-therapeutische Situation vergleichen. Normalerweise wird das Selbst, wenn es zu etwas Interessantem in seiner Wirklichkeit Kontakt aufnehmen will, der Grenzen seiner verlorenen Funktionen gewahr — etwas an der Umwelt oder an seinem Körper fehlt, man hat zuwenig Kraft oder sieht nicht klar genug. Dennoch macht man weiter und versucht, den Vordergrund zu vereinheitlichen, obwohl die neurotische Struktur als unerledigte Situation im Hintergrund steht, unwißbar, eine Gefahr, verwirrt zu werden, und eine Gefahr für den Körper. Die anschwellende Erregung wird gedrosselt, man hat Angst. Dennoch beharrt das Selbst auf der anfänglichen Aufgabe, beschwichtigt die Angst durch weitere Verdunkelung des Hintergrundes mit Reaktionsbildungen und macht weiter, mit immer weniger einsatzbereiten Kräften. In der Therapie dagegen wird gerade der Punkt der Unterbrechung nun zum interessanten Problem, zum Gegenstand der Konzentration gemacht. Die Fragen lauten: »Was hindert mich? Wie sieht es aus? Wie fühle ich es in den Muskeln? Wo befindet es sich in der Umwelt?« Die anschwellende Angst wird gelindert im Durchhalten der Erregung über dieses neue Problem; was man spürt, ist ein ganz anderes Gefühl: Trauer, Wut, Ekel, Furcht, Sehnsucht.

14. Das Kriterium

Es ist nicht das Bestehen »innerer« Hindernisse, was die Neurose ausmacht; es sind einfach Hindernisse. Sofern eine Situation voller Leben ist, klingt die Erregung beim Auftreten von Hindernissen nicht ab, und die Gestalt hört nicht auf, sich zu bilden, sondern man fühlt eine neue, spontane Kampflust und setzt neue Ich-Funktionen des Selbstschutzes, Absichtlichkeit und bewußte Konzentration in Bewegung, wie es die Hindernisse erfordern. Man verliert nicht das Gefühl der eigenen synthetischen Einheit, sondern es wird immer schärfer, identifiziert sich klarer und entfremdet sich von dem, was nicht es selbst ist. In der Neurose läßt einen hier im Gegenteil die Erregung im Stich, die Aggressivität ist nicht empfunden, man verliert das Gefühl seiner selbst, gerät in Verwirrung, wird unschlüssig und unempfindlich.

Dieser echte Unterschied, ob die Gestaltbildung weitergeht oder nicht, ist das wichtigste Kriterium für Vitalität oder Neurose. Es ist ein unabhängiges Kriterium, das sowohl allgemein beobachtbar wie auch introspektiv erfaßbar ist. Es erfordert zum Vergleich keine Normen, was gesund sei. Die Probe macht das Selbst.
Der Neurotiker beginnt den Kontakt zur Wirklichkeit zu verlieren. Er weiß es, verfügt aber nicht über Techniken, den Kontakt aufrechtzuerhalten. Er geht seinen Weg weiter, der ihn von der Wirklichkeit wegführt, und verläuft sich. Was er lernen muß, ist, klar zu erkennen, wann er nicht mehr im Kontakt ist, wie das ist, wo und was das Wirkliche jetzt ist, damit er den Kontakt halten kann; die Wirklichkeit ist nun ein »inneres« Problem, oder vermutlich das Verhältnis eines »inneren« Problems zu seinem früheren Erleben. Wenn er eine Technik des Gewahrseins erlernt, um mit dem Wechsel der Situationen Schritt halten und in Kontakt bleiben zu können, so dauern Interesse, Erregung und Wachstum an, er ist nicht länger neurotisch, egal ob seine Probleme nun »innere« oder »äußere« sind. Denn der schöpferische Sinn der Situation ist nicht der zuvor bedachte, sondern zeichnet sich erst ab, wenn die unerledigten Situationen in den Vordergrund treten, welche es auch seien, und wenn ihre Bedeutung für die scheinbar leblose Gegenwart entdeckt und erfunden wird. Wenn das Selbst auch in Notlagen noch in Kontakt und in Bewegung bleiben kann, ist die Therapie beendet.
In der Krise verliert der Neurotiker sich selbst. Um noch ein bißchen weiterzuleben, bei vermindertem Selbst, identifiziert er sich mit reaktiven Gefühlen, einem fixierten Interesse, einer Fiktion oder Rationalisierung; diese aber leisten in Wahrheit nichts, ändern nicht die Situation, entbinden keine neue Energie und kein Interesse. Er hat vom wirklichen Leben ein Stück verloren. Am Ende aber sieht der Patient ein, daß auch sein eigenes Tun ein Teil des Wirklichen ist. Wenn er sich manche Kräfte entfremdet hat, so kann er sich schließlich mit seinem Entfremden als mit einer bewußten Tat identifizieren; er kann sagen: »Ich bin's, der das tut oder das verhindert.« Das letzte Stadium seines Erlebens jedoch ist nicht Gegenstand der Therapie: sich mit seinem Interesse für das Interessante zu identifizieren und sich vom Uninteressanten entfremden zu können.
In seinen Versuchen und Konflikten nimmt das Selbst eine Form an, die es vorher nicht gab. Im kontakthaften Erleben wagt auch das »Ich« den Sprung, entfremdet sich von seinen gesicherten Strukturen und identifiziert sich mit dem wachsenden Selbst, stellt ihm seine Dienste und sein Wissen zur Verfügung und geht aus dem Wege, wenn es Zeit ist.

Personen- und Sachregister

Frederick S. Perls, Ralph F. Hefferline, Paul Goodman

Gestalt-Therapie.

Wiederbelebung des Selbst

Aus dem Amerikanischen von Wolfgang Krege.
Konzepte der Humanwissenschaften.
ISBN 3-12-906790-6

Die Autoren möchten allen, die in Erziehung, Medizin und Psychotherapie tätig sind, einen Einblick geben in die ganzheitliche Betrachtungsweise der Gestaltpsychologie und deren Anwendung in der Psychotherapie.
Der Laie mag das Buch ruhig als einen „systematischen Kursus zu seiner persönlichen Weiterentwicklung und Integration" betrachten.
Eine Reihe von Experimenten halfen ihm dabei:
Spüren, was gegenwärtig ist;
Konzentration;
Umwandeln von Angst in Spannung;
Introjektion und Essen;
Aufdecken von Projektionen u. a.

Frederick S. Perls

Gestalt-Therapie in Aktion

Aus dem Amerikanischen von Josef Wimmer.
Konzepte der Humanwissenschaften.
ISBN 3-12-906270-X

Frederick S. Perls

Das Ich, der Hunger und die Aggression

Die Anfänge der Gestalt-Therapie.

Aus dem Englischen von Gudrun Theusner-Stampa.
Konzepte der Humanwissenschaften.
ISBN-3-12-906450-8

Klett-Cotta